U0066823

權力鬥爭與軍人的政治角色

1949-1973 年的中國

Power Struggle and the Political Role of the People's Liberation Army in China: 1949-1973

張嘉中◎著

序

　　本書主旨在探討中共黨內權力鬥爭與中國人民解放軍政治角色的發展，研究範圍如下：

　　一、時間範圍：從 1949 年中華人民共和國建立政權起至 1973 年中國共產黨全國委員會召開第十次全國代表大會止。1949 年以前及 1973 年之後除有關的背景及相關事件外，其餘不在本書討論之列。

　　二、空間範圍：基於傳統的中國文化對權力鬥爭及共軍政治角色的形成與發展有重要且不可忽視的影響，因此本書以專章予以說明。中國社會結構的特質是權力鬥爭的沃土，共軍建軍初期毛澤東的建軍思想及紅軍時期周恩來在「九月來信中的指示」所扮演的角色是共軍日後發展的重要的關鍵；此外黨、軍關係的特殊化及黨、軍成員雙重精英角色，對黨內權力鬥爭及軍人政治角色的運作有著特殊的關係，本書將亦以一章予以詳述。

　　除了上述對黨內權力鬥爭及共軍政治角色的發展在架構上進行橫軸式的說明，在縱軸上，本書將分為三個部分，分別以三章進行敘述；第一個部分，外在環境對共軍政治角色發展的影響，有關這點，本書排除無明顯相關的國際事件，而以韓戰、中蘇衝突、越戰等事件為主要的分析焦點。第二部分，國內環境，這一範圍則以

毛公開宣稱並列名中共黨史之十大鬥爭事件的四次鬥爭（1949 年以後），即高饒反黨聯盟、彭黃反黨事件、劉少奇事件、林彪事件為主要的說明點。第三部分則以「八大」、「九大」、「十大」等與軍隊政治角色發展有重要關係的黨大會與重要的個案，如「羅瑞卿事件」、「二月逆流」、「武漢事件」進行探討。

張嘉中　謹識

目　錄

第一章 中國社會結構之特質

　　1911 年中國革命是一場由上而下，以知識分子為主的革命，唯從巨觀的角度檢視，實際上它僅是一場未完成的革命。由於革命後中國小農社會土地分配問題未能解決，新權威機構的組成分子又有不同的利益需求，導致新政府出現低凝聚力、高可滲透性的特質；因此，當新政府受到外在環境強大的壓力，並且無法履行維護國家利益時，體系中尚未穩定的政治、經濟、軍事次序開始動搖，逐漸惡化，國家體系的控制機能因而減弱，並出現體系動盪的現象。

　　由於辛亥革命僅更替政體但完全未改造中國的社會結構，因此當新統治權威面臨治理困境時，中共正好利用這個機會，結合共產主義所建構的烏托邦美夢和中國獨有的社會結構特性，進行了另一次體系結構重組的革命。

第一節　社會結構

　　中國早在秦朝，商鞅實施新法，打破貴族在政治及軍事上的封建勢力，停止中央對土地獨佔的局面，實施徵兵制，當時中國社會有了全新且影響深遠的面貌。特別是土地可以自由買賣與軍隊從貴族兵役制轉變到平民兵役制，並以軍功大小授與官位，打破世襲官制，軍隊開始扮演專業性的角色。

　　由於儒家學說自漢朝以後，一直主導中國的政治思潮，此外中國社會在國家與個人之間一直存在著一個強大而穩定的中間階層，即「家族」組織，在「家族」關係網中，「孝」是維繫家族上下關係的根本，儒家學說把這種家族成員之間的道德觀擴大至社會上下階級之間的關係，因此要求人民盡「忠」，忠於長官，忠於君主，「忠」、「孝」的價值觀坎入人心，成為一種被正面評價的社會價值，也是批判社會或個人行為的標準。因此，中國歷代軍人被要求要有「忠」、「孝」的信仰，「忠君報國」是他們最基本的人格特質。

　　「忠」、「孝」的道德原則對軍人干政的制約是有效的，在中國，不論開拓疆域、抵禦外侮或鎮壓內亂等戰爭，多由最高政治統治者直接或間接指揮，前線帶兵的統帥實際上受到中央嚴密的控制，它們往往只有對軍隊的臨時指揮權，最後的統率仍掌握在皇帝的手上；「運籌帷幄」是對最高政治統治者那隻無所不在的手最高的讚美，不論「運籌帷幄」者是聖賢還是愚劣。

　　中國的封建社會中，農民佔人口的絕大多數，政治上，它們是社會穩定的基礎，軍事上，他們是兵源的主要提供者，經濟上，他們則是各王朝主要的物質提供人。春秋戰國之後，中國經濟結構開始變化，由於農民賴以維生的土地被允許自由買賣，經由土地買賣制度的循環發展，因而形成「土地兼併」的現象，土地主交替更迭，土地兼併的結果，導致「地主經濟」的社會、經濟型態出現。在中國，地主經濟有下述之政治及軍事特色：

　　一、政治上。在封建的官僚體系裡，一個人或一個集團，當其經濟勢力發展到最高階段，有相當大的可能會質變為擁有政治優勢；因此，當地主成為社會新階級後，由於他所享有的經濟優勢，

並由此而導致政治優勢擴大後，地主因而有了更強的優越地位進行另一階段的土地再兼併，這種土地兼併有可能一再循環，直到受主觀或客觀的限制爲止。土地兼併的現象除地主外，官僚及皇朝本身或與皇朝有關的親戚等，基於他們在社會上的優勢地位，而能以不同的方式成爲大或小的土地兼併者，軍人亦同，軍人以軍功或「關係」獲得皇朝賞賜金錢或土地並以此擴大個人及家族的經濟利益；歷代王朝末期由於統治權力薄弱、政治及行政官僚腐化，上述這種現象都極其嚴重。

二、軍事上。「兵農合一」的制度一直是中國各皇朝建構軍隊的重要政策，它穩定了皇朝的兵源，而以廣大的社會基層爲主體的農民革命則是各皇朝革命建國時期，打天下的共同特色；但在建國後如仍要持續執行「兵農合一」政策，則其前提是必須有一個穩定、健全並以自耕農爲主的農業社會。因此，每一個皇朝開國初始，都會以財物或土地分封功臣，以及把大量無主荒地或從前朝官吏、商賈、大地主沒收的土地賞給「農民革命」中的農民及參與建國戰爭的軍人；這種土地及財富從新分配的現象，除了重組社會新階級，擴大自耕農的數額外，更穩定了新王朝的兵源。

中央實施「兵農合一」的軍制，不論是「寓兵於農」，或「寓農於兵」的軍事政策，以農民爲主的軍隊成員受制於中國社會結構特性及儒家的價值觀，軍人多內含著亞細亞社會的特質，即：(1)對專制權威或中央保持忠誠，以「忠君」爲最高的道德。(2)對專制權威心存畏懼，恐懼從上而下的懲罰。(3)軍隊有非政治性的特質。(4)軍隊如有兵變，多非來自政治奪權，主要原因是由於社會動盪而使軍隊成員的經濟收益不足以安身、安家，期望值與滿意度差距過大所致；其中以遊民組成的軍隊最具兵變的條件。

　　當一個皇朝的社會經濟形勢再度由「小農經濟」循環發展至「地主經濟」型態時，以自耕農為主的社會穩定優勢將逐漸消失，此外「地主經濟」極易蛻變為「領主經濟」，在以「領主經濟」為主的社會型態裡，由於農民多是無自主經濟能力的佃農，而社會中也存在許多被「領主經濟」排斥而無工作機會的無業農民，這種流民數量擴增的結果，影響社會穩定，人心浮動則易啟禍端，為了確保安全，通常「領主」在社會不穩定的壓力下，會建立自己的武裝衛隊以保護私有土地及土地上的私人財產；唯「領主」以其雄厚的經濟能力所建構的武裝力量，同時也造成地方權力的擴大而中央難以控制的局面，一旦「領主」階層數量增加，以及「領主」擁兵達到一定程度時，將會直接或間接的造成中央兵源短缺的現象。

　　在「領主經濟」為主要社會型態的國家，一旦大批自耕農失去土地，而這些失地農民又無法立即轉化為佃農或其他行業，也就是如果自耕農消失的速度大於轉業的人數，社會將出現大量的流民，此時，一旦國家遇有戰爭則將受陷於兵源不足的困境，因此只能招募社會上的無業流民為兵，流民在軍隊中達到一定數量，軍隊素質開始降低，皇朝之軍事實力開始衰敗。歷代皇朝末期多會出現這種中央弱控制，而地方卻擁兵自重的情形。

　　1949 年中共獲得政權後，中國當時的社會結構延續了傳統中國社會結構的特質，但基於共產主義特有改造社會的方式，以及中共政權刻意經營的結果，中國社會的體質發生了相當程度的改變。如果我們將一個國家視為一個政治系統，而以系統功能的角度觀察，可以瞭解一個開放的系統應具備兩項特徵：(1)結構分化。(2)功能整合。政治系統的主要功能在「進行權威性的價值分配，為全社會分

配利益與不利」[1]。為了獲得廣大農民的支持，中共在內戰時期執行「打土壕，分田地」的政策，以及於 1950 年至 1952 年進行的土地改革運動，強制改變了自清末以來農村社會經濟結構兩極化的社會現象，農民與土地的關係，進入到中國歷史上自耕農佔高比例及土地兼併終止的另一個循環的開始。

因此，從 1949 年至「人民公社」政策執行以前，農民與權威當局的關係正因為土地問題的解決而處於良好的狀態，人民對新政府的支持，不論是「外顯」或「內隱」都大於對政府的需求。但遺憾的是，中共政權仍持續執行革命時期「以黨領政」、「以黨領軍」的高度一元化領導政策，主觀上它並未擺脫中國歷代皇朝所持續追求「中央霸權」及「全權主義」的局面，以中央政府所控制的處罰工具，雖於建國初期有效的終止「土地兼併」的現象，並重新改造中國成為以自耕農為主的社會，農民在新的「權威性的價值分配」上，增加了自主性並獲得了少許的土地，相對的改善了經濟生活；但是上述的土地分配政策並不是基於推翻封建的階級社會，建立一個公平的民主社會的考量，而是以「分賞」的封建觀念作出發點。因此整體而言，中共領導的中國並不具備體系結構分化及功能整合的特徵，它不是開放而仍是一個封閉的系統。這也是中國新政府在同一批領導人的領導下，不出數年，即推出「人民公社」運動，快速的進行另一次由中央政府主導的全國性土地大兼併，廢止中國農

---

[1] 有關系統理論參閱：David Easton, **THE POLITICAL SYSTEM**, New York: Knopf, 1953. & **FRAMEWORK FOR POLITICAL ANALYSIS**, New Jersey: Englewood Cliffs, Prentice Hall, 1965, and Gabriel A. Almond & Bingham G. Powell, Jr., **COMPARATIVE POLITICS: A DEVELOPMENT APPROACH**, Boston: Little Brown, 1966.

業社會中自耕農階級的原因。

　　基本上，封閉的體系具有高度的工具性價值，政治上，它極易被權威當局刻意塑造的意識型態及領袖魅力所穿透，而形成中央強控制的局面。中國即是如此，自「人民公社」運動之後，中國社會結構有了一次重大的變革，中國統治階層以政治手段，強力而徹底打破自己所改造的以小自耕農爲主的小農社會，而企圖進行一場由權威當局主導的中國歷史上最大的一次土地兼併；中央政府在「人民公社」中採取「政、軍、社合一」的新制度，即公社不僅是作爲農村集體經濟的組織，同時也是政治組織及軍事組織，「人民公社」因此成爲中央霸權控制地方與制衡反當權派的機器。自「人民公社」成立開始，權威當局便經常在公社裡以各種政治運動進行軍事、經濟建設及塑造御用意識型態的工作；此外，公社更將中國歷史上「寓兵於農」的「全民皆兵」政策與毛澤東的政治及軍事思想結合，這種結合「政治化」與「軍事化」的社會組織形式，使「人民公社」完全反映了中央領導階層「全權主義」的傾向，它是「亞細亞生產方式」或「封建主義」的復辟[2]。

　　中國新政府在以自耕農爲主的小生產經濟結構仍廣泛存在的社會條件上，以非自然的、人爲的方式復辟封建社會的土地兼併，爲了執行及鞏固這場土地大兼併，在「黨的領導」最高指導原則下，共軍如同作爲歷代君王之霸權工具的軍隊一樣，在國家系統中直接或間接的發揮了系統維持功能的作用，保持了系統的穩定。

　　此外中共革命係少數知識分子領導下，以農民爲主體的革命，

---

[2]　此一觀點另可參閱：魯凡之，**中國社會主義論**，台北；南方出版社，1987年，頁 183。

基於人事佈局的需要，建黨初期，一個知識分子經常必須擔負黨的工作，或做為農民暴動的指揮員。在建軍階段，一個黨的地方或中央負責人，經常也是軍隊的政治委員或政治領導人。例如：劉少奇在 1927 年「中國共產黨第五次全國代表大會」上當選為中央委員，1931 年「六屆四中全會」上當選為中央政治局候補委員，但在 1934 年亦為「紅八軍團」、「紅五軍團」的黨中央代表，及「紅三軍團」政治部主任[3]。周恩來於 1924 年任黃埔軍校政治部主任，國民革命軍第一軍政治部主任，1926 年任中央軍事委員會書記兼中共江浙區軍事委員會書記，1931 年擔任中共蘇區中央局書記，同時也是中國工農紅軍第一方面軍政治委員，中央革命軍事委員會副主席[4]。中共革命世代裡，黨的領袖多為雙重角色菁英（dual role elite），黨菁英與軍事菁英是一個同構體，1949 年建政後，革命世代的各級黨領袖，除黨、軍外又多為政府組織中重要的行政官僚，基於黨、政、軍一體的結構特性，中共組成的國家體系中角色重疊的現象非常嚴重。

由於軍隊具有嚴密階層化的組織特性，在中國，一般來說，軍人的政治參與，實際上只是軍事菁英的政治參與，中共軍事菁英由於同時也扮演黨菁英的角色，因此對權威政策的產出，是實際的參與者和決策者，這種雙重角色菁英的背景使共軍的政治參與可以經由黨的管道反映觀點、立場，甚至親自操盤主導政策，這也是毛堅持「以黨領軍」、「黨指揮槍」的最高原則，一直不曾被包括主張正規化、專業化建軍的國防部長彭德懷在內的軍事官僚公開反對的重

---

[3] 中共黨史事件人物錄，頁 533–534。
[4] 中共黨史事件人物錄，頁 611。

要原因；即使彭德懷曾企圖建立「專業建軍」路線，但都會公開表示「共軍的全體同志在『大躍進』的高潮中發揮了高度的積極性和創造性，卓越地完成了黨和全體人民交付的任務」這種非常政治的宣告[5]。

由於共軍領導階層能有效的參與政治，因此在毛統治時期，並未發生過「倔人政體」[6]（Praetorian）的政治現象，中共黨組織的意識型態規範高於一切，是典型「以黨領軍」的國家。但值得注意的是，中共軍人政治參與的範圍及深度全視統治者或權威當局對軍隊的需求而定，因此，在中共治理下的中國，軍人的政治參與是非制度化的政治參與，它無任何的規範且具有強烈的隨機性，也就是說，軍人的政治參與受到權威當局權力運作的操控，屬於被動性的參與。

中國社會的另有一個結構特性，是民間社會存在著「『士大夫』與『流民』兩種比較強大的組織」[7]；當每一個朝代末期社會秩序混亂，中央控制減弱時，只要稍有組織的團體以及具有領袖魅力的農民或知識分子，都可以召集無業流民，組成革命團體，由於「士大夫有他們的弱點，兵戎之事全不瞭解」[8]。太平盛世「士大夫」們尚可以依賴皇朝的官僚或權威體制維護自己在中央或地方的勢力，但當天下動亂時，地方上的知識分子依靠官僚制度而存在的勢力，就會轉移到社會下層階級的流民手中，而流民善於利用宗教迷信或神

---

[5] 「國防部長彭德懷元帥國慶閱兵講話」，**人民日報**，1958 年 10 月 2 日。

[6] 「倔人政體」即由軍隊決定政治體制，或左右政治過程的政體。參閱：Amos Perlmutter, "The Praetorian State and the Praetorian Army", **COMPARATIVE POLITICS**, Vol. I, No. 3, (April, 1969), p.200.

[7] 雷宗海，**中國文化與中國的兵**，香港：龍門書店，1968 年，頁 137。

[8] 前揭書，頁 138。

秘的儀式整合民眾，並用之反抗現存體制，例如：東漢「黃巾賊之亂」，唐末「黃巢之亂」，清末「白蓮教」、「義和團」等都是這類流民、愚民與餓民組成的團體所掀起的事件[9]。一般來說，流民是事件的基本起事分子，第二階段愚民跟著加入，最後階段就是大批餓民再加入，形成滔滔洪流之勢，造成社會動盪。

流民的弱點在於他們低教育程度，短視、短利，有血氣無謀略，太平盛世時無所是事，一無所成，唯遇到亂世，當知識分子所依賴的國家機器失去功能，社會平衡的機制崩潰，流民集團即可乘機而起，幸運者或能掌握時機知人善用著，也可開創一番局面，在中國歷史上「一、二個流民頭目，因老於世故，知人善任，於大亂時間能成偉大，甚至創造事業，漢高祖與明太組是歷史上有名的這類人物」，但「他們成事一部分需靠士大夫的幫助」，「成事之後更必須靠士大夫的力量保守成業」[10]。

毛澤東對知識分子的價值，有自己的看法，毛在「中國革命和中國共產黨」一文中認為：「革命力量的組織和革命事業的建設，離開革命的知識分子的參加，是不能成功的。但是，知識分子在其未和群眾的革命鬥爭打成一片，在其未下決心為群眾利益服務並與群眾相結合的時候，往往帶有主觀主義和個人主義的傾向，他們的思想往往是空虛的，他們的行動往往是動搖的。因此，中國的廣大的革命知識分子雖然有先鋒的和橋樑的作用，但不是所有這些知識分子都能革命到底的。其中一部分，到了革命的緊急關頭，就會脫離革命隊伍，採取消極態度，其中少數人，就會變成革命的敵人。

---

[9] 前揭書，頁 140。
[10] 前揭書，頁 142。

知識分子的這種缺點，只有在長期的群眾鬥爭中才能克服」[11]。毛對知識分子帶有負面的評價，毛認為他們思想空洞，行動動搖，有主觀主義和個人主義的傾向，雖然毛自己也是知識分子。

中共建黨之初，知識分子扮演著重要的角色，只是這批知識分子對於馬克斯、列寧主義並沒有進行系統化的深入研究[12]。留歐、留俄「勤工儉學」的黨員，勤工遠超過儉學，他們對社會主義、共產主義的思潮僅有初淺的了解，他們大部分只是歐俄當時排外社會價值觀中的臨時低等外勞，他們沒有財力提供自己一個可以全心做思想研究的環境。留在國內的知識分子也僅能從不完整、有限的出版品中拼湊出共產主義的面貌。他們多數是基於建設新中國的理想、或反抗既得利益集團、或革命的狂熱，而加入共黨組織，在這種結合了低理論水平與高度革命熱情的情形下，這批知識分子解決問題的思考與行為模式，常犯了過度簡單化的錯誤。

中共早期的領導人如：陳獨秀（1879 - 1942）[13]、瞿秋白（1899 - 1935）[14]、陳紹禹（1904 - 1974）[15]、李立三（1899 - 1967）[16]等

[11] 「中國革命和中國共產黨」，毛澤東選集，第二卷，北京：外國語出版社，1965 年，頁 137。

[12] 馮建軍，「建黨初期的陳獨秀」，中共黨史研究論文考，上冊，長沙：湖南人民出版社，1983 年，頁 71-72。

[13] 陳獨秀，安徽省安慶市人，「新青年」雜誌創辦人（1915），北京大學文學院院長，中國共產黨創立人之一，曾任中央局書記。參閱：Donald W. Klien & Anne B. Clark, **Biographic Dictionary of Chinese Communism 1921 – 1965**, Massachusetts: Harvard University Press, p.139.

[14] 瞿秋白，江蘇常州人，1921 年 9 月加入共產黨，1923 年 7 月，在共黨第三次全國代表大會中明確主張國共合作；1924 年 1 月，於國民黨在廣州召開的第一次全國代表大會上當選為國民黨候補中央執行委員；日後又於中國共產黨「四大」及「五大」，當選為中央常委。參閱：Donald W. Klien & Anne B. Clark, **Biographic Dictionary of Chinese Communism 1921 – 1965**, op. cit,

人都是典型「兵戎之事全不瞭解」的知識分子。反之，毛卻能正確的掌握中國社會的結構特性，把握關鍵並將其徹底的運用，以及靈活的將其反映在建黨建軍的策略中；毛在個性上有知識分子少有的優點，懂得如何在亂世操控大局，累積勢力，又有農村流民的特質，他重視農民革命的潛力和積極性，善於利用意識型態且將之宗教化，整合思想分歧的流民，甚至知識分子，並統一及塑造這些人的政治意識。

　　此外農村由於經濟、文化落後，受中共號召而暴動或革命的農民，多數與中國歷史上一個朝代末期所出現的無產群眾和遊民組織相同，而「指揮城市和農村黨組織的人，是失業的知識分子」[17]。失意的知識分子，一般來說，當自我期待與自我滿意度，以及對社會期待與對社會滿意度差距過大時，常會將不滿投射於政治權威者及政治權威機構，因此，理想性越高的失意知識分子越會積極投身於改變體系結構的運動，並視之為一種救國救民的神聖使命，他們會抱著對現存制度不滿的情緒轉變身分為「職業革命家」。在當時的中國「凡有馬克斯主義或列寧主義基本知識而對政治有興趣的青

239.

[15] 陳紹禹（王明），安徽金寨人，1925 年加入中國共產黨，曾任中共中央政治局常委（1931-1943），中國共產黨駐共產國際代表團團長（1931-1937），中共中央長江局書記，中央統戰部部長，「七大」中央政治局委員。參閱：Donald W. Klien & Anne B. Clark, **Biographic Dictionary of Chinese Communism 1921 – 1965**, op. cit, p.127.

[16] 李立三，原名隆郅，湖南澧陵人，1919 年赴法國勤工儉學，1921 年加入中國共產黨，1922 年開始參加工人運動，「六大」，當選為中央委員；曾任中央政治局常委兼秘書長、宣傳部長等職務，是中共中央的主要領導成員。參閱：Donald W. Klien & Anne B. Clark, **Biographic Dictionary of Chinese Communism 1921 – 1965**, op. cit, p.512.

[17] 鄭學稼，從文革到十一大，台北：黎明文化事業公司，1978 年，頁 14。

年多被中共吸收，而成為中共武力的組織者和指揮官」[18]；基於中國當時社經環境的惡化，更加深了這批人企圖重整體系結構的熱情及信念，因此「中共的蘇維埃區域不是縮小而是在擴大」[19]。

實際上，中共革命的基礎，是一批不滿現狀、有熱情但激進的知識分子和流民無產者的結合，他們要翻身，要以「職業革命家」的身分建立一個自己也不清楚共產主義理論的中國「布爾什維克黨」，利用共產主義虛幻的遠景，以共產主義的意識型態作為現世宗教，去吸引一批充滿熱血並對社會現狀不滿的青年以及低教育水平的工人農民參加革命[20]。

中國共產黨能在中國發跡，正是中國歷史上流民運動的另一次翻版，只是時、空、人物不同而已，帶動風潮，鼓動這場流民運動的黨，就是所謂中國式的「布爾什維克黨」[21]，而中國式「布爾什維克黨」的軍隊就其本質而論，是一支具有典型流民組織的農民軍隊。另外基於毛具有知識分子及流民的雙重性格，這種雙重性格的特質在中共政權發展的過程中起了異於尋常且不可忽視的作用，毛盡情揮灑其人格特質終能在黨、軍及全國人民的意識中建立起不可動搖的領袖魅力及崇高的地位。

此外，排外運動是中國近代史上中國社會反對列強壓迫、侵略與不平等關係而形成的一種反抗方式。十九世紀末排外運動在中國的興起，源自於愛國主義和民族主義的情結，從早期的「反教」到

---

[18] 同上。

[19] 同上。

[20] 參閱「在中華全國文學藝術工作者代表大會上的政治報告（1949 年 7 月 6 日）」，周恩來選集，上卷，北京：人民出版社，1980 年，頁 348。

[21] 「關於黨的六大研究」，周恩來選集，上卷，頁 187。

「義和團」事件，排外運動從地方性的個案逐漸發展成為全國性的運動；值得注意的是，排外乃是結合知識分子與草根群眾間的自發性運動，儘管傳統的儒家思想強調和平，主張人道主義，及維持人與人之間良好的、和睦的關係，但自 1860 年起，由於官吏昏庸，國政不治，外患不止，知識分子將挫折轉嫁至無武裝的傳教士身上，鼓動反教，並因此釀成多起流血事件震驚國際。換句話說，知識分子與「外國人」的衝突，來自於長期不滿不平等條約的壓迫，以及阿Ｑ式的民族自尊心反撲的結果，他們放棄儒家學說的中心價值，而以暴力的方式反對帝國主義，這種因排外累積的群眾力量為日後反帝運動奠定了基礎。

　　排外運動的持續發展，引發中國民族主義的甦醒，並成為一種不能批判的泛道德價值觀。「媚外」、「裡通外國」是一項必須嚴懲的罪名，它們是一項冒子，是羅織罪名的最佳工具，這種社會現象在中共建政後的歷次路線鬥爭中一直是放在臺面上隨時可用的枷鎖。排外，既可以提供民族主義養分，也可作為社會道德的價值標準，既可以鼓舞民粹，也可以掩蓋人民對政府無能的不滿。因此，在一個非民主化的政體中，腐化或無能的統治階層在其地位受到挑戰時，利用官僚組織及御用媒體誇大外來的威脅，造成緊張的局勢，動員人民支持統治階層的領導，成為鎮壓國內反對派最廉價的工具，但卻最是有效的手段。

　　中共政權成立後將清朝末期「排外」的民族情緒發展至「反帝」意識，毛早期有關「帝國主義」的看法，清楚的顯露在他於 1939 年所寫的「中國革命與中國共產黨」一文中。在反帝國主義對華侵略的問題上，毛認為「帝國主義列強侵入中國的目的，絕不是要把封建的中國變成資本主義的中國，帝國主義列強的目的和這相反，

它們是要把中國變成它們的半殖民地和殖民地」，「帝國主義到處致力於保持資本主義前期的一切剝削形式，並使之永久化，而這些形式則是它的反動的同盟者生存的基礎」，而「帝國主義及其在中國的全部財政軍事的勢力，乃是一種支持、鼓舞、栽培、保存封建殘餘及其全部官僚軍閥上層建築的力量」[22]。

毛對「帝國主義」的批判具有階級鬥爭的觀點，毛認為「帝國主義和中華民族的矛盾，封建主義和人民大眾的矛盾，這些就是近代中國社會的主要的矛盾」，「封建地主階級是帝國主義統治中國的主要社會基礎，而農民則是中國革命的主力軍，如果不幫助農民推翻封建地主階級，就不能組成中國革命的強大的隊伍而推翻帝國主義的統治」[23]。

毛不僅根據階級鬥爭的觀點形成自己的帝國主義理論，而且還將帝國主義與中國革命串接，成為毛統治中國後的反帝運動或藉由反帝運動打壓異議分子的思想基礎。1955 年，當時的公安部長羅瑞卿在「提高警惕，反對麻痺」一文中就表示：「只要世界上還存在著階級和階級鬥爭，我們的敵人是一刻也不會忘記我們，因而就一刻也不會放鬆對我們的破壞，而且事實已充分證明，我們革命事業的每一步前進，都引起國內外敵人的無比仇視和瘋狂破壞，他們不惜將採取一切陰險、惡毒的卑鄙手段，力圖阻擾我國的社會主義建設」[24]。

中共以「反帝」意識做為動員群眾、爭取支持的一種重要的政

---

[22] 「中國革命和中國共產黨」，**毛澤東選集**，第二卷，北京：人民出版社，1969年，頁 584-617。

[23] 同上。

[24] 羅瑞卿，「提高警惕，反對麻痺」，**人民日報**，1955 年 6 月 30 日。

治力量，1949 年以後排外與中國國內政治甚至經濟發展都有密切的關連，1960 年至 1962 年「反帝」運動曾被用來動員生產，就是與經濟有關的最好事例。此外在中共的官僚機構中，權力鬥爭越激烈，越會引導政策偏「左」，意識型態也就越強調「反帝」，反外部敵人，而不斷的政治鬥爭又更強化了極「左」的意識型態，大大的提高了人民排外的情緒。

在中共建政後的第一個十年裡，北京政府的排外政策反映在各種對內與對外的社會運動中。對外方面，最著名的就是「抗美援朝」這種全國性且持續甚久的大規模社會運動；對內方面，則有「三反五反」、「鎮壓反革命」及「反右」鬥爭等。在國內的鬥爭中，針對所謂「海外關係」、「有外國資本主義思想」的民眾進行一連串的批鬥，這些運動強化了人民「排外」、「反帝國主義」的意識。在毛與劉少奇激烈的鬥爭過程中，毛就利用對「蘇修」的攻擊，而將劉少奇與「排外」掛勾，劉最後被冠上了「中國的赫魯雪夫」的大帽子；1959 年「廬山會議」，國防部長彭德懷的罪名是「公然指責生產大躍進的失敗，其反黨活動，實際上是在以中國赫魯雪夫為首的資產階級司令部的支持和包庇之下進行的」[25]。毛用民族主義的大刀橫掃政治對手，無往不利，他巧妙的運用了魅力領袖的獨特地位，有效的操縱輿論工具，激發群眾以排外的民族感情，確保對政敵鬥爭的勝利。

1960 年 3 月 22 日，毛在「關於反華問題」的講話中，對於誰在反華時說：「不過是一些西方國家的帝國主義分子，其他一些國

---

[25] 「從彭德懷的失敗到中國赫魯雪夫的破產」，紅旗，第 13 期，1967 年，頁 23。

家的反動派和半反動派，國際共產主義運動中的修正主義分子和半修正主義分子」，毛不但輕視他認爲的反華分子還譏諷的說「他們反華，可以激發我們全黨全民團結起來，樹立雄心壯志」[26]。毛其實沒把反華分子放在眼裡，在毛的眼裡他們的功能無足輕重，只剩下一個作用，這個作用反映出來的形式，就是外部的衝擊可以用做加強內部團結的工具。在中國，每一次大規模的排外運動，總可以累積增加權威統治者一次政治優勢，而統治者的優勢政治、社會地位卻是打壓異己的最佳條件，也就是說排外運動成爲打壓政治異議分子最好的工具。

以文革時期爲例，1967 年毛開始動員群眾從「走資派」手中奪權，毛控制的媒體以非點名的方式加強對劉少奇的攻擊，與此同時，國內媒體對「蘇修」的抨擊也急劇增加。以「北京週報」爲例，該週報刊出攻擊蘇聯的文章從 1966 年 7 月至同年 12 月之間的 6.82％增加至 1967 年 1 月至 6 月的 18.75％[27]另有一項資料顯示，1967 年 1 月及 2 月，「人民日報」分別刊登了 58 篇和 91 篇抨擊蘇聯修正主義者反革命的文章，「蘇修」一辭已社會化的成爲鬥爭國內「反動」分子的同義字以及日常用語；此外，針對「蘇修」復僻資本主義而進行的攻擊性文章，在 1967、1968 年也大量的出現在大小眾的傳媒上[28]。

---

[26] 1960 年 3 月 25 日，中共中央將毛澤東「關於反華問題」批語及另一附件「我國參加東巴基斯坦工農業展覽的情況報告」，發至公社黨委和相當於公社黨委一級的其他黨委同志閱讀。

[27] 參閱：Daniel Tretiak, *Is China Preparing to Turn Out?*, **ASIAN SURVEY**, March 1971, p.224.引自 廖光生，**排外與中國政治**，香港：中文大學，1984 年，頁 201。

[28] 廖光生，**排外與中國政治**，前揭書，頁 202。

文革時期毛與劉少奇的鬥爭過程中，毛及文革左派緊握「排外」、「反外」做為武器，有下列兩項功能：第一，文革左派在文革中以愛國者自居，不斷抨擊外敵，並指責劉少奇企圖與蘇聯「社會帝國主義」、「修正主義」勾結，背叛中國革命；毛將內部敵人定位為內奸，將內部矛盾上綱為敵我矛盾，並通過全國性之媒介網路，將毛的敵人轉換成人民公敵，毛運用一個最簡單的邏輯，即「內敵」既然與「外敵」勾結，掀起大規模的排外、批外運動就有助於對政敵的鬥爭。

第二，毛借用全國性的排外運動鞏固自己在國內的領導地位。人民在排外運動中將高昂的民主主義情緒轉換成對毛的英雄崇拜，並合理化了毛所有的作為，這種心裡反射來自於中國在近代史上受列強屈辱的悲痛記憶，這種歷史的烙痕使人民盲目的願意團結在一個政治強人之下，只要這個政治強人能對帝國主義展現堅強的鬥志。由於毛不斷強調與帝國主義戰爭的不可避免性，人民也就自發的團結一致並毫無異議的鞏固領導中心，毛的黨主席身分自然是最高統帥，是領導中心，因此，激起排外的民主主義情緒，正可增強毛的統治地位，強化對政敵鬥爭的實力。

一個正在進行全面奪權鬥爭的國家，運用大量媒體主動挑起與外部的爭執當然有一定的目的，對蘇聯抨擊最嚴厲時期是在 1967 上半年，正是毛與劉少奇鬥爭最激烈之階段，毛企圖以抨擊「蘇修」激起全國人民對「修正主義」者的憤怒；1968 年 10 月「八屆十二中全會」劉少奇被打倒後，中共媒體對蘇聯的「文攻」立即明顯的下降。以民族主義作為政治動員的手段，對一個非政治制度化的國家而言，有著無法衡量的功能，它是最廉價的工具，但對統治者而言，它卻是整肅異己最厲害的武器。

第二節　政治社會化與政治化

　　1949 年中共建立政權之初，面臨了三個主要的問題：(1)政權合法性。(2)國家整合。(3)社會主義建設。為了解決上述三項問題，中共領導階層開始對中國社會進行結構性的改造，以符合其政權特質，與此同時進行的則是積極創造一套新的政治文化，使中國人民能接受以毛思想為主導的「社會主義建設」的最高目標。在毛的觀點中「無產階級和革命人民改造世界的鬥爭，包括實現下列任務：改造客觀世界，也改造自己的主觀世界 —— 改造自己認識的能力，改造主觀世界同客觀世界的關係」，所謂被改造的客觀世界，「其中包括了一切反對改造的人們，他們的被改造，須要通過強迫的階段，然後才能進入自覺的階段」[29]。

　　共產主義的理想社會是「各盡所能，各取所需」的社會型態，這種社會及經濟制度的前提，是假設人普遍具有一種偉大的人格特質，即不考慮酬勞而能盡力工作，沒有貪念，只有奉獻，具備極高的自律品德，只按需要而非按慾望拿取財貨。

　　作為中共革命領袖、黨的最高領導人，並被稱為「當代馬克思、列寧主義的普遍真理」[30]、「當代最偉大的馬克思列寧主義者」[31]的毛主席，肯定了無產階級改造自己主觀世界的重要性，並企圖透過人的改造達到中國式共產主義的新境界，中共高度讚揚了毛的論

---

[29] 「實踐論」，**毛澤東選集**，第一卷，北京：人民出版社，1966 年，頁 285。
[30] 「焦裕祿同志是活學活用毛澤東思想的好榜樣」，**紅旗**，第四期，1966 年，頁 9。
[31] **毛語錄**，北京：東方紅出版社，1967 年，頁 ii。

點,說「毛澤東同志天才地,創造性地,全面地繼承、捍衛和發展了馬克思列寧主義,把馬克斯列寧主義提高到一個嶄新的階段」[32];毛在中國要將馬列主義提高到一個嶄新的階段,首要步驟就是要全面改造中國傳統的社會價值觀。

在傳統的中國社會中,「家庭」是最重要的政治社會化媒介[33],但中共為了要徹底執行人民思想改造的工程,因此需要弱化家庭的作用,將家庭的政治社會化功能降到最低,而以黨所控制且具有政治社會化功能的機器,包括大小眾傳播媒體、學校、同儕團體等負起這項責任。1958 年「人民公社」運動,可視為國家最高權力機構正式解構傳統家庭制度的一次大顛覆,它也是一次對傳統中國價值的大挑戰;「人民公社」的推行,在軍事意義上是「全民皆兵」化,在經濟意義上是透過生活集體化,集中勞動力,以配合工業的「大躍進」,在政治意義上是減少控制單元,以利中央集權的高強度統治。

毛對「人民公社」組織是有私心的,毛想要簡化統治人民的方式,集中管理,集中運用,達到「全民皆兵」的目的,而「全民皆兵」又是毛反噬「軍隊專業化」的武器。如僅以治理國家而論,實際上毛沒有治理複雜行政的能力,一個民主化程度越高的國家,國家體系運作的複雜性就越高,反之亦然;一個簡化的社會組織則對毛的權威領導有利。

---

[32] 同上。

[33] 「政治社會化」被界定為:個人學習和被他人教導政治定向與行為模式的過程。參閱:Kenneth P. Langton, **POLITICAL SOCIALIZATION**, N.Y.: Oxford University Press, 1969, p.5. 有關「政治社會化媒介」參閱:Ton De Vos, **INTRODUCTION TO POLITICS**, Cambridge, Mass.: Winthrop Publisher, Inc., 1975, Chapter 6.

在結構上，「人民公社」的建立，破壞了中國傳統以「家」作為社會組成單位的結構型態，傳統的家長權威被公社權威，實際上即黨組織權威，或黨組織之上的最高領導權威所替代。父權制的社會制度瓦解，造成父母在家庭中的權威性徹底崩解；每一個家庭的成員不再屬於家庭，不再忠於父母，他們屬於共產主義社會，「黨」才是效忠的對象，傳統的家庭經濟及政治社會化功能被「人民公社」及國家機器所接替，人民對家庭的依賴大幅降低並將此轉移至對毛及對「黨」的依賴。文革時期，許多「黨」的子女公開與父母親劃清界限甚至批鬥父母，正反映了家庭制度瓦解的社會現象。

另外，學校也是一個國家進行「政治社會化」的重要組織，透過教導與學習，它可用來塑造該國家組織成員獲取政治定向與政治行為的模式[34]。中共透過國家機器對毛「權威偶像」的型塑，定型了體系成員的「政治態度」，毛在國家的體系中被塑造成「慈父」與「聖王」的雙重形象[35]，這種「政治態度」塑造的目的，已明白的顯露出中共當局要將傳統上人民對家庭及父母的認同，轉移至對毛個人及中共領導合法性的強烈認同上。

除了認同政權的合法性外，領導階層更採取積極的手段，鼓勵攻擊對穩定共黨政權不利的人物、事件，企圖透過這種攻擊突顯政權合法性的基礎。如將傳統中國社會認知的價值觀定性為舊社會的封建包袱，將曾在國民黨政府任職的各級公務人員，或地主、富民、知識分子等定位為「右派」、「階級敵人」、及「反革命分子」，這些

---

[34] 同上。
[35] Charles R. Ridley, Paul H. B. Godwin, and Dennis J. Doolin, **THE MAKING OF A MODEL CITIZEN IN COMMUNIST CHINA**, California: Stanford University, The Hoover Institution Press, 1971, p.135.

被攻擊者的罪名及處罰標準，全視最高統治者個人意向爲依據，即凡與毛意見相左，或毛主觀認定對其地位有威脅者都是被攻擊或批鬥的對象。

在中國，經過長期的教化，毛的思想與言行已發展成了一種新道德，道德與政治權威互相融合的結果，使毛成爲站在歷史發展最前端的領航者，是引導邁向共產主義社會的「偉大的導師，偉大的領袖，偉大的統帥，偉大的舵手」[36]，因此反對黨、反對毛就是反對歷史發展的規律，是非道德的、不忠的、是必須被打倒的、被消滅的敵人，鬥爭那些反毛的「階級敵人」，即使他們曾是毛的親密戰友，毛的同志，都不能手軟；在毛支持者心中「鬥爭」是一種必要的「惡」，行使「惡」的最終目的是爲了「善」，打倒毛的階級敵人、純化全中國人的思想意識，就是一種道德上的「善」。

在行爲規範上，中共政權不斷強調黨的利益高於個人利益，個人成就應歸功於黨的領導，作爲黨的先鋒隊，個人必須對黨、對共產主義社會做出最大的貢獻。以軍隊爲例，1960 年 5 月國防部長林彪借用毛對「抗大」的題詞：「堅定正確的政治方向，艱苦樸素的工作作風，靈活機動的戰略戰術，團結，緊張，嚴肅，活潑」[37]，等三句話八個字而在軍隊發起「三八作風」運動；1961 年 12 月的「四好運動」，要求軍隊要「政治思想好，三八作風好，軍事訓練好，生活管理好」及「五好戰士」運動，要「政治思想好，軍事技

[36] 嚴家其、高皋，**中國文革十年史**，台北：中國問題研究出版社，1988 年，頁 53。

[37] **中共術語彙解**，台北：中華學術印刷公司，1971 年，頁 67。郭華倫編，**中共名辭術語辭典**，台北：國立政治大學，1978 年，頁 453。**人民日報**，1960 年 5 月 24 日。

術好，三八作風好，完成任務好，鍛鍊身體好」[38]，及 1963 年發起「學習雷鋒」運動[39]；上述一連串的軍隊政治運動，毫無例外的以做「毛主席的好戰士」爲目的，軍隊如此，社會更如此，因爲毛要「全國人民向解放軍學習」[40]。

在政治文化中「角色」是指一種規約的期望，此種期望，一方面界定了角色與體系的相互關係，另一方面又提供了角色的行爲準則[41]。由於在中國傳統社會文化中，一向強調「言教不如身教」，因此，在角色認同方面中共中央廣泛的運用被創造出的社會模範人物，作爲其政治社會化的工具。角色認同最典型的例子即如前所述：(1)學習雷鋒運動。學習雷鋒運動是要學習雷鋒勤讀毛澤東著作，學習雷鋒做一個在毛澤東思想領導下的積極分子，學習雷鋒有一個愛憎分明的階級立場[42]。(2)1964 年 2 月的學習解放軍運動。學習解放軍，是要向解放軍學習如何「高舉毛澤東思想的偉大紅旗」[43]。中共將社會最底層的平凡人物模範化的目的，在於使廣大的普羅階級對模範人物有臨場感，容易學習以及容易做到與所模仿的角色相同的舉動，即對黨要完全奉獻，要崇拜毛主席。

中共權威當局在全國進行的政治社會化運動中，另有一項重要的特徵，即重視同儕團體的影響力，「小組」是其中一個最基本也

---

[38] 中共術語彙解，前揭書，頁 195。

[39] 參閱：中共黨史事件人物錄，上海：人民出版社，1983 年，頁 414 - 415。

[40] 「全國都要學習解放軍」，人民日報，1964 年 2 月 1 日。

[41] 盤治郎，中共對兒童政治社會化之研究，台北：政治大學東亞研究所，1980 年，頁 174。

[42] 參閱：中共黨史事件人物錄，頁 415。

[43] 「毛澤東思想領先，幹部層層帶頭」，紅旗，第八期，1966 年，頁 1。嚴家其、高泉，中國文革十年史，前揭書，頁 171。

是同儕團體中最有影響力的組織，不論在社會或在軍隊，「小組」具有下列政治社會化的功能：(1)小組領導人可以親自觀察及監控黨政策的宣導與執行。(2)基於小組學習和討論的方式，每位小組成員容易形成強烈的政治參與意識。(3)由於小組成員多由相同或相似的工作同志組成，容易產生「社群」壓力，有利於「觀念」的統一，並由此而產生對政治行爲的一致性[44]。

此外毛統治下的中國，大小衆傳播媒介在政治社化的建構中，有極強的作用；傳播媒介的政治社會化功能在於加強及改變個人的政治行爲傾向及模式。中共建政後的傳播媒體所具備的功能，可歸納爲下列四項：(1)動員。(2)提供消息。(3)強化意識型態。(4)權力鬥爭。毛認爲：「不論通訊社或報紙的新聞都有階級性，資產階級所說的新聞自由是騙人的」[45]。毛對傳播媒介的功能是有看法的，他強調新聞事業必須無條件的服從無產階級的利益，而黨的報刊是革命鬥爭的武器，是宣傳群衆、組織群衆、指揮群衆的工具，而黨的領導人「應該把報紙拿在手裡，作爲組織群衆和教育群衆的一個武器，反映政治、軍事、經濟，又指導政治、軍事和經濟的一個武器」[46]。

報刊作爲傳播媒介的主要工具，它的任務和功能，毛在 1948 年 4 月 2 日「對晉綏日報編輯人員的談話」中有下述之說明：「在報紙上正確地宣傳黨的方針政策，通過報紙加強黨和群衆的聯

---

[44] 參閱 James Jownsend, "Political Participation" in Yung Wei (ed.), **COMMUNIST CHINA**, Columbus: Charless E. Merrill Publishing Company, 1972, p.263.

[45] 「毛澤東新聞理論與實踐是毛澤東思想的組成部分」，**中國新聞年報**，1984 年，頁 88。

[46] 同上。

繫」。報紙的作用和力量，「就在它能使黨的綱領路線，方針政策，工作任務和工作方法，最迅速最廣泛地同群眾見面」，「把黨的政策變為群眾的行動」，「使我們的每一個運動，每一個鬥爭，不但領導幹部懂得，而且廣大的群眾都能懂得，都能掌握」[47]。基於傳播媒體在毛的眼中是一個武器，因此中共的報刊、廣播、及通訊社等都必須無條件的接受黨的領導，堅持無產階級的黨性原則。

　　文化大革命之前，中共的主要傳播媒體「兩報一刊」，即「人民日報」、「解放軍報」、「紅旗」雜誌，對毛思想的建構或毛的指示做過一連串的積極回應；在毛當政時代，所有的政治、社會運動，「兩報一刊」都堅持以毛思想為主的絕對黨性原則，它是所有當權派的輿論重鎮，是政治風向的重要指標。另外基於中國農村文盲人數過多的考量，中共當局為了能有效的將政治指示傳達到每個角落、每位國民，因此在各村社廣設播音器作為傳播媒介，以及利用「小組」會議方式口頭傳達上級指示；據一項統計資料顯示，1965年至 1976 年，全中國廣播喇叭的數量，從 1965 年的八百七十二萬五千四百五十五個增加到 1976 年的一億一千三百二十四萬六千四百一十二個，同時，電視台數量由十二台增加到三十二台，電視轉播站則從三座擴增到一百九十四座[48]。

　　有關小眾傳播媒體之一的「大字報」，文革時期成為主要的新聞來源，在 1966 年 8 月 5 日「8 屆 11 中全會」上毛親自寫了「炮打司令部－我的一張大字報」[49]後它在政治上的重要性達到了顛

---

[47] 「對晉綏日報編輯人員的談話」，**毛澤東選集**，第四卷，頁 241。

[48] 「中國新聞學術團體的興起與發展」，**中國新聞年鑑**，1984 年，頁 54。

[49] 該大字報由毛澤東用鉛筆寫在一張舊「北京日報」的邊緣空白處，經毛的秘書謄寫，毛再加上標題，並作了一些修改，包括在「左」字前後加上引號，

峰。由於大字報具有民眾全面參與之功能，而成為中共當局鼓動群眾革命熱情的最佳媒體；當人民看多了報紙、雜誌千篇一律之教條式的官方宣導後，「大字報」這種具備事件針對性，能清楚顯示真正的政治企圖，以及人人可參與的表達方式，反而成為人民較為信任的消息來源，因此大字報的政治社會化功能，由於官方的運用及民眾的直接參與而大大的提高。

中共政權成立之初，當時中國的政治文化仍是「偏狹的政治文化」及「臣屬的政治文化」[50]的混合體，在這種政治文化下人民對政治所抱持的心裡取向，消極而保守，他們對國家政策無意干預，僅單向的接受政策產出後的約束。換句話說，人民對決策當局的支持大大高於要求，在這種情形下，人民參與政治的慾望低，菁英分子成為主要政治運作的核心。因此，在中國，歷次政治運動、派系或權力鬥爭的實際參與者都是黨、軍菁英分子，群眾在被意識型態化後，只會跟著指示辦事，隨者大流狂奔，作為政治鬥爭的棋子而已。

如第一節所述，中共建政初期，由於終止了歷史上各朝代末期土地兼併的現象，並改變了農村的社會結構，使中國成為以小自耕農為主的社會型態，滿足了中國農民擁有土地的一生最高願望，雖然在過程中，權威當局用高壓甚至暴力的方式作為土地改革運動的手段，但不可諱言的，它使多數農民受益，它滿足了貧農擁有土地的一生夢想；因此，可以確定，在「三面紅旗」運動之前，基本上，中共政權獲得了中國社會最基層結構成員的支持，這種支持穩定了

八月七日作為大會資料印發給到會者。
[50] 「臣屬的政治文化」就是受支配的政治文化。

新政權初期所可能面臨的不穩定因素。

但是「人民公社」運動及以「人民公社」爲基礎而推行的「大躍進」運動時期，毛在政權建立不到十年的時間，卻以非自然演變的方式，進行了一次從小自耕農爲主的社會到土地大兼倂社會的一次大循環，通常這種循環在中國歷史上顯示的是一個朝代從開始到結束的過程。毛從小自耕農的手上拿回了土地所有權，並以「人民公社」作爲社會結構的基礎，但「人民公社」在政治上所代表的意義卻如前所述，是中央霸權控制地方或作爲制衡反當權派的機器，當一個國家的國民一旦成爲政治工具後，泛政治化的社會現象當然也就無可避免；因此，隨著「三面紅旗」運動的展開，在中國的政治台面上也就開始了一連串冠以路線爲名的權力鬥爭，人民，不論是知識分子還是普羅大眾，以及行政官僚已無法預測權威當局的政策走向。

「文革」是一個關鍵的事件，文革過程中，社會秩序因高層權力鬥爭而被打破，傳統上中國人對政治冷漠的特質，此時已被權威當局有意識的鼓舞及刺激，而出現非常態的熱情，這種過於激烈及長期以政治作爲思考事物標準的政治行爲，撼動了社會的穩定支柱，此一情形在毛的「親密戰友，指定接班人」、「高舉毛澤東思想大紅旗」的林彪「投敵叛國」，被打爲「帝、修、反的代理人，是地、富、反、壞、右的總後台，是隱藏在黨內最兇惡、最危險的敵人」以及「資產階級野心家，陽謀家」，是一個「語錄不離手，萬歲不離口，當面說好話，背後下毒手的反革命集團」[51]後，達到了最嚴重的程度，廣大中國人民的價值觀出現分歧與混亂的情形。這

---

[51] 「中國共產黨第 10 次全國大表大會」，紅旗，第 9 期，1973 年，頁 6-9。

種社會現象導致中共建國初期經由政治社會化運動所形成的政治價值觀，與現實的經驗發生了嚴重的衝突，人民因此對黨及政府的誠實性與權威性產生懷疑，毛死後「四人幫」事件，就是反映了國家體系成員對體系忠誠價值觀變化的最重要的事例。

另外，值得注意的是，龐大的國家機器在政治文化改造的過程中，一直透過各種宣傳，企圖創造人民具有積極、進取、為共產主義美好未來的奮鬥意志；但根據調查顯示，中國人民仍屬於「外再控制」價值傾向的社會，社會成員對於「個人的努力可以得到回報」的問題上，有 60%持否定的態度，有 70%的人認為要成功就要跟對人[52]。也就是說與上級的「關係」是個人工作是否有成就的重要條件；上述調查的結果與強調積極進取的共產主義精神有明顯的差距，由此可以瞭解中共內部派系衝突，或派系鬥爭發生的原因，也就是當某人一旦被歸類為某類利益集團成員後，就只有跟人到底，以及與敵對的利益集團拼命到底，只有在衝突與鬥爭中獲得勝利，才能確保自己的利益。從中共歷次派系衝突觀察，派系重要成員除了陳伯達由毛身邊轉投林彪外，幾乎沒有所謂派系變節者，文革時期，林彪四野軍系打壓非四野出身的軍系，也反映出這種集團利益的派系現象。

認同權威當局，但派系與派系，人民與人民之間卻缺乏信任是中共統治下的政治文化中一個突出的特點，由於政治競爭者之間互不信任，因此，在當時並未有任何「競賽規則」作為依循的規範，追隨派系領袖，才是獲得利益的有效途徑。

---

[52] Lucian Pye, **THE DYNAMICS OF CHINESE POLITICS,** Cambridge: Celgeschleger, gunn & Hain, Publishers Inc., 1981, p.282.

在共產主義的意識中，對階級朋友應友愛及合作，對階級敵人則必須仇恨與進行你死我活、絕不手軟的鬥爭，這種極端特質的政治文化，使政治成為一場「零和博奕」的決鬥，無法妥協，鬥爭成為各派系求生的必要手段。一個信仰「政治掛帥」的國家，任何人只要在政治路線上犯了錯誤，其前途及伴隨前途而來的所有利益都將結束；因此，為了自保，中共的黨、政、軍菁英不會輕易表達自己對國家政策的立場，如必須表態，則會視最高權威的意向作為個人意向的依據，此即「三面紅旗」運動帶給中國嚴重的經濟、社會等災害，但除國防部長彭德懷外，沒人敢公開反對毛，或要求毛對此事負責，1959 年 8 月在廬山舉行的「八屆八中全會」，黨的重要幹部，不論是劉少奇或周恩來都視當時社會、經濟危急於不顧，只會一面倒向毛，並追隨毛之意向公開嚴厲指責彭德懷對「三面紅旗」運動發言不當。

從中共政治文化的本質，及政治社會化的過程可以瞭解毛統治下的中國，「政治」與「道德」結合及所產生全國泛政治化現象的必然性；1964 年中央發起的「全國學習解放軍」運動，尤具關鍵性的意義，這個運動對全中國泛政治化的現象起了積極的作用，1964 年 2 月 1 日人民日報在「全國學習解放軍」之社論中的說明，對中共政權下的政治文化及政治社會化的內涵，做了一個最好的註解。「社論」說：「解放軍之所以能夠成為一支非常無產階級，非常戰鬥化的軍隊，最根本的原因是解放軍高舉毛澤東思想的偉大紅旗，在一切工作中用毛澤東思想掛帥。解放軍大抓政治思想工作，這些都是解放軍無往而不勝的原因」，而「解放軍政治工作的根本任務，就是用毛澤東思想武裝全體指揮員和戰鬥員的頭腦，堅持在一切工

作中按照毛澤東思想辦事」[53]。中共權威當局要透過軍隊,進行一次最廣泛的政治社會化運動,以及透過角色認同的方式達到鞏固統治者權力的最高目標。

第三節 意識型態在中共政權中的特殊功能

如前所述中共政權初期控制下的中國是屬於「封閉性系統」;在一個封閉的系統中,意識型態及領袖個人魅力為體系統治階層對該系統進行強控制,及建立權威統治的重要基礎。

意識型態在中共統治的政權中有一種特殊的功能,即擁有權力對意識型態做是否正確的最後仲裁者,才能決定路線的方向以及主宰政治權力鬥爭的最後結局。基於中國傳統的社會存在著統治者與被統治者階級上的明顯差距,與不容跨越的階級障礙的結構特性,加上中共長期在全國進行毛思想意識型態化的工作,造成毛意識與個人政治魅力形成一體化的發展,達到了「崇高」或「神性」的地位。由於毛被神格化以及擁有所謂正統意識型態最後仲裁的權威地位,這使毛在歷次路線或權力鬥爭中都能立於不敗之地,是中共黨內的永遠勝利者。

意識型態具有下述多重功能:(1)提供人們一套思維架構,做為其認知客觀世界的基礎。(2)規範自己及團體行動的準則。(3)評價人民和國家行為正當與否的標準。一般來說,意識型態在中國有兩項重要的功能:合法性功能,及政治動員功能[54]。

---

[53] 「全國都要學習解放軍」,人民日報,1964 年 2 月 1 日。

[54] 有關意識型態在政權中的功能,參閱:Richard Soloman, "From Commitment to Cant: The Evolving Function of Ideology in the Revolution Process" in

　　第一，合法性的功能。任何一個政權都無法依賴暴力長期統治，它必須獲得人民的支持，這種支持包括「外顯」的支持行動及「內隱」的支持意願，即使是那些依靠以武力威脅與恐怖處罰的手段所建立的政權亦需如此，所有正在運作的政權彼此的差異只是人民「外顯」、「內隱」的支持比例不同而已。有關「外顯」、「內隱」的產出，意識型態扮演著重要的角色，不論是「一黨專政」或「民主政體」的意識型態，只要能將其成功的內化於人民的意識中，形成一種社會價值，對該國人民而言它就是正統的政治價值，那個政黨擁有這種正統的政治價值，人民就會承認該政黨統治的合法性，也就願意服從該政黨統治的國家之法律及命令的約束。

　　中共建政後，由於缺乏以公開選才的方式組成各級政府，並以此做為人民支持政權的基礎，因此，在這種「自我不朽」的職業革命家領導及統治下，革命型幹部如要轉換成政府的各級治理人，就必須要合理化其領導的權力，此時建構一套符合需要的意識型態成了必要的手段，而意識型態也正好提供了這項功能。以毛式意識型態作為革命型幹部轉換成政府各級治理人的工具，對大革命後的中國最容易，最快速、也最有效，因此，只要革命領袖毛統治國家的合法性存在，其他革命領導幹部的治理合法性就存在。

　　第二，政治動員的功能。每個具有革命特質的意識型態，都會提供未來理想社會及美好生活的遠景，但現實的經驗卻顯示完美的

Johnson, Chalmers(ed.), **IDEOLOGY AND POLITICS IN CONTEMPORARY CHINA**, Seattle: University of Washington Press, 1973. pp.44-47. Soloman 指出中共曾經運用意識型態的六種功能以推展其革命運動：1.合法性（Legitimacy）；2.認同（Identity）；3.強固（Solidarity）；4.煽動（Agitation）；5.溝通（Communication）；6.目標（Goal – Specification）。

社會乃是烏托邦式的神話，只是這種烏托邦式的神話卻能提供社會最底層的普羅階級一個夢想，它能滿足該階級多數人的心裡需要，並因此而能忍受目前生活的困頓，另一種說法就是：烏托邦的夢幻是穩定普羅階級社群的精神鴉片。此外當意識型態轉化成社會動力時，它雖不能實踐夢想，但卻可以激勵群眾為虛幻的迷思奮鬥。

在中國，由於經濟條件落後，限制了以透過物質刺激的方式，達成動員人民全力投入國家生產行列的行動，而不得不以精神上的誘因完成這項艱巨的任務。毛於 1950 年 9 月 25 日在全國戰鬥英雄代表會議和全國工農兵勞動模範代表會議上，在「你們是全民族的模範人物」的講話中就明白訴諸於精神的鼓舞，他說：「你們是全中華民族的模範人物，是推動各方面人民事業勝利前進的骨幹，是人民政府的可靠支柱和人民政府聯繫廣大群眾的橋樑」，「中國必須建立強大的國防軍，必須建立強大的經濟力量，這是兩件大事。這兩件事都有賴於同志們和全體人民解放軍的指揮員、戰鬥員一道，和全國工人、農民及其他人民一道，團結一致，協同努力，方能達到目的」[55]。

韓戰時期，1959 年 10 月 8 日毛對參戰的共軍也以同樣鼓舞精神的方式說：「必須深刻地估計到各種可能遇到和必然會遇到的困難情況，並準備用高度的熱情，勇氣，細心和刻苦耐勞的精神去克服這些困難」[56]。以外，有關中共中央對「人民英雄」的責任之說法，也可以瞭解「精神」在政治動員宣傳上的重要性，他們說：「不論男女，都應具有克服困難為社會奉獻的精神，放棄個人的報酬及

[55] 「你們是全民族的模範人物」，**毛澤東選集**，第五卷，北京：人民出版社，1977 年，頁 30-31。
[56] 「給中國人民志願軍的命令」，**毛澤東選集**，第五卷，頁 32。

舒適，人民英雄要在日復一日的工作中創造奇蹟」[57]。以意識型態作爲激勵人民或軍隊的手段，使人民願意放棄個人的需求，全心爲黨國奉獻，使軍人以堅強的意志克服困難，爲黨國建功。

意識型態的功能依照馬克思的觀點，它只是社會結構中上層建築的一部分，而「隨著經濟基礎的改變，全部的上層建築也將或慢或快的發生變革」[58]，因此，歸根究底，經濟是決定性的因素；但在尊奉馬列主義的中共政權裡，意識型態不只僅是上層建築而已，毛就曾指出：「我們承認總的歷史發展中是物質的東西決定精神的東西，是社會的存在決定社會的意識；但是同時又承認而且必須承認精神的東西的反作用，社會意識對於社會存在的反作用，上層建築對於經濟基礎的反作用」[59]。

從毛的觀點中，可以瞭解意識型態對中國社會運作的影響，它不僅存在於上層建築，也存在於下層建築裡，此即毛所謂的精神的反作用，這也是爲何當毛思想成爲中共官方的意識型態時，同時也就使毛在中共黨內享有無可匹敵的地位；毛的意識型態與正統的馬克思主義者的意識型態，有基本上的差異，毛屬於「實踐的意識型態（Practical Ideology）」有別於正統馬克思主義者的「純粹的意識型態（Pure Ideology）」[60]，毛的「實踐的意識型態」在中國有「市場價值」，它符合中國社會的需要，毛掌握了中國的社會精髓，但

---

[57] "Conference of Mass Heroes", **China Reconstructs**, vol. 8, Dec. 1959, p.1.

[58] 「政治經濟學批判序言」，**馬恩全集**，第十三卷，北京：人民出版社，1960，頁91。

[59] 「矛盾論」，**毛澤東選集**，第一卷，1964年，頁314。

[60] 有關兩者的不同參閱：Frang Schurmann, **IDEOLOGY AND ORGANIZATION IN COMMUNIST CHINA**, California: University of Berkeley Press, 1968, p.22.

也很有技巧的運用了西方的論點作爲自己理論發展的點綴。

毛在「新民主主義論」一文中就曾強調「所謂『全盤西化』的主張,乃是一種錯誤的觀點,形式主義地吸收外國的東西,在中國過去是吃過大虧的。中國共產主義者對於馬克思主義在中國的應用也是這樣,必須將馬克思主義的普遍真理和中國革命的具體實踐完全地恰當地統一起來,就是說,和民族的特點相結合,經過一定的民族形式,才有用處,絕不能主觀地公式地應用它。公式的馬克思主義者,只是對於馬克思主義和中國革命開玩笑,在中國革命隊伍中是沒有他們的位置的」[61]。然而一旦馬克思主義中國化後,毛思想就成了「馬克思主義中國化」的唯一代表,在中國,它可以凌駕馬克思主義之上,成爲實際指導中共政治行動的最高準則。

1946 年「中國共產黨第七次全國代表大會」正式將毛澤東思想納入黨章,毛正式成爲中國當代意識型態的獨佔者,黨的政策、黨務路線必須以毛思想作爲最高指導原則,軍隊亦不例外,毛思想是軍隊建軍、政治路線的依據,毛的權威在「七大」達到高峰,完全凌駕中共革命世代的其他黨、軍菁英之上。中共建政初期,基於必須在經濟條件極度落後的環境裡,建設成爲社會主義國家,在物質供應貧乏,社會次序不穩的情形下,爲了穩定人民支持新政府的熱誠,黨菁英便需積極帶領全社會共創新的、可供人民追隨的新意識型態,毛思想是黨菁英最容易取得,而且又能提供人民最好的精神依託。因此,中共黨菁英一直不斷的將人民對毛的英雄崇拜轉化成爲毛的權威,而毛的權威又可轉化成國家機器的權威,另則透過毛在黨的特殊身分,而合法化黨對全中國的領導,對一個依靠革命取

---

[61] 「新民主主義論」**毛澤東選集**,第二卷,1965 年,頁 700。

得政權的組織，這是一個穩定政權的最好途徑。

1958 年毛一手主導的「大躍進」運動失敗，雖然嚴重損害到毛做為黨領袖的地位，但毛卻有計畫的透過林彪，利用軍隊持續擴大對毛的崇拜，宣傳毛的神聖性，毛有意識型態的上的優勢，又有軍隊的支持，因此毛的政治魅力並未因「大躍進」失敗而衰退，反而由於林彪的「造神」經營，崇毛運動質變為「宗教化」運動，做為一個現世宗教的被膜拜者，毛獲得全國普遍的支持，這也就是為何當毛喪失「組織權威」（Organizational Authority）不做國家主席的情形下，仍舊可以憑藉他的「意識型態權威」（Ideological Authority）發起搖撼全中國的文化大革命，鬥垮重量級之黨務出身的國家主席劉少奇的主要原因。

當毛以「意識型態權威」發動文革動搖國家基礎時，中共黨內的菁英既不能採取積極的行動反對毛的作為，也無法公開批評毛思想或創造另一個足以對抗毛思想的新意識型態，因為一旦摧毀毛思想將危及政權的合法性以及他們依附在黨關照下的既得利益；因此不論他們在黨、政、軍機構裡的階級有多高，他們只能採取守勢，動彈不得，任毛予取予求。

建構一個可控制的，有利於政權運作的意識型態，一直是專制政府領導國家的特色，強調意識型態不但可以解決人民、軍隊的認同問題，同時也可為國家的發展豎立精神意志；意識型態在中共政權中之所以能產生「認同」與「精神意志」兩項功能，其原因是因為它受到中國特有的政治文化，及中共組織特性的影響。

第一，政治文化的影響。政治文化是指政治系統成員對政治所抱持的定向及行為模式。由於中國社會最廣大的基礎為農、工、流民階級，其中以農民占三者之多數，以農民為主的社會底層階級，

屬於一個封閉的次系統，它與國家系統之間的互動僅為單向的接受，而非雙向的互動，他們對政治、軍事或其他專業事務所知甚少，無法做出對自己階級利益有助的任何政治判斷或相關行為，它屬於Almond及Verbea所謂「偏狹的政治文化」（parochial political culture）及「臣屬的政治文化（subject political culture）」[62]的範疇，此即多數人對誰是決策者、決策組織是什麼，以及政策如何產出沒有明顯的反映，只要該決策能帶來有限的利益、安全感和美好的遠景，該體系成員對決策階層是否控制意識型態毫不在意。

此外近代中國是一個不斷重複新權威體制的國家，一方面強而有力的政府被人民視為某種強大的形象，它能滿足人民所欠缺的自信心，在感情上它能使人民重回中國即「世界中央」的偉大過去；另一方面新政權在廣大人民知識低落的條件下，為了重建衰弱的社會，它也是一條最便捷的路。由於中國政治哲學深受中國傳統文化的影響，在中國人的生活中，如果欠缺一位如宗教主般的全國性領袖，以及可供遵行及維持社會規範的意識型態時，就會感到不安，這種不安全感的國民心理因素，有利於意識型態的建立。

中共建國之後，持續的以簡潔、易懂的政治符號或口號改造社會的價值，建立意識型態的信仰系統[63]，此即，政治領袖以官方制訂的政治語言，合法其權威的統治基礎，使人民認同體系的封閉性及統治方式，並且在封閉的系統中凝聚對新政府支持強度。

---

[62] Gabriel A. Almond & Sidney Verba, **THE CIVIC CULTURE: POLITICAL ATTITUDES AND DEMOCRACY IN FIVE NATIONS**, Boston: Little, Brown and Company, 1965, pp.16-18.

[63] 參閱：Lucian Pye & Sidney Verba (ed.), **POLITICAL CULTURAL AND POLITICAL DEVELOPMENT**, New Jersey: Princeton Uni. Press, 1965, p.545.

　　第二，組織特性的影響。一個系統之所以能夠生存，乃基於該系統能合理化的輸出系統成員滿意的政策、系統成員對系統本身價值的肯定、以及懼怕來自系統的懲罰。中共的建國，是經由具有資產階級性的知識分子以職業革命家的身分，動員廣大社會底層中的農民、流民群眾，透過武裝革命方式而獲得統治權力。建國前，社會底層的人民為了有機會改變未來的社會身分及經濟基礎，接受了共黨塑造的意識型態，並且將其內化成一種熱情及忠貞不渝的精神。但早期支持中共革命的知識分子，基本上，不論是因為認同中共改造社會結構創造一個美好明天的承諾，或是因為對國民黨政府的不滿而投身於共黨組織，他們多數並非信仰共黨的意識型態而奉獻熱誠，這批知識分子對共產政權或共產黨本身並無深厚的認同感，他們追求的是中國的富強。

　　因此，當中共獲得政權後，由於共產主義並不適用於建構一個民主化、現代化的國家，不能實現不同階級人民的期望，但為了維持群眾及知識分子對新政權的支持，在無法持續以美好遠景，與承諾給予利益以維持政權的穩定情形下，只得採取組織控制的方式，以及再一次塑造對穩定政權有利的意識型態，強制向全國灌注，徹底改變中國傳統的政治文化及人民人格，以符合維持政權的需要。

　　綜合本章所述，中共政權結構的特性，約可歸納為下述十點，這十大特點對中共政權之權力運作及共軍政治角色的形成，與政治功能有根本性之影響：(1)政治制度是一種以農業社會為基礎的中央霸權專制主義制度。(2)體系結構，基本上屬於亞細亞生產方式復辟的一種形式，中央供給人民精神意識及生存所需，人民接受中央的控制。(3)以毛思想為中心的意識型態，具有最後仲裁的最高權威地位，是社會道德及價值的標準。(4)權威當局嚴密控制政治社會化的

過程。(5)「排外」運動是打擊或鬥爭政治敵人的工具。(6)共軍的組成基礎是知識分子與流民的結合,有強烈的農民運動特質。(7)體系結構在「人民公社」政策執行後,具有軍事化的本質。(8)黨、軍菁英分子為同一構體,「以黨領軍」、「黨指揮槍」是黨、軍菁英共同的認知,沒有異議。(9)軍隊的人事結構係以農民為主體,被施以徹底的政治意識教化,並被賦予高度的政治任務。(10)軍隊受傳統文化的影響對權威當局保持忠誠,以「忠君」為最完美的道德。

第二章　共軍政治角色的形成

第一節　緣起

　　古老的中國，中央集權的主要功能之一，是爲了維持農業生產而進行大規模的水利工程，政府控制了水資源就等於控制了農民的生計，同時也控制了農民對政府的效忠；由於政府控制水資源的供輸，等於獨佔了對人民予以獎勵或懲罰的工具，因此，在政治上形成以專制君主爲主的統治型態。此外，由於經常有戰爭，所以統治者又必須同時兼具軍事上的領袖，而農村則提供了統治者所需要的兵源；基於農業社會結構中農村是一個孤立、分散、家族主義興盛，但對政治冷漠的組織，而統治者又控制了社會上下階層流通的管道，在這種封閉的系統中，一般農民的需求通常是經濟性而非政治性的，只是一旦農民喪失了賴以維生的土地而成爲社會流民，在一無所有的困境中，無土農民極易挺而走險，這類遊民如果被組織起來，則會造成社會的動盪並將直接威脅政權的安全。

　　1949 年中共獲取政權後，毛瞭解農村社會是中國社會結構穩定的重要層級，廣大的農村有取之不盡的兵源，可以做爲「革命」的根據地，毛於 1927 年在「湖南農民運動考察報告」中即主張建立農民武裝，他看到了農民在中國革命中的重要性，毛在該報告中指

出：「革命是暴動，是一個階級推翻一個階級的暴烈的行動，農村革命是農民階級推翻封建地主階級的權力的革命」[1]。毛更強調「封建社會的主要矛盾，是農民階級和地主階級的矛盾」，而「中國封建社會裏，只有這種農民的階級鬥爭、農民的起義和農民的戰爭，才是歷史發展的真正動力」[2]。

毛認為「在漢族的數千年的歷史上，有過大小幾百次的農民起義，反抗地主和貴族的黑暗統治，而多數朝代的更替，都是由於農民起義的力量才能得到成功的」[3]。毛受到中國歷史上有關運用農民力量而能革命成功事例的影響，而高舉其農民意識，做為改造社會的動力，因為「中國的革命實質上是農民革命」，「新三民主義，真三民主義，實質上就是農民革命主義」，「農民問題，是中國革命的基本問題，農民力量是中國革命的主要力量」[4]，而「農民是中國軍隊的來源，士兵就是穿起軍服的農民」[5]。毛相信只要經由一個個政治運動，激發農民的力量及掌握「穿起軍服的農民」就能克服客觀的社會、經濟條件，就能推動歷史的前進。

農民軍隊在武裝暴動時期，由於武裝任務的單純性，尚能發揮其特定的功能，只是一旦以農民為主的革命力量，轉換成正式革命軍後，如需維持其革命軍的功能，則必須改變其思想結構，卸除單純的「暴動」意識，以便產生為誰而戰，為何而戰的「革命」意識。因此，中共一直試圖將軍隊從屬於黨的領導，透過黨的控制進行意

---

[1] 「湖南農民運動考察報告」，毛澤東選集，第一卷，1964 年，頁 13-46。

[2] 「中國革命和中國共產黨」，毛澤東選集，第二卷，1958 年，頁 619。

[3] 同上，頁 618。

[4] 「新民主主義論」，毛澤東選集，第二卷，頁 685。

[5] 「論聯合政府」，毛澤東選集，第三卷，頁 1078。

識轉換，去執行多重功能性的任務，以達到「革命」的目標。中國
軍隊如同秦以下之歷朝軍隊，其人事結構是以農民爲主體，但若與
中國歷史上以農民爲主體的軍隊比較，共軍最大差異就是被施以徹
底的政治意識教化，並被賦予高度的政治任務，因爲「戰爭就是政
治，戰爭本身就是政治性質的行動」，而「戰爭一刻也離不開政治」
[6]。這種說法在某些價值上與西方所謂戰爭與政治的關係有了某些聯
繫，雖然內涵不同但字面的意義卻極相似，毛的說法是：「政治是
不流血的戰爭，戰爭是流血的政治」，「戰爭是政治的特殊手段的繼
續，政治發展到一定的階段，再也不能照舊前進，於是爆發了戰爭，
以掃除政治道路上的障礙」[7]。

　　毛在分析戰爭或指導戰爭時，總是強調軍事必須爲政治服務，
處理軍事問題必須從黨的立場，從政治的利益出發，反對單純的軍
事觀點，認爲一切的軍事工作都必須「政治掛帥」，軍隊必須在黨
的「絕對領導」下，遵循黨的路線行動。基本上經過「三灣改編」、
「古田會議」之後，共軍的政治性功能即已確定；1927 年 9 月 29
日毛帶領秋收暴動殘餘人員，在江西省永新縣的三灣村，主持召開
了黨的前委會議進行部隊改編，在新的組織結構中，毛提出黨的支
部建在連上的原則，班有黨的小組，連有黨的支部，營、團設黨委，
連以上各級部隊設置黨代表，由黨代表擔任黨支部書記，而部隊中
黨的最高領導機關則是毛擔任書記的前敵委員會[8]。「三灣改編」爲
中共在軍隊中建立黨委制的開始，雖然「三灣改編」對共軍的政治

---

[6] 「論持久戰」，**毛澤東選集**，第二卷，頁 468-469。

[7] 同上。

[8] **中共黨史事件人物錄**，前揭書，頁 142-143。羅榮桓，「秋收起義與我軍初
　　創時期」，**星火燎原**，第二冊，北京：戰士出版社，1980，頁 130。

工作制度，軍內民主制度稍有涉及，但基於當時共軍組成人員素質低落[9]，組織鬆散，因此沒有實質的影響。「三灣改編」歷史意義的重要性，在於它確定了黨在軍隊中的地位，「以黨領軍」的基本原則自此確定。

1928 年 4 月，朱德、陳毅率領南昌起義失敗的的殘兵與毛秋收起義的剩餘人員在井岡山會合，併編成「中國工農紅軍第四軍」，朱德任軍長，毛任黨代表，並擔任前敵委員會書記[10]，而前敵委員會為中共邊區黨、政、軍的最高領導機構，紅四軍的黨組織分為連支部，營委、團委、軍委四級，軍委是黨在紅軍中最高領導機關，隸屬於前委。

當時中共中央對毛建立共軍黨委制的作法，基本上是贊成的，1929 年 3 月 17 日，中央軍委書記周恩來在寫給紅二軍團總指揮賀龍及湘鄂西根據地前委的指示信裡，表達了上述的觀點，周恩來在信中說：「你們現在在前委之下組織一個支部，管理全軍黨的組織，只要工作上感覺方便，也不是不可以的。在朱、毛軍隊中，黨的組織是以連為單位，每連建立一個支部，連以下分小組，連以上有營委、團委等組織，因為每連都有組織，所以在平日及作戰時，都有黨的指導和幫助。據朱、毛處來人說，這樣組織，感覺還好，將來你們部隊建黨時，這個經驗可以備你們參考」[11]。周在信中說「也

---

[9] 1929 年 5 月的統計，紅四軍當時約有 4000 人，其中黨員 1329 人，佔 33.2%。這些黨員成分為，工人 23.4%、農民 47%、小商人 8%、學生 14%、其他 7%。參閱：陳鋒，古田──確立黨和軍隊建設的根本方針，中國網，2004 年 6 月 28 日。

[10] 郭華倫，中共史論，第二冊，台北；國立政治大學，1968 年，頁 9–10。

[11] 「關於湘鄂西蘇區發展的幾個問題」，周恩來選集，上冊，北京：人民出版社，1980 年，頁 16。

不是不可以」的語氣，顯示周對這種軍中黨委制的新制度不置可否的態度。毛在「中國工農紅軍第四軍」擔任黨代表及前敵委員會書記，黨的權力越大，毛的權力也就越大，毛不是正規軍人出生，如要在軍中掌權只能透過黨組織的力量，越是反對「單純的軍事觀點」對毛越有利。

此外毛在 1928 年 11 月 25 日發表的「井岡山的鬥爭」一文中指出：由於「紅軍成分，一部是工人、農民，一部是遊民無產者，遊民成分太多，當然不好，但因天天在戰鬥，傷亡又大，遊民分子卻有戰鬥力，能找到遊民補充已屬不易，在此種情形下，只有加緊政治訓練的一法」[12]。毛認為唯有經過政治教育，紅軍士兵才會有階級覺悟，而根據毛武裝起義的經驗，「黨代表制度，經驗證明不能廢除，特別是在連一級，因黨的支部建設在連上，黨代表更為重要。他要督促士兵委員會進行政治訓練，指導民運工作，同時要擔任黨的支部書記」，而「黨的組織，現分連支部、營委、團委、軍委四級，連有支部，班有小組。紅軍所以艱難奮戰而不潰散，『支部建在連上』是一個重要原因」[13]。毛對軍隊施以政治訓練的觀點，如同毛自己所說，是因為紅軍中遊民太多，遊民成分不好，因此施以政治訓練，強化對黨的信仰，加強黨對由工、農、遊民組成的軍隊控制，乃不得不然的策略，但這一策略卻推使共軍走向高度政治化的不歸路。

1929 年 12 月，共軍在福建古田鎮的溪背村曙光小學召開紅四軍第九次黨代表大會，史稱「古田會議」，會議由陳毅主持，毛做

---

[12] 「井岡山的鬥爭」，**毛澤東選集**，第一卷，頁 65。
[13] 同上，頁 66。

政治報告，朱德做軍事報告，該次會議確立了中共黨和軍隊建設的基本方針，毛根據「中共中央九月來信的精神」，針對當時紅軍思想的混亂，撰寫了「關於糾正黨內的錯誤思想」一文，做爲該次大會共八個決議中的一項重要決議。

在「中共中央給紅軍第四軍前委的指示信」，即所謂的「中共中央九月來信」，信中對紅軍的根本任務，紅軍的發展方向與戰略，紅軍與群眾，紅軍的組織與訓練，紅軍中黨的工作，及紅軍目前的行動等，做了詳細的指示，它律定了共軍的基本任務爲：(1)發動群眾鬥爭，實行土地革命，建立蘇維埃政權。(2)實行游擊戰爭，武裝農民，並擴大本身組織。(3)擴大游擊區域及政治影響於全國[14]。此外「來信」並強調共軍政治工作[15]的重要性，分析了共軍存在著非

---

[14] 「中共中央給紅軍第四軍前委的指示信」，**周恩來選集**，上卷，北京：人民出版社，1980 年，頁 29-43。

[15] 為了規範政治工作，共軍史上曾依據不同階段的需要先後共頒佈過多次不同修訂版本的「政工條例」。1930 年 10 月，中共中央總結了中國工農紅軍政治工作經驗，以及借鑒蘇聯紅軍黨政工作和中國國民革命軍北伐戰爭時期政治工作的有關規定，制定並頒佈了「中國工農紅軍政治工作暫行條例草案」，這是共軍最早的一部政工條例。1932 年 7 月，中共中央在「給中區中央局及蘇區閩贛兩省委信」中曾指出：「必須充實現有軍隊中的政治工作，實現中央政治工作條例」。1934 年 2 月，在總結貫徹第一部條例頒佈以來的政治工作經驗，共軍全軍第一次政治工作會議對紅軍政治工作暫行條例草案進行了重新修訂和頒佈。中日戰爭時期，依據形勢和任務的發展，「政工條例」又做了具體的調整和補充，1938 年 12 月，八路軍政治部頒佈了「國民革命軍第十八集團軍政治工作暫行條例（草案）」。1942 年 10 月經修訂重新頒佈「中國國民革命軍第十八集團軍（第八路軍）政治工作條例（草案）」。解放戰爭時期，先後制定和頒佈了一系列有關政治工作方面的單項條例，包括1947 年頒佈「中國人民解放軍黨委員會條例草案（初稿）」、「中國人民解放軍連隊支部工作條例（草案）」、「中國人民解放軍革命軍人委員會條例（草例）」等。建政後，1954 年 1 月，毛要求由陳毅、羅榮桓、羅瑞卿、譚政共同主持修改「政工條例（草案）」。同年 4 月 15 日，中共中央、中央

無產階級思想的原因，以及提出了糾正方法，即要以政治教育糾正共軍的思想[16]；對於政委的任務，「來信」規定：「其職務為監督軍隊行政事務，鞏固軍隊政治領導，副署命令等」[17]。

　　毛根據上述「來信」的精神做成「關於糾正黨內的錯誤思想」之決議；該決議強調軍隊政治工作與宣傳工作的重要性，指出要加強共軍的政治訓練，鞏固政治工作制度，其中最重要的一點，就是反對「單純的軍事觀點」。毛強烈的批判軍中單純的軍事觀點、極端民主化、非組織觀點、絕對平均主義、主觀主義、流寇思想、盲動主義殘餘等事項；這個決議對共軍參與政治任務及黨對軍隊的領導做出了以下之重要指示：「中國的紅軍是一個執行革命的政治任務的武裝集團，特別是現在，紅軍絕不是單純地打仗的，它除了打仗消滅敵人軍事力量之外，還要負擔宣傳群眾、組織群眾、武裝群眾、幫助群眾建立革命政權以至於建立共產黨的組織等項重大的任務」[18]。

　　毛認為「單純的軍事觀點」表現在下列八項行為中：(1)認為軍事政治二者是對立的，不承認軍事只是完成政治任務的工具之一。(2)以為紅軍的任務也和白軍相仿佛，只是單純地打仗的，不知道中國的紅軍是一個執行革命的政治任務的武裝集團。(3)在組織上，把紅軍的政治工作機關隸屬於軍事工作機關，有走到脫離群眾、以軍

軍委頒佈了「中國人民解放軍政治工作條例（草案）」，這是建政後共軍第一部政工條例，在這個基礎上，中共中央和中央軍委又於 1963 年、1978 年、1983 年、1991 年、1995 年分別修訂頒佈了「政工條例」。參閱：http://www.pladaily.com.cn/item/zgtl/xgzl/01.htm。

[16] 同上。或參閱：**中共黨史事件人物錄**，頁 156。

[17] 同上。

[18] 「關於糾正黨內的錯誤思想」，**毛澤東選集**，第一卷，頁 87-89。

隊控制政權、離開無產階級領導的危險。(4)在宣傳工作上，忽視宣傳隊的重要性。(5)打勝仗就驕傲，打敗仗就消極。(6)本位主義，一切只知道為四軍打算，不知道武裝地方群眾是紅軍的重要任務之一。(7)保存實力、避免鬥爭的思想濃厚。(8)不顧主客觀條件，犯著革命的急性病，不願意艱苦地做細小嚴密的群眾工作，只想大幹，充滿著幻想[19]。

共軍這種「單純的軍事觀點」毛認為它來自於：「政治水平低，因此不認識軍隊中政治領導的作用」、「雇傭軍隊的思想」、「過分相信軍事力量，而不相信人民群眾的力量」、「黨對於軍事工作沒有積極的注意和討論」。而糾正的方法則是「提高黨內的政治水平，肅清單純軍事觀點的理論根源」、「加緊官兵的政治訓練，同時，盡可能由地方政權機關選派有鬥爭經驗的工農分子，加入紅軍，從組織上削弱以至去掉單純軍事觀點的根源」、「發動地方黨對紅軍黨的批評和群眾政權機關對紅軍的批評」、「編制紅軍法規，明白地規定紅軍的任務，軍事工作系統和政治工作系統的關係」[20]。

此外「決議」中檢討了紅軍的「流寇思想」，「決議」中說：由於「紅軍中遊民成分佔了很大的數量和全國特別是南方各省有廣大遊民群眾的存在，就在紅軍中產生了流寇主義的政治思想」，而這種思想表現在：「不願意做艱苦工作建立根據地，建立人民群眾的政權，並由此去擴大政治影響，而只想用流動游擊的方法，去擴大政治影響」、「擴大紅軍，不走由擴大地方赤衛隊、地方紅軍到擴大主力紅軍的路線，而要走『招兵買馬』『招降納叛』的路線」。肅

---

[19] 同上。
[20] 同上。

清上述流寇思想的方法，「決議」中則規定：「加緊教育，批評不正確思想，肅清流寇主義」、「加緊反流氓意識的教育」、「爭取有鬥爭經驗的工農積極分子加入紅軍隊伍，改變紅軍的成分」及「從鬥爭的工農群眾中創造出新的紅軍部隊」[21]。

「決議」中已明確律定了軍隊只是完成政治任務的工具，是一個執行革命政治任務的武裝集團，「決議」決定了共軍未來與政治結合的體質，它使共軍做為專業化軍隊的可能受到根本上的摧毀，而且它也確定了軍隊做為政治任務的工具性角色。

基於共軍的組成分子因遊民意識而帶來的盲動、機會及本位主義的傾向，與單純的軍事觀點必須予以糾正，因此，黨開始對共軍施以思想教育及加強黨對軍隊的領導；「三灣改編」確立了黨在軍隊中的地位，而「九月來信」及「決議」則擴大了共軍非軍事化的功能及確立了共軍的政治角色；軍隊中的黨及政治工作，日後雖有不同面貌的發展，但基本路線仍不脫上述範圍。

共軍肩負重要的政治工作，除了在「三灣改編」及「古田會議」上決定了原則及由毛的建軍思想主導外，它也是「組織傳統」與「組織特性」的延續；共軍的重要領導幹部，是參加革命和建黨的雙重工作者，建國後，軍事領袖同時掌握黨、政大權，黨、軍、政合一的身分使軍隊帶有強烈的政治性格；軍隊參加政治工作，在一個以農民為主的社會中有動員群眾以維持體系運作，以及做為群眾行為示範性功能的目的。

值得注意的是，在 1929 年 9 月「九月來信」及 1929 年 12 月「古田會議」之前，中共於 1928 年 7 月在莫斯科召開了黨的第六

---

[21] 同上。

次全國代表大會，該次會議是在共產國際直接指導下舉行，共產國際派布哈林（Nikolay Bukharin, 1888-1938）與會指導，大會各項決議隨即經共產國際六次大會（1928 年 7 月 17 日至 9 月 1 日）批准，成為之後十年中共蘇維埃運動的方針。在大會上，共產國際代表布哈林作「中國革命與中共任務」的政治報告，瞿秋白作了「中國革命與共產黨」的政治報告，周恩來作「組織問題報告和結論」及「軍事報告」，劉伯承作軍事問題的副報告，李立三作「農民土地問題」的報告，向忠發作「職工運動」的報告。

「六大」的最後一個議題為「中國共產黨軍事工作決議案（草案）」[22]，該決議案第七項「黨的軍事組織」中規定：「中國共產黨的一切軍事工作都應集中於中國共產黨中央軍事部。各地應設立軍事委員會，受地方黨部之一般指導而工作，但於軍事技術方面，則受中央軍事部之指揮。中央軍事部和各地軍事委員會均依據中國共產黨中央所規定之計劃書而工作」[23]。「六大」閉幕，第三國際為了避免中共黨內派系衝突，安排工人出身的向忠發為中共中央總書記，另任命周恩來擔任軍事部長，由於向忠發只是平衡黨內派系衝突的一個棋子，角色單純，因此，當時中共黨、軍大權則掌握在周恩來的手上。

「九月來信」對共軍建立政治思想及黨在軍隊的作用影響深遠，該信緣起於中共中央於當年召開的各地軍事聯席會議上，聽取

---

[22] 「六大」大會決議案共有：「政治決議案」、「蘇維埃政權組織問題決議案」、「土地問題決議案」、「農民問題決議案」、「職工運動決議案」、「組織決議案提綱」、「宣傳工作決議案」、「軍事工作決議案（草案）」、「共青團工作決議案」、「婦女運動決議案」、「關於民族問題的決議」、「中國共產黨黨章」第四次修正案等。

[23] 郭華倫，中共史論，第二冊，前揭書，頁 37。

了紅四軍前委書記陳毅的報告後，由中央組織部長、軍委書記兼軍事部負責人周恩來，在會議上的多次談話和中央會議的精神，由陳毅代中央起草並經周恩來審定後發出的。毛則根據「九月來信」的精神發表的「決議」，繼承和發展了共軍的政治角色，以及確定了以黨領軍的原則，這段歷史反映出早期周恩來對毛在建軍思想上的影響，及周恩來在共軍政治地位形成中的關鍵性角色。

　　1938 年 1 月周恩來曾發表「抗日軍隊的政治工作」一文，周在文中指出：「改造軍隊最重要的一環，就是建立革命的政治工作制度」，周舉蘇聯及西班牙軍隊為例說：「蘇聯紅軍所以能夠團結全國工農在殘破困苦之中擊敗白黨與外國的進攻，中國紅軍在過去十年所以能團結蘇區人民進行殘酷的戰鬥，西班牙政府軍所以能團結人民與法西斯德、意侵略軍及佛朗哥叛軍進行堅決持久的戰鬥，這些『奇蹟』的主要原因之一，就是由於革命軍隊有堅強的革命政治工作」、「因此，我們可以肯定地說，以革命主義為基礎的革命政治工作是一切革命軍隊的生命線與靈魂」[24]。

　　周對軍隊的政治工作也有以下的指示：「向每個部隊的全體官兵實施革命的政治教育」，周認為軍隊的政治教育「必須與軍事教育並重，必須有經常的政治教育時間，必須有革命內容的政治教育材料，必須開展指揮員、戰鬥員中的充分討論」。此外，對於軍隊中的政治組織，周的意見是：「必須在軍隊的各級，從最高的全國總政治部直到連隊的政治指導員，建立其獨立的組織系統。除各級部隊的指揮員可指導同級的政治工作機關外，下級政治機關必須服從上級政治機關的指揮」，「各級政治機關的官長，對其同級及下級

---

[24] 「抗日軍隊的政治工作」，**周恩來選集**，上卷，頁 112。

官佐違反革命主義、革命政綱與革命紀律的行動，有向上級政治機關彈劾之權」[25]。

在「遵義會議」以前，周恩來對軍隊的影響遠大於毛，周實際上是中共軍事的主要負責人及黨中央的重要領導人，周給毛的「指示信」即是以中央軍事部部長及政治局委員身分發出的，這個現象直到「遵義會議」後才有轉變。1935 年 1 月 15 日至 17 日在貴州遵義召開「中央政治局擴大會議」，參加會議的中央政治局委員有周恩來、毛澤東、朱德、張聞天（洛甫）、陳雲、秦邦憲（博古），政治局候補委員有王稼祥、劉少奇、凱豐（何克全）、鄧發；紅軍總部和各軍團負責人彭德懷、劉伯承、林彪、聶榮臻、楊尚昆、李富春、李卓然；出席會議的還有「紅星報」主編鄧小平（會議中被選為黨中央秘書長）、共產國際駐中國的軍事顧問李德及其翻譯伍修權[26]。

周恩來在會議中被免除中央軍委主席的職位，由毛接任[27]。周下臺的直接原因來自第五次反圍剿的失敗，當時蔣介石部隊在第五次圍剿共軍的策略上，採取「三分軍事，七分政治」，即以政治重於軍事的圍剿戰術圍困、殲擊紅軍。1934 年 10 月共軍實施戰略退卻，這次退卻由於犯了搬家式的嚴重錯誤，致使紅軍由七萬人犧牲至三萬人，中共領導幹部對軍事指揮犯了「左」傾冒險主義的錯誤極度不滿；會議中，第三軍團軍團長彭德懷首先發言，批評逃跑政

---

[25] 同上，頁 118。

[26] "Resolutions of the Tsunyi Conference", **THE CHINA QUARTERLY**, No. 40, Oct.- Dec. 1969, pp.1-17. 郭華倫，**中共史論**，第三冊，前揭書，頁 16–27。**中共黨史事件人物錄**，頁 189-190。

[27] 郭華倫，**中共史論**，第三冊，前揭書，頁 18。

策招致紅軍重大損失的錯誤。毛則批判了第五次反圍剿單純防禦戰略、戰術，以及共黨自長征以來博古、李德在軍事指揮上的錯誤，毛對中央蘇區的陷落極爲不滿，此外，會議中毛同時批評了博古在總結報告中爲第五次反圍剿失敗辯護的錯誤觀點；紅軍總參謀長劉伯承支持毛的見解，周恩來則承認在第五次反圍剿和長征中戰略、戰術及軍事指揮上的犯了嚴重的錯誤，並作了自我批評。

　　因此，在「中央政治局擴大會議決議 —— 檢討博古（秦邦憲），周恩來，李德（Otto Braun）同志軍事活動路線錯誤」中，免除秦邦憲中共中央總書記職務，免除周恩來中央軍委主席職務，取消李德及秦邦憲軍事指揮權，增選毛爲政治局常委，由中央軍委主要負責人周恩來、朱德指揮軍事。會後，常委進行分工，由張聞天任中共中央總書記職務，毛澤東、周恩來共同負責軍事。

　　此次會議後，毛雖出任黨中央軍委會主席，掌握軍權，但毛不是軍事專家，亦無蘇聯背景，在黨內，毛必須借重與蘇聯關係良好的國際派頭子王明的支持，在長征期間，毛將軍中黨的工作，政治工作，以及沿途地方黨的工作交由國際派要角負責，當時由國際派負責人秦邦憲擔任總政治部主任，邏邁擔任總政治部組織部長，何克全任總政治部宣傳部長[28]。在中央政治局與常委方面，除增補毛一人外，其餘未有變動，被免除職務的秦邦憲、周恩來仍任政治局常委，以示黨在艱困時期的團結，在軍事方面仍由周恩來以中央軍委副主席名義指揮。但在後續的長征途中，黨又成立了由毛澤東、周恩來、王稼祥組成的三人軍事指揮小組，負責長征中的軍事指揮工作。

---

[28] 郭華倫，**中共史論**，第四冊，前揭書，頁458。

　　毛在「遵義會議」中大有斬獲，當選政治局委員及中央軍委會主席，軍權在握。毛對軍隊角色的看法有相當的部分是來毛的背景，毛沒有軍人性格是典型的知識分子，他不是實際帶兵打仗的指戰員，也不擅長在軍事戰場上衝鋒陷陣，他如要穩穩的掌握軍權，就必須刻意壓低單純的軍事觀點及不斷的突出軍隊的政治性功能，但毛也沒有愚蠢到完全否定軍人的軍事功能，他清楚的認知軍權才是黨權的基石，有了軍權再拿黨權將易如反掌。「遵義會議」雖使毛坐上中共中央軍委會主席的位置，但黨權仍然有限，因此，毛開始巧妙的運用手段，肆意的揮灑軍權，毫不留情的逐一清除政治權力路上的障礙。

　　毛的性格具有知識分子和流民的特質，毛有知識分子的頭腦及深沈，知道如何一步一步安排奪權的步調，也有流民的氣息，他會以毫不留情的手段，攻擊對手。林彪日後就曾形容毛說：「從十幾年的歷史看，有哪一個人開始被他捧起來，到後來不曾被判處政治上的死刑」，「有哪一股政治力量能與他共事始終」，「他是一個懷疑狂，虐待狂，他整人哲學是一不做，二不休，他每整一個人，都要把這個人置於死地而方休，一旦得罪就得罪到底，而且把全部壞事嫁禍於別人」，「戳穿了說，在他手下一個個像是走馬燈式垮臺的人物，其實都是他的代罪羔羊」[29]。

　　實際上，毛在奪權的過程中能抓住重點、著重策略、出手兇狠，

---

[29] James T. Myers (ed.), "The CCP Central Committee Document". CHUNG-FA (1972), No. 4, **CHINESE POLITICS - DOCUMENTS AND ANALYSIS**, South Carolina: University of South Carolina Press, 1989, p.152. 中共中央中發（1972）四號文件：粉碎林陳反黨集團反革命政變的鬥爭、五七一工程紀要、李偉信筆記（1972 年 1 月 13 日），**中共機密文件彙編**，台北：國立政治大學國際關係研究中心，1978 年，頁 120-132。

毛完全瞭解在革命年代「槍桿子出政權」的道理，早在「戰爭和戰略問題」一文中，毛即清楚的表示：「革命的中心任務和最高形式是武裝奪取政權，是戰爭解決問題，這個馬克思列寧主義的革命原則是普遍地對的，不論在中國在外國，一概都是對的」，在中國則是「主要的鬥爭形式是戰爭，而主要的組織形式是軍隊」，「是武裝的革命反對武裝的反革命。這是中國革命的特點之一，也是中國革命的優點之一」[30]。

毛對共產黨的任務曾有下述之說明，他說：「共產黨員不爭個人的兵權，但要爭黨的兵權，要爭人民的兵權」，「在兵權問題上患幼稚病，必定得不到一點東西」，「每個共產黨員都應懂得這個真理：『槍桿子裏面出政權』，我們的原則是黨指揮槍，而絕不容許槍指揮黨」[31]。「不爭個人的兵權，要爭黨的兵權」是毛對黨員的要求，不是對他自己，毛的這個說法隱藏了自己的企圖，就是毛非但要爭個人的兵權，還要爭黨的兵權；除了積極主動外，毛如要順利的爭到黨的兵權，還要積極的防禦，那就是要防止其它人爭黨的兵權，爭人民的兵權。

毛相信要掌握軍隊就必須先掌握組成軍隊的基層分子 —— 農民，農民在毛的眼中是軍隊的靈魂也是軍隊的軀體，毛認為農民在歷史上扮演推動歷史前進的重要角色，因此，做為一個馬列主義的繼承者，毛批判繼承了馬克思階級鬥爭的觀點，毛認識到農民才是

---

[30] 這句話係毛引用史達林所述，參閱史達林，「論中國革命的前途」，**史達林選集**，上卷，北京：人民出版社，1979 年，頁 487。其於參閱："Problems of War and Strategy (6 Nov. 1938)", **SELECTED WORKS OF MAO TSE-TUNG**, Vol. II (1965), Peking: Foreign Languages Press, 1965, p.219, 221.

[31] Ibid., p.224.

中國廣大的兵員所在，是中國革命的主力，因此毛首先要解放的是「農民」，而不是「工人」，毛要利用農民做為軍隊的主要組成分子，利用農民完成革命。毛更清楚的知道，動員農民的方式就是要領導農民進行土地鬥爭，分土地給農民，給農民看得見的物質利益[32]，在一個具有亞細亞生產社會結構特性的國家，在一個有嚴重「土地兼併」經濟及社會現象的國家，毛要革命成功必須先解決這個問題，才能給軍隊結構中的主要組成分子 ── 農民，看得見的利益。

第二節　毛建軍思想與共軍政治角色的形成

中共早期的建軍思想，在 1981 年 6 月 27 日中共「十一屆六中全會」通過的「關於建國以來黨的若干歷史問題決議」中有下述之回憶性的敘述：「早在 1927 年革命失敗以前，毛澤東同志就已經明確指出無產階級領導農民鬥爭的極端重要性以及在這個問題上的右傾危險」，「由於中國沒有資產階級民主，反動統治階級憑藉武裝力量對人民實行獨裁恐怖統治，革命只能以長期的武裝鬥爭為主要形式，中國的武裝鬥爭，是無產階級領導的以農民為主體的革命戰爭。農民是無產階級的最可靠的同盟軍，無產階級有可能和必要通過自己的先鋒隊用先進思想、組織性和紀律性來提高農民群眾的覺悟水平，建立農村根據地，長期進行革命戰爭，發展和壯大革命力量」[33]。

中共建黨以來，一直試圖在城市鼓動充滿農民意識、派系觀念

---

[32] 「建立鞏固的東北根據地」，毛澤東選集，第四卷，頁 1178。
[33] 「關於建國以來黨的若干歷史問題決議」，人民日報，1981 年 7 月 1 日。

強、知識程度低的產業工人和都市遊民以及無地農民進行城市暴動
奪取政權，但卻遭到挫敗。毛在 1927 年 3 月「湖南農民運動考察
報告」中公開強調農民及農民問題的重要性，並認為廣大的農村不
僅有取之不盡的兵員，也可以做為「革命」的根據地，因為「農民
問題是中國革命的基本問題，農民的力量是中國革命的主要力量」
而「中國共產黨的武裝鬥爭就是在無產階級領導下的農民戰爭」，
中共如果要奪取政權，就必須「推翻地主武裝，建立農民武裝」[34]。

　　此外毛在 1939 年「中國革命和中國共產黨」一文中，再度強
調「從秦朝的陳勝、吳廣、項羽、劉邦起，經漢朝的新市、平林、
赤眉、銅馬和黃巾，隋朝的李密、竇建德，唐朝的王仙芝、黃巢，
宋朝的宋江、方臘，元朝的朱元璋，明朝的李自成，直至清朝的太
平天國，總計大小數百次的起義，都是農民的反抗運動，都是農民
的革命戰爭。中國歷史上的農民起義和農民戰爭的規模之大，是世
界歷史上所僅見的，在中國封建社會裏，只有這種農民的階級鬥
爭、農民的起義和農民的戰爭，才是歷史發展的真正動力」，「每一
次較大的農民起義和農民戰爭的結果，都打擊了當時的封建統治，
因而也就多少推動了社會生產力的發展」[35]。農民在毛的心中是革
命的第一性，重要無比，毛在農村建立根據地，並將農民做為中國
革命的主要力量。毛對中國歷史上「農民起義」的觀點有相當現實
性的觀察，毛以知識分子的身分輕視知識分子在革命中的角色，而
極力突顯農民的功能，如從中國社會的結構特性檢視中國革命的特
質，毛對農民的看法是值得重視的。

---

[34] 「湖南農民運動考察報告」，**毛澤東選集**，第一卷，頁 13-46。
[35] 「中國革命和中國共產黨」，**毛澤東選集**，第二卷，頁 619。

　　中國社會有下述的結構特性：(1)中國是一個經濟落後的封建與半殖民地國家。(2)以小自耕農爲主的亞細亞生產方式社會。(3)農民在中國歷史上具有革命性。(4)有「寓兵於農」或「寓農於兵」的全民皆兵的歷史經驗。(5)農村社會可提供廣大的兵員。毛清楚的瞭解中國社會結構的特性，並因此而設計出一套有中國特色的建軍路線，基於「人民，只有人民，才是創造世界歷史的動力」[36]，毛總結共軍在井崗山時期鬥爭的經驗，而發展出農民，土地革命與武裝鬥爭結合的毛軍事思想。

　　農民是毛革命事業的基本群眾，因爲「農民是中國革命的來源，士兵就是穿起軍服的農民」[37]。毛的「農民主義」實際上反映了毛相信經由人爲改變生產關係方式，以政治動員推進人民對毛思想認識的提高，可以一舉且迅速的改變國家的結構，使自己能夠完全掌握國家未來的前進方向。毛突出「階級鬥爭」的概念，表面上是對資本主義的強烈痛恨和絕對否定，但他真正的目的，是鞏固自己在黨、在國家中不可動搖的地位，並且要確立該地位的永恆。毛此一經由「農民主義」的概念，去追求黨及國家所有成員對自己盡忠的企圖，實際上是一種「不朽革命」的觀點，毛利用傳統中國社會對儒家學說中「忠君」的道德觀，進行政治上的不斷革命。

　　毛從「農民」的概念發展出「人民戰爭」，從「武裝鬥爭」發展出「戰爭萬能」，毛認爲「中國是武裝的革命反對武裝的反革命，這是中國革命的特質之一，也是中國革命的優點之一，中國共產黨的武裝鬥爭，就是在無產階級領導之下的農民戰爭」，在中國「只

---

[36] 「論聯合政府」，**毛澤東選集**，第三卷，頁 1031。
[37] 同上，頁 1078。

要一提到武裝鬥爭，實質上即是農民戰爭，黨同農民戰爭的密切關係，即是黨同農民的關係」[38]，而在中國「革命的中心任務和最高形式，是武裝奪取政權，是戰爭解決問題」[39]。既然要用戰爭解決問題，就必須肯定槍桿子的重要性，因此毛根據「槍桿子出政權」的意念，辯證的發展出毛式的建軍原則，即「是黨指揮槍，而絕不容許槍指揮黨」[40]，這也就是說，黨同農民的關係，有階級上的差異，只有黨指揮農民，而不允許農民指揮黨，不允許真正的無產階級群眾指揮無產階級組成的黨。中共黨軍關係在精神及制度上都是一種上下隸屬，而且是不可逆轉的層級關係，這點早在建軍初期，在毛刻意植入毛式的革命觀點後，就已完全確定。

基於共軍組成分子的特質及「黨指揮槍」的原則，早在 1929 年「古田會議」毛做總結報告時，如前所述，就律定了紅軍的性質及任務，同時也批判了「單純的軍事觀點」。此外毛堅持，共軍必須是：(1)在中國共產黨領導下的軍隊。(2)堅持執行打仗，做群眾的工作，和進行生產等三大任務，即是戰鬥隊，又是工作隊，也是生產隊。(3)實行主力軍，地方軍和民兵三結合的武裝體制。(4)突出政治，從政治上建軍[41]。

基於「農民的力量是中國革命的主要力量」的命題，毛建立了以農民為主體的軍隊，並從「人民戰爭」的概念，再發展到「民兵」

---

[38] 「共產黨人發刊詞」，**毛澤東選集**，第二卷，頁 595-596。

[39] 「戰爭與戰略問題」，**毛澤東選集**，第二卷，頁 529。

[40] 同上，頁 535。

[41] 林彪，「人民戰爭勝利萬歲」，**人民日報**，1965 年 9 月 30 日。「人民戰爭勝利萬歲」，**紅旗**，第 10 期，1965，頁 11-20。Michael Y. M. Kau (ed.), **LIN PIAO AFFAIR - POWER POLITICS AND MILITARY COUP**, New York: International Arts and Science Press, Inc., 1975, pp.265-316.

的概念。在毛領導下的民兵組織的基本路線與政治關係極為緊密，其路線在毛的設計下可歸納為四點[42]：(1)組織軍事化。(2)政治掛帥。(3)貫徹階級路線。(4)堅持「勞、武結合」原則。

　　毛主導的「全民皆兵」運動，實際上是毛建軍原則的一個重要反應，毛於革命初期在「湖南農民運動考察報告」中，就主張：「推翻地主武裝建立農民武裝」，毛視民兵建設為其建軍路線的重要組成部分，因為民兵是群眾的大結合，它不僅可做正規部隊的大後援，組建民兵組織的本身就是一場全國性的政治大運動，而政治運動又是毛進行奪權鬥爭必要手段。此外，由於以農民為主的民兵組織具有廣大的群眾性與階級性，因此在權力平衡的功能上，為了防範共軍在正規化建軍中失去革命熱誠，民兵可以成為制衡正規部隊以防止其偏離政治性工具的主要牽制力量，民兵是毛在階級鬥爭或權力鬥爭中一項攻守皆宜的重要資產。

　　「全民皆兵」是毛對中國傳統國防政策上「兵農合一」軍制觀念的實踐，毛相信「戰爭的偉力之最深厚的根源存在於民眾之中」[43]，「真正的銅牆鐵壁是群眾，是千百萬真正誠意擁護革命的群眾」[44]。毛透過「人民公社」的組織軍事化，行動戰鬥化，生活集體化的方式擴大武裝部隊的人力資源，使中國社會具有軍事化的本質。

---

[42] 傅秋濤，「大辦民兵師」，人民日報，1958 年 10 月 30 日。傅秋濤(1907-1981) 湖南省平江縣人，最高階級為上將，1925 年參加工人糾察隊，1927 年參加平江農民暴動 1929 年加入中國共產黨，中華人民共和國成立後，任山東軍區第一副司令員，中央復員委員會秘書長，中央軍委人民武裝部部長，中國人民解放軍總參謀部動員部部長，中央軍委人民武裝委員會副主任，總參謀部顧問。1955 年被授予上將軍銜。1958 年中共國慶，當北京的民兵師通過天安門廣場時，毛曾對站在身邊的赫魯雪夫說，我們有一億民兵。

[43] 「論持久戰」，毛澤東選集，第二卷，頁 501。

[44] 傅秋濤，「全民皆兵」，紅旗，1958 年，10 期，頁 21。

基本上，一個體系如具有軍事化的本質，且推崇武力的工具性價值，這種體系在政策產出時會具有某種程度的暴力傾向，當軍人在體系領導階級中擁有崇高的政治地位，軍人就容易自發性的想再成為決策核心中的要角；相反的，在非軍事化的體系中，軍人僅被視為軍事領域中的專業者，其最大的功能僅在維護體系的安全而已。毛要利用軍隊就不能把軍人只訓練成一個專業者，而是要加強他們在非專業領域或政治領域的角色功能。

毛對軍權的看法實際上是相當坦白的，除了前述毛認為「每個共產黨員都應懂得這個真理，『槍桿子裡面出政權』，我們的原則是黨指揮槍，而絕不容許槍指揮黨」。此外他也承認：「但是有了槍確實又可以造黨，八路軍在華北就造了一個大黨，還可以造幹部，造學校，造文化，造民眾運動，延安的一切就是槍桿子造出來的，槍桿子裡面出一切東西」，「從馬克思主義關於國家學說的觀點看來，軍隊是國家政權的主要成分。誰想奪取國家政權，並想保持它，誰就應有強大的軍隊」[45]。毛看到了槍桿子隱藏的危險，但也看到了它的正面意義，只要避險得宜，他就可以自由自在的揮舞槍桿子的大旗。

毛為了防止「槍指揮黨」的局面出現，長期以來不僅以人事安排掌握了軍隊，而且不斷的在各種「崇毛」的政治運動中，從意識型態的領域，將軍隊控制在對自己絕對效忠的情境裡。實際上，毛對軍隊的政治角色有相當特殊的看法，他不在乎軍人政治角色的強弱，他只堅持自己能有效的控制軍隊，堅持鞏固他個人在軍中最高領導人的地位，而且共軍的政治活動必須堅定不移地「捍衛毛主席

---

[45] 「戰爭與戰略問題」，**毛澤東選集**，第二卷，頁535。

的軍事路線」、「擁護以毛主席爲首的黨中央」，永遠在他的絕對領導，鞏固毛式意識型態。因此，無庸置疑的，在毛統治下的中國，共軍是一支血統純正的「毛家軍」，軍隊的政治立場與毛完全一致，任何軍人不論對革命建國的貢獻有多大，只要政治態度與毛稍有不同，就將遭至被整肅的下場，高崗、饒漱石、彭德懷、羅瑞卿、林彪等事件，都是毛對建國有功的軍人，毫不留情，痛下打手的事例；在毛主觀的判斷下，如果毛認爲誰想奪權，誰不認同他的政策，誰不絕對服膺其政治立場，就會對誰做出極端的反應。

在「低政治制度化」及「革命化」的國家，權威領袖的統治合法性，(1)來自於領袖的個人魅力，因此型塑政治領袖的魅力，確定統治的合法性成爲該政治領袖，及圍繞在政治領袖周圍的權力依附者最重要的工作。(2)來自於權威當局是否擁有正統意識型態的解釋權及最終的裁判權。意識型態決定了「低政治制度化」及「革命化」國家的人民，其政治行爲的取向，也就是說，意識型態是該類型國家的政治現象鎖鍊上的關鍵性環節。另一方面，意識型態經由「政治社會化」的過程，可「內化」成爲體系成員的政治人格，形成對國家或政權認同的共識價值，它是政治體系整合的基礎；因此，權威當局能否長期掌握權力與其對意識型態的全面性獨佔，及擁有權威性的詮釋者之特殊地位，有密切的關係。

爲了確立毛在中國的最高權威地位，透過「延安整風運動」[46]、

---

[46] 「延安整風運動」於1941年5月開始至1945年4月結束，其任務是：反對主觀主義，以整頓學風；反對宗派主義，以整頓黨風；反對黨八股，以整頓文風。整風運動的方針是「懲前毖後，治病救人」，採取批評與自我批評的方法，達到弄清思想，團結黨員同志的目的。參閱：「整頓黨的作風」，毛澤東選集，第三卷，頁35-51。中共術語彙解，頁425。郭華倫，中共黨史，第四冊，頁369-415。

「七大」及林彪不遺餘力的造神運動，毛有計畫的被造就成一種意識型態的迷思。1942 年 2 月在毛主持下，中共在延安展開長達三年的「整風運動」，這次運動的目的在透過對王明（陳紹禹）爲首的黨內國際派的鬥爭，爲「馬列主義中國化」的毛思想，建立良好的成長環境；同時透過不斷的學習毛的講話及著作，經由批評、檢討和團體學習方式，將「馬列主義的理論與中國革命實際相結合」的毛思想，內化至黨、軍人員的意識裡。

實際上，「延安整風運動」具有強烈而明顯的「思想改造」企圖，毛的目的在借用馬克思、列寧主義中國化的途徑，達到馬克思、列寧主義毛澤東化。整風運動之一的整頓黨風，毛從改組黨校著手，「根據黨中央的決定，黨校實行了改組，毛澤東同志親自兼任黨校的校長，林彪、彭真同志任副校長，並由彭真同志直接主持黨校整風運動的組織和思想的領導工作」，而「延安中央黨校的整風運動，是全黨整風運動的重點，也是全黨整風運動的一個縮影」[47]。毛要建立毛澤東思想在中國的主流地位，使毛思想做爲黨及全中國的價值標準，只得借整風之名清除思想上的異議分子，一般而言，思想整肅及由思想整肅所引發的寒蟬效應，是清除異己，鎮壓異議聲音最好的手段，但在思想清洗上毛做的非常徹底，他用一網打盡的方式剷除思想上的敵人，再用耕植的方式栽種自己所要的意識型態。

透過整風運動達到建立毛思想在中國主流地位的努力是成功的，1945 年 4 月 23 日至 6 月 11 日中共中央在延安召開「七大」，

---

[47] 張鼎承，「整風在延安中央黨校」，星火燎原，第六集，北京：人民出版社，1962 年，頁 6。

劉少奇在「關於修改黨章的報告」中就說：我們的黨「以馬克思列寧主義理論與中國革命實踐之統一的思想 —— 毛澤東思想作爲自己一切工作的指標，規定了徹底代表中國民族和人民利益的革命綱領與革命政策」。毛思想在該「報告」中被高度的讚揚，因爲「毛澤東同志的集中與創造，使馬克思列寧主義的普遍真理與中國革命的具體實踐相結合達到了高度的完備的發展」，此外「報告」將更中共黨的發展與毛思想融合成一體，因爲「黨是一貫地遵循毛澤東同志創造的中國馬克思列寧主義的思想，及其所制訂的政治路線與組織路線而發展起來的」，「我們黨正是在這種偉大的毛澤東思想指導之下，集合了中國工人階級與勞動人民中最忠實、最勇敢、最覺悟與最守紀律的代表」[48]。

毛在「報告」中已被形容成天才般的傑出，「報告」說：「我們的毛澤東同志，是我國英勇無產階級的傑出代表，是我們偉大民族的優秀傳統的傑出代表。他是天才的創造的馬克思主義者」，「爲災難深重的中國民族與中國人民指出了達到徹底解放的唯一正確的完整的明確的道路—毛澤東道路」，「以毛澤東思想武裝起來並圍繞在毛澤東同志周圍的中堅幹部，他們在長期鬥爭中被證明是中國民族最優秀的人物」[49]。

毛思想的地位在「七大」已被神格化，「七大」通過的黨章條文上規定：「努力領會馬克思列寧主義、毛澤東思想的基礎是每一個共產黨員的義務」而「毛澤東思想，就是馬克思列寧主義的理論與中國革命的實踐之統一的思想，就是中國的共產主義，中國的馬

---

[48] 劉少奇，「關於修改黨章的報告」，劉少奇選集，東京：中華文化服務出版社，1976 年，頁 151-154。
[49] 同上。

克思主義」，「毛澤東思想，從他的宇宙觀以至他的工作作風，乃
是發展著與完善著的中國化的馬克思主義，乃是中國人民完整的革
命建國理論」[50]。毛經過一連串的努力，終於在「七大」劉少奇「關
於修改黨章的報告」中，將其思想定位等同於中國的共產主義，及
中國的馬克思主義，毛正式成為黨的意識型態獨佔者及唯一的詮釋
者，毛的權威地位至此攀上高峰。

　　1959 年盧山會議，因為「大躍進」路線帶來全國性的災害，毛
首度遭受黨內的撻伐，雖然毛將之定位為「一場階級鬥爭」，並將
國防部長彭德懷批鬥下臺，但盧山會議的那場鬥爭，毛只是在權力
鬥爭上運用最高權威者的身分獲得勝利，但其自「七大」後之神聖
不可侵犯的的地位卻也受到侵蝕，中共內部因「大躍進」的失敗出
現分裂危機，毛於盧山會議之後，必須重建遭受破壞的個人迷思，
這項工作毛借林彪之手有計畫的進行。

　　1959 年 9 月 17 日，林彪被任命為國防部長，並主持軍委日常
工作；1960 年 9 月 14 日至 10 月 20 日，林彪在北京召開「中共中
央軍委擴大會議」，突出強調學習毛澤東著作，通過了「關於加強
軍隊政治思想工作的決議」，這個決議，繼承和發揚了 1929 年「古
田會議」決議中要求徹底的檢討解放軍的政治教育，並強調毛在「古
田會議」中有關政治工作指示的重要性。該「決議」指出：「毛澤
東思想無論過去、現在或將來，都是我軍建設的指標，也是我軍政
治思想工作的指標，1929 年毛澤東同志起草的中國共產黨紅軍第四
軍第九次代表大會決議，即古田會議決議，指明了我軍建設的方
向，奠定了我軍政治工作的基礎」。林彪根據毛對軍隊政治工作的

---

[50] 同上。

要求，提出四個關係問題：(1)正確處理武器和人的關係。(2)正確處理各種工作和政治工作的關係。(3)正確處理政治工作中事務性工作和思想工作的關係。(4)正確處理思想工作中書本思想和活的思想的關係。有關軍隊政治思想工作的方向，則是「人的因素第一，政治第一，思想工作第一，活的思想第一」[51]。

「決議」強調要「高舉毛澤東思想的偉大紅旗」，「高高地舉起毛澤東思想的紅旗，進一步用毛澤東思想武裝全體指戰員的頭腦，堅持在一切工作中用毛澤東思想掛帥」，這才是共軍「政治思想工作的最根本的任務」[52]。林彪以毛思想爲共軍的大旗，強化共軍的革命意識，也將共軍「家臣」化，並企圖將共軍質變成「毛家軍」，因此全體解放軍必須「讀毛主席的書，聽毛主席的話，按毛主席的指示辦事，做毛主席的好戰士」[53]。在國防部長林彪積極的推動下，毛思想成爲必須高舉的偉大紅旗，毛在軍隊中的地位大大的高漲。

基於毛在黨、軍中的元老級身分，共軍部隊及各級領導幹部均視毛爲大家長，這種家長意識結合毛被型塑的迷思，並經由各種政治運動不斷的強化而昇華爲全軍的教主。另外，由於軍隊結構的嚴密性、階級性、剛性的紀律和特有的文化，這些不同的因素交叉互動的結果，使毛思想在軍隊中成爲最高的道德，有不容挑戰的權威地位，軍隊堅定的效忠毛，並以毛思想或毛的口號做爲衡量一切事物的是非標準。

---

[51] 「中共中央軍委擴大會議，關於加強軍隊政治思想決議（1960 年 10 月 29 日）」，工作通訊，解放軍總政治部編印，第四期，1961 年，頁 219。
[52] 同上。
[53] 羅瑞卿，「學習雷鋒 —— 寫給中國青年」，人民日報，1963 年 3 月 5 日。

　　毛的建軍思想及其對共軍政治角色的規範，與他個人政治經歷關係密切，毛在早期黨內鬥爭及武裝奪權的深刻經驗，使毛瞭解「槍桿子裡出政權」的道理；1935 年「遵義會議」（政治局擴大會議）後，改組中共中央及中央軍委會時，在總書記與中央軍委會主席兩者之間，毛並不急於爭取出任黨的總書記，而是先取得紅軍的實際指揮權，毛先取軍權，後取黨權的安排，是他對過去政治失意經歷的反省，毛深切的認知權力的真諦，權位有實有虛，革命年代要爭大位，要避虛務實，毛體會出要真正掌握黨權，最近的一條路是必須先得軍權。

　　實際上，毛在統治中國以後，忠實反映了費爾巴哈（Ludwig Feuerbach, 1804–1872）的觀點[54]，借用林彪及共軍之手，毛的思想成為現世毛宗教的意識，毛的著作成為毛宗教的聖經，毛的形象被塑造成無所不在，無所不能的神，不論是軍隊還是政治，都成為毛統治毛宗教的劍；當毛變成「神」以後，毛開始以神的地位及權力通過對舊社會、對階級、對路線、對單純軍事觀點的批判，轉變成對同志、對親密戰友、對接班人的批判。國防部長彭德懷在長征時曾被毛恭維為「縱橫馳奔，橫刀力馬」[55]的大將軍[56]，但在 1959 年

---

[54] 所謂「異化」即主體在發展的過程中，由於自己的活動而產生出自己的對立面，然而這個對立面又做為一種外在的、異己的力量，轉過來敵對主體本身。費爾巴哈認為聖經上說上帝按照自己的形象創造了人，其實正好相反，世人按照自己的形象創造了上帝。因此費爾巴哈認為要克服宗教的異化，人應該崇拜自己，而不是崇拜上帝。參閱：王若水，「談談異化問題」，**新華月報**，1980 年，10 月，頁 15。馬克思，**經濟學哲學手稿**，北京：人民出版社，1963 年，頁 52。

[55] 全文為：「山高路遠坑深，大軍縱橫馳奔，誰敢橫刀立馬，唯我彭大將軍」。

[56] 黃克誠，「丹新照日月，剛正垂千秋」，**人民日報**，1979 年 1 月 3 日。當時彭德懷任陝甘支隊司令員，毛兼任政治部主任。

「八屆八中全會」（廬山會議）所做之「中國共產黨八屆八中全會關於以彭德懷同志爲首的反黨集團的錯誤的決議」上卻被毛打成「黨內最大的走資本道路當權派，是資本主義覆辟的總代表，是反黨集團的首領」[57]。

劉少奇是國家主席，林彪是毛指定的接班人及親密的戰友，但劉少奇於 1968 年 10 月 13 日至 31 日在北京舉行的「八屆十二中全會」上被指爲「黨內頭號走資本主義道路當權派劉少奇，是一個埋藏在黨內的叛徒、內奸、工賊，是罪惡累累的帝國主義、現代修正主義和國民黨反動派的走狗」[58]，所以「對於劉少奇的反革命罪行，表示了極大的革命義憤，一致通過決議，把劉少奇永遠開除出黨，撤銷其黨內外的一切職務，並繼續清算劉少奇及其同夥叛黨叛國的罪行。全會號召全黨同志和全國人民繼續深入展開革命大批判，肅清劉少奇等黨內最大的一小撮走資派的反革命修正主義的思想」[59]。劉以「叛徒、內奸、工賊、走狗」等罪名被徹底的清算，這些大逆不道的罪名不會是一天就會造成的，但毛決定要鬥劉時卻毫不在意爲什麼「叛徒、內奸、工賊、走狗」還能當上國家主席，爲什麼在劉少奇身邊的同志、戰友事前沒有人看到他的犯罪作爲。

林彪則在「十大」被打成「帝、修、反的代理人，是地、富、

---

[57] 「無產階級必須牢牢掌握槍桿子 —— 紀念人民解放軍建軍 40 週年」，紅旗，第十二期，1967 年，頁 45-46。

[58] "Report by the CCP Central Committee's Special Panel on the Case of Liu Shao-ch'I" (18 Oct. 1968), **THE PEOPLE'S REPUBLIC OF CHINA 1949-1976 - A DOCUMENTARY SURVEY**, Vol. IV, op. cit., p.2191.

[59] "Communiqu of the Twelfth Plenum (31 Oct. 1968)（中國共產黨第八屆擴大的第十二次中央委員會全會公報）",. **THE PEOPLE'S REPUBLIC OF CHINA 1949-1976 - A DOCUMENTARY SURVEY**, Vol. IV, op. cit., p.2195.

反、壞、右的總後台，是隱藏在黨內最兇惡，最危險的敵人，是「資產階級野心家、陰謀家、兩面派、叛徒、賣國賊」，而「十大」則「粉碎了林彪反黨集團」[60]。毛決定鬥倒林彪的時候，他不管為什麼這個「陰謀家、賣國賊」會成為他的親密戰友，為什麼「叛徒、最危險的敵人」在塑造毛思想的崇高地位時，沒有人認清他邪惡的面目，那時毛非但不撇清關係、消滅敵人，還欣然的享受「賣國賊、叛徒」對黨、對領袖的偉大歌頌及貢獻。

雖然上述人物，都是毛在追求或鞏固權力的過程中，由於操弄權術而產生的對立面，他們以一種「異化」的力量轉過來反對毛，實際上不論是高崗、饒漱石或彭德懷、劉少奇、林彪，他們與毛之間並無「黨指揮槍」或「槍指揮黨」的基本價值的衝突，他們對毛的權威領導並無異議，他們與毛同為革命第一世代的同志，也都承認毛的家長地位，只是他們或對毛的某些政策不滿，或企圖在毛的領導班子裡，獲得較多的權力，但這些卻令毛懷疑他們有背叛毛的可能，而必將之除去。

因此。在毛時期，共軍的政治角色是工具性的，但這個工具性的角色卻有相當的針對性，它是在毛指揮下打倒異議分子的工具性角色。毛雖然不斷強調「黨」對「槍」的絕對領導，事實上，是毛對「槍」的絕對領導；毛所謂的「黨」只是以他個人為中心的集團而已。

對一個組成分子大部分來自農村及社會下層結構的軍隊而

---

[60] Chou En-lai, "Report to the Tenth Party Congress (24 Aug. 1973)（周恩來同志在中國共產黨第十次全國代表大會上的報告）", **THE PEOPLE'S REPUBLIC OF CHINA 1949-1976 - A DOCUMENTARY SURVEY**, Vol. V, op. cit., pp.2463-2465.

言，軍隊中的成員並沒有旺盛的政治企圖，他們不關心也沒有知識水平可以辯解什麼是國家制度，什麼是黨內民主，什麼是政治繼承，他們只要不走離毛思想的框架，只要忠誠擁護毛的絕對領導，他們就可以在新社會中享受特殊的地位，以及由特殊的地位而帶來的階級利益。雖然毛不斷的鼓吹無產階級革命的重要性，但共軍不可能採取「階級自殺」，自動退回到流民無產階級。在這種情形下，一種特殊的官僚系統因而形成，共軍必須在毛式意識型態下做毛個人的政治工具，共軍的階級利益來自於毛的賦予，共軍如要保衛既得利益，就要絕對的支持毛。

在這種結構特性中，共軍形成的政治傳統，並非崇拜制度，而是個人崇拜，毛的權威地位使他始終控制著中共的軍權，並指導及監控共軍的發展。因此，在毛統治時期，共軍的政治角色並未有明顯的起伏，而是以逐漸擴大的方式發展，即使文革時期地方軍頭形成割據，造成地方上「槍指揮黨」的局面，但從整體情勢的發展面向檢視，共軍從未脫離毛的掌握，尤其當共軍政治自主性升高到危及整個黨的生態系統時，毛仍可以對黨組織進行重建工作，並有效的壓制軍隊日益膨脹的政治勢力。因此，我們可以得到一個結論，就是毛雖突出共軍的政治角色，但仍有一定的規範及限制，並非無限上綱的任憑它隨意發展；從這點延伸則可確定，在毛心中，共軍的政治角色並不是真的那麼神聖崇高，它只是毛政治大戰略下的一種策略，毛有自信可以收放自如，需要時利用軍隊，控制軍隊，並運用它做為鬥爭中的政治工具，不需要時隨時將它歸順在黨的領導下。

第三節 黨軍關係

一、軍權的歸屬

中共建黨之初，黨內並沒有領導軍事工作的部門，1924 年 5 月中共在廣東區委內設軍事部，由周恩來兼任部長，1925 年中共中央成立軍事部，由張國燾任部長，1926 廣東區委軍事部遷至武漢，併入中共中央軍事部，周恩來接替張國燾任部長，此一時期軍事部長的工作為組織工農武裝，領導暴動。1927 年 8 月中共建立武裝部隊，在軍中設置「前委」（前敵委員會）、「黨代表」和各級黨組織，「以黨領軍」的雛形出現[61]， 1928 年 5 月中共中央擬定「軍事工作大綱」規定「組織蘇維埃軍事指導機構」，即蘇維埃軍委會，[62]這一時期，中共軍事領導機構在中央為軍事部，在地方為蘇維埃軍委會，而實際權力則操之在前委手上。

1930 年「六屆三中全會」為加強中共中央對蘇區的軍事領導權，決定在各蘇區成立中央局或中央分局；1931 年 11 月在江西蘇區成立「中共蘇區中央局」，同時設立「中共中央軍事委員會」由項英擔任主席，1931 年 11 月「第一次全國蘇維埃代表大會」之後，在「蘇維埃中央執行委員會」之下設「中央革命軍事委員會」以朱德擔任主席，另在「中共中央人民委員會」之下設「軍事人民委員

---

[61] 郭華倫，**中共黨史**，第一冊，頁 293-296。
[62] 范植元，「中共軍事領導權問題」，**第七屆中、美「中國大陸問題」研究會論文集**，台北：國立政治大學，頁 1-2。

部」，亦由朱德擔任部長；[63]這一時期，軍事領導機構一共有三個，即屬於「黨」的「中央革命軍事委員會」，屬於「政」的「中央革命軍事委員會」，及「軍事人民委員部」。

1934年1月「六屆五中全會」，周恩來接替項英擔任「中央軍事委員會」主席，1935年1月，中共在遵義召開「中央政治局擴大會議」後，改組中共中央，毛當選為政治局常委，並取代周恩來出任中央軍委會主席。

1949年至1976年，中共黨政體系中有關統帥權在法律上及實際上之歸屬，可以分為下列三個階段：

(一)人民政協之共同綱領時期（1949-1954）[64]

共同綱領第二十條規定「中華人民共和國建立統一的軍隊，即人民解放軍和人民公安部隊，受中央人民政府人民革命軍事委員會統率，實行統一的指揮，統一的制度，統一的編制，統一的紀律」。共同綱領時期，毛擔任「中央人民政府主席」兼「人民革命委員會」主席外，另任「中央委員會」主席，及「中央軍委會」主席，毛擁有法律上賦予的軍權以及因為是黨領袖而擁有實質上的軍權。

(二)1954年憲法時期（1954-1975）[65]

1954年憲法撤銷「人民革命軍事委員會」，而在「國家主席」

---

[63] 同上，頁2。朱德當時為紅軍總司令。

[64] 「中國人民政治協商會議共同綱領」，共分「總綱」、「政權機關」、「軍事制度」、「經濟政策」、「文化教育政策」、「民族政策」、「外交政策」等七章，共六十條。

[65] 1954年3月23日憲法起草委員會第一次會議上，毛澤東代表中共提出中共中央擬定的憲法草案初稿，同年9月20日於第一屆全國代表大會第一次會議通過。

之下設「國防委員會」，並於「國務院」之下設「國防部」[66]。憲
法第二十七條、第五款規定「根據中華人民共和國主席的提名，決
定國務院總理的人選，根據國務院總理的提名，決定國務院組成人
員的人選」。第六款規定「根據中華人民共和國主席的提名，決定
國防委員會副主席和委員的人選」。第四十二條規定「中華人民共
和國主席統率全國武裝力量，擔任國防委員會主席」。這一時期分
為兩個階段：(1)1954 年至 1959 年，毛擔任「中華人民共和國主席」、
「中央委員會」主席及「中央軍委會」主席，如同共同綱領時期，
毛擁有國家法律上賦予的軍權，及因為黨領袖的身分而擁有實質上
的軍權。(2)1959 年 4 月至 1966 年 12 月，劉少奇任「國家主席」，
毛在政府的職位上雖然退居二線，但因仍然擁有黨主席及黨「中央
軍委會」主席的身分，所以實際上而非法律上擁有軍權。

(三)1975 年憲法

1975 年憲法廢除了「國家主席」職位，憲法第一章第十五條規
定「中國人民解放軍和民兵是中國共產黨領導的工農子弟兵，是各
族人民的武裝力量，中國共產黨中央委員會主席統率全國武裝力
量」[67]。

中共軍隊的實際統率權在法律層面由「共同綱領」中的「中央
軍事委員會主席」、「中央人民政府主席」統帥軍隊，及 1954 年

---

[66] 參閱："The Constitution of the People's Republic of China (20 Sep. 1954)",
**THE PEOPLE'S REPUBLIC OF CHINA 1949-1976 - A DOCUMENTARY
SURVEY**, Vol. I, pp.101-102; **NEW CHINA NEW AGENCY**, 20 Sep. 1954.

[67] 「中華人民共和國憲法」，**紅旗**，第二期，1975 年，頁 8-9。**新華社**，1975
年 1 月 19 日。"The Constitution of the People's Republic of China (17 Jan.
1975)", **THE PEOPLE'S REPUBLIC OF CHINA 1949-1979 - A
DOCUMENTARY SURVEY**, Vol. V, op. cit., p.2504.

憲法中規定「中華人民共和國」主席統率全國武裝力量；但在毛時代擁有軍權與否和憲法的條例無必然的關係，軍權屬於「中央軍委會」，軍事事務則由「中央委員會」及「中央軍委會」共同負責，軍委會副主席則主持日常工作。1959 年 4 月以前毛同時擁有「中央軍委會」主席、「中央委員會」主席及「國家主席」等職位，毛名符其實的擁有黨、軍大權，可以「黨指揮槍」，也可以「槍指揮黨」；但在 1959 年 4 月劉少奇擔任「國家主席」後，雖然這一時期「國家主席」及「國防委員會」的權利與義務關係並無改變，但由於「以黨領政」政治體制的精神，黨的地位高於行政政府的地位，因此，劉少奇只是名義上的武裝部隊統帥，實際上軍事統率權仍在黨主席及黨「中央軍委會」主席毛的手上。

由於 1969 年 4 月的「九大」及 1973 年 8 月的「十大」，在黨章總綱中將毛思想與馬克思、列寧主義做為中國「指導思想的理論基礎」寫入[68]， 1975 年憲法更將軍權歸屬，明白的規定屬於黨主席；因此，毛不論在法律上、在意識型態的領導上、在權力的運作上，毛的權力無人能及，毛如同中國歷代開國皇帝般，以中央集權方式，強控制軍權，毛以黨權抓軍權，以軍權撐黨權。

二、黨軍關係

中共黨、政、軍的權力結構中，軍人的政治角色隸屬於黨的結構中，在黨、軍關係上共軍具有三點重要的特性，即：黨、軍一體。軍事菁英雙重角色。黨委制度下的以黨領軍原則。

---

[68] 「中國共產黨章程」，紅旗，第五期，1969 年，頁 34。「中國共產黨章程」，紅旗，第九期，1973 年，頁 24。

(一)黨、軍一體

共產主義的政權中,「黨」是無產階級最高的形式,也是無產階級革命、無產階級專政及社會主義建設的領導力量;共產黨的組織原則是所有黨員必須透過組織接受黨的領導。軍人做為無產階級專政的工具,必然是黨的一部分,即然是黨的部分,當然必須接受黨的領導。因此,在這種特殊的結構下,黨、軍具有一體的特性,其表現的形式,則是黨中有軍,軍中有黨;由於黨、軍一體,則軍人即使從事與軍事有關的專業活動,也必須接受黨的領導,服從黨的路線,堅定支持黨的政治立場。

這種軍人政治性的角色,不同於一般軍人干政的國家,中共軍人的政治性不是來自於軍隊主觀的意願,而是來自於中共黨的要求,支持及參與黨的政治活動,是軍人黨員的權力與義務,也是非黨員軍人的義務,其中軍事菁英已超越這種權力與義務關係,他們本身就具備黨菁英的身分,因此,接受黨的領導,服從黨的路線,堅定的支持黨的政治立場,有了雙重意義,就是接受、服從、與支持軍事菁英領導,實際上也就是接受、服從、與支持黨菁英的領導。

黨、軍一體的雙重角色,使軍人參與黨內活動成為軍人服役中的義務,在這種情形下,軍人,不論是一般軍人還是軍事菁英,以黨員的身分對黨的政策,或國家的政策提出批評,並不能視為向黨領袖或國家領導人統治權威的挑戰。因此,不論「高、饒反黨聯盟」還是「彭(德懷)、黃(克誠)事件」,都只能定位為「派系反對」或「政策反對」,不能將其視之為對政治體制的「結構性反對」,也就是說他們與毛之間只有「政策矛盾」沒有「結構性矛盾」,只是「內部矛盾」而無「敵我矛盾」。

　　高崗只是想當總書記，副主席或國務院總理，不是要造反；彭
德懷也只是以黨員的身分在毛強調的「民主集中制」下對「大躍進」
政策提出質疑與不滿而已，不是要毛負責下臺。而毛整肅高、饒、
彭、黃，很明白的顯示，毛是以「鞏固權威及權力」的角度詮釋他
們的行為，毛打的是保衛戰，既然是「權威與權力的保衛戰」，毛
當然不允許他們繼續存在，必須將之除去，殺一儆百，免除後患。
高、饒、彭、黃都具有軍人的身分，軍人的背後是槍桿子，一旦軍
人對黨的政策有意見，很容易被視為干預黨的領導，毛將高、饒、
彭、黃事件當作「槍指揮黨」的前兆，前兆出現當然要防範，一勞
永逸的防範就是消滅，此外，壓制軍事菁英也可展示毛控制軍隊的
能力，更能顯示毛在軍隊及黨內中的絕對權威性。

　　在黨軍一體的結構中，任何軍事菁英與黨、政菁英的衝突，都
屬於黨內的衝突，或是跨職業性的派系衝突，由於派系成員可能涵
蓋黨、政、軍各組織，因此，觀察黨、軍關係如從權力概念的角度
切入，所謂「黨指揮槍」內涵著「槍本身就是黨的複製」的意義。
在這種情形下，不論在權力結構上、政策設計上或派系成員的思想
上，黨、軍之間都有極高的一致性。在中共這個權力體制裡，除了
毛擁有最高權威及最後仲裁權外，其餘所謂黨的領導核心幹部、親
密的戰友、元帥、接班人等，事實上都只是依附在毛之下的當權派
而已，中共一再強調黨對軍隊的絕對領導，換句話說，其實只是黨
主席對黨員的絕對領導，或毛對黨及軍隊的絕對領導，軍隊及黨員
效忠的對像只有毛而已。

(二)軍事菁英的雙重角色

　　值得注意的現象是，中共黨、軍關係密切的程度與黨、軍層級

有關，層級越高，則越密切；雖然在革命初期，由於組織鬆散，並無黨、軍菁英之分，他們之間工作或有不同，卻彼此互動頻繁。隨著革命的發展不論是在蘇維埃或延安時期，都是同一批人同時領導黨與軍的運作。建國後黨、軍的權力關係才有過幾次變化，1954 年之前軍隊中軍權高過於黨權，1954 年之後黨權開始高過於軍權，軍隊中的各個階層，黨委均有一定程度的決策影響力[69]，指戰員、政委及其它黨員的代表都是黨委會的組織成員，黨對軍隊各階層的聯繫透過政治單位進行；基層部隊如班、排雖無黨的組織，但班、排長卻必須負責政治宣導、命令的傳遞工作。

中共建國初期，黨、軍領導菁英在中央階層是不分的，他門共同執行決策，地方上，以 1953 年為例，在六大行政區中各級領導345 人裡有 104 人為軍人，佔總數的 30.1%，如果六大行政區的各級領導中，僅以具有共產黨員身分的領導為計算標準，軍人則佔總數的 36.4%[70]。當六大行政區於 1954 年被取消，及新憲法公佈後，在彭德懷專業建軍的原則下，這種情形才出現改變，直到文革開始為止。

在中共黨、軍一體的特性中，從組織層面觀察，其組織結構中有明顯的雙重角色菁英現象，即軍事菁英與黨菁英為一同構體，軍隊的政治活動受系統中主要成員的影響而可視為政治活動。以中共建國後，毛承認的路線鬥爭[71]中的主要被批鬥人物，即「高、饒反

---

[69]. 參閱：John Gittings, **THE ROLE OF CHINESE ARMY**, London: Oxford University Press, 1967, pp.106-118.

[70] Jrgen Domes, **THE GOVERNMENT AND POLITICS OF THE PRC - A TIME OF TRANSITION**, London: Westview Press, 1985, p.118.

[71] 「毛主席在外地巡視期間同沿途各地負責同志的談話記錄（1971 年 8 月中旬至 9 月 20 日）」，林彪事件原始檔案彙編，台北：中國大陸問題研究所，

「黨聯盟」中的高崗、饒漱石，「彭、黃反黨集團」中的彭德懷、黃克誠，及劉少奇，林彪為例，可以瞭解中共黨菁英與軍事菁英雙重角色現象。

高崗，曾任紅軍第 26 軍政治委員，中共中央西北局書記，中國人民解放軍東北區副司令員及政治委員。饒漱石，曾任新四軍兼山東軍區政治委員，人民革命軍軍事委員會委員及中共中央組織部部長。彭德懷，曾任中共中央北方局代理書記，中共中央西北局第一書記，中共中央軍事委員會副主席，國務院副總理及國防部長。劉少奇曾任紅八軍團、紅五軍團中央代表，及紅三軍團政治部主任，中華人民共和國主席兼國防委員會主席，黨副主席。林彪，曾任第四野戰軍司令員，中共中央軍事委員會副主席，國務院副總理及國防部長[72]。

從上述人物的背景，可以瞭解中共軍事菁英與黨菁英的職務重疊性或雙重角色之概況，在黨的一元化領導下，黨、軍領導幹部在決策階層中整合程度相當高，這種高整合具有下述特殊之政治意涵：一方面它能確保「黨」對「軍」的絕對控制，另一方共軍具有合法性的政治角色功能。此外，由於共軍在新中國的社會裡是一種地位獨特的新階級，它是共黨革命的主要力量，也是建國的功臣，

1973 年，頁 123-126。Michael Y. M. Kau (ed.), **THE LIN PIAO AFFAIR - POWER POLITICS AND MILITARY COUP,** New York: International Arts and Sciences Press Inc., 1975, pp.55-66. 中共黨十大路線鬥爭：陳獨秀右傾機會主義路線，瞿秋白左傾盲動主義路線，李立三左傾冒險主義路線，王明左傾機會主義路線，羅章龍分裂主義路線，張國燾分裂主義路線，高崗、饒漱石反黨聯盟，彭、黃反黨集團，劉少奇修正主義路線，林彪反革命集團。有關後四次路線鬥爭個案的詳情，參閱本書第四章。
[72] **中共黨史事件人物錄**，頁 588，598，627，633，652。

他們參軍的方式類似加入秘密會社，個性上有江湖氣息，他們視毛為「家長」對毛絕對尊奉外，也視部隊領導為「兄」，對直接與他們有上下隸屬關係的黨、軍領導人也有深厚的革命感情，司令員的話比任何軍隊的法規有效，這種特性使軍隊更像一個政治組織或幫派。以「野戰軍」為例，各野戰軍之部隊軍人，其軍旅前途依附於司令員的前途，緊密跟隨、效忠司令員是各野戰軍的生態現象，他們聽毛的，也聽司令員的，司令員能給他們立即的利益，毛是他們意識型態的家長。因此共軍部隊一般成員的政治性角色實際上可分為兩個部分，一是由毛直接操控所有部隊的政治角色，一是做為單一部隊的子弟兵受指揮官個人操控的政治角色。

　　基於軍事菁英有一群忠心耿耿的子弟兵，毛要鬥倒一個有部隊作後盾的軍事菁英，必須加重鬥爭法碼，必須鬥的徹底，所以，一旦毛認為與該軍事菁英有權力矛盾時，常會當作軍事路線鬥爭來處理，並將其上綱至所謂的資產階級軍事路線與無產階級軍事路線的衝突，既然是「資產階級」與「無產階級」路線的衝突，那就屬於「敵我鬥爭」，「敵我鬥爭」則框架在「你死我活」的鬥爭領域。但實際上，由於黨內雙重菁英角色的關係，這種衝突只能屬於黨內鬥爭，與軍事路線衝突無關，與「資產階級」和「無產階級」軍事路線的鬥爭更無關。「彭、黃反黨集團事件」及「林彪事件」都是如此，林彪雖被打成「反黨分子」，但林並沒有反對中國共黨黨這個組織，也沒有改變這個結構的念頭；彭德懷更是如此，彭只是以黨員的身分對黨「大躍進」的經濟政策在會議上表示不滿或提出質詢而已，他既不反毛也不反黨。

　　既然軍事菁英的政治衝突，在雙重菁英與黨、軍一體的結構中屬於黨內衝突，黨內最高權威是毛，因此衝突的最後仲裁者當然也

是毛。此外由於共軍具有「農民軍隊」的特質，黨要控制這批「有濃厚農民意識」[73]的軍隊，最好的方法，就是將軍隊「黨化」，如在軍隊建立黨的組織，將軍隊納入黨的組織及黨的人事系統內，受黨的節制，在此一前提下，共軍組織特色有一個明顯的特徵，即除了軍事菁英與黨菁英角色重疊外，軍隊在組織系統上雖然受軍事領導人領導，但軍隊對黨的服從性卻極高。

　　加強軍隊的政治意識，可以防止軍隊出現脫離毛式意識型態的政治文化傾向，而危及毛的統治權威；由於黨對軍隊長期的進行思想教育，共軍已被培養出高度的毛式政治意識，這種意識已深入到了能確保軍隊不會脫離政治及淡化對黨認同的程度。因此，任何一個軍事菁英對毛政策的不滿，並不能代表軍隊整體的意圖，它只是個人的態度而已。

(三)黨委制度下的以黨領軍原則

　　1928 年 7 月 9 日，中共在莫斯科召開「六大」。大會最後一個議題是「中國共產黨軍事工作決議」，該決議律定今後共軍工作的方向為「在各軍隊中成立黨的支部和革命士兵的任何形式的團體，以便在一切部隊中實行軍事政治工作」，及「黨員軍事化」原則，「決議」並規定「黨的任務應使一切黨員受到軍事訓練」，「各地應設立軍事委員會，受地方黨部之一般指導而工作」[74]。

　　此外在 1929 年 9 月「中共中央九月來信」中，有關紅軍的成分與來源，中共中央曾坦承「只有收納廣大的破產農民，此種農民

---

[73] 「中共中央給紅軍第四軍前委的指示信」，**周恩來選集**，上冊，北京：人民出版社，1980 年，頁 37。

[74] **中共黨史事件人物錄**，頁 152。郭華倫，**中共黨史**，第二冊，頁 37。

固然有極濃厚的非無產階級意識表現，但只有加強無產階級意識的領導，才可以使之減少農民意識，絕不是幻想目前紅軍可以吸收廣大工人成分來改變紅軍傾向」[75]，「爲了加強農民軍隊的無產階級意識，而黨在理論上又是無產階級最高的形式，也是無產階級革命、無產階級專政和社會主義建設的領導力量，黨在國家滅亡之前，將始終是無產階級的最高司令部，黨也就始終可以，而且應該對無產階級的各種組織實行政治領導，即路線、方針上的領導及政治監督，以確保無產階級的大軍按照統一的方向和目標行進」[76]。

因此，共軍必須接受黨的領導，以加強其無產階級意識，以「六大」決議「黨員軍事化」的原則，按黨的路線方針辦事；爲了確保黨的目標得以達成，「對紅軍的兵士應該以政治教育發動他們自覺向上，但絕不能動搖指揮集中這個原則，軍隊中民主化只能在集中指導下存在，並且實行的限度必須依據客觀條件來決定伸縮，不應漫無限制」[77]。在具有條件的「民主集中制」下，中共黨因此而具有意志統一和組織統一的雙重任務，由於共黨的組織特質具有「階級性」、「革命性」、「意識型態權威性」，而共軍又先天具有「非無產階級意識」，因此，「以黨領軍」成爲中共統治當局認爲唯一可一改變共軍政治體質的辦法。

爲了糾正所謂「單純的軍事觀點」，「古田會議」中界定紅軍的性質爲「一個執行革命的政治性任務的武裝集團」[78]，紅軍既是一個執行政治任務的武裝集團，故應接受黨或政治組織的管理，指

---

[75] 「中共中央給紅軍第四軍前委的指示」，**周恩來選集**，上冊，頁37。
[76] 葉尚志，**論執政時期黨的建設**，安徽：人民出版社，1983年，頁20。
[77] 「中共中央給紅軍第四軍前委的指示」，**周恩來選集**，上冊，頁39。
[78] 「關於糾正黨內的錯誤思想」，**毛澤東選集**，第一卷，頁88。

揮。1932年共軍在江西蘇維埃時期，中共中央曾取消軍中黨委員制，而強化政治委員制度，據「中國工農紅軍政治工作暫行條例」之總綱規定：「政治委員不僅是蘇維埃政權在紅軍中的代表，而同時是中國共產黨在紅軍的全權代表，他具有代表政權和黨的雙重意義，執行黨在紅軍中的政治路線」[79]。基於上項規定，當「政治委員與同級軍事指揮員有爭執時，政治委員有停止軍事指揮員命令之權」[80]；此規定的目的「就是要鞏固無產階級先鋒隊─中國共產黨在紅軍中的領導，要使紅軍成為有力的工農革命的武裝力量」[81]。

　　1934年2月7日至2月12日，共軍在江西瑞金召開第一次政治工作會議，會議由總政治部主任王稼祥主持，會議提出「目前形勢與政治工作任務的報告」，中央軍委主席朱德，副主席周恩來發表了講話。此次會議主要重點在加強黨對軍隊的領導，並對軍隊的政治工作提出了一些重要原則，即政治工作是軍隊工作的生命線，政治工作是軍隊戰鬥力的泉源，必須反對輕視政治工作的現象，政治工作要保證作戰命令的絕對執行，政治工作要保證提高軍隊的軍事素養，政治幹部要學習軍事、要指揮打仗[82]。上述原則成為日後共軍政治工作的基本指導。

　　1937年7月中日戰爭爆發，8月25日中共於陝北洛川召開中共中央政局擴大會議[83]（史稱「洛川會議」），會議討論共軍於8

---

[79] 「中國工農紅軍政治工作暫行條例」，**赤軍反動文件彙編**，第六冊（軍事），頁1893。

[80] 同上，頁1894。

[81] 郭華倫，**中共史論**，第二冊，頁37。

[82] 「中共軍隊政治工作」，**匪情研究**，台北：國立政治大學，1986年3月，頁78。

[83] 「洛川會議」通過毛澤東起草的「為動員一切力量爭取抗戰勝利而鬥爭」一

月 22 日被收編爲國民黨軍隊後，應否按照國民黨軍隊的編制和相關制度予以改編的問題，會中決議在形式上依照國民黨軍隊之制度加以改編，取消紅軍政治委員組織，原來的政治委員改任副首長或政治部主任[84]，但仍執行原政治委員的職務，以維持黨對軍事首長的監督、領導。1938 年 12 月，八路軍政治部頒佈了「國民革命軍第十八集團軍政治工作暫行條例（草案）」，1942 年 10 月經修訂重新頒佈「中國國民革命軍第十八集團軍（第八路軍）政治工作條例」；1947 年頒佈「中國人民解放軍黨委員會條例草案」、「中國人民解放連隊支部工作條例」、「中國人民解放軍革命軍人委員會條例」等。雖然八路軍被國民黨收編，但是共軍內部的政治工作並沒有停止，黨對軍隊的領導仍起著決定性的作用。

1942 年延安整風運動期間，中共中央政治局通過「關於統一抗日根據地黨的領導及調整各組織間關係的決定」，特別強調「黨是無產階級先鋒隊和無產階級組織的最高形式，應該領導一切其他組織，如軍隊、政府和民眾團體」。爲了實現黨的一元化領導，「決定」中規定：「中央代表機關（中央局、分局）及區黨委、地委的決議、決定或指示，均須無條件的執行」，「主力軍是黨領導下的武裝部隊，是建設根據地與支持鬥爭的有力柱石」，「政權系統中黨員幹部不遵守黨委決定，爲反黨偉書記的行爲，必須糾正」，「下及服從上及、全黨服從中央的原則之嚴格執行，對於黨的統一領導是有決定意義」[85]。

當時中共之所以強調黨的一元化領導，據當時擔任中共中央政

文，該文參閱：**毛澤東選集**，第二卷，頁 23–28。

[84] 有關「洛川會議」參閱：郭華倫，**中共史論**，第三冊，頁 215-246。

[85] 郭華倫，**中共黨史**，第四冊，頁 401-402。

治局委員及中央書記處書記任弼時的說法，主要的原因是：在軍隊方面，對於黨的尊重是不夠的，甚至覺得比黨還要高一些，把黨的軍隊看成自己的勢力。[86]當時共軍對黨的服從不夠，中共中央因此必須強化黨在軍隊中的領導地位，黨對軍的一元化的領導有助於統一事權，避免軍權坐大。1945 年 4 月召開的「七大」，就確定了軍隊黨組織應恢復「古田會議」決議的原則；另於 1947 年 2 月 27 日，中共中央發出「關於恢復軍隊中各級黨組織」的指示，要求各部隊組織軍隊中各級黨委員會，以避免軍隊中單純的首長制所產生的缺點[87]。

此後，經過 1947 年 7 月 28 日中共總政治部頒發「中國人民解放軍黨委員會條例草案」，1948 年 9 月 20 日中共中央做出「關於健全黨委制的決定」，1948 年 10 月 10 日則在「關於九月會議的通知」[88]中，重新恢復 1927 年至 1932 年曾經實行有效，而後來被取消的軍隊中各級黨委制和連隊中的戰士委員會。1949 年 3 月 13 日毛在「七屆二中」全會上做「黨委會的工作方法」報告，他在報告中指示：「黨委要抓緊中心工作，又要圍繞中心工作而同時開展其他方面的工作」[89]。到此一階段，共軍中的黨委制已發展完成，「黨指揮槍」的系統已深入整個共軍的組織結構。

中共建政後，為了加強黨對軍隊的絕對領導，在「黨指揮槍」

---

[86] 任弼時，「關於幾個問題的意見（1943 年 1 月 7 日）」，整頓三風參考資料，第六集，中共蘇中區黨委編印，頁 77 - 108。引自郭華倫，中共黨史，第四冊，頁 403。

[87] 郭占波，「軍隊中黨領導體制的演變」，近代史研究，1983 年 1 月，頁 119-120。

[88] 1948 年 9 月會議在河北省平山縣西柏坡村召集。參閱：「中共中央關於九月會議的通知」，毛澤東選集，第四卷，頁 1346。

[89] 「黨委會的工作方法」，毛澤東選集，第四卷，頁 100。

而絕不容許「槍指揮黨」的原則下，確保政策和法令有效的執行，並防止軍事幹部的單純軍事觀點和個人主義的傾向，於是將軍中黨委制進一步發展為「黨委集體領導下的首長分工制」。

1956 年 9 月「八大」，國防部長彭德懷在「軍事工作報告」中，對「黨委集體領導下的首長分工制」做過簡要的說明，其要點如下：(1)中國人民解放軍領導工作的根本制度，就是黨委集體領導和首長分工負責相結合的制度。(2)軍隊中各級黨委員會，對部隊工作實施黨的集體領導。部隊中的一切重大問題，例如上級的重要指示、命令，軍事、政治、後勤等工作的規劃、安排，幹部調配等等，除了在緊急情況下，部隊首長可以按照自己的職權機斷處置以外，都要召開黨委會議進行討論，然後交給部隊軍政首長負責組織執行。(3)軍事指揮員和政治委員都是部隊的首長，共同負責領導部隊工作，對上級的命令、指示和同級黨委的決定，屬於軍事工作方面的，由軍事指揮員負責組織執行，屬於政治工作方面的，由政治委員負責組織執行[90]。

關於「黨委集體領導下的首長分工制」的功能，彭德懷則認為：「在軍隊中必須實行黨委的集體領導，因為只有這樣，才能更好地保証黨對軍隊的領導，保証黨的政策與國家的法令的貫徹執行，防止領導幹部中的單純軍事觀點和個人主義的傾向。只有這樣，才能發揮集體智慧，彌補個人能力的不足，防止個人看問題的主觀片面性，使軍隊中的各項工作，特別是作戰行動，都放在經過周密思考的較為穩妥的基礎上。只有這樣，才能使部門首長瞭解全盤情況，

---

[90] 「在中國共產黨第八次全國代表大會上彭德懷的發言」，中共軍事文件彙編，香港：友聯出版社，1965 年，頁 49。THE PEOPLE'S REPUBLIC OF CHINA 1949-1979 - A DOCUMENTARY SURVEY, Vol. I, op. cit., p.439.

統一認識，更好地保障部隊的集中指揮、統一行動和按照實際情況靈活地正確地處理問題」[91]。

　　共軍中的黨委及政委，是軍隊「以黨領軍」的重要組織部分，此外在「中國人民解放軍政治工作條例」中對共軍「政委」的工作，也有下述之規定：(1)政治工作。政委在政治工作方面有單獨發出命令之權。(2)黨務工作。政委是黨委會工作的主持者，並兼黨委會書記。(3)軍事工作。政委在同級指戰員頒佈的命令上，在任免幹部和調動人員的命令上簽字，該命令才算生效；政委對有關軍事的一切工作都有權過問，在戰場上，如遇軍事指揮員死亡時，政委有代理該指揮員指揮作戰之權[92]。

　　在組織設計上，從政委的職權可以瞭解其制衡軍事指戰員的功能，就本質而論，政委系統與指揮系統兩者間存在著對立又統一的辯證關係。政委的工作範圍包括軍事與政治兩個部分，他們是黨與軍隊之間的一條聯繫線；在政治上，政委須確保軍隊政治路線的正確與意識型態紮根的工作，他們具有強烈的意識型態立場，且堅持政治掛帥的建軍原則，基於上述原因，政委多會以黨意識型態的立場，評價變遷的政治環境，他們是軍隊中最保守的勢力。

　　黨委會是黨在軍隊的主要領導機構，各級黨委會的成員包括了指戰員、政委、政治部主任等人；從組織及功能的角度檢視，黨委會具有統一軍隊中黨、政二元領導的功能。此外在中共的政治系統中，另有一個屬於黨領導的組織是「地方黨委會」，地方黨委會與

---

[91]　同上。

[92]　**中國人民解放軍政治工作條例**，台北：國防部總政戰部，1965 年，頁 16。周恩來，「中共中央給紅軍第四軍前委的指示信」，**周恩來選集**，上冊，頁 38。**人民日報**，1963 年 4 月 29 日。**PEKING REVIEW**, No. 21, 1963, p.3.

軍隊的黨委會不同處，在於軍隊的黨委會的組成人員皆為職業軍人，此即「黨軍一體」的現象。而地方黨委會原則上以文職黨官僚組成。值得注意的是，地方黨委會對軍隊也有領導權，1963 年中央軍委會頒佈的政治工作條例中的第三條就有下述之規定：「中國人民解放軍還必須貫徹執行在黨中央統一領導下的軍事系統，和地方黨委員會對軍隊的雙重領導制度」，此即「以黨領軍」的原則；[93]讓地方黨委參與軍隊事務，實際上彌補或加強軍隊政委及黨委會對軍隊的控制，或者從權力監督的角度看，地方黨委有監軍的功能。

　　從軍隊的黨委會、政委及地方黨委會的設置目的及功能而論，中共中央設計的黨、軍組織，已對「黨指揮槍」的政治環境作了最嚴密的部署。

第四節　軍、政關係

　　經過多次改編，共軍發展至 1945 年 6 月時，共有三大主要部分：(1)東北民主聯軍。林彪任司令員；周保中（1902-1964）任副司令員兼吉遼軍區司令員；陳雲任北滿軍區政治委員；高崗（1905-1954），任北滿軍區司令員，蕭勁光任副司令員，劉亞樓任參謀長，彭真任第一政治委員。(2)第十八軍團（八路軍）。朱德任司令員；彭德懷任副司令員；藤代遠任參謀長。(3)新四軍。陳毅任司令員，張雲逸任副司令員，陳士榘任參謀長，劉少奇任政委[94]。

---

[93] 「共軍政治工作條例」，**1967 年匪情月報**，台北：國防部情報局，1967 年，頁 697。

[94] "Government of the Republic of China", **OUTLINE OF BATTLE DURING THE CIVIL WAR**, Taipei: Military History Bureau, Ministry of National

1947 年 7 月，基於戰況需要共軍再重組成五個野戰軍：(1)西北野戰軍。彭德懷任司令員；習仲勳任政委；作戰地區爲山西、陝西及寧夏；1949 年 11 月 30 日番號改爲第一野戰軍。(2)華中野戰軍；劉伯承任司令員，鄧小平任政委，作戰地區爲湖南、湖北及安徽，1949 年 11 月 30 日番號改爲第二野戰軍。(3)華東野戰軍。陳毅任司令員；饒漱石任政委，作戰地區爲山東、甘肅、及安徽部分地區，1949 年 11 月 30 日番號改爲第三野戰軍。(4)東北野戰軍。林彪任司令員；羅榮桓任政委；作戰地區爲東北，1949 年 11 月 30 日番號改爲第四野戰軍。(5)華北野戰軍。聶榮臻任司令員，薄一波任政委；作戰地區爲湖北、內蒙古、及山西部分地區，1949 年 11 月 30 日番號仍爲華北野戰軍[95]。

1950 年初共軍攻佔全中國[96]，並於 1952 年全將中國 30 省、1 自治區、12 直轄市、1 地方、1 地區被劃分爲六大行政區：(1)東北區[97]。由第四野戰軍駐防，高崗任司令員及政委。(2)華北區[98]。由中共中央直接管轄，由華北野戰軍駐防，聶榮臻任司令員，薄一波任政委。(3)華東區[99]。由第三野戰軍駐防，陳毅任司令員，饒漱石任政委。(4)中南區[100]。由第四野戰軍駐防，林彪任司令員，羅榮桓

Defence, Vol. I, II, and Samuel B. Griffith, II, **THE CHINESE PEOPLE'S LIBERATION ARMY,** New York: McGraw-Hill Book Company, 1967, p. 341.

[95] Jurgen Domes, **THE GOVERNMENT AND POLITICS OF THE PRC - A TIME OF TRANSITION,** London: Westview Press, 1985, p.107.

[96] 海南島於 1950 年 5 月被佔領，是最後攻陷地區。

[97] 涵蓋：瀋陽市、旅大市、鞍山市、撫順市、本溪市、遼東省、遼西省、吉林省、松江省、黑龍江省、熱河省。

[98] 涵蓋：北京市、天津市、河北省、山西省、綏遠省、內蒙古自治區。

[99] 涵蓋：上海市、山東省、江蘇省、安徽省、浙江省、福建省、臺灣省。

[100] 涵蓋：武漢市、廣州市、河南省、湖北省、湖南省、江西省、廣東省、廣

任政委。(5)西南區[101]。由第二野戰軍駐防,賀龍任司令員,鄧小平任政委。(6)西北區[102]。由第一野戰軍駐防,彭德懷任司令員,習仲勳任政委[103]。

在解放戰爭過程中,中共每解放一個地區,立即在當地成立「軍事管制委員會」,該委員會為當地最高行政組織,負責一切行政工作,「軍事管制委員會」主席由當地最高軍事指戰員擔任,並同時兼任當地行政首長,如葉劍英在北京,劉伯承在南京、陳毅在上海等都是如此。「軍事管制委員會」主席直接由中央人民政府「人民革命軍事委員會」任命;「人民革命軍事委員會」包括了當時共軍所有重要的領導人,主席:毛澤東。副主席:朱德、劉少奇、周恩來、彭德懷;委員則有 賀龍、陳毅、徐向前、聶榮臻、林彪、粟裕、高崗、張治中、鄧小平、張雲逸、羅瑞卿、劉伯承、薩鎮冰、程潛、傅作義、劉斐、蔡廷鍇、張治中、龍雲等共 22 人[104]。

這一時期黨、軍、政領導人實為一體,政府基層事務性工作人員雖有文職,但整個國家系統仍呈現黨、軍、政一體現象,這種情形直到1954年憲法開始實施後才有名義上的改變,也就是說從 1949 年至 1954 年之間軍人與政府行政人員並無區別,從中央到地方不論層級,軍人介入政府事務,或轉變身分參與行政事務之運作,在

西省。

[101] 涵蓋:重慶市、四川省、貴州省、雲南省、西康省、西藏地方、昌都地區。

[102] 涵蓋:西安市、陝西省、甘肅省、寧夏省、青海省、新疆省。

[103] Jurgen Domes, **THE GOVERNMENT AND POLITICS OF THE PRC - A TIME OF TRANSITION**, op. cit., p.108; Donald W. Klein & Anne B. Clark, **BIOGRAPHIC DICTIONARY OF CHINESE COMMUNISM 1921-1965**, Vol. II, Massachusetts: Harvard University Press, 1971, op. cit., pp.1128-1129.

[104] 龍雲、傅作義、張治中、薩鎮冰為國民黨投共將領。

全國全面的進行。

　　由於黨、軍、政一體的特質或需要，因此當中共將全國劃分爲六大行政區域的同時，共軍亦重組成六大軍區，每一個軍區部署一個野戰軍，並負責一個大行政區域，從**表 2-1** 顯示在 1950 年至 1954 年間各野戰軍與軍區及行政區的人事關係，可以瞭解軍、政一體的現象[105]。

表 2-1　1950 年至 1954 年間各野戰軍與軍區及行政區的負責人

野戰軍	大軍區	大行政區
一野 司令員：彭德懷 政委：習仲勳	西北 司令員：彭德懷 政委：習仲勳	西北 主席：彭德懷 副主席：習仲勳等人
二野 司令員：劉伯承 政委：鄧小平	西南 司令員：賀龍 政委：鄧小平	西南 主席：劉伯承 副主席：鄧小平等人
三野 司令員：陳毅 政委：饒漱石	華東 司令員：陳毅 政委：饒漱石	華東 主席：饒漱石 副主席：陳毅等人
四野 司令員：林彪 政委：羅榮桓	中南 司令員：葉劍英 政委：羅榮桓	中南 主席：林彪 副主席：葉劍英等人
華北（五野） 司令員：聶榮臻 政委：薄一波	華北 司令員：聶榮臻 政委：薄一波	華北 中共中央直接管轄
東北（四野） 司令員：高崗 政委：高崗	東北 司令員：高崗 政委：高崗	東北 主席：高崗

[105] John Gittings, **THE ROLE OF CHINESE ARMY**, London: Oxford University Press, 1967. p. 307; Samuel B. Griffith, II, **THE CHINESE PEOPLE'S LIBERATION ARMY**, op. cit., p.342.

　　從**表 2-1** 能清楚的瞭解，各野戰軍司令員及政委多數均同時擔任大軍區司令員或政委，或大行政區的主席及副主席之職位；這些領導幹部均由當時最高權威組織「人民革命軍事委員會」之名義任命，但「人民革命軍事委員會」最後人事決策權卻在主席毛澤東的手上。建國初期由於全國仍有零星的抵抗或敵對武力，因此，在穩定政權的考量上，中共將行政事務用等同於軍事事務的方式處理。值得注意的是，一個革命起家的政權，在沒有任何省級或國家級的行政經驗時，面對不穩定的社會及全國性的管理，運用軍管，由中央直接指揮，是最好的方法，如以絕對服從中央指揮命令的條件而言，行政區的負責人或重要幹部由軍人負責，則是最好的選擇，他們有足夠的忠誠度，也有足夠的武裝力量維持地方穩定。

　　1950 年 3 月 18 日，中共黨中央發出「中共中央關於鎮壓反革命活動的指示」，該指示中指出「對於一切手持武器，聚眾暴動，向我公共機關和幹部進攻，搶劫倉庫物資之匪眾，必須給以堅決的鎮壓和剿滅，不得稍有猶豫」，「在剿匪地區，對於**繼續抵抗我軍**的土匪首領，有政治背景的土匪分子，窩藏與勾結土匪的豪紳地主，繼續抵抗、不願改邪歸正的慣匪，應加以嚴厲處罰，處以長期徒刑或死刑」。[106]基於國境內仍有反中共政權的敵對勢力，因此中共將全國的政權及軍權掌握在以毛為主席的「人民革命軍事委員會」手中，為了有效的維持大行政區內的治安、戡亂、治理等情事，大行政區的主席及副主席一職均由「人民革命軍事委員會」之成員擔任。

　　1954 年 6 月，由於已完成階段性的任務，六大軍區及六大行政

---

[106] 「中共中央關於鎮壓反革命活動的指示」，1950 年 3 月 18 日，中共中央發出。

區同時取消，六大軍區改組成 13 個軍區，行政區則由人民政府重新規劃，1954 年 2 月 20 日通過的「憲法」第二章「國家機構」，第一節、第二十一條規定「中華人民共和國全國人民代表大會是最高國家權力機關」，第二節、第四十條規定「中華人民共和國主席根據全國人民代表大會的決定和全國人民代表大會常務委員會的決定，公佈法律和法令，任免國務院總理、副總理、各部部長、各委員會主任、秘書長，任免國防委員會副主席、委員，授予國家的勛章和榮譽稱號，發布大赦令和特赦令，發布戒嚴令，宣佈戰爭狀態，發布動員令」。第四十二條規定「中華人民共和國主席統率全國武裝力量，擔任國防委員會主席」，第三節、第四十七條規定「中華人民共和國國務院，即中央人民政府，是最高國家權力機關的執行機關，是最高國家行政機關」，第四十八條「國務院由下列人員組成：總理，副總理若干人，各部部長，各委員會主任，秘書長」[107]。

依據憲法第四十條、第四十二條的規定，以「國防委員會」代替原「人民革命軍事委員會」，成為憲法規定的最高軍事諮詢單位。「國防委員會」主席由毛擔任，共有 15 個副主席包括：朱德、彭德懷、林彪、劉伯承、賀龍、陳毅、鄧小平、羅榮桓、徐向前、葉劍英、聶榮臻、張治中、傅作義、程潛、龍雲。委員共有 81 人[108]。其中傅作義、程潛為原國民黨將軍，其副主席的職位僅具象徵性的意義，「國防委員會」本身並無實權，實權在黨「中央軍事委員會」委員的手上，只是「國防委員會」副主席多數同時擔任「中央軍事委員會」委員，是典型的兩塊招牌，一套人馬。

---

[107] 參閱中華人民共和國憲法（1954）。
[108] Warren Kuo (ed.), **A COMPREHENSIVE GLOSSARY OF CHINESE COMMUNIST TERMINOLOGY**, op. cit., p.301.

　　1959 年 4 月劉少奇接任「國防委員會」主席，彭德懷、林彪、劉伯承、賀龍、陳毅、羅榮桓、徐向前、葉劍英、鄧小平、程潛、張治中、傅作義、魏立煌等擔任副主席；委員則包括粟裕等 100 員[109]。在副主席中「十大元帥」佔了 8 位，魏立煌爲前國民黨將軍，其餘則爲「中央軍事委員會」之成員。

　　1963 年 12 月，劉少奇再任「國防委員會」主席，林彪、劉伯承、賀龍、陳毅、鄧小平、徐向前、聶榮臻、葉劍英、羅瑞卿、程潛、張治中、傅作義、蔡廷鍇任副主席；委員則包括王平[110]等 107 人[111]。「國防委員會」副主席的排名，反映當時他們在黨及軍中的權力地位，林彪接替彭德懷任第一副主席，其顯示的現象是林彪在黨內地位的篡升。本屆「國防委員會」副主席中的程潛、張治中、傅作義、魏立煌等前國民黨將軍，僅具象徵性的意義，無實質權力可言。

　　1968 年 10 月 31 日，「八屆十二中全會」通過「中國共產黨第八屆擴大的第十二次中央委員會全會公報」，該「公報」宣示：「摧毀了以劉少奇爲代表的妄圖篡黨、篡政、篡軍的資產階級司令部及

---

[109] Ibid.

[110] 王平（1907-1998），湖北省陽新縣人，1930 年參加中國工農紅軍，同年加入中國共產黨，曾任：紅三軍團第三師教導大隊政治委員、第六團十六團政治處主任，第四師十一團政治委員，陝甘支隊第二縱隊十一大隊政治委員，紅一軍團第四師政治部副主任，紅二十七軍政治委員，華北軍區副參謀長兼幹部部部長，中國人民解放軍總參謀部動員部部長，中國人民志願軍第二十兵團政治委員，志願軍副政治委員兼政治部主任、政治委員，中國人民解放軍軍事學院政治委員，炮兵政治委員，武漢軍區第一政治委員，總後勤部政治委員，中共中央軍委副秘書長，第二、三屆國防委員會委員，1955 年被授予上將軍銜。

[111] Ibid.

其在各地的代理人，奪回了被他們篡奪的那一部分權力」，以及「把劉少奇永遠開除出黨，撤銷其黨內外的一切職務」[112]。自此，「國防委員會」停止運作，1975年1月17日第四屆全國人民代表大會通過的「憲法」僅在第一章、第十五條中規定「中國共產黨中央委員會主席統率全國武裝力量」，亦未提及「國防委員會」組織及功能一事[113]。

在軍、政一體的情形下，可以從「政」的層面觀察到軍事菁英的權力消長，「國防委員會」除了象徵性的人物外，有關副主席的排序或更替都可以做為觀察的目標，例如：1954年首度成立「國防委員會」時，彭德懷以國防部長的身分列名副主席第二位，僅次於朱德；1959年4月在第二屆「國防委員會」中彭被列名為第一副主席；但當同年7月「八屆八中全會（廬山會議）」彭被毛拉下台後，即被撤銷副主席的職位；1963年12月，新「國防委員會」副主席成員中，彭亦未能列名其中，而當時當紅的林彪在第一屆「國防委員會」中列名第三，第二屆列名第二，第三屆則高昇為第一副主席。

實際上，「國防委員會」只具「中央軍事委員會」的白手套，並無實權，「中央軍事委員會」及政治局常委才擁有實際的權力。中央軍委會的日常工作，不僅決定軍隊的戰略、戰術、訓練，也負責民兵、及軍隊政治性的工作，中央軍委會主席是真正實權人物，

---

[112] "Report by the CPC Central Committee's Special Panel on the Case of Liu Shao-ch'i (18 Oct. 1968)", **THE PEOPLE'S REPUBLIC OF CHINA 1949-1979 - A DOCUMENTARY SURVEY**, Vol. IV, op. cit., pp.2191-2193.

[113] "The New Constitution of the People's Republic of China (17 Jan. 1975)", **THE PEOPLE'S REPUBLIC OF CHINA 1949-1979 - A DOCUMENTARY SURVEY**, Vol. V, op. cit., pp.2502-2506. 新華社，1975年1月19日。

共軍的總參謀部及總政治部等相關單位都向中央軍委會負責[114]；通常國防部長由中央軍委會第一副主席擔任，他負責中央軍委會日常工作，並且在主席未能與會時主持例行之各種會議。

國防部下轄三個主要單位：總參謀部、總政治部及總後勤部。總參謀部是在中央軍委領導下負責武裝力量建設，和作戰指揮的軍事領導機關，也就是負責組織計畫軍隊的編制、裝備、訓練、兵役、動員、戰場準備、工程建設、作戰指揮、行政管理、後備力量建設等方面，並負責組織各部門的協同，調節和解決軍事工作中共同有關的各項問題[115]。總政治部是中央軍委領導下負責全軍政治工作的領導機關，它負責共軍內部的安全，及對軍隊的政治意識建立，與強化意識型態的工作，1976 年之前主持總政治部的有羅榮桓，譚政（1962 年被鬥），蕭華（1967 年被鬥），李德生，張春橋，韋國清等人[116]。總後勤部為領導全軍後勤工作的負責機關。

國防部組織體系上，雖有不同的單位負責不同的軍事事務，但實際上它只是一塊軍事招牌，中共政權的軍、政關係，雖有 1954 年憲法的律定，但憲法卻未受到應有的尊重，實際的權力運作仍受黨組織的控制，不論軍事領導組織是用「軍事管制委員會」或「人民革命軍事委員會」或「國防委員會」或「國防部」等名稱，這些組織能運作的主要原因，是因為各組織領導都是「中央軍事委員會」的成員，這些成員是黨的「執政同志」，執政同志有義務執行黨的

---

[114] **POLITICS-MILITARY RELATIONSHIPS IN COMMUNIST CHINA**, Washington D.C.: Department of State, 1963, pp.5-6.

[115] Warren Kuo (ed.), **A COMPREHENSIVE GLOSSARY OF CHINESE COMMUNIST TERMINOLOGY**, op. cit., p.625.

[116] Ibid., p.624.

決策。此外，如同前述，中共的領導階層彼此之間是一個命運共同體，他們之間的關係如同黨內的兄弟，感情深厚；獲得政權後，分封功臣，雖有元帥或大將之分，但彼此的革命感情卻仍然緊密。野戰軍司令員也是大行政區主席的現象，也只是真實的反映出中共軍、政之間的關係而已。

第三章　軍事路線發展與中共政治的關係

　　中共在軍事路線的發展上，對於堅持「黨指揮槍」的原則，領導階層並無異議，有關軍隊的政治角色，依據「三灣改編」及「古田會議」的精神，在韓戰前無明顯的爭議；對於共軍的政治角色，毛一向主張應擴大其功能，而共軍應該是一個執行政治任務的武裝集團，但在韓戰結束後，基於參戰之經驗，共軍內部有一批勢力，深感軍事專業化與現代化之迫切需要，而對共軍扮演政治角色的功能有了新的看法，這股新興勢力以曾任「抗美援朝」志願軍司令員及國防部長彭德懷爲代表人物。

第一節　韓戰與共軍政治角色的發展

　　1950 年 10 月 2 日下午，中共中央在北京頤年堂開會，原爲司令員第一人選的林彪以生病的理由推辭，因此中央決定由彭德懷率兵赴朝鮮支援北韓對抗聯軍作戰；10 月 4 日彭德懷抵達北京，10 月 5 日參加了政治局會議接受中共中央之指示，同意擔任「抗美援朝」志願軍司令兼政治委員一職；10 月 8 日中共中央正式發出「軍委主席毛澤東關於組成中國人民志願軍的命令」，毛命令：「爲了援助朝鮮人民解放戰爭，反對美帝國主義及其走狗們的進攻，藉以保

衛朝鮮人民、中國人民及東方各國人民的利益，著將東北邊防軍改
為中國人民志願軍，迅即向朝鮮境內出動，協同朝鮮同志向侵略者
作戰並爭取光榮的勝利」，並「任命彭德懷同志為中國人民志願軍
司令員兼政治委員」。有關後勤支援部分，則規定：「中國人民志願
軍以東北行政區為總後方基地，所有一切後方工作供應事宜，以及
有關援助朝鮮同志的事務，統由東北軍區司令員兼政治委員高崗同
志調度指揮並負責保証之」，由「中國人民志願軍轄十三兵團及所
屬之三十八軍、三十九軍、四十軍、四十二軍，及邊防炮兵司令部
與所屬之炮兵一師、二師、八師」參戰[1]。10 月 19 日第一批部隊共
三十餘萬進入韓國戰場。

　　戰爭初期，共軍的裝備只有輕武器「沒有一架飛機參與前線作
戰，僅有數量很少的大砲」[2]，因此採取「以運動為主與部分陣地戰
及敵後游擊戰相結合」的戰略方針[3]，但是由於「朝鮮是一個狹長的
半島，山地樹多，地勢狹窄，三面臨海」，而「限制了我軍廣泛的
機動」[4]。由於共軍無法施展國共內戰時期所擅長的運動戰殲滅美
軍，因此將戰略方針調整為「持久作戰、積極防禦」[5]。共軍在作戰
初期遭受嚴重的挫敗，醫藥及相關的作戰與民生物質極度缺乏，冬
天禦寒的衣物不足，有百分之九十的兵員有凍瘡的病痛，而共軍使

---

[1] 參閱：「軍委主席毛澤東關予組成中國人民志願軍的命令」。另參閱：**彭德懷傳**，北
　京：當代中國，1993 年，頁 400-404。**聶榮臻回憶錄**（下），北京：解放軍出版社，
　1984 年，頁 736。
[2] 楊勇，「中國人民志願軍八年來抗美援朝工作報告」，**人民日報**，1958 年 10 月 31 日。
[3] 「抗美援朝戰爭的經驗總結」，**毛匪軍事著作摘編**，台北：國防部情報次長室，1968
　年，頁 245。**彭德懷傳**，頁 406。
[4] 同上，頁 244 及頁 406。
[5] 同上，頁 246 及頁 406-407。

用的武器多是從國民黨軍隊撤離至台灣時接收而來，武器種類繁多，包括美製、俄制、德制、日制都有，作戰的基本單元排、連中多有武器混雜的現象，因此在後勤補給上極度困難，戰損情況嚴重。俄援的米格戰機直到 1951 年才投入戰場，1952 年 5 月，中央軍委會方決定派米格 15 殲擊機部隊全部赴朝參戰[6]。但綜合戰況而言，共軍陸海空均無優勢可言[7]。

　　1951 年春季中期，中共被迫調整戰略，放棄以軍力將美軍逐出朝鮮半島的最初計畫，而尋求有效的政治解決方案。顯然毛在國共內戰中「戰略持久，戰術速決」的方針，無法適用於韓國戰場，在一個完全不同的社會，地形又狹長的朝鮮半島，共軍沒有農村根據地，可以進行長期的革命戰爭，也沒有任何地緣優勢，進行蠶食的游擊戰。在朝鮮，非常殘酷的現實是，它必須與一個擁有優勢裝備的敵人作戰，必須以慘重的犧牲才能換取局部性的勝利；共軍的戰場指揮官首度發覺，缺乏優勢的海空軍及武器裝備是達成軍事目標的嚴重障礙，在朝鮮戰場與美軍作戰，和在國內戰場與國民黨軍隊作戰，完全不同；在劣勢的戰局中，共軍在中國領土之外，打的是一場需要高度犧牲的陣地戰。

　　共軍在國共內戰時期累積的作戰經驗以及總結出來的作戰原則，無法適用於朝鮮戰場，這種親身遭遇的戰場殘酷體驗，使「抗美援朝」的各級帶兵指揮官，感受深刻，司令員彭德懷為其中代表性的人物。戰後，在總結朝鮮戰爭經驗時，中共領導人曾表示「朝鮮戰爭經驗非常可貴，這對於我軍的建設有一定的作用，對學習蘇

---

[6] 有關空軍參戰部分過程，參閱：馬宏驕、梁占方，**軍事歷史**，1998 年，第 1 期。

[7] Jonathan D. Spence, **THE SEARCH FOR MODERN CHINA**, London: Century Hutchinson Ltd., 1990, p.557.

聯軍事經驗是有幫助的，對今後戰爭也會有一定參考價值」[8]。

朝鮮戰爭，對中共建軍無疑具有深遠的影響，在蘇聯援助下「以俄爲師」成爲軍隊的主流意見，共軍副總參謀長粟裕在 1954 年「八一建軍節」的一篇專文中呼籲要：「加速我軍的現代建設，必須認真學習，掌握技術，學習蘇聯的先進軍事科學，以蘇聯軍隊做爲我們建軍的榜樣」[9]。

1954 年 9 月底，彭德懷出任首任國防部長，由於彭在朝鮮戰場的慘痛經驗，最能感受現代化建軍對共軍永續發展的重要性，彭德懷任職後要求共軍積極學習蘇聯軍隊的建軍路線，對於舉凡有關軍事現代化的作爲開始在軍中推行。單純的軍事主義中內含著軍隊專業化，健全組織，命令貫徹，及武器現代化等內涵，由於在戰爭中，作戰勝利是唯一的目的，尤其基層作戰單位，必須迅速反應戰況，因此，政委附屬作戰命令的規定，與戰爭中瞬息萬變的戰況不能配合，在朝鮮戰場上執行的並不徹底，政委的權力嚴重受限。

政治掛帥的結果並不能保證在陣地戰中戰損的減少，突出政治並無法降低人員的傷亡，政委的功能在戰爭中萎縮，是不可逆的現象，有政委副署的作戰計畫，在作戰過程中依戰況需要臨時被更改，也非政委所能掌握。彭德懷在朝鮮戰場得到的教訓，促使他開始規劃一連串的正規化、專業化的建軍運動，彭要以單純的「軍事主義」做爲軍隊的指導思想。彭德懷的建軍路線明顯的挑戰了「古田會議」的決議，與「以黨領軍」的原則有針峰相對的矛盾。值得注意的是，「以俄爲師」的正規化、專業化建軍政策在中蘇分裂前

---

[8] 「抗美援朝戰爭的經驗總結」，毛匪軍事著作摘編，頁 245。
[9] 大公報，1954 年 8 月 1 日。

並沒有受到太大的阻力，有關的法令陸續的產出。

根據中國人民政治協商會議「共同綱領」第二十三條規定：「準備在適當時機實行義務兵役制」，及 1954 年 9 月 20 日第一屆全國人民代表大會（9 月 15 日至 9 月 28 日在北京召開）第一次會議通過的「中華人民共和國憲法」第一零三條規定：「保衛祖國是中華人民共和國每一個公民的神聖職責。依照法律服兵役是中華人民共和國公民的光榮義務」[10]。1955 年 2 月 7 日全國人民代表大會第五次常務會議通過「兵役法草案」，[11]國防部長彭德懷於同年 7 月 16 日在全國人民代表大會第一屆、第二次會議（7 月 5 日至 7 月 30 日在北京召開）上做了「關於中華人民共和國兵役法草案的報告」。

彭德懷在「報告」中說明：「中華人民共和國兵役法的基本任務，就是按照目前國家和人民的迫切要求，用義務兵役制代替已不適合於現時和今後需要的志願兵制」，此外，「志願兵制度由於缺乏定期的徵集和退伍制度，不便於積蓄強大的經過訓練的預備兵員，已經不能適合於我國目前的需要」，而「我們必需迅速建立起強大的現代化的武裝力量；不但要有一支強大的陸軍，而且要有一支強大的空軍和一支強大的海軍。強大的武裝力量並不依靠在平時保持過分龐大的現役軍隊的人數」，「強大的武裝力量，主要地依靠強大的現役兵員和強大的預備役兵員相結合。這種情況就要求我國迅速實行適合於現代國防建設需要的兵役制度，實行定期的徵集和退伍

[10] "Constitution of the People's Republic of China, (20, Sep. 1954)", **THE PEOPLE'S REPUBLIC OF CHINA 1949-1979 - A DOCUMENTARY SURVEY**, Vol. I, op. cit., p.100.

[11] ""Draft Conscription Law (Feb. 1955)", **THE PEOPLE'S REPUBLIC OF CHINA 1949-1976 - A DOCUMENTARY SURVEY**, Vol. I. op. cit., pp.306-310.

制度，也就是說，實行義務兵役制」，「制定中華人民共和國兵役法並頒佈施行，是我國軍事制度上一項重大的改革」[12]。彭在這篇「報告」中重點的提出要建立強大的空軍、海軍力量，要建立新兵役制度；彭的建軍計畫是要把軍隊拉離革命軍隊的型態進入到現代化專業軍隊的領域。

1955 年 7 月 30 日，第一屆全國人民代表大會第二次會議通過，而於 1955 年 7 月 30 日由「中華人民共和國主席」毛澤東發布命令，公佈施行的「兵役法」中，有關兵役義務、平時徵集年齡和服役期限、軍士和兵的現役和預備役、軍官的現役和預備役、現役軍人與預備役軍人的權利和義務、戰時的徵集、高級中學以上學校學生的軍事訓練等項規定等關於正規化建軍的部分都有說明。相關規定如下：第一章「總則」、第二條「中華人民共和國年滿十八歲的男性公民，不分民族、種族、職業、社會出身、宗教信仰和教育程度，都有義務依照本法的規定服兵役」，第四條「中華人民共和國的武裝力量由中國人民解放軍的各軍種組成」，第五條「兵役分現役和預備役」，第六條「現役軍人和預備役軍人分軍官、軍士和兵」，第十二條「國防部有權對受過醫務、獸醫和其他專門技術訓練的女性公民進行預備役登記，必要時可以組織她們參加集訓」，第十三條「國務院和省、自治區、直轄市、自治州、縣、自治縣、市的國家行政機關都設立兵役委員會領導兵役工作。兵役委員會的組織和任務由國務院規定」，第十四條「省、自治區、直轄市、自治州、縣、自治縣、市都設立兵役局。兵役局是辦理兵役工作的軍事機構。市轄區、鄉、民族鄉、鎮人民委員會根據直轄市、縣、自治縣、市兵

---

[12]「關於中華人民共和國兵役法草案的報告」，人民日報，1955 年 7 月 17 日。

役委員會和兵役局的規定，辦理兵役工作」[13]。

此外在「兵役法」第四章「軍官的現役和預備役」、第三十五條「軍官服現役和預備役的最高年齡規定」中詳細的律定了共軍各軍職的服務年限[14]。其他章節如「軍人的權利和義務」、「戰時的徵集」、「學生的軍事訓練」等對相關的兵役制度也作了各種規定。「兵役法」公佈，對共軍從革命性格的軍隊轉化成正規化的軍隊做出了貢獻。本質上，「兵役法」是以蘇聯制度為範本但加入中國的特色而制訂，這點可從彭德懷「關於中華人民共和國兵役法草案的報告」中得到明確的訊息，彭說：「參考了蘇聯和各人民民主國家的兵役法，並先後經過中央人民政府政務院政治法律委員會和中國人民政

---

[13] 「中華人民共和國兵役法」，**人民日報**，1955 年 8 月 1 日。 "Draft Conscription Law, (Feb. 1955)", **THE PEOPLE'S REPUBLIC OF CHINA 1949-1976 - A DOCUMENTARY SURVEY**, Vol. I. op. cit., p.307.

[14] 同上。（一）陸軍、空軍和公安軍的軍官：少尉：現役三十歲，一等預備役四十歲，二等預備役四十五歲。中尉：現役三十歲，一等預備役四十歲，二等預備役四十五歲。上尉：現役三十五歲，一等預備役四十五歲，二等預備役五十歲。大尉：現役三十五歲，一等預備役四十五歲，二等預備役五十歲。少校：現役四十歲，一等預備役五十歲，二等預備役五十五歲。中校：現役四十五歲，一等預備役五十五歲，二等預備役六十歲。上校：現役五十歲，一等預備役五十五歲，二等預備役六十歲。大校：現役五十歲，一等預備役五十五歲，二等預備役六十歲。少將：現役五十五歲，一等預備役六十歲，二等預備役六十五歲。中將：現役六十歲，一等預備役六十歲，二等預備役六十五歲。上將以上按具體情況決定。（二）海軍和公安軍艦艇中的軍官：少尉：現役三十五歲，一等預備役四十歲，二等預備役四十五歲。中尉：現役三十五歲，一等預備役四十歲，二等預備役四十五歲。上尉：現役四十歲，一等預備役四十五歲，二等預備役五十歲。大尉：現役四十歲，一等預備役四十五歲，二等預備役五十歲。少校：現役四十五歲，一等預備役五十歲，二等預備役五十五歲。中校：現役五十歲，一等預備役五十五歲，二等預備役六十歲。上校：現役五十五歲，一等預備役五十五歲，二等預備役六十歲。大校：現役五十五歲，一等預備役五十五歲，二等預備役六十歲。少將：現役五十五歲，一等預備役六十歲，二等預備役六十五歲。中將：現役六十歲，一等預備役六十歲，二等預備役六十五歲。上將以上按具體情況決定。

治協商會議全國委員會政法組座談研究，在 1954 年 11 月擬出了中華人民共和國兵役法草案初稿」[15]。彭德懷借鏡蘇聯的建軍政策，如單從軍事角度檢視，的確可以改變共軍的體質，但是反對「單純的軍事觀點」卻是毛的建軍原則，在這一方面，毛、彭之間有衝突，學習蘇聯也成了日後彭德懷的罪狀。

朝鮮的經驗很明顯的改變了共軍的建軍思維，在彭德懷的理念中，不僅要將共軍建設成一個現代化的軍隊.而且要儘快的建立一套完整的正規化的軍事體系，這一觀點在彭德懷於 1955 年 7 月 16 日對全國人大做「兵役法草案」的報告中有很清楚的表達，他認為中共不僅要有一支強大的陸軍，而且要有一支強大的空軍和一支強大的海軍。彭從軍事現代化的觀點看未來的建軍，他認為：「中國人民解放軍要在原有的基礎上，建設成為一支優良的現代化革命軍隊」，「在平時適當地減少現役軍隊的人數，節省出人力財力，集中於國家的社會主義工業化建設，而為國防現代化打下強固的技術基礎和經濟基礎」。[16]彭這個「減少現役軍隊的人數」的意見，實際上是的對毛思想中有關「人是主要力量」的反對。

朝鮮戰爭後的中國，革命的氣氛已在淡化，第一個五年經濟計畫發展順利，國內各項建設正持續進行，為長遠計，黨內有一股勢力準備揚棄革命的意識，希望制度化的建國，他們知道要改變政體體質，首先要作的就是除去偶像崇拜的思想。1956 年 4 月 5 日「人

---

[15] 「關於中華人民共和國兵役法草案的報告」，**人民日報**，1955 年 7 月 17 日。"Draft Conscription Law, (Feb. 1955)", **THE PEOPLE'S REPUBLIC OF CHINA 1949-1976 - A DOCUMENTARY SURVEY**, Vol. I. op. cit., p.307.

[16] "Report on Military Affairs, (19 Sep. 1956)", **THE PEOPLE'S REPUBLIC OF CHINA 1949-1979 - A DOCUMENTARY SURVEY**, Vol. I, op. cit., pp.434-442. 彭德懷，「為中國人民解放軍的現代化而鬥爭」，**新華社**，1956 年 9 月 19 日。

民日報」編輯部在蘇共第二十次黨代表大會之後，根據中央政治局擴大會議的討論，發表「關於無產階級專政的歷史經驗」一文，利用蘇共批評「個人崇拜」的時機，影射中國同樣存在的現象，並明確的提出反教條主義的問題。

　　該文指出：「反對個人崇拜的問題，在蘇共二十次代表大會中佔有重要的地位。二十次代表大會非常尖銳地揭露了個人崇拜的流行，這種現象曾經在一個長時間內的蘇聯生活中，造成了許多工作上的錯誤和不良的後果；蘇聯共產黨對於自己有過的錯誤所進行的這一個勇敢的自我批評，表現了黨內生活的高度原則性和馬克思列寧主義的偉大生命力」。對於史達林的錯誤，文中強調：「當史達林正確地運用列寧主義的路線而在國內外人民中獲得很高榮譽的時候，他卻錯誤地把自己的作用誇大到適當的地位，把他個人的權力放在和集體領導相對立的地位，結果也就使自己的某些行動和自己原來所宣傳的某些馬克思、列寧主義的基本觀點處於相對立的地位」[17]。

　　對於史達林現象，可能造成的後果，文中則說：「黨和國家的任何一個領導人，當他不是把個人放在黨和群眾之中，而是相反地把個人放在黨支部和群眾之上時候，當他脫離了群眾的時候，他對於國家的事務和就會失去全面的洞察力」，因為「即使像史達林這樣傑出的人物，對於某些重大的事務，也不可避免地要作出不合實際的錯誤的決定」。以外，「千百萬人的習慣勢力是最可怕的勢力。個人崇拜也就是千百萬人的一種習慣勢力」，而「個人崇拜是社會現象在人們頭腦中的反映，而像史達林這樣的黨和國家的領導人物

---

[17] 「關於無產階級專政的歷史經驗」，**人民日報**，1956 年 4 月 5 日。

也接受這種落後思想的影響的時候，就會反轉過來再影響給社會，造成事業的損失，有害於人民群眾的主動性和創造性」[18]。

人民日報刊登「關於無產階級專政的歷史經驗」的這篇文章，影射以偶像崇拜的方式高舉毛思想是錯誤的，如此毛將失去「全面的洞察力」，「有害於人民群眾的主動性和創造性」，並且是站在共產主義的「對立面」，而且由於「人們是在社會中生活著的，也就會在各種不同的情況和不同的程度上，反映各社會中的矛盾」，所以「即使到了共產主義社會，也不會是每個人都是完滿無缺的」[19]。

反映這種觀點於建軍問題上，最具有代表性的人物，首推彭德懷。1956 年 9 月 18 日，彭德懷在「八大」做「為中國人民解放軍的現代化而鬥爭」的軍事報告，對於裁軍及軍事預算有下列之說明：「我軍為著適應國家經濟恢復和經濟建設的需要，已經進行了有計劃的整編，先後集體轉入生產建設部門的部隊已經有三十一個師零八十團，轉業的幹部和復員的士兵已達五百萬人。目前我軍員額包括徵集的新兵在內，比全國解放時的最高額已經裁減了二百七十餘萬人。軍費開支已由 1951 年佔國家總開支的百分之四十八降到 1956 年的百分之十九點九八」[20]。此外彭德懷再度強調：「正規

---

[18] 同上。

[19] 同上。

[20] 同上。中國軍費支出（1950-1960）情形如下：

Year	Million Yan	Percent of Budgetary Expenditure
1950	2827	41.53
1951	5061	48.00
1952	4371	26.04
1953	6176	28.00
1954	5814	23.60
1955	6500	24.30

化的軍事制度,是現代化軍隊的重要條件」,他並對何謂正規化做了說明:「我軍過去長期處於分散環境,各個部隊的軍事制度不完全統一,因此,在現代化建設中,強調正規化的建設,具有重要的意義。所謂正規化,就是統一指揮、統一編制、統一制度、統一訓練和統一紀律」[21]。

有關軍隊的發展,彭德懷指出:「在原來步兵的基礎上,組建了空軍、海軍、防空軍、公安軍,以及炮兵、裝甲兵、工程兵、鐵道兵、通信兵和防化學兵等海軍」[22]。在現代化與正規化的建軍部分,彭說:「炮兵、坦克兵有了很大的加強,其他兵種技術裝備也有了很大的改善。空軍和防空軍是現代戰爭中的重要軍種,現在我國的空軍雖然同最大的空軍國家比較,相差很遠,但已經不是最弱的空軍國家了,防空軍已經建設起來,並且有了相當新式的技術裝備,海軍的建設也有了相應的發展」。彭要求軍隊在改善技術裝備的同時,部隊要展開提高指揮能力和技術操作;除此之外,彭在「報告」中自豪的認為共軍在現代戰爭規律知識和技術知識有了很大的提高,部隊的訓練質量有了顯著的進步,在執行任務和演習中已經

1956	6117	19.91
1957	5523	18.85
1958	5000	15.12
1959	5800	11.12
1960	5826	8.30

Jonathan D. Spence, **THE SEARCH FOR MODERN CHINA**, London: Century Hutchinson Ltd., 1990, p.558; John Gittings, **THE ROLE OF THE CHINESE ARMY,** op. cit., p.309.

[21] 同上。

[22] 同上。

顯示了巨大的成效[23]。

彭在這篇「報告」中強調向蘇聯學習先進經驗的重要，他說：「把蘇軍建軍的一切先進經驗完全學到手的要求是正確的，幾年來我們的學習成績是很大的。毫無疑問，蘇軍建軍的先進經驗仍爲我軍今後學習的主要方向，因爲它是最先進的現代化革命軍隊，它的軍事科學是優越的，軍事技術是頭等的，現代化軍隊作戰的指揮經驗是豐富的」。彭向蘇聯學習的理由是因爲蘇聯軍隊有先進經驗，這樣可以縮短共軍摸索過程，少走彎路，迅速完成的現代化建設[24]。

除彭德懷外，共軍創始人之一的朱德，也認爲學習蘇聯軍隊先進的建軍經驗非常重要，1953 年解放軍報有一篇關於朱德對這個問題的說法，朱德認爲學習蘇軍對共軍的未來有利，而且共軍已經開始進行統一的正規化訓練，這個訓練包括了武器系統操作、組織計畫、軍事專業等[25]。十大元帥之一的葉劍英於 1956 年第六屆軍事學院會議時也表示：「我們必須從兄弟國家學習，學習他們有用的經驗，除此之外，我們也必需從資本主義國家中學習各種軍事學說，這包括學習他們對各種軍事學說的觀點，以及軍事技術的看法」[26]。葉劍英的說法已開放到不僅要向蘇聯學習還要向資本主義國家學習，這種論調在當時夠前瞻，但也極端冒險，葉的主張顯示出專業軍人對軍隊正規化、專業化的期待。

此外 1954 年 7 月人民日報刊登一篇文章「解放軍的任務」，該文指出：在現代化的時代，軍隊需要新的軍事科技，新的訓練，解

---

[23] 同上。

[24] 同上。

[25] John Gittings, **THE ROLE OF THE CHINESE ARMY**, op. cit., p.146.

[26] **解放軍報**，1956 年 5 月 5 日。

放軍雖在革命戰爭中獲得了寶貴的作戰經驗，但是這些經驗無法滿足現代的需求，解放軍的軍事訓練必須加強，而且要加倍努力的強化軍事專業的質量[27]。

正規化、專業化建軍的前提是軍隊必須以完成軍事任務爲第一優先，軍事訓練的比重應大幅度的提高，但與此衝突的是，它必然會減低政治性及非軍事性任務的比例；在這種情形下，軍隊裡政委、黨委的角色及權力將緊縮，「三灣改編」及「古田會議」決議，以黨領軍以及軍隊是戰鬥隊、生產隊，又是工作隊的基本精神勢必受到衝擊，正規化、專業化的建軍政策，根本上與毛堅持「黨指揮槍」及「政治掛帥」的基本立場相互抵觸。

嚴格的說，彭德懷的建軍路線並未在共軍高層獲得全面的支持，特別是政工系統對此有相當的反彈，總政治部副主任譚政在「八大」就針對彭德懷的報告，批判了借用「蘇聯軍隊先進經驗」的錯誤，他說：「在正規化建軍中，對於軍人的職責、紀律等制訂條令，所有官兵都要遵守，這是理所當然的；但在制訂條令時，必須根據我軍的歷史特點與當前情況，條令本身一定要採取我軍所習慣的許多組織形式，不要機械化地搬運外國的經驗。[28]」譚政的意見代表共軍政工系統對彭德懷的正規化、專業化建軍的不滿，只有在「黨指揮槍」的原則下，政工系統才能掌握淩駕軍事指戰員的權力，因此「黨指揮槍」是這批人堅持的建軍原則；譚政所謂的「我軍的歷史特點」，實際上，已經很清楚的顯示共軍傳統上「突出政治」及「政治掛帥」的路線是不能改變的。

---

[27] 「解放軍的任務」，人民日報，1954 年 7 月 24 日。John Gittings, **THE ROLE OF CHINESE ARMY**, op. cit., p.147.

[28] 人民日報，1956 年 9 月 24 日。

　　譚政持續的表達了這種觀點，他指出：「在軍隊現代化的過程中，必須先清楚的瞭解當與軍隊革命傳統分道揚鑣後，它所蒙受的損失。革命性是共軍的基礎和特質，現代化只應是共軍在這種基礎上的某種發展，它仍須以革命化爲依歸。我們不僅不能因爲要現代化而弱化了革命性，更不能將兩者放在同一個等級或者認爲他們是一種融合的關係，不分彼此；如果我們忽略革命化而過分的強調正規化，不僅不能提升軍隊的戰力，相反的，它將削弱共軍的革命特質，甚至使共軍成爲紙老虎」[29]。

　　基本上，共軍政工系統擔心的是伴隨著正規化而來的專業主義，會威脅黨在軍隊中的領導地位，1945 年 6 月 11 日通過的「七大」黨章，在「總綱」中有關毛思想的定位爲：「中國共產黨，以馬克思列寧主義的理論與中國革命的實踐統一的思想─毛澤東思想，作爲自己一切工作的指標」[30]。毛思想，既然作爲一切工作的指標，當然不例外的也是軍隊的最高工作指標，這與專業化建軍強調的專業主義明顯的背道而馳。

　　1956 年 9 月在彭德懷做「爲中國人民解放軍的現代化而鬥爭」強調正規化、專業化建軍之軍事報告的「八大」，通過的黨章卻刪除了「做爲一切工作指標」的毛思想，而強調「中國共產黨以馬克思列寧主義作爲自己行動的指南。只有馬克思列寧主義才正確地說明瞭社會發展的規律，正確地指出了實現社會主義和共產主義的道路」，「馬克思列寧主義不是教條，而是行動的指南；它要求人們在

---

[29] 解放軍報，1958 年 8 月 17 日。

[30] "The Constitution of the Communist Party of China (26 Sep. 1956)", THE PEOPLE''S REPUBLIC OF CHINA, 1949-1979, A DOCUMENTARY SURVEY, Vol. I, op. cit., p.406.

實現社會主義和共產主義的鬥爭中從實際出發，靈活地、創造性地運用它的原理解決實際鬥爭中的各種問題，並且使它的理論不斷地得到發展。因此，黨在自己的活動中堅持馬克思列寧主義的普遍真理同中國革命鬥爭的具體實踐密切結合的原則，反對任何教條主義的或者經驗主義的偏向」[31]。「八大」的精神在反對任何教條主義，也就是說反對不可更改的意識型態規則。

「八大」黨綱中刪除毛澤東思想作為工作指標的規定，實際上是中共黨內一次重要的意識型態革命，這非但對毛而言異常難堪，對所有依賴毛思想抓權的黨、政、軍領導幹部及政工系統面臨「黨指揮槍」、「以黨領軍」、「以黨領政」原則受到的威脅，他們不能適應，也有極深的不安全感。為了避免一次性的攤牌，彭在「八大」的「軍事報告」，並非一面倒的主張軍隊要現代化、專業化，「軍事報告」中其實有相當的妥協，彭在「報告」中仍然推崇毛的建軍路線，他說：「黨中央根據各個時期的實際情況，規定了正確的政治路線和軍事路線。所有這些都集中表現在黨中央的決議、指示和毛澤東同志的著作中」，「這些著作，一直是我軍進行革命戰爭的行動指針和戰鬥綱領」[32]。

彭對軍隊中指戰員與政委的關係也有下列之妥協性的說明：「軍事指揮員和政治委員都是部隊的首長，共同負責領導部隊工作」。對於軍隊的政治工作，他依然強調：「政治工作已經成為我軍

---

[31] "Constitution of the Communist Party of China (26, Sep. 1956)", **THE PEOPLE'S REPUBLIC OF CHINA 1949-1979 - A DOCUMENTARY SURVEY,** Vol. I, op. cit., p.406; NEW CHINA NEWS AGENCY, 26 September 1956.

[32] "Report on Military Affairs (19, Sep. 1956)", **THE PEOPLE'S REPUBLIC OF CHINA 1949-1979 - A DOCUMENTARY SURVEY,** Vol. I, op. cit., p.439.

的生命線」,「軍隊政治工作,在實質上就是軍隊中黨的工作,政治機關就是黨的工作機關。黨通過政治機關,領導全軍的政治思想教育工作,樹立全體軍人的愛國主義和共產主義思想,克服各種錯誤的思想和作風,領導部隊貫徹執行黨中央的政治路線和政府的法律、法令,領導部隊黨的組織、青年團的組織和廣大官兵群眾,自覺地堅決地執行上級命令、指示和完成軍隊中的各項任務」[33]。

雖然彭德懷作了妥協,但有關彭的「報告」,政工系統並不滿意,他們堅持「以黨領軍」的最高原則不能改變。而「八大」黨章刪除毛思想,正是共軍專業化、正規化成為國家軍隊的必要條件,正規化、專業化的前提是必須積極揚棄革命年代的思維,放棄不合時宜的建軍方式,要做到這點則必須打破對毛的偶像崇拜,此舉加深毛對彭德懷的不滿,彭企圖改造毛式軍隊的努力,已觸犯了毛的禁忌,「八大」之後,毛開始反撲,毛要重建軍隊,以確保「紅」在「專」之上,確保「黨指揮槍」的革命傳統,保住了「黨指揮槍」就可以確保毛思想的最高權威地位,有了最高權威地位就有無人能及、無可動搖的至上權力。

實際上,「八大」會議之前不久,即 1956 年 4 月 25 日,毛發表了「論十大關係」一文,就已經明顯的批判了彭學習蘇聯軍事經驗的觀點,毛在該文中指出;「要有分析有批判」的學習外國的經驗,「不能盲目的學,不能一切照抄,機械搬運」,「過去我們一些人不清楚,人家的短處也去學,當著學到以為了不起的時候,人家那裡已經不要了,結果栽了個觔斗」。另外,毛不點名批判的說「有些人對任何事物都不加分析,完全以『風』為准。今天刮北風,他

---

[33] 同上。

是北風派，明天刮西風，他是西風派，後來又刮北風，他又是北風派。自己毫無主見，往往由一個極端走到另一個極端」[34]。「論十大關係」一文發表之後的同年 6 月，中共中央發出「關於學習『改進我們學習』等五個文件的通知」，進一步提出「克服實際工作中的主觀主義，即教條主義和經驗主義」[35]。這裡所說的「教條主義」是針對彭德懷堅持專業化建軍而提，在毛的心裡，彭的專業化建軍思維是另一種形勢的教條主義和主觀主義，彭的朝鮮戰爭經驗則是不足取需要被克服的經驗主義。

　　毛的權威地位及其迷思在當時有磐石般的基礎，彭德懷勢單力薄，彭想對軍隊著手改革，又缺乏強而有力的後援力量，周恩來沒有公開表態，劉少奇只是在等待自己的機會。「八大」之後不久，羅榮桓於 1956 年底被解除「總政治部」主任一職，羅的去職，主要原因是對全軍政治工作執行不力，放任共軍走上「只專不紅」的道路；1957 年 11 月劉伯承也被撤除「訓練總監部」部長及「軍事學院」院長兩項職務，而劉正是彭德懷正規化、專業化建軍的強力支持者。毛此時尚未對彭下手，彭德懷仍留任國防部長。

　　為了糾正「只專不紅」這種偏向，1957 年底至 1958 年初，共軍掀起了「幹部下放運動」，在「實際的工作中和士兵打成一片，學習士兵的本領，與士兵同吃、同住、同操作」[36]。1958 年 5 月 27 日至 7 月 22 日，中央軍委會在北京舉行共 57 天的擴大會議（史稱

---

[34] 人民日報，1976 年 12 月 26。"On the Ten Great Relationship (April 1956)", **THE PEOPLE'S REPUBLIC OF CHINA 1949-1979 - A DOCUMENTARY SURVEY**, Vol. I, op. cit., p.331.

[35] 彭德懷傳，北京：當代中國，1993 年，頁 545。

[36] 賀龍，「為軍事工作的繼續躍進而奮鬥」，人民日報，1959 年 9 月 29 日。

「反教條會議」)，該次會議由彭德懷主持，會議最初的目的在解決軍隊三大問題，此三大問題爲：(1)建軍原則。包括黨的領導、軍隊內部關係、軍民關係等。(2)建軍方針。包括軍隊的走向及正在進行的各種事務。(3)戰略方針。包括戰爭準備、各兵種的組織及建設重點[37]。

6 月 9 日，會議討論的方向開始「左」轉，當天下午，總參謀長黃克誠傳達了毛的指示，他說：「主席對我們會議的決心很大，開不好，大家不要走」，而且「會議要擴大範圍，每個師的黨書記都必須來參加」。毛並對會議作了訓示，即「教條主義者不懂社會存在決定人的意識，意識有反過來影響社會的存在，大國有大國的憲法，小國有小國的憲法，教條主義者不承認這條真理，蘇軍條令、規章制度，是在蘇聯土壤條件中產生的，這些人不承認中國的社會客觀的存在，不承認中國有它特特殊的東西」[38]。毛的指示下達後，情勢逆轉，反教條主義成爲會議中心的議題，彭的建軍路線受到攻擊。

毛認爲彭所推動的一系列建軍措施，不僅會貶低黨在軍隊的地位，而且將改變「黨指揮槍」的傳統。實際上，最令毛不能忍受的是，正規化建軍會削弱毛對槍桿子的控制，自 1935 年 1 月「遵義會議」毛出任「中央軍委會」主席以來，毛一直以堅定且絕不妥協的態度控制軍隊，毛是「槍桿子裡出政權」的信仰者，毛堅信唯有確實抓住槍桿子，才能維繫權威於不墜，彭德懷推動的正規化建軍運動，所培養出來的專業化軍人一旦得勢，這股勢力將會形成對毛

---

[37] 彭德懷傳，頁 551。
[38] 同上。頁 552。

在軍隊權勢的最大威脅，因此，毛在「八大」之後開始進行奪權部署，毛需要代理人，他選中林彪。

「八大」前，林彪在「政治局」13 名委員毛澤東、劉少奇、周恩來、朱德、林祖韓、張聞天、陳雲、董必武、彭真、康生、彭德懷、鄧小平、林彪的排序中，排名最後[39]，「八大」後「政治局」改組，林彪在十七名委員中，列名第七，僅次於毛澤東、劉少奇、周恩來、朱德、陳雲、鄧小平、在彭德懷之前，彭列名第十四[40]。當時彭的職位是「中央軍委會」第一副主席及國防部長，林彪僅是「中央軍委會」副主席，毛刻意提升林而打壓彭的意思已非常明顯。

1958 年 5 月，中共召開「八屆五中全會」，會議增選林彪為中央委員會副主席及政治局常委[41]，此時，林彪在黨內的地位已凌駕彭德懷之上。林彪升任副主席後，在全軍高級幹部會議上發表講話，不點名的批判彭說：「忽視政治就是落後，凡是政治上落後的人就要迷失方向，看不清主流和本質，就會把個人擺在不恰當的地位」，「有人說，只有外國的東西才是科學，這話不對」，「毛澤東同志的軍事著作就是軍事科學，是馬克思列寧主義在軍事方面創造性的發展」，「我們是為政治服務的軍隊，我們用政治指導軍事，用政治指導日常工作，政治是最根本的，政治落後，其他方面都會落後」[42]。

林彪的講話無疑的傳達了一個重要訊息，它顯示在彭德懷任國防部長時期軍隊只「專」不「紅」的建軍方式，已超過毛所能忍受

---

[39] **匪黨八全大會決議案之綜合研究**，台北：司法行政部調查局，1956 年，頁 136。

[40] **中共黨史事件人物錄**，前揭書，頁 689。

[41] 同上。頁 398。

[42] 李天民，**林彪年傳**，香港：明報月刊社，1978 年，頁 90。

的範圍，彭越過了紅線，一年後，也就是 1959 年 7 月至 8 月的廬山會議，毛終於抓住了的機會，爆發了整肅彭德懷的事件。

　　1958 年 8 月 17 日至 30 日，中共中央政治局在河北省秦皇島北載河召開「中央政治局擴大會議（北載河會議）」，討論 1959 年的國民經濟計劃以及當前的工業生產、農業生產和農村工作等問題。會議提出「以鋼為綱，全國躍進」的方針，8 月 29 日，會議通過「關於在農村建立人民公社問題的決議」[43]。依據「北載河會議」之相關決議，於同年 12 月 10 日在「八屆六中全會」上正式通過「關於人民公社若干問題的決議」。該決議指出：在人民公社的各級生產組織中，應當相應地建立民兵組織，「民兵組織和生產組織的領導機構應當是兩套，各級民兵組織的指揮員，即團長、營長、連長等，原則上不由公社的主任、管理區主任（大隊長）、隊長等兼任。這些指揮員應當參加公社的同級管理機構作為成員之一，受同級管理機構和上級民兵指揮機關的雙重領導。民兵組織應當根據需要配備武器，武器由地方自辦兵工廠生產。基幹民兵要按照規定的時間進行軍事訓練，普通民兵也要在勞動間隙進行適當的訓練，以便為實行全民皆兵準備條件」，「實現全民皆兵，民兵就將配合人民解放軍，並且隨時補充人民解放軍」，公社必須實行「組織軍事化、行

---

[43] 會議通過的決議另有：「中共中央政治局擴大會議號召全黨全民為生產一千零七十萬噸鋼而奮鬥」，「關於 1959 年計劃和第二個五年計劃問題的決定」，「關於今冬明春在農村中普遍展開社會主義和共產主義教育運動的指示」，「關於深耕和改良土壤運動的指示」，「關於肥料問題的指示」「關於繼續展開除四害運動的決定」等四十項。"Central Committee Decision on People's Communes, (29 August 1958)", **THE PEOPLE'S REPUBLIC OF CHINA 1949-1979 - A DOCUMENTARY SURVEY**, Vol. II, op. cit., pp.678-684; 新華社，1958 年 9 月 9 日。「中共中央關於在農村建立人民公社問題的決議」，人民日報，1958 年 9 月 10 日。

動戰鬥化、生活集體化」[44]。在這個「決議」中將「人民公社」與「民兵組織」掛勾，毛要實現「全民皆兵」的意念。

「八屆六中全會」之後，毛開始以人民公社爲單位，以民兵的形式組織廣大的人民，實施「全民皆兵」政策，透過決議中律定的方針「組織軍事化、行動戰鬥化、生活集體化」的方式，擴大軍事部隊。「全民皆兵」運動，是一項巨大的群眾性的政治工作，毛企圖透過全國性的政治動員，進行思想改造，鞏固毛思想的不朽地位，因爲「民兵師的基本路線是黨委領導，是政治掛帥，必須以毛思想爲思想，達到共產主義毛澤東化」[45]。實際上，「全民皆兵」運動，是毛對彭德懷正規化、專業化，學習蘇聯建軍路線的不滿所展開的大反撲，毛要以全國性的民兵運動，以毛思想爲主、政治掛帥的毛式軍隊，壓制彭的軍事政策。這一階段，毛直接向人民訴求其領導的地位，彭的正規化、專業化建軍路線，在「人民公社」的「全民皆兵」運動下，正式結束。

毛公開批鬥國防部長彭德懷，起於「經濟」問題，1959 年 7 月 2 日至 8 月 1 日及 8 月 2 日至 16 日，中共中央在江西廬山召開了中共中央政治局擴大會議和「八屆八中全會」（史稱「廬山會議」），出席會議的有中央政治局委員，各省、市、自治區第一書記，中央和國家機關的有關負責人。會議原定的議題是總結 1958 年以來的經驗教訓，討論今後的經濟工作任務，彭德懷因爲「三面紅旗」運動造成全國性的災難而在 1958 年 7 月 3 日至 23 日的會議上，從 7 月 3 日、4 日、6 日、7 日、8 日、9 日、10 日連續七次在西北小組

[44] 參閱：中國共產黨八屆六中全會「關於人民公社若干問題的決議」。
[45] 傅秋濤，「大辦民兵師」，人民日報，1958 年 10 月 30 日。

會議上發言，對毛的「大躍進」政策予以批評，彭發言內容要點如下：(1)官僚主義的錯誤。無產階級專政以後容易犯官僚主義，因為黨的威信高，群眾信任，因此行政命令多；人人有指責官僚的責任，包括毛澤東同志。(2)虛報數字。毛澤東家鄉的那個公社，去年搞的增產數，實際上沒那麼多。(3)左傾冒進。政治與經濟各有不同的規律，因此思想教育不能代替經濟工作[46]。

7 月 14 日彭德懷交給毛一封全文僅約三千五百字的私人信件，即所謂的「萬言書」，信的重點與「人民公社」及「大躍進」有關，信中說：「過去一個時期工作中所出現的一些缺點錯誤，原因是多方面的。其客觀因素是我們對社會主義建設工作不熟悉，沒有完整的經驗。對社會主義有計劃按比例發展的規律體會不深，對兩條腿走路的方針，沒有貫徹到各方面的實際工作中去。我們在處理經濟建設中的問題時，總還沒有像處理炮擊金門、平定西藏叛亂等政治問題那樣得心應手」，而過去一個時期「在我們的思想方法和工作作風方面，也暴露出不少值得注意的問題」。

彭所說的問題有兩點：(1)「浮誇風氣較普遍地滋長起來。去年北戴河會議時，對糧食產量估計過大，造成了一種假像」，「在對發展鋼鐵的認識上，有嚴重的片面性」，「浮誇風氣，吹遍各地區各部門，一些不可置信的奇跡也見之於報刊，確使黨的威信蒙受重大損失」；(2)「小資產階級的狂熱性，使我們容易犯左的錯誤，為大躍進的成績和群眾運動的熱情所迷惑，一些左的傾向有了相當程度的發展」。有關思想方法上的錯誤，信中說：「往往把戰略性的

---

[46] **彭德懷自述**，北京：人民出版社，1981，頁 281-287。王元，**中共的權力鬥爭與路線鬥爭**，台北：國立政治大學，1982 年，頁 158-162。

佈局和具體措施，長遠性的方針和當前步驟、全體與局部、大集體與小集體等關係混淆起來」。有關穿鑿在經濟發展中的政治掛帥問題，信中則指出有些同志認爲：「只要提出政治掛帥，就可以代替一切，忘記了政治掛帥是提高勞動自覺、保證產品數量質量的提高，發揮群眾的積極性和創造性，從而加速我們的經濟建設。政治掛帥不可能代替經濟法則，更不能代替經濟工作中的具體措施」[47]。

彭在信中對「政治掛帥」、「浮誇風氣」及「小資產階級的狂熱性」的批評，打中了毛的要害，「人民公社」及「大躍進」運動正是毛積極主導，借經濟之名的全國性政治運動，如同前述，「人民公社」是「全民皆兵」的社會反映，是抵制彭正規化建軍的大戰略；彭直言「大躍進」帶來的災害，在毛聽起來，更像是對毛的挑戰。

毛把彭的信視爲下戰帖，7月16日下午毛在信的首頁加上「彭德懷同志的意見書」之大字標題，並加批「印發各同志參考」，彭德懷的私人信件被毛當成會議資料散發。兩天後，7月16日，毛召開政治局常委員會議，參加會議的人員有劉少奇、周恩來、朱德、陳雲，另外，當時的中央書記處常務書記彭真也列席了會議。毛在會上拋出一個殺手鐧，直言：如果黨搞分裂，那他就走，到鄉下在去領導農民推翻政府，如果軍隊不跟他走，他就另組紅軍，而且他相信軍隊會跟他走[48]。毛以他的權威地位威脅與會人員，毛這次決心要消滅彭德懷。

7月23日在廬山召開的全體會議上，毛針對彭德懷的「萬言書」

---

[47] 彭德懷上毛澤東萬言書（1959年7月14日），參閱：彭德懷自述。

[48] "Mao Tse-tung's speech at the Eighth Plenary Session of the CCP's Eighth Central Committee", **ISSUES AND STUDIES**, Vol. VI, No. 7, (April 1970), pp.80-86.

發言說：人民「要辦公社、辦食堂、搞大協作、大規模耕作、非常積極。他們要搞，你能說這是小資產階級狂熱性？這不是小資產階級，是貧農、下中農、無產階級、半無產階級」。毛認為黨內黨外都在颳風，因為「有些人在關鍵時是動搖的，在歷史的大風大浪中不堅定。黨的歷史上有四條路線：陳獨秀路線、立三路線、王明路線、高饒路線。現在是一條總路線，在大風浪時，有些同志站不穩，扭秧歌」，「我勸一部分同志，講話的方向問題要注意」，「列寧講，要別人堅定，首先自己要堅定，要別人不動搖，首先自己要不動搖」。毛最後警告的說：「我就是人不犯我、我不犯人；人若犯我，我必犯人；人先犯我，我後犯人。這個原則，現在也不放棄」[49]。毛已擺下與彭決鬥的陣勢。

8 月 2 日在廬山召開了「八屆八中全會」，毛在會議上評論說：「初上廬山，七月上半月有點神仙會議的味道，閒談一頓，沒有什麼著重點，沒有緊張局勢。後頭才瞭解，有些人覺得沒有自由，就是認為鬆鬆垮垮不過癮，不得要領。他們要求一種緊張局勢，要攻擊總路線，想破壞總路線。現在有一種分裂的傾向，已經出現顯著的跡象。我們反了九個月左傾了，現在基本上不再是這一方面的問題。現在廬山會議不是反左的問題了，而是反右的問題了，因為右傾機會主意在向著黨，向著黨的領導機關倡狂進攻，向著人民事業，向著六億人民的轟轟烈烈的社會主義事業進攻」[50]。

8 月 3 日按照毛講話的精神和常委會定的基調，會議開始進入批判「軍事俱樂部」的階段，彭德懷的信被認為「不僅不是倉促寫

成，而是經過周密預謀的，整個矛頭是指向毛澤東同志的。彭德懷同志否定總路線，就是否定中央領導。他反對政治掛帥，第一書記掛帥，並不是對我們的，正是對毛澤東同志」。以外「彭德懷同志的信與張聞天同志的發言，是一個向總路線進攻的綱領，他們企圖以這個綱領來代替黨的正確的總路線；他們的鋒芒是直接對黨中央和毛澤東同志的，其目的是企圖分裂黨的團結，實現他們的惡毒陰謀」。周恩來與毛站在同一戰線，在揭發彭德懷的「軍閥主義」作風時，周恩來說：「1930 年春夏之間，彭錯誤地消滅了袁文才、王佐部隊，殺了袁文才，王佐落水而死，而袁、王的殘部被國民黨招降，喪失了井岡山根據地，這是彭在黨內和革命軍隊內部鬥爭中使用了軍閥主義的手段。長征中主張以軍閥主義的辦法用武力解決四方面軍前敵指揮部，錯誤地主張以軍治黨」，周恩來以算舊帳的方式批鬥彭[51]。

在「八屆八中全會」會議公報上，指出「帝國主義者及其走狗，從一開始，就對我國建設社會主義的總路線、大躍進和人民公社運動，進行了惡毒的污蔑和攻擊」，「當前的主要危險是在某些幹部中滋長著右傾機會主義的思想。他們對於那些根據客觀條件和主觀努力本來可以完成的任務，不去千方百計地努力完成。他們對於幾億勞動人民和革命知識分子在大躍進運動和人民公社運動中所取得的偉大成績估計過低，而對於這兩個運動中由於經驗不足而產生並且已經迅速克服的若干缺點，則估計過於嚴重。他們對於在黨的領導下幾億勞動人民轟轟烈烈地進行的大躍進和人民公社運動，污蔑爲『小資產階級狂熱性運動』」，因此全會要求各級黨委「堅決批判

---

[51] 同上。

和克服某些幹部中的這種右傾機會主義的錯誤思想，堅持政治掛帥，充分發動群衆，鼓足幹勁」[52]。

8月16日，毛又嚴厲的批示：「盧山出現的這一場鬥爭，是一場階級鬥爭，是過去十年社會主義革命過程中，資產階級與無產階級兩大對抗階級的生死鬥爭的繼續」。毛將他與彭德懷的政策差異定位爲「階級鬥爭」，一旦涉及「階級鬥爭」毛、彭高下立見，以毛在全黨、全國崇高的意識型態權威，與不可質疑的權力地位，彭沒有任何一點勝算的機會。

實際上，彭德懷以國防部長的身分，不談軍事，而將重點放在經濟生產的批評上，以及彭在會議中指出的「官僚主義」與「政治與經濟各有不同的規律」等發言，它相對的反映出彭對毛打壓正規化、專業化建軍的不滿，彭所謂「政治與經濟不同」的論點，另一層的含意就是「政治與軍事不同」。「盧山會議」會議目的本來是「反左」，但卻在毛威脅另組紅軍，再次領導農民革命的威脅下，彭被打成「反黨集團」是「代表右傾機會主義分子向黨進攻」，毛認爲彭在「招兵買馬，有野心」。

8月16日會議通過了「爲保衛黨的總路線、反對右傾機會主義而鬥爭」的決議，決議中強調；「因內外的敵對勢力一開始就惡毒地攻擊我們黨的總路線，攻擊我們的大躍進和人民公社。最近時期，他們利用我們的大躍進和人民公社運動中的某些暫時性的、局部性的、早已克服了或者正在迅速克服中的缺點，加緊了他們的攻擊。我們黨內的一些右傾機會主義分子，特別是一些具有政治綱領、政治野心的分子，竟然在這樣的重大時機，配合國內外敵對勢

---

[52] 新華社，1959 年 8 月 26 日。

力的活動，打著所謂『反對小資產階級狂熱性』的旗號，發動了對於總路線、大躍進、人民公社的倡狂進攻」。

有關彭德懷認為「大躍進」運動「得不償失」的說法，「決議」中說：「右傾機會主義分子認為大躍進是『左傾冒險主義』的行動，是『得不償失』或者『有失無得』，他們把全國各地大辦鋼鐵說成是一大罪狀」，並「企圖製造思想上和政治上的混亂。他們反對黨的群眾路線的工作方法，反對全黨辦工業、政治掛帥、黨委第一書記掛帥的口號」，「右傾機會主義已經成為當前黨內的主要危險。團結全黨和全國人民，保衛總路線，擊退右傾機會主義的進攻，已經成為黨的當前的主要戰鬥任務」[53]。

另在「中國共產黨八屆八中全會關於以彭德懷同志為首的反黨集團的錯誤的決議」中特別指出：「我們黨內出現了以彭德懷同志為首、包括黃克誠、張聞天、周小舟等同志的右傾機會主義反黨集團反對黨的總路線、反對大躍進、反對人民公社的倡狂進攻」，而「來自黨內特別是來自黨中央內部的進攻，顯然比來自黨外的進攻更為危險」。因此黨認為「堅決粉碎以彭德懷同志為首的右傾機會主義反黨集團的活動，不但對於保衛黨的總路線是完全必要的，而且對於保衛黨的以毛澤東同志為首的中央的領導、保衛黨的團結、保衛黨和人民的社會主義事業，都是完全必要的」[54]。

有關彭德懷寫的「意見書」部分，「決議」則稱：「寫給毛澤東

---

[53] 為保衛黨的總路線、反對右傾機會主義而鬥爭——中國共產黨第八屆中央委員會第八次全體會議決議，1959 年 8 月 16 日。

[54] 「中國共產黨八屆八中全會關於以彭德懷同志為首的反黨集團的錯誤的決議」，參閱："Central Committee Resolution on P'eng Te-huai (16 August 1959)", **THE PEOPLE'S REPUBLIC OF CHINA 1949-1979 - A DOCUMENTARY SURVEY**, Vol. II, op. cit., p.755; 新華社，1967 年 8 月 5 日。

同志的意見書，和他在整個廬山會議期間的一些發言和談話，是代表右傾機會主義分子向黨進攻的綱領。它們儘管表面上也裝作擁護總路線和擁護毛澤東同志，但是實質上卻在煽動黨內的有右傾思想的分子、對黨不滿的分子、混入黨內的投機分子和階級異己分子，起來回應國內外反動派的污蔑，向黨的總路線、向黨中央和毛澤東同志的領導舉行倡狂進攻」。「決議」認為事實證明「以彭德懷同志為首的反黨集團在廬山會議期間和廬山會議以前的活動，是有目的、有準備、有計劃、有組織的活動。這一活動是高饒反黨聯盟事件的繼續和發展」，彭德懷「反對毛澤東同志的領導，並且在黨內和軍隊內進行分裂活動」，除此之外「同時也反對中央政治局常委其他同志，同政治局的絕大多數相對立」，「為了實現他的個人野心，他早就在黨內和軍隊內惡毒地攻擊和污蔑黨的領袖毛澤東同志以及中央和軍委其他領導同志」，而彭德懷的反黨活動，「正是中國資產階級反對無產階級的社會主義革命、企圖按照資產階級面貌來改造黨、改造軍隊、改造世界這樣一種階級鬥爭的反映」[55]。

毛整肅彭的真正理由，其實很明顯，它與彭是否批評經濟生產無關，而是槍桿子的政治角色問題，彭被毛認為是在軍隊中進行分裂活動，並企圖按自己的意思改造軍隊及反對毛的領導。彭德懷在正規化建軍的過程中強調軍事主義及軍事專業，忽視毛堅持「政治掛帥」的原則，彭想要降低黨在軍隊中的作用；另外，對一位領導軍隊參與朝鮮戰爭，曾經歷過大規模正規軍作戰的軍事將領而言，面對不斷強調革命思想的「人民公社」運動中之全民皆兵的民兵政策，當然會有不同的意見。

---

[55] 同上。

　　1966 年 6 月 1 日，解放軍報的一篇社論很清楚的說明彭下臺的真正原因，該文指出：「黨在廬山會議所揭露的反黨集團的主要成員，藉著他們在軍隊所竊據的重要職務，力圖取消黨對軍隊的絕對領導，取消政治工作，取消軍隊參加社會主義建設，和做群眾工作的任務，取消地方武力和民兵，從根本上否定毛澤東人民軍隊和人民戰爭的思想」[56]。

　　彭德懷垮臺後，林彪取代彭出任國防部長，並晉升爲「中央軍委會」第一副主席，執行軍委日常業務。林上臺後於 1959 年 9 月 29 日隨即發表「高舉黨的總路線和毛澤東軍事思想的紅旗闊步前進」一文，強調除了「要擁有一支政治堅強的、有現代技術裝備的常備部隊以外，還要建設一支擁有幾億人的民兵隊伍」，林認爲共軍如要「在社會主義革命中站穩立場」，就必須要有「社會主義革命的充分的思想準備」。此外林在該文說：在共軍內部「並不存在工人階級和資產階級兩個對立的階級，但是卻存在工人階級思想和資產階級思想的鬥爭。這種意識形態上的鬥爭，是過渡時期社會主義和資本主義兩條道路的鬥爭的反映」，而共軍的一切工作及「現代化建設，都離不開這個意識形態上的鬥爭」[57]。

　　林彪在文章中更強調「軍隊的政治工作、思想工作十分重，是萬萬放鬆不得的」，因爲「政治工作是我軍的生命線，是我軍幾十年來在革命實踐中所證明的真理」，有關軍隊現代化建設時「自然

[56] **解放軍報**，1966 年 6 月 1 日。

[57] 「高舉黨的總路線和毛澤東軍事思想的紅旗闊步前進」，**紅旗**，第十九期，1959 年 10 月，頁 16-25。**大公報**，1959 年 9 月 30 日。**人民日報**，1959 年 9 月 29 日。"Lin Piao on the Maoist Line in Military Affairs (29 Sep. 1959)", **THE PEOPLE'S REPUBLIC OF CHINA 1949-1979 - A DOCUMENTARY SURVEY**, Vol. II, op. cit., p.781.

要十分注意改善裝備、掌握技術，但是一定還要注意另一方面，而且是主導的一面，這就是不要忘記政治，要強調政治，我們的軍隊是為政治服務、為社會主義服務的軍隊，我們要用政治指導軍事，用政治指導日常工作」，因為「人民解放軍是政治鬥爭的工具，革命軍人不應當脫離政治，而要重視政治和努力學習政治。而群眾運動、社會鬥爭的實踐，就是豐富的政治」。

有關黨、軍問題上，林彪則說：「黨對軍隊的絕對領導和我軍廣大幹部的堅強黨性，是我國社會主義建設的國防事業獲得勝利的最大保證」，「黨性不是抽象的東西。對於一個在軍隊工作的共產黨員和幹部來說，堅強的黨性，應當表現在任何時候和任何情況下，都堅決維護黨的團結，全心全意地為黨的綱領和路線奮鬥。這就是要時時刻刻關心和注意政治形勢、政策、路線等方向性的問題，站穩立場，分清是非，避免在大是大非面前搖擺不定，迷失方向」[58]。

林彪強調在建軍的過程中政治的重要性，要用政治指導軍事，及要站穩立場為黨的路線奮鬥，堅定的服從黨對軍隊的絕對領導，而共軍要在社會主義革命中站穩立場。林彪這篇文章，實際上，不斷的在突顯毛思想在建軍過程中的重要性，毛一直反對單純的軍事觀點，毛的原則是「黨指揮槍」，而絕不容許「槍指揮黨」。林彪接任國訪部長及主持「中央軍委會」日常工作後，開始加重軍隊的政治角色，並著手整頓黨在軍隊的基層組織，強化黨對軍隊的控制。

1960 年 9 月 14 日至 10 月 20 日，「中央軍委會」在北京召開軍委擴大會議，會議以加強政治思想工作為中心議題，並通過「關於加強軍隊政治思想工作的決議」，此一決議明確的指出「毛澤東思

---

[58] 同上。

想無論過去、現在或將來，都是我軍建設的指標，也是我軍政治思想工作的指標」。「決議」且重申了 1929 年「古田會議」決議，「決議」認爲古田會議的重要性，是因爲它「指明了我軍建設的方向，奠定了我軍政治工作的基礎」，以外「在批判和糾正了以彭德懷、黃克誠同志爲代表的資產階級軍事路線以後」，共軍的政治工作「又有了新的發展」[59]。

「決議」另外強調林彪創造性地運用毛澤東思想，提出了正確處理政治工作領域中的四個關係問題，即第一，正確處理武器和人的關係。因爲「對於革命軍隊來說，武器和人相較，人是主要的，人的因素、政治思想的因素，是戰鬥力諸因素中的首要因素」。第二，正確處理各種工作和政治工作的關係。因爲「政治是統帥、是靈魂，政治工作是我軍的生命線、是一切工作的根本保證，政治工作做好了，人的積極性和創造性發揮起來了，各種工作就都可以做好」。第三，正確處理政治工作中事務性工作和思想工作的關係。因爲「掌握思想教育，是團結全黨進行偉大政治鬥爭的中心環節」。第四，正確處理思想工作中書本思想和活的思想的關係。必須「善於用毛澤東思想來回答各種現實問題，打好興無滅資的思想仗」。綜合上述四點，可歸納爲：「人的因素第一，政治第一，思想工作第一，活的思想第一」；因爲「這是我軍政治思想工作的方向，也是整個軍隊建設的方向。在新的歷史時期中，我們更應當緊緊掌握

---

[59] 「關於加強軍隊政治思想工作的決議」，參閱："Reindoctrinating the People's Liberation Army (October 1960)", **THE PEOPLE'S REPUBLIC OF CHINA 1949-1979 - A DOCUMENTARY SURVEY,** Vol. II, op. cit., p.882; J. Chester Cheng, (ed.), **THE POLITICS OF THE CHINESE RED ARMY: A TRANSLATION OF THE BULLETIN OF ACTIVITIES OF THE PEOPLE'S LIBERATION ARMY,** Stanford University: Hoover Institution Press, 1966, p.480.

這個方向」[60]。

彭德懷的下臺與林彪的上臺，代表共軍正規化、專業化建軍的結束，共軍重新回到「古田會議」決議的舊路，1958 年 10 月 16 日中共撤回最後一批留駐朝鮮的「抗美援朝」「志願軍」，10 月 30 日當「志願軍」司令員楊勇上將在「人民代表大會常務委員會及中國人民政治協商會議，全國委員會常務委員會擴大聯席會議」上報告說：「抗美援朝的偉大勝利，就是黨和毛澤東英明決策的勝利，就是毛澤東思想的勝利」時[61]，共軍又重回政治建軍的革命時期，雖然參加過朝鮮戰爭，但僅曇花一現的變革，使朝鮮戰爭的經驗付之東流。毛以最高的意識權威地位徹底的打倒了彭德懷，也消滅了正規化、專業化建軍的思潮。共軍重新「高舉黨的總路線和毛澤東軍事思想的紅旗」，往政治的道路大步前進。

基本上，彭德懷的失敗，敗於毛的權威不可動搖及他推行政策的策略錯誤與專業化建軍的立場不夠堅定所致。在毛的絕對權威震懾下，彭在黨內無法形成改革的氣勢，彭沒有改革的戰略計畫，他全力的投入軍事革新行動，但卻沒有周延的步驟，在專業化建軍立場上他並沒有堅持到底。

做為「抗美援朝」司令員，戰場殘酷的經驗使他認知到一個專業化的軍隊並不僅是要有先進的武器系統及新的兵役制度而已，它還需要釐清部隊長的責任與權力之間的關係，誰是戰場上的指揮官，誰就負勝敗之責，不能有模糊的空間；因此對彭德懷而言，軍事改革中有一個重要的地方就是需要清楚的律定誰是戰場上的真

---

[60] 同上。

[61] 楊勇，「中國人民志願軍八年來抗美援朝工作報告」，人民日報，1958 年 10 月 31 日。

正指揮官，但這點卻碰觸到黨委在軍隊中的角色及功能問題，也就是說要建構一個專業化的軍隊，軍中黨委的功能就需受到箝制，而軍事指戰員才擁有軍隊最高的指揮權。彭的軍事改革必須要在這個關鍵性的問題上予以解決，否則改革不會成功。

彭德懷在 1955 年 7 月「關於中華人民共和國兵役法草案的報告」中雖未觸及這個敏感的問題，但是在 1956 年 9 月「八大」，在「軍事工作報告」中，對「黨委集體領導下的首長分工制」作說明時，卻釋放出他對黨委在軍隊中角色的看法，他認為軍事指揮員和政治委員都是部隊的首長，共同負責領導部隊工作，「對上級的命令、指示和同級黨委的決定，屬於軍事工作方面的，由軍事指揮員負責組織執行，屬於政治工作方面的，由政治委員負責組織執行」。彭的這種說法，實際上有黨、軍地位平行的意義在內，彭德懷把軍事指揮員擺在和政治委員同一領導層級而且分工的作法，這點已經碰觸到毛的「黨指揮槍」原則。

但為了避免對「黨指揮槍」的原則衝擊太大，因此彭在「八大」的「軍事工作報告」中仍適度的強調黨委在軍隊中的重要性，彭這樣做的原因有兩個，一是對毛權威的卑微服從，使他不敢全面否定黨在軍隊的作用。二是彭有兩個註定碰撞的角色，專業化建軍的設計者，及黨的重要幹部，這兩個角色使他不能全面否定黨在軍隊的作用。上述原因使他放棄了軍事的職業觀點與黨的原則妥協，彭在黨、軍角色的掙扎中雖然最後選擇了黨，但他又不願違背自己的作戰經驗與國防部長的立場，因此彭在「大躍進」運動的失敗中找到了發洩點，他對「大躍進」的批評表達了無法順利推展正規化、專業化建軍的不滿。現實上，彭不可能在毛的反對下有任何革新成功的可能，毛要毀掉彭則易如反掌，如果彭將焦點堅定不移的放在軍

隊的專業化的爭論上，並作部分的妥協，彭不是沒有成功的可能，但一旦將不滿轉嫁到非軍事領域的「大躍進」問題上，「大躍進」是毛以黨主席身分決定的政策，彭想用黨的問題與毛過招，已注定沒有任何機會可以全身而退。朝鮮戰爭給彭德懷一個全新的建軍概念，但也帶給他悲慘的命運。

第二節　中蘇衝突對共軍政治角色發展的影響

中共政權成立之初，毛於 1949 年 6 月 30 日發表「論人民民主專政」一文，決定「一面倒」向蘇聯，毛在該文中清楚的說明了當時中國的立場：「在列寧和史達林領導之下，他們不但會革命，也會建設。他們已經建設起來了一個偉大的光輝燦爛的社會主義國家。蘇聯共產黨就是我們的最好的先生，我們必須向他們學習」，而「十月革命一聲炮響，給我們送來了馬克思列寧主義。十月革命幫助了全世界的也幫助了中國的先進分子，用無產階級的宇宙觀作爲觀察國家命運的工具，重新考慮自己的問題。走俄國人的路─這就是結論」。毛認爲「一邊倒」向蘇聯，是積孫中山的四十年經驗和共產黨的二十八年經驗所得的結論，並「深知欲達到勝利和鞏固勝利，必須一邊倒」[62]。

毛在發表「論人民民主專政」一文後不到半年的時間，即於 1949 年 12 月 16 日至 1950 年 2 月 17 日親自訪問蘇聯，並在訪蘇期間「晉

---

[62] 「論人民民主專政」，**毛澤東選集**，第四卷，頁 100。"On the People's Democratic Directorship (30 June 1949) - In Commemoration of the Twenty-eighth Anniversary of the Communist Party of China", **THE SELECTED WORKS OF MAO TSE-TUNG**, Vol. IV (1969), op. cit., p.415.

謁列寧墓」參觀「列寧格勒、高爾基城，兵工廠、地下電車、集體農場等處」[63]。2 月 14 日與蘇聯簽訂「中蘇友好同盟條約」、「關於中國長春鐵路、旅順口及大連的協定」及「關於貸款給中華人民共和國的協定」[64]。簽約之前毛於 1 月 2 日晚上 11 點，在發回國內「準備簽訂新的中蘇友好同盟條約」的電文中說：「中蘇關係在新的條約上固定下來，中國工人、農民、知識分子及民族資產階級左翼都將感覺興奮，可以孤立民族資產階級右翼，在國際上我們可以有更大的政治資本去對付帝國主義國家」，毛認為與蘇聯簽訂新約，會使中國四大階級同感興奮[65]。

有關上述的條約及協定內容概略如下：(1)中國承認外蒙古之獨立，即以其現在之邊界為邊界；蘇聯聲明給予中國以道義的、軍需的及其他物質上的援助；蘇聯重申中國在東三省之完全主權及領土行政之完整。(2)在對日和約締結後，蘇聯將共同管理之長春鐵路的一切權利以及屬於該鐵路的全部財產無償地移交給中國政府，而蘇聯軍隊則將自旅順口撤退。(3)蘇聯向中國提供總額為 3 億美元的長期信用貸款，年息為百分之一，用於中國購買蘇聯工業、採礦和鐵路設備。

2 月 17 日毛在莫斯科臨別演說中表示「人民可以看得見，經過條約固定下來的中蘇兩國人民的團結將是永久的，不可破壞的，沒

---

[63] 毛澤東，準備簽訂新的中蘇友好同盟條約（電文），1950 年 1 月 2 日。

[64] "Treaty of Friendship, Alliance and Mutual Assistance between the Soviet and the People's Republic of China (14 Feb. 1950)", **THE PEOPLE'S REPUBLIC OF CHINA 1949-1979 - A DOCUMENTARY SURVEY**, Vol. I, op. cit., pp.123-126; Michael B. Yahuda, **CHINA'S ROLE IN WORLD AFFAIRS**, London: Croom Helm, 1978, pp.51-52; 何干之，**中國現代革命史**，上海：人民出版社，1985 年，頁 341。

[65] 同註 61。

有人可以分離的，這種團結不但必然要影響中蘇兩大國的繁榮，而且必然要影響到人類的將來，影響到世界和平與正義的勝利」[66]。訪問蘇聯及簽訂條約，受到毛自己高度的肯定，毛並將其視爲自己重大的外交成就，而且認爲中蘇關係的穩定會影響到人類的未來，毛徹底的「一面倒」向蘇聯。

　　1953 年 3 月 5 日史達林死亡，史達林之死不但動搖了共黨國際領導中心，更引起蘇聯內部的權力鬥爭，首先是赫魯雪夫和馬林可夫（Georgi M. Malenkov）共同鬥爭貝利亞（Lavrenti P. Beria），此後，繼而發生整肅馬林可夫、莫洛托夫（Vycheslar M. Molotov）、卡岡諾維奇（Lazar M. Kanovich）、布加寧（Nikolai A Bulganin）等事件，一連串的鬥爭使蘇聯無暇顧及各共黨國家事務，參與權力鬥爭的各派勢力，爲了獲得各共黨國家的支持，尤其是最大的共黨國家─中共的支持，因此不斷示好。在中共這一方面，爲了順利的推展第一個五年經濟計畫，進行社會主義新中國的建設，需要蘇聯提供大量有關經濟發展及工業技術上的援助，同年 9 月赫魯雪夫當選蘇共中央第一書記，基於相互依賴的需求，中共全力支持赫魯雪夫在蘇聯的領導地位。

　　1954 年 9 月 29 日，赫魯雪夫率領包括蘇聯國防部長布加寧在內的龐大代表團親訪北京，參加中共建國 5 周年慶祝活動，並發表「中華人民共和國和蘇聯政府關於中蘇關係和國防形勢各項問題的聯合宣言」、「關於對日本關係的聯合宣言」，「中蘇聯合公報」及多項協定。這些協定的主要內容爲：「蘇聯軍隊於 1955 年底以前撤出旅順口海軍基地，並將該基地無償交還給中國」，「1955 年 1 月 1

---

[66] 何干之，中國現代革命史，頁 341。

日起將中蘇合辦的新疆有色及稀有金屬公司、新疆石油公司、大連
輪船公司和民航公司中的蘇聯股份移交中國」,「蘇聯向中國提供 5
億 2 千萬盧布的長期貸款,幫助中國新建 15 項工程,擴建 141 項
工程」,「修建連接中蘇兩國的兩條新鐵路:一條從阿拉木圖通過新
疆維吾爾自治區到達蘭州;另一條從集寧到烏蘭巴托。中蘇兩國政
府負責修建各自境內的第一條鐵路,蒙古將與蘇聯合作修建第二條
鐵路」[67]。

　　1956 年 2 月蘇共在莫斯科召開第二十次黨代表大會,赫魯雪夫
公開清算史達林,赫指責史達林殘殺紅軍將領,並懷疑蘇共政治局
委員,及第十七次代表大會所選出的代表有百分之七十遭史達林祕
密處死,而且史達林晚年搞個人崇拜,嚴重的阻礙蘇聯社會主義的
發展[68]。同時,赫魯雪夫提出戰爭可以避免,不同社會制度的國家
可以「和平共存」、「和平競爭」,資本主義社會可以通過「議會
鬥爭」的方式「和平過渡」到社會主義社會;也就是說,對於資本
主義社會向社會主義社會過渡時,反對「將暴力和內戰看成是社會
主義改造的唯一途徑」,它可以透過議會選舉的方式,取得政權後
再實行社會主義的改造。

　　赫魯雪夫在蘇共第二十次黨代表大會的總結報告,說者無心,
但聽者有意,中共中央對赫魯雪夫的報告有不同的感受及意見,為
此,中共於同年 4 月在中央政治局舉行的擴大會議上,對於俄共清
算史達林的問題做成了決議,4 月 5 日由人民日報以編輯部名義發

---

[67] 參閱:THE PEOPLE"S REPUBLIC OF CHINA 1949-1979 - A DOCUMENTARY
SURVEY, Vol. I, op. cit., pp.139-142.

[68] 赫魯雪夫,「蘇聯共產黨中央委員會向黨第二十次代表大會總結報告」,匪俄爭執原
始資料彙編,台北:國際關係研究所,1964 年,頁 1-56。

表「關於無產階級歷史經驗」一文，表示不完全同意赫對史達林的清算，並對史做出「功大於過」的歷史結論。該文指出「無論有怎樣的錯誤，對於人民群眾說來，無產階級專政的制度，比起一切剝削階級專政的制度，比起資產階級專政的制度，總是具有極大的優越性」。有關史達林的部分，文內則說：「蘇聯鼓舞和支持了所有其他的社會主義國家的建設，鼓舞了全世界的社會主義運動、反殖民主義運動和一切爭取人類進步的運動，這些都是蘇聯人民和蘇聯共產黨在人類歷史上所創造的偉大業績。給蘇聯人民和蘇聯共產黨指出創造這種偉大業績的道路的，是列寧，在爲實現列寧的方針而進行的鬥爭中，就有史達林的不可磨滅的功勞」[69]。

該篇文章對作爲蘇聯共黨和國家主要領導人物的史達林極爲推崇的說：他「創造性地運用和發展了馬克思列寧主義，在保衛列寧主義遺產、反對列寧主義的敵人 ── 托洛斯基分子、季諾維也夫分子和其他資產階級代理人的鬥爭中，他表達了人民的意願，不愧爲傑出的馬克思列寧主義的戰士」，他的「成績總是多於缺點，正確的地方總是多於錯誤的地方」[70]。這篇文章總結史達林是馬列主義的戰士，在爲實現列寧的方針而進行的鬥爭中，有不可磨滅的功勞。

同年 12 月，人民日報根據中央政治局擴大會議的討論，再發表「再論無產階級專政的歷史經驗」一文，又一次的肯定史達林的功績及貢獻。「再論」一文指出；「俄國無產階級在列寧和蘇聯共產黨的領導之下，在 1917 年勝利的實現了無產階級革命和無產階

---

[69] 「論無產階級歷史經驗」，人民日報，1956 年 4 月 5 日。
[70] 同上。

級專政，接著又勝利地建成了社會主義社會」，而「史達林對於蘇聯的發展和國際共產主義運動的發展是有偉大功績的」[71]。

值得注意的是，蘇共二十次黨代表大會對史達林的批判，不論對國際共產主義家庭成員或對中共都有著不可忽視的重要性。中共對赫魯雪夫批史達林的言論，在最初階段發表過自己不同的觀點，但蘇共反史達林搞個人崇拜的立場也在中國發生了共鳴作用。會議之後，中國的各類媒體在未正確掌握毛的意圖前，發表了一系列抨擊史達林所犯錯誤的文章。不論對史達林功過如何定論，蘇共這次黨代表大會對中共而言，最直接顯現的結果，是中共中央在「八大」新修訂的黨章在劉少奇的主持下，刪除了以毛澤東思想做為指導思想的法定地位，這個結果引發日後中共黨內高層的權力鬥爭，它不僅影響了黨內的權力生態，也嚴重影響了共軍政治角色的發展。自此之後，在中國，政治上，反赫魯雪夫的修正主義等同於反劉少奇或政治異議者的修正主義，批判赫魯雪夫等同於不點名批判劉少奇或政治異議者；軍事上，彭德懷及軍事改革派師法蘇聯現代化的建軍路線也因此受到波及而終止。

基於蘇聯清算史達林對共產主義國家所引起的價值錯亂，以及蘇聯秘密員警因貝利亞被鬥所引發的寒蟬效應，影響到蘇聯對東歐各國的控制，最後導致波蘭共黨提出自主要求及匈牙利暴動事件。匈牙利事件之後，中共將「大鳴大放」運動扭轉成「反右」鬥爭，這一時期，中蘇兩國雖然對史達林功過的立場不同，但基本上中共中央對蘇聯的外交行動卻是支持的，1957 年 1 月周恩來帶團訪問東歐各國，希望他們繼續支持蘇聯，並強調共產主義大家庭與蘇聯利

---

[71] 「再論無產階級專政的歷史經驗」，人民日報，1956 年 12 月 29 日。

益一致的重要性。基本上，中共支持蘇聯並不是它能認可赫魯雪夫所提「和平共存」、「和平競爭」、「議會鬥爭」的觀點，中共考量的是自己的利益，也就是希望蘇聯對中國能持續在軍事及經濟上給予援助。周恩來訪問東歐的同時，即 1957 年 1 月 7 日，布加寧在莫斯科的中蘇友好大會上表示要加強對中國的經濟及其它相關的援助；中共得到了蘇聯的回報[72]。

此外匈牙利事件使毛心有警惕，他對蘇共「和平共存」路線產生嚴重的懷疑，中共當局認為匈牙利事件是「國際帝國主義起了主要的決定性作用」，因為帝國主義「一切都為了改變共產世界的性質，我們無論什麼時候都不能忘記敵人同我們之間的嚴重鬥爭」[73]。

1957 年毛親自率領中國代表團出席了 11 月 14 日至 16 日為慶祝「十月革命」40 周年而召開的莫斯科會議，參加會議的有 12 個社會主義國家共產黨和工人黨，會議討論通過了「社會主義國家共產黨和工人黨宣言」（即「莫斯科宣言」），宣言第二部分，強調各國共黨之間相互關係的基礎是建立在「馬克思、列寧主義原則」及「無產階級國際主義原則」之上，這種原則的具體解釋，是各國共黨的關係應「建立在完全平等、尊重領土完整、尊重國家獨立、主權和互不干涉內政的原則上」，並且基於這種關係「各國之間建立相互的廣泛的經濟和文化合作，並『通過同志式的討論』以解決各國之間的問題」；第三部分主張「按照各國的具體條件，創造性的運用社會主義革命，和社會主義建設的共同規律」，「各國社會主義建設形式和方式的多樣化，是對於馬克思、列寧主義理論的集體

---

[72] 人民日報，1957 年 1 月 9 日。
[73] 「再論無產階級專政的歷史經驗」，人民日報，1956 年 12 月 29 日。

貢獻」[74]。

　　莫斯科會議強調要「通過同志式的討論」以解決各國之間的問題，其中意涵著各共黨國之間地位平等的精神。該會議同時也譴責了「修正主義」和「教條主義」，在起草宣言時，毛堅持在宣言中加上反「修正主義」、「教條主義」文句[75]，最後「宣言」有關這個部分定稿如下：「在反對教條主義的同時，共產黨認為，在目前條件下，主要危險是修正主義，或者說是右傾機會主義，它是資產階級意識形態的表現，它麻痺工人階級的革命意志，要求保存或者恢復資本主義。但是，教條主義和宗派主義也可能成為這一個或那一個黨在個別發展階段上的主要危險。對於每一個共產黨來說，那一個危險在某一時期是主要危險，由它自己判斷」[76]。莫斯科會議通過的宣言，特別是關於「對於每一個共產黨來說，那一個危險在某一時期是主要危險，由它自己判斷」的規定，確立了共產主義家庭不再是蘇聯說了算，各共產國家有自己「危險」的評價標準，其它國家包括蘇聯在內不能干預。這個規定使毛在內部鬥爭時可以按己意行事，不受外部也就是蘇聯共黨的干擾。

　　莫斯科會議及宣言，在中蘇關係的發展上有重大的意義，該次會議涵蓋了社會主義革命和社會主義建設的共同規律，以及規定了兄弟黨、兄弟國家之間關係的準則，也表明中蘇兩黨在政治思想和理論領域對某些重大問題存在著分歧的意見。另外，由於莫斯科宣言譴責了「修正主義」及「教條主義」，這點使毛在反右鬥爭中有

---

[74] 「莫斯科宣言」，人民日報，1957 年 11 月 26 日。

[75] Floyd, David, **MAO AGAINST KHRUSHCHEV - A SHORT HISTORY OF THE SINO-SOVIET CONFLICT**, New York: Frederick A. Praeger, 1964, pp.55-56.

[76] 「莫斯科宣言」，人民日報，1957 年 11 月 26 日。

了理論根據，而宣言所提出之無產階級的重要性，也使毛在反右鬥爭獲得了國際共黨的支持。

1958 年 8 月 17 日至 30 日，中共中央政治局於北載河召開擴大會議，決定堆動「人民公社」運動，為了使「人民公社」組織符合共產主義社會的需要，中共中央先進行了理論宣導，8 月 29 日會議做出「關於在農村建立人民公社問題的決議」。「決議」指出：「人民公社發展的主要基礎是我國農業生產全面的不斷的躍進和五億農民愈來愈高的政治覺悟」，為了因應農業生產飛躍發展的形勢，因此「在農業基本建設和爭取豐收的鬥爭中，打破社界、鄉界、縣界的大協作，組織軍事化、行動戰鬥化、生活集體化成為群眾性的行動，進一步提高了五億農民的共產主義覺悟」。「決議」認為，在各盡所能，各取所需的共產主義社會到來之前，「人民公社將是建成社會主義和逐步向共產主義過渡的最好的組織形式，它將發展成為未來共產主義社會的基層單位」。有關現階段的任務，「決議」說：「建立人民公社首先是為了加快社會主義建設的速度，而建設社會主義是為了過渡到共產主義積極地作好準備」；中共要「運用人民公社的形式，摸索出一條過渡到共產主義的具體途徑」[77]。

推動「人民公社」運動，其實並未如「決議」所述有那麼高遠的視界及嚴謹的理論基礎，如同前述「人民公社」中的全民皆兵政策，是對彭德懷正規化、專業化建軍的反撲；大辦「民兵師」，是一種權力的操作，至於中國是否能過渡到「各盡所能，各取所需」的共產主義社會，對毛而言毫無意義，但「關於在農村建立人民公社問題的決議」卻帶來一種效果，亦即它對國際共黨組織有宣誓性

---

[77] 「關於在農村建立人民公社問題的決議」，人民日報，1958 年 9 月 10 日。

的作用，宣示中國要走自己的路。

　　中共中央對「人民公社」組織的功能及美好的遠景所做的說明中，認為這項運動可以避免不必要的曲折道路，能順利的過渡到共產主義社會；換言之，「人民公社」運動，代表毛在中國已經解決了落後生產力的問題，因為中國的生產正在「飛躍發展」，而解決了這個落後生產力的問題，對於毛在國際共產黨家族中的聲望大有助益，同時它也對整個國際共產主義運動的發展，具有另一層的重大意義，就是中國的成功等於在呼籲國際共產家族成員揚棄蘇聯有關建設共產主義社會的步驟、經驗和論調，中共的宣示無疑是向蘇聯在共產主義家庭的領導地位挑戰。

　　蘇共中央對中共在意識型態上的挑戰，採取了一連串的對策，「人民公社」實施不久，1958 年 11 月蘇聯公佈「七年計畫綱領」，依據赫魯雪夫的說法，一旦「七年計畫」執行結束，將是蘇聯建設共產主義社會基本任務的完成[78]；蘇共中央這種看法，顯然是以蘇聯建設共產主義社會的步驟，駁斥中共「人民公社」的分歧作為。在公佈「七年計畫綱領」的同時，蘇共領導人也公開批評「人民公社」的措施，是犯了「小資產階級的狂熱病」，違反科學法則，是希望以衝鋒陷陣的方法，匆促的建設社會主義社會[79]。1958 年 12 月 10 日當美國參議員韓福瑞（H. H. Humphrey）訪問莫斯科時，赫魯雪夫向他表示「人民公社」不但已經過時，而且是反動的[80]。

　　蘇聯共黨於 1959 年 1 月 27 日在莫斯科召開第二十一次黨代表

---

[78] 赫魯雪夫，「在蘇聯共產黨第二十一次共黨代表大會上的報告」，人民日報，1959 年 2 月 1 日。

[79] 人民日報，1959 年 2 月 1 日。1964 年 4 月 27 日。

[80] LIFE, 12 Jan. 1959, pp. 80-91.

大會，赫魯雪夫在大會報告中提出「向共產主義過渡」的口號，並指明「一個社會不能夠不經過社會發展階段就直接從資本主義跳到共產主義，實現共產主義是依照生產條件的程度，是順序漸進的，不是跳躍的」[81]。赫魯雪夫暗示中共採取以「大躍進」的方式建設共產主義社會，不合乎歷史發展的規律。在中國國內，國防部長彭德懷於廬山會議時，遙相呼應赫魯雪夫的論點，指責「大躍進」操之過急，是「左傾冒進」。

當時對於蘇共中央的批評，中共提出了理論上的反擊，中共引述馬克思、列寧、史達林的言論，認爲「人民公社」是「新生事務」，這些新生事務表現「舊的東西和新的東西之間的鬥爭，衰亡的東西和生長的東西之間的鬥爭」，因爲這是「我們發展的基礎」[82]。此外，代表官方喉舌的人民日報，在刊登的文章中表示：「『大躍進』是社會主義向共產主義過渡，是不斷革命論和革命發展階級論的表現」[83]。中蘇雙方對「人民公社」在建設社會主義社會上的不同評價，實爲政治上的歧見在理論解釋上的一種反應，雙方爲自己的立場辯護，並相互批評。赫魯雪夫未能瞭解，反史達林的偶像崇拜，反「教條主義」，反「人民公社」這些都針針見血的刺傷了毛，毛大打理論戰，並非爲了堅持馬、列思想，它只是爲了自己在中國的權威地位，進行一場保衛戰。

基於蘇共中央對中共「三面紅旗」運動不以爲然，因此，赫魯雪夫在俄共第二十一次黨代表大會上，嚴厲指責毛的「人民公社」

[81] 赫魯雪夫，「在蘇聯共產黨第二十一次共黨代表大會上的報告」，人民日報，1959 年 2 月 1 日。
[82] 「馬克思主義者應當如何看待新生事務」，人民日報，1960 年 2 月 29 日。
[83] 「不斷革命論和革命發展階段論」，人民日報，1959 年 6 月 27 日。

運動缺乏物質基礎，「大躍進」造成經濟失調，工業落後。同年 9 月蘇聯片面撕毀 1957 年 10 月 15 日與中共簽訂的「關於生產新式武器和軍事技術裝備以及在中國建立綜合性的原子工業的協定」（簡稱「國防新技術協定」）[84]；根據「國防新技術協定」，蘇聯應於 1957 年底至 1961 年底，除供應中國四種原子彈的樣品和技術資料外，另將提供 P-2，C-75，C-2，K-5M 四種導彈的樣品和技術資料，以及 1960 至 1961 年間需提供射程一千公里的 P-11 導彈的技術資料等。這些武器資料對中共發展軍備極其重要，北京方面感到情勢已趨嚴重，因此進行反制，公開反對即將舉行的美蘇領袖大衛營會談，9 月 29 日赫魯雪夫於結束大衛營會談的第二天，立即飛往北京與中共領導人溝通有關訪美的目的。

9 月 30 日的晚宴上，赫魯雪夫在致辭中勸告北京「不應濫用武力去試探資本主義制度的穩固性」[85]，並重申蘇聯立場，指出和平共處政策，實際上是一種和平鬥爭的手段，而這種鬥爭屬於政治和經濟而不是軍事領域。在北京期間，赫魯雪夫與中國領導人舉行了一系列會談，但是沒有發表任何公報；10 月 4 日，赫魯雪夫離開北京，在機場發表了簡短講話，他重申了自己的信念，也就是希望排除把戰爭作為解決國際爭端的工具。

以毛在 1971 年與尼克森會面及決定與美國交往的事例，可以回頭佐證，雖然毛服膺無產階級革命，但毛在意識型態上並非真正的馬列主義信徒，因此有理由相信，毛與赫魯雪夫在社會主義建設上的衝突，是基於毛對赫魯雪夫反史達林運動而波及對赫個人的不

---

[84] 「蘇共領導同我們分歧的由來和發展」，人民日報，1963 年 9 月 6 日。
[85] 「分歧從何而來」，人民日報，1963 年，2 月 27 日。

滿，所以無法忍受赫與資本主義妥協的立場；毛利用列寧九十週年生日，將毛、赫衝突提高到馬列理論層次的辯論，從 1960 年 4 月中共開始了一系列的理論性之論戰，分別在「紅旗」及「人民日報」發表，包括：「論帝國主義是現代戰爭的根源，並論中國人民爭取和平的道路」，「列寧主義萬歲」，「沿著偉大列寧的道路前進」，「在列寧的革命旗幟下團結起來」，「和平與戰爭的理論」等尖銳之攻擊性的文章[86]。

以「在列寧的革命旗幟下團結起來」一文為例，該文強調：「列寧是繼馬克思、恩格斯之後，全世界無產階級、勞動人民和被壓迫民族的偉大革命導師。列寧在帝國主義時代的歷史條件下，在無產階級社會主義革命的烈火中，堅決地保衛了和發展了馬克思和恩格斯的革命學說」，而列寧主義的特性，列寧主義的精華「就在於它的無產階級的徹底革命性」[87]。

有關帝國主義方面，文中有下列之敘述：「列寧深刻地分析了帝國主義的本質，徹底地駁斥了工人階級的叛徒伯恩斯坦、考茨基之流對帝國主義的粉飾和辯護。列寧科學地論證了，帝國主義是壟斷的、腐朽的、垂死的資本主義，是無產階級社會主義革命的前夜。在帝國主義時代，資產階級同本國無產階級的矛盾、資本主義國家相互間的矛盾、資本主義宗主國同殖民地半殖民地的矛盾，這些矛盾，都發展到了空前尖銳的程度，只有革命才能解決這些矛盾」[88]。

---

[86] 「論帝國主義是現代戰爭的根源，並論中國人民爭取和平的道路」，人民日報，1960 年 4 月 1 日。「列寧主義萬歲」，人民日報，1960 年 4 月 16 日。「沿著偉大列寧的道路前進」，人民日報，1960 年 4 月 22 日。「在列寧的革命旗幟下團結起來」，人民日報，1960 年 4 月 23 日。

[87] 「在列寧的革命旗幟下團結起來」，人民日報，1960 年 4 月 23 日。

[88] 同上。

　　本文借列寧駁斥伯恩斯坦、考茨基，而相對應的在駁斥赫魯雪夫對帝國主義的幻想。因為「現代修正主義者篡改、閹割和背叛革命的馬克思列寧主義的主要論據，是所謂在新時代的歷史條件下，列寧對帝國主義的分析『已經過時了』，帝國主義的本性『已經改變了』，帝國主義的戰爭政策和侵略政策『已經放棄了』」，因此他們藉口「『應當歷史地、非教條主義地』對待列寧的理論遺產，攻擊馬克思列寧主義的革命內容和革命精神」。該文結論是「現代修正主義者完全背叛了馬克思列寧主義的革命精神，背叛了全世界人民的利益，向資產階級和帝國主義屈服投降」[89]。

　　中共有計畫的援引列寧的著作，激烈的攻擊赫魯雪夫向帝國主義的投降舉動，針對中共一系列論戰文章，蘇聯也發表列寧論「共產主義運動中的左派幼稚病」等反駁性文章[90]。列寧在這篇文章中主張，無產階級從事革命運動時應將合法與非法的鬥爭形式，以及將議會內與議會外的鬥爭形式相互結合，要正確估計當時的客觀形勢，不同的條件何環境，不可以固執的死守一種方法。

　　1960 年 6 月 20 日赫魯雪夫率俄共代表團前往羅馬尼亞首都布加勒斯特（Bucharest），參加羅共第三次黨代表大會及社會主義國家共產黨和工人黨代表會議，會議中除阿爾巴尼亞外，其餘均發表攻擊中共的言論。中共代表團長彭真指責赫魯雪夫在羅共大會上的言行「完全破壞了歷年來國際共產主義運動中兄弟黨協商解決共同問題的原則」，以及「濫用蘇聯共產黨從列寧以來長期形成的國際共產主義運動中的威信，極端粗暴的把自己的意志強加於人」。彭

---

[89] 同上。

[90] 「共產主義運動中的左派幼稚病」，**列寧全集**，卷引，頁 16-17。葉伯棠，**中共與蘇聯衝突之研究 1956-1964**，台北：正中書局，1980 年，頁 88。

真的聲明震驚全場，中蘇之間的衝突已從理論性的論戰到達公開相
互指責的階段。會後，蘇聯懲罰在羅共大會中公開支持中共的阿爾
巴尼亞，停止對阿的一切貸款，召回在阿國的蘇聯顧問。7 月 16 日
蘇聯通知中共撤回派駐在中國的一千三百九十名專家，停止三百四
十三項合約，廢除二百五十七各科技合作項目[91]，以及停止供應各
項重要的設備及物資。

　　1961 年 11 月在莫斯科召開了八十一個共產黨、工人黨會議，
中共代表團以劉少奇領隊參與，會議期間東歐國家的與會代表除阿
爾巴尼亞外，幾乎全部支援蘇聯的立場，攻擊中共在國際共產主義
運動中犯了「宗派主義」和「托洛斯基」主義的錯誤；拉丁美洲、
中東各國代表也完全支持蘇聯立場，中共被徹底的孤立；但中共毫
不畏懼的於莫斯科會議期間再度提出「一切反動派都是紙老虎」的
論點，重申在「戰略上藐視敵人，戰術上重視敵人」的策略[92]。

　　莫斯科會議之後，中共的宣傳方針改為強調民族解放戰爭的重
要性，鼓吹阿爾巴尼亞的武裝鬥爭是「當代殖民地革命運動的一個
重要發展」[93]。自此之後，中共再定論調，即亞（洲）、非（洲）、
拉（丁美洲）為「帝國主義」的風暴地區，應積極支持該地區的民
族解放戰爭；中共決定放棄跟隨蘇聯，由自己起來領導第三世界。

　　1961 年 1 月 14 至 18 日毛澤東主持了在北京舉行了「八屆九中
全會」，會議中由鄧小平作「關於 1960 年 11 月在莫斯科舉行的各
國共產黨和工人黨代表會議的報告」，會後人民日報發表「為實現
莫斯科聲明規定的共同任務而奮鬥」的社論，再度強調「偉大的馬

---

[91] 人民日報，1963 年 9 月 6 日。

[92] 「偉大的革命戰略思想」，人民日報，1960 年 12 月 2 日。

[93] 「堅持鬥爭就是勝利」，人民日報，1960 年 11 月 1 日。

克思列寧主義學說，是社會主義陣營的團結和國際共產主義運動的
團結的不可動搖的思想基礎。爲了保衛馬克思列寧主義的純潔性，
創造性地運用和發展馬克思列寧主義，必須堅決反對作爲資產階級
思想反映的、背離馬克思列寧主義的修正主義」，因爲「現代修正
主義仍然是國際共產主義運動的主要危險」[94]。

　　1963 年 6 月 14 日中共中央以答覆俄共中央 3 月 30 日來信爲理
由，提出「關於國際共產主義運動總路線的建議」之綱領性文件，
就二十五項中蘇分歧問題闡明中共的觀點，該文件措辭之強硬，前
所未見[95]。蘇共「3 月 30 日來信」主要的內容是關於國際共產主義
運動總路線，及認爲 1962 年 12 月 15 日到 1963 年 3 月 8 日，中共
所寫的七篇文章[96]是「毫無根據的攻擊」等問題。中共在「建議」
中反擊說：「這條總路線，是以社會主義陣營和國際無產階級爲核
心，建立反對以美國爲首的帝國主義和各國反動派的廣泛的統一戰
線的路線」，「這條總路線，是各國人民堅決進行革命鬥爭，把無
產階級世界革命進行到底的路線」。「建議」並且認爲「如果把國
際共產主義運動的總路線片面地歸結爲『和平共處』、『和平競賽』、
『和平過渡』，那就是違反 1957 年宣言和 1960 年聲明[97]的革命原

---

[94] 「爲實現莫斯科聲明規定的共同任務而奮鬥」，人民日報，1961 年 1 月 19 日。

[95] 參閱「關於國際共產主義運動總路線的建議──中共中央對蘇共中央 1963 年 3 月 30
日來信的答覆」，人民日報，1964 年 6 月 16 日。

[96] 七篇文章爲：「全世界無產者聯合起來，反對我們的共同敵人」，「陶里亞蒂同志同
我們的分歧」，「列寧主義和現代修正主義」，「在莫斯科宣言和莫斯科聲明的基礎
上團結起來」，「分歧從何而來？答多列士等同志」，「再論陶里亞蒂同志同我們的
分歧暨關於列寧主義在當代的若干重大問題」，「評美國共產黨聲明」。參閱「關於
國際共產主義運動總路線的建議──中共中央對蘇共中央 1963 年 3 月 30 日來信的答
覆」，人民日報，1964 年 6 月 16 日。

[97] 1960 年聲明指出；美國帝國主義成了最大的國際剝削者。侵略和戰爭的主要力量是美

則，那就是拋棄無產階級世界革命的歷史使命，那就是背離馬克思
列寧主義的革命學說」[98]。

中共認爲在國際共產主義隊伍中對於 1957 年宣言和 1960 年聲
明，確實有不同的認識和態度，而「這些不同的認識和態度，中心
的問題是，承認不承認宣言和聲明的革命原則的問題。歸根到底，
這也就是承認不承認馬克思列寧主義的普遍真理的問題，承認不承
認十月革命道路的普遍意義的問題，承認不承認仍然處於帝國主義
和資本主義制度之下的、佔世界人口三分之二的人民還要進行革命
的問題，承認不承認已經走上社會主義道路的、佔世界人口三分之
一的人民還要把革命進行到底的問題」，所謂宣言和聲明的革命原
則，概括地說，「就是全世界無產者聯合起來，全世界無產者同被
壓迫人民、被壓迫民族聯合起來，反對帝國主義和各國反動派，爭
取世界和平、民族解放、人民民主和社會主義，鞏固和壯大社會主
義陣營，逐步實現無產階級世界革命的完全勝利」[99]。

中共堅決要在鞏固無產階級專政，鞏固在無產階級領導下的工
農聯盟，在經濟戰線上、政治戰線上和思想戰線上，把社會主義革
命進行到底[100]。中共所謂的「建議」，無異是向俄共爭奪國際共黨
組織的領導權；7 月 14 日蘇共中央在「真理報」發表「給蘇聯各級
黨組織和全體共產黨員的公開信」[101]，對中共「關於國際共產主義
運動總路線的建議」進行全面的反擊，之後，中蘇雙方展開了另一

國帝國主義。美國帝國主義是世界反動勢力的主要堡壘，是全世界人民的敵人。

[98] 參閱「關於國際共產主義運動總路線的建議——中共中央對蘇共中央 1963 年 3 月 30
日來信的答覆」，人民日報，1964 年 6 月 16 日。

[99] 同上。

[100] 同上。

[101] 「給蘇聯各級黨組織和全體共產黨員的公開信」，人民日報，1963 年 7 月 20 日。

場更大規模的論戰。

其後，中共從 1963 年 9 月至 1964 年 7 月以「人民日報」及「紅旗」編輯部的名義用公開信的方式，陸續發表九篇抨擊俄共中央的文章，包括一評；「蘇共領導同我們分歧的由來和發展 —— 評蘇共中央的公開信（1963 年 9 月 6 日）」；二評：「關於史達林問題（1963 年 9 月 13 日）」；三評：「南斯拉夫是社會主義國家嗎？（1963 年 9 月 26 日）」；四評：「新殖民主義的辯護士（1963 年 10 月 22 日）」；五評：「在戰爭與和平問題上的兩條路線（1963 年 11 月 19 日）」；六評：「兩種根本對立的和平共處政策（1963 年 12 月 12 日）」；七評：「蘇共領導是當代最大的分裂主義者（1964 年 2 月 4 日）」；八評：「無產階級革命和赫魯雪夫修正主義（1964 年 3 月 31 日）」；九評：「關於赫魯雪夫的假共產主義及其在世界歷史上的教訓（1964 年 7 月 14 日）」[102]。

「一評」說：「在中蘇兩黨之間，在國際共產主義運動中，分歧的產生完全是由於蘇共領導背離了馬克思列寧主義，背離了 1957 年宣言和 1960 年聲明的革命原則，在國際共產主義運動中推行一條修正主義、分裂主義的路線。蘇共領導沿著修正主義、分裂主義的道路越走越遠的過程，也就是分歧的發展和加劇的過程」。「二評」認為：「史達林是偉大的馬克思列寧主義者，赫魯雪夫反對史達林，

---

[102] 詳情參閱：**THE POLEMIC ON THE GENERAL LINE OF THE INTERNATIONAL COMMUNIST MOVEMENT**, Peking: Foreign Languages Press, 1965, pp.55-467; 或參閱：**Peking Review** No. 37, 1963, pp.6-20; No. 38, 1963, pp.8-15; No. 39, 1963, pp.14-27; No. 43, 1963, pp.6-15; No. 47, 1963, pp.6-16; No. 51, 1963, pp.6-13; No. 6, 1964, pp.-21; No. 14, 1964, pp.5-21; No. 29, 1964, pp.7-27. **人民日報**，1963 年 9 月 6 日（一評）、13 日（二評）、26 日（三評），10 月 22 日（四評），11 月 19 日（五評），12 月 12 日（六評），1964 年 2 月 4 日（七評），3 月 31 日（八評），7 月 14 日（九評）。

實際上是瘋狂地反對蘇維埃制度，反對蘇維埃國家，是爲了掃除這個偉大的無產階級革命家在蘇聯人民中和世界人民中不可磨滅的影響，也是爲了否定史達林曾經捍衛和發展的馬克思列寧主義，爲他們全面推行修正主義路線開闢道路」。

「三評」有關「南斯拉夫是社會主義國家嗎？」的評論中，稱南斯拉夫已「資本主義復辟，其國家政權已蛻變爲資產階級專政」。「四評」則認爲：「在蘇共領導看來，民族解放革命的勝利，主要不是依靠各國人民群眾自己的革命鬥爭，不是人民群眾自己解放自己，而是要在和平共處和和平競賽中，等待帝國主義自然而然地垮臺」，而「蘇共領導給民族解放運動開的藥方，就是要人們相信帝國主義可以放棄殖民主義，可以把自由解放恩賜給被壓迫民族和被壓迫人民」。

「五評」中說：「現代修正主義者卻適應帝國主義政策的需要，幫助帝國主義用謊言欺騙群眾，轉移人民的視線，削弱和破壞反對帝國主義的鬥爭，爲帝國主義準備新戰爭的計畫打掩護」，而「修正主義的路線，是助長新戰爭危險的錯誤路線。這就是蘇共領導從蘇共第二十次代表大會以後逐步發展起來的路線」。在有關「兩種根本對立的和平共處政策」的「六評」中，中共認爲：「蘇共領導把自己背棄馬克思列寧主義、背棄無產階級世界革命、背棄全世界被壓迫人民和被壓迫民族的革命事業的許多言行，說成是符合列寧的和平共處政策的」。

「七評」則說：「正是蘇共領導背叛馬克思列寧主義和無產階級國際主義，推行修正主義和分裂主義路線，破壞了國際共產主義運動團結的基礎，一手製造了目前的嚴重的分裂危險」，蘇共「違反宣言和聲明規定的兄弟國家相互關係的準則，對社會主義兄弟國

家實行大國沙文主義和民族利己主義的政策，破壞了社會主義陣營的團結」。

在「無產階級革命和赫魯雪夫修正主義」的「八評」中指出：赫魯雪夫認為「無產階級只要取得議會中的多數，就等於取得政權，就等於粉碎資產階級的國家機器」，「無產階級只要取得議會中的穩定的多數，就可以實現社會主義改造」，而赫魯雪夫鼓吹的這一套貨色，「並非什麼創造，不過是第二國際修正主義的再版，是伯恩斯坦主義和考茨基主義的復活」，評論再強調：「暴力革命是無產階級革命的普遍規律」。

「九評」中則認為「赫魯雪夫修正主義集團在蘇共第二十二次代表大會上提出的蘇共綱領，是一個假共產主義的綱領，是一個反對無產階級革命、取消無產階級專政和無產階級政黨的修正主義綱領」，是在為「復辟資本主義開闢道路」。這九篇重要的抨擊文章均由毛親自審定。毛對這九篇文章，提了許多重要意見，並作了許多重要修改[103]，論戰點名批判「赫魯雪夫修正主義」的結果使中蘇關係極度惡化。

中共一再強調「赫魯雪夫及他們一夥，表明他們徹底背叛了國際無產階級和世界革命人民，墮落到同帝國主義和各國反動派相互勾結，裡應外合，一起反對各國人民的革命鬥爭」[104]。中共認為首先挑起「不友好和侮辱性質」公開論戰的是蘇共在二十二次黨代表大會上片面攻擊阿爾巴尼亞勞動黨的赫魯雪夫，及以赫魯雪夫為首的蘇共中央，使共產國際主義運動中公開論戰擴大的是片面攻擊了

---

[103] 楊奎松，毛澤東與莫斯科的恩恩怨怨，江西：人民出版社，1999 年，頁 639。
[104] 「赫魯雪夫言論第五集出版者說明」，紅旗，1965 年，第 4 期，頁 14-15。

中國共產黨；1963 年 7 月 14 日發表的所謂蘇聯共產黨中央委員會
「給蘇聯各級黨組織和全體共產黨員的公開信」，蘇共領導應該對
公開論戰承擔全部責任[105]。

　　北京與莫斯科之間的理論論戰，從北京的角度觀察，不是單純
的與蘇聯對有關國際共產主義運動總路線的爭執，實際上，它是毛
在國內進行一次有計畫權力鬥爭的反映。蘇共第二十次黨代表大會
對史達林搞個人崇拜的批判，造成毛在國內的最高權威地位受到挑
戰，毛反對赫魯雪夫就是在保護自己，毛堅定的反赫的立場，只是
反映出毛嚴重的危機感，毛越肯定史達林的成就，就越能鞏固自己
在黨內的權威地位。此外，赫魯雪夫反對人民公社運動，認為它是
小資產階級的狂熱，但毛卻對人民公社的價值有更深一層的看法，
毛絕對不是忠實的馬列主義者，他也不在乎中國能否從社會主義社
會轉換到共產主義社會，他在乎的是「黨指揮槍」，在乎的是「全
民皆兵」運動能否順利執行，全民皆兵是毛「人民戰爭」的具體實
踐，毛要反對正規化建軍，就必須不斷強調「人民戰爭」的偉大意
義，就必須強調「帝國主義是紙老虎」。反對赫魯雪夫，對毛而言
收益大於損失，僅就毛敢公開反對蘇聯領導人一事，毛在國內，黨
內的英雄形象就足以撐起自己不容挑戰的地位。

　　中蘇關係日趨惡化之際，中共黨內的鬥爭也逐步升高，並且浮
上檯面，1959 年廬山會議，林彪在毛的安排下順利取代彭德懷出任
國防部長。60 年代中蘇全面交惡，中共陷入兩面為敵的戰略態勢，
它必須同時對付美國及蘇聯兩個假想敵，中共的國家安全面臨了最
大的威脅，這是林彪上臺時所面臨的最大考驗。

---

[105] 「評蘇共領導從 3 月 1 日起在莫斯科召開的會議」，紅旗，1965 年，第四期，頁 27-28。

　　一方面，林彪必須穩定軍中不安的情勢，清除彭德懷在軍中的影響力，終止「以俄為師」的建軍政策，擺脫俄化的色彩，將軍隊帶回到毛式政治建軍的傳統路線；另一方面，林彪必須速謀對策去應付美蘇兩大強敵的威脅，以確保國家安全。在這兩大因素交互影響下，這一時期的軍事路線與政治關係，實際上是呈現一種必要的妥協狀態。

　　政治上，1959 年林彪上臺之初隨即於 9 月 30 日發表一篇極具指標性作用的文章「高舉黨的總路線和毛澤東軍事思想的紅旗闊步前進」[106]，林彪在該文中針對有關「人民公社」及「大躍進」的問題強調：「全國農村迅速實現了人民公社化。不滿一年，人民公社已經鞏固地站穩了腳跟，走上了健全發展的道路，並且日益顯著地發揮了它的優越性」。對於國防問題，林說：「在黨的建設社會主義的總路線和全國大躍進的鼓舞下，軍隊工作也展開了一個幹勁衝天的全面大躍進。我們的國防力量，除了擁有一支政治堅強的、有現代技術裝備的常備部隊以外，還建設了一支擁有幾億人的民兵隊伍」[107]。

　　有關軍隊的政治思想部分，則指出：「關於政治工作、思想工作的地位，關於軍隊人員應當如何對待國家經濟建設和群眾運動，關於怎樣正確地處理軍隊內部關係以及怎樣進一步加強黨對軍隊

---

[106] "Lin Piao on the Maoist Line in Military Affairs (29 September 1959)", (also known as Lin Piao, "March Ahead under the Red Flag of the Party's General Line and Mao Tse-tung's Military Thinking)", **THE PEOPLE'S REPUBLIC OF CHINA 1949-1979 - A DOCUMENTARY SURVEY**, Vol. II, op. cit., pp.777-784. 「高舉黨的總路線和毛澤東軍事思想的紅旗闊步前進」，人民日報，1959 年 9 月 29 日。紅旗，第十九期，1959 年，頁 18-22。

[107] 同上。

的領導，這些，都成爲建軍新階段中必須解決的問題」。文中認爲
共軍中「有相當一部分同志，雖然他們對社會主義有某種嚮往，也
抱有實現它的願望，卻沒有高度的社會主義的覺悟」，因此「資產
階級思想的毒菌，就在我黨我軍抵抗力薄弱的這一部分肌體中傳佈
開來，對我黨我軍起著腐蝕和分裂的作用，我們在實現社會主義的
鬥爭中，就會遇到來自內部的阻力」。追究原因，係由於「我軍官
兵絕大多數來自農民」，所以「一些同志有時難免從小生產者暫時
的、局部的利益考慮問題，而對社會主義變革中的一些問題認識不
清；少數同志在社會主義革命的大風浪中，也難免受到資產階級、
小資產階級特別是富裕中農的思想影響，而表現立場不夠堅定」。
基於上述問題，林彪要求：「在新的歷史時期，軍隊的政治工作、
思想工作十分重，是萬萬放鬆不得的」。他重申「『政治工作是我
軍的生命線』，這是我軍幾十年來在革命實踐中所證明的真理」，
「政治是最根本的東西，政治工作、思想工作不做好，其他一切工
作就都無從談起」[108]。

有關軍隊政治角色部分，文章說：「人民解放軍是政治鬥爭的
工具，革命軍人不應當脫離政治，而要重視政治和努力學習政治。
而群眾運動、社會鬥爭的實踐，就是豐富的政治」，「增強黨性的
根本問題，是以無產階級的辯證唯物主義的世界觀，代替存在於人
們頭腦中的資產階級的唯心主義的世界觀」，「中國人民解放軍在
向社會主義勝利進軍的年代裏，也一定會在它的戰鬥崗位上，堅定
地執行黨的每一個付託，圓滿地回答全國人民的期望」[109]。

---

[108] 同上。
[109] 同上。

有關共軍指戰員部分，林彪認為指戰員應有三大「懂得」一大「理解」即：(1)人民解放軍的指戰員從親身體驗中完全懂得：大躍進和人民公社化運動有其客觀的物質基礎，是我國歷史發展的必然產物。黨和毛澤東同志集中了群眾的意志和創造，推動了這個偉大運動向前發展。(2)人民解放軍的指戰員完全懂得：帝國主義者及其走狗對我國的社會主義建設，虎視耽耽，總是伺機破壞，這就更要求我們時刻警惕，堅決貫徹和保衛黨的社會主義建設的總路線。(3)人民解放軍的指戰員完全懂得：害怕群眾運動，是右傾機會主義分子、資產階級革命家的本性，他們在運動面前專門挑剔缺點、誇大缺點，目的是散佈鬆勁、洩氣、埋怨、悲觀情緒、否定成績，否定黨的總路線。我們則一定要放手發動群眾，把社會主義革命進行到底，把社會主義建設工作做得轟轟烈烈。(4)人民解放軍的指戰員完全理解人民群眾這種崇高的願望和奮發的熱情，他們和人民群眾心心相印，並深深地為人民群眾的偉大意志所感動[110]。

有關全民皆兵部分，林彪推崇的指出：「以人民公社來說，我們不僅看到了人民公社這個新生的社會組織的旺盛的生命力和無比的優越性，它對發展國家經濟文化和提高人民生活的巨大作用；而且認識到政社合一、工農商學兵結為一體的人民公社，當帝國主義一旦向我國發動侵略戰爭的時候，又是最便於實現全民皆兵，支援前線，保衛祖國，陷侵略者於滅頂之災的強大後盾」。林彪最後要求共軍「繼續高舉黨的總路線和毛澤東軍事思想的紅旗」前進[111]。林彪這篇文章在「兩報一刊」刊載，並在軍隊中掀起一片熱烈

---

[110] 同上。
[111] 同上。

的學習運動，毛借林彪之手重新純化毛思想，重新鞏固共軍的政治功能，林彪不負期望的在上台後立即做出型塑毛思想的積極行動，「高舉黨的總路線和毛澤東軍事思想的紅旗闊步前進」的發表只是他一連串擁毛動作的開始。

此外，林彪並以不點名的方式攻擊彭德懷的建軍路線，並且「及時地批判並堅決的糾正了這種錯誤觀點，繼續發揚了長期以來我軍既擔任打仗，又做群眾工作，又參加生產的三大任務的光榮傳統」[112]。林要求共軍必須根據社會主義改造和社會主義建設，在不同時期的需要，從各個方面展開支持群眾運動的活動。

林彪在毛的支持下，重新發揚了在彭德懷時期已被共軍忽略的「政治」傳統，在「黨指揮槍」的最高原則下，再度強化毛思想在共軍中的絕對地位，林號召軍人要「人人讀毛主席的書，聽毛主席的話，照毛主席的指示辦事，作毛主席的好戰士」[113]，而且要求軍隊及黨員「不管什麼樣的『權威』，誰反對毛澤東思想，我們都要全黨共誅之，全國共討之」[114]。

1960 年 9 月 14 日至 10 月 20 日，林彪親自於北京主持軍委擴大會議，20 日通過了「關於加強軍隊政治思想工作的決議」，「決議」對於如何把「毛澤東思想真正學到手，把毛澤東思想貫串到一切工作中去」，有以下之措施：(1)大張旗鼓地反復深入地宣傳毛澤東思想的重大意義。(2)及時地傳達黨中央關於當前革命鬥爭的指示、決議，傳達毛澤東同志的指示。所謂「政治掛帥」，「就是用毛澤東思想掛帥」，而且「各級黨委和政治機關應當把傳達和貫徹黨

---

[112] **大公報**，1959 年 9 月 30 日。

[113] 「毛澤東思想領先，幹部層層帶頭」，**紅旗**，第八期，1966 年，頁 3。

[114] 「毛澤東思想是我們革命事業的望遠鏡和顯微鏡」，**解放軍報**，1966 年 6 月 7 日。

中央、毛主席的指示，當作首要職責」。(3)認真學習毛澤東著作。一切幹部的理論學習，都要以毛澤東著作為主要內容，部隊和院校的軍事、政治訓練，都要以毛澤東著作為基本課程。要全面地改革軍事、政治訓練，教材中一切與毛澤東思想不相符合的部分，必須徹底革除。(4)運用毛澤東思想這個鋒利的戰鬥武器，發揮它的革命光芒，同帝國主義、現代修正主義以及一切資產階級思想作針鋒相對的鬥爭。(5)學習方法必須學用結合。要把毛澤東思想運用到實踐中去，並且同新的條件正確地結合起來。(6)各級黨委和政治機關必須加強對毛澤東思想學習的具體指導，擬定學習計畫，培養學習骨幹，檢查學習效果，總結學習經驗。(7)研究毛澤東同志對馬克思列寧主義的發展，特別是他在軍事思想方面的偉大成就，包括人民戰爭、人民軍隊的學說，中國共產黨武裝鬥爭史，戰略戰術和軍事辯證法，軍隊政治工作等。(8)軍中一切具有一定的文化程度和理論知識的幹部，都應當研究馬克思、恩格斯、列寧和史達林的主要著作[115]。

「決議」要求軍隊「大興三八作風」，也就是：堅定正確的政治方向，艱苦樸素的工作作風，靈活機動的戰略戰術；團結、緊張、嚴肅、活潑的「三句話、八個字」。「決議」認為：「三八作風」是毛軍事思想的重要組成部分，是人民軍隊本質的集中表現，是訓練、作戰和一切行動的準則，是團結自己戰勝敵人的重要因素。此外，「決議」另要求共軍「開展興無滅資鬥爭，反對不良傾向」，具體的作法則是：(1)教育全體幹部戰士認識國內外階級鬥爭的長期

---

[115] "Reindoctrinating the People's Liberation Army (Oct. 1960)", **THE PEOPLE'S REPUBLIC OF CHINA 1949-1979 - A DOCUMENTARY SURVEY**, Vol. II, op. cit., pp.888–891.

性、尖銳性、複雜性，使他們在大風大浪中能夠站穩立場，分清大是大非，永遠忠實於共產主義事業，忠實於黨，忠實於祖國和人民，忠實於黨和人民的領袖毛的路線。(2)每一個幹部都要以毛的「反對自由主義」一文爲座右銘，爲了革命的利益，積極地拿起思想鬥爭的武器，敢於堅持正確的原則，敢於同一切不良傾向作鬥爭。要「懲前毖後，治病救人」，要「一鬥二幫」。(3)領導抓緊和群眾監督。(4)對一切反動思想都要堅決抵制和加以肅清。(5)任何黨員幹部，包括高級幹部在內，都要參加黨的組織生活，服從黨組織的管理，接受黨組織的監督[116]。

有關共軍的思想工作，「決議」規定「要著重抓活的思想」，而活的思想是「黨的路線、政策和黨中央及毛主席的指示」；在軍隊中要把黨支部建設成爲堅強的戰鬥堡壘，具體的做法是：(1)加強支部委員會的集體領導。(2)把反不良傾向鬥爭列爲支部經常的戰鬥任務。(3)積極作好發展黨員的工作，使連隊經常保持一支堅強的黨員隊伍。(4)健全黨的生活，支部大會要真正成爲連隊的最高領導機關。(5)加強黨的教育，堅持黨課制度。(6)軍、師、團的黨委委員和司、政、後機關的負責幹部，經常針對支部工作中存在的主要問題，採取「小整風」的方法，邊檢查、邊整頓、邊教育，提高支部的戰鬥力[117]。

在如何做好政治思想工作上，「決議」說：政治指導員必須把政治思想工作當作自己的首要任務，保證黨的路線、政策和上級的指示的貫徹執行。「決議」更要求全軍建設成「一支又紅又專的幹

---

[116] 同上。
[117] 同上。

部隊伍」，而且要「做好民兵工作」，要「永遠是一支戰鬥隊，同時
又是工作隊」。有關如何「做好民兵工作」方面，「決議」認為需要：
「加強民兵政治工作，貫徹黨的全民皆兵方針。各省軍區、軍分區
的主要任務就是大辦民兵師」，「採取分片負責的辦法，幫助駐地黨
委和人民武裝部門搞好民兵訓練，培植三八作風」。決議最後規定
「各總部、各軍種、兵種、軍區、院校，每半年應將本決議執行情
況進行一次認真的檢查，並將檢查結果報告軍委和總政治部。軍委
每年檢查一次」[118]。

　　同年 12 月 21 日中共中央批准了「關於加強軍隊政治思想工作
的決議」，並且高度讚揚的指出：「這個決議不僅是軍隊建設和軍隊
政治思想工作的指標，而且它的基本精神，對於各級黨組織、政府
機關以及學校、企業部門等都是有用的」，「這個決議，繼承和發揚
了 1929 年古田會議的傳統，在毛澤東思想的指導下，全面地總結
了解放十一年來軍隊建設和政治思想工作的豐富經驗，明確地指出
了在新的歷史時期中軍隊政治工作的方向，提出了措施，打中了要
害」，「決議號召高舉毛澤東思想紅旗，把毛澤東思想真正學到手，
堅持在一切工作中用毛澤東思想掛帥。中央認為，決議所提出的這
些問題，都是正確的和適時的。中央批准這個決議，希望能定期檢
查，貫徹執行」[119]。

　　自此次中央軍委擴大會議之後，共軍總政治部每年均舉行一次
政治工作會議[120]，大頌毛澤東思想，林彪要求學習馬克思列寧主

---

[118] 同上。

[119] 中共中央對軍委擴大會議「關於加強軍隊政治思想工作的決議」的批示（1960 年 12
　　　月 21 日），同上。

[120] PLA political work conferences had been held in March 1961, 18 Oct. -11 Nov., 1961,

義、毛澤東思想應「走捷徑」、「背警句」，因此一連串的政治口號及運動相繼展開，包括「三八作風」、「四好連隊」、「五好戰士」等，林彪將這種個人崇拜全面推向全軍部隊。

由於林彪在軍隊順利及有效的完成以毛思想爲指導思想的重建工作，因此，林彪更進一步要在中國全社會進行一次規模龐大的造神運動，1964 年元旦「人民日報」發表社論，號召全國人民學習解放軍的政治工作經驗，並呼籲要將其植入全國人民的生活裡。

1964 年對毛及中共而言都是一個關鍵性的年份。前述蘇共第二十次黨代表大會，引發中蘇有關共黨意識型態的衝突，之後，毛必須重建軍隊，林彪在這一關鍵性的任務中，雖然獲得了一定的成就，但毛個人及國家仍面臨不同程度的嚴重問題。與蘇聯關係的惡化，被美帝國主義及其盟友圍堵，中印有邊界衝突，越南則存在著未知的軍事變局，國內經濟問題叢生；面對困局，毛首先要做的就是必須將對蘇的反修鬥爭轉向國內，先安內後攘外，只有先鞏固政權才能有所做爲，鞏固政權最便捷的途徑就是鞏固毛思想及其路線方針，就權力保衛戰而言，對毛的威脅而言，修正主義是立即而明顯的，它比美帝國主義更危險。

毛一直將黨內對如何建設社會主義的方針、路線、「人民公社」及「大躍進」運動不滿的人，視爲蘇聯修正主義在中國的代理人，「廬山會議」一役，毛深刻感受「蘇修」在黨內的力道不容忽視，之後反右傾機會主義，及整肅黨內的修正主義分子，對毛而言，都是必須的手段。毛要在這場權力鬥爭中獲得全勝，僅在軍隊中重建

February 1963, January 1964 and January 1966. See John Gittings, **THE ROLE OF CHINESE ARMY**, op. cit., p.246.

毛思想的地位，是不夠的，它需以解放軍為中心，向全國擴散，這項任務落在國防部長林彪的身上。

1964 年 2 月「人民日報」發表題為「全國都要學習解放軍」的社論，社論說：一個學習解放軍的熱潮，正在全國興起，而「向解放軍學習，已經成為新的戰鬥的號召」。社論認為解放軍之所以能夠成為一支非常無產階級化、非常戰鬥化的軍隊，最根本的原因是：「高舉毛澤東思想的偉大紅旗」，並且「在一切工作中用毛澤東思想掛帥，解放軍大抓政治思想工作，堅持『四個第一』的原則」，「解放軍堅持傳統的『三八作風』，創造四好連隊、加強基層建設等等，這些都是解放軍無往而不勝的原因」。解放軍政治工作的根本任務，就是用毛澤東思想武裝全體指揮員和戰鬥員的頭腦，堅持在一切工作中按照毛澤東思想辦事。解放軍廣大戰士和各級幹部大學毛澤東同志的著作，用毛澤東思想來指導自己的工作，指導自己的行動，改造自己的思想，社論要求「全國各個戰線上的同志學習解放軍」，要「高舉毛澤東思想紅旗」[121]。

林彪有計畫的將共軍塑造成全國學習毛思想運動的樣版，再經由「全國人民學習解放軍」運動，號召全國人民效法解放軍學習毛思想，學習解放軍如何突出政治，進行政治思想的解放；學習解放軍那種無產階級化的革命精神，那種高度的組織性和紀律性，堅決執行上級的命令、指示的精神；學習解放軍指揮員和戰鬥員那樣聽黨的話，聽毛主席的話，並朝著黨和毛主席指示的方向奮勇前進。

---

[121] 「全國都要學習解放軍」，人民日報，1964 年 2 月 1 日。解放軍報，1964 年 2 月 1 日。或參閱："An Exhortation to Learn from the People's Liberation Army (1 February 1964)", **THE PEOPLE'S REPUBLIC OF CHINA 1949-1979 - A DOCUMENTARY SURVEY**, Vol. II, op. cit., pp.1010-1014.

共軍在林彪的操作下，成為全國鞏固毛思想的大本營，共軍在崇毛運動中再一次的扮演了模範性的政治角色。

在林彪大力推動深化毛思想運動時，他也面臨了一些問題。軍事上，鑑於韓戰結束後，大批具有實戰經驗的官兵復員回鄉加入地方行政工作，影響到軍隊的戰力；此外，台海戰爭，共軍並未如期拿下台灣、澎湖及金門、馬祖等島嶼，林彪也坦承「自解放戰爭以及抗美援朝戰爭結束以後，情況改變了，我們部隊戰士都沒有經過戰爭的鍛鍊，過去經過鍛鍊的幹部，近幾年絕大部分也沒打仗」，因此「從軍事和政治的關係來說，政治是第一，是主要的，但就軍事和政治的訓練來說，則軍事應該是主要的，應該比政治訓練的時間多些」[122]。這些問題迫使林彪在政、軍關係的政策上作了些調整。

實際上，林彪就任國防部長之初，基於必須應付軍隊中非林系勢力，並抓穩軍隊。因此林所推動的一系列整軍措施，並無法立即全盤否定彭德懷任內確定的建軍目標，林彪適度的降低共軍在非軍事專業的活動，例如參與土地開墾等，但是林彪之所以能接替彭德懷之職務，並不是因為林比彭的軍事素質高，而是毛必須將彭的正規化建軍政策，拉回到「古田會議」決議的原則，毛是從政治立場考量而決定這項人事案，林彪不會不瞭解毛對他的期望，但林出身軍旅，對軍隊事務仍有一定程度的軍事觀點；林彪就任初期，在追求共軍有限的改革目標上，雖然出發點不同，但與彭德懷在解放軍應該精進武器裝備的看法上並無太大的差別。

在軍事改革目標上，彭想完全擺脫共軍流民的特質，師法蘇聯，而林卻識時務的配合毛的需求，將軍隊改革當手段，並企圖從

---

[122] **工作通訊**，第一期，頁 9。

中獲得自己的政治利益。林與毛不同，林是帶兵打仗的將軍，雖在建國戰爭中有重要功勳，但他在黨內外不具有任何一點點意識型態的權威，林想要在政治競技場上縱橫，必須依附在毛的身邊，亦步亦趨。林也與彭德懷不同，雖然兩人都是建國功臣，但彭在韓國打過境外戰爭，彭雖臣服在毛之下，但彭沒有政治野心，彭雖在黨內鬥爭中低頭認罪，但他的認罪更像是在幫派中對大哥認錯，他的認錯不是以退爲進的謀略。一般來說，對政治有興趣的職業軍人通常有兩種可能的作爲，一種是直接干政，另一種是放下身段迎合政客，極盡所能的吹捧並從中獲取最大的利益；在毛的權威地位不可動搖下，林只能選擇後者。

在共軍的部隊裡，帶兵官中有部分具有在朝鮮戰場上受到美國強大火力壓制的慘痛經驗，對於核子武器及現代軍事科技有相當的期待，他們雖然支持毛「以黨領軍」的觀點，但對於單純的軍事問題則有下列自己的看法[123]：(1)這批軍人相信不是蘇聯、美國，而是中國才是「紙老虎」，他們懷疑解放軍是否有能力對蘇聯的攻擊進行有效的防禦。(2)他們相信如果中蘇發生戰爭，如果蘇聯以大規模的傳統兵力及配合核武之運用，快速攻擊中國，解放軍的抵抗將毫無作用。(3)他們相信以毛式游擊戰爲主的軍事主義，無法打敗擁有核武的蘇聯軍隊，他們也相信如果國力不強，但立場強硬的放話，會帶來國家即刻的危險[124]；他們抱怨毛的樂觀、自負，會錯估形勢。(4)他們相信，解放軍武器裝備太弱，除非中國自己擁有有效的核子武力，才能在中蘇之間的緊張態勢中不卑不亢，才能與蘇聯進行外

---

[123] Tai Sung-an, **THE SINO-SOVIET TERRITORIAL DISPUTE**, Philadelphia: The Westminster Press, 1973, pp.144-147.

[124] **PEKING REVIEW**, 3 Jan. 1968, p.42 新華社，1967 年 8 月 30 日。

交談判，蘇聯才有可能讓步[125]。(5)為了有效防禦國家安全，威懾蘇聯的武力進犯，他們要求必須不斷的精進傳統武器，並寄望核子武器能研製成功，即使犧牲經濟發展亦在所不惜[126]。(6)他們不滿軍隊受到過多的政治干預，尤其是對政委的作戰副署權有意見。他們認為現代的戰爭瞬息萬變，其複雜性不是政委所能瞭解，政治掛帥與現代戰爭的專業性格格不入，他們需要的是指揮單純化，而不是黨干涉槍[127]。(7)他們認為自己黨性堅強，不需要接受過多的政治教育[128]。(8)他們不同意軍隊多重角色的身分，他們認為軍人幫農民耕作，進工廠做工，修路、築堤，或進行政治宣傳等工作，是不恰當且會消磨軍人的戰鬥意志，而且剝奪了軍事訓練的時間，得不償失，在面臨中蘇可能爆發戰爭的敏感時刻，尤其如此。(9)他們不同意毛大辦「民兵師」的政策，他們懷疑民兵的軍事素養、作戰能力，他們質疑當面臨戰爭時民兵與正規化軍隊誰才是主力部隊。(10)對於 1959 年 5 月起軍隊取消軍銜一事，他們有意見並擔心它將弱化軍官對兵士的統一領導，甚至敗壞軍記，尤其在戰場上沒有軍銜，將減損指揮作戰的效率[129]。

　　毛與職業軍人對蘇聯攻擊中國一事則有不同的看法，毛認為蘇聯會將邊界衝突逐漸升高成為一場中蘇大戰，在毛的觀點中，只有利用中國廣大的領土優勢，拉長作戰縱深，不分晝夜，不分軍民以游擊戰的方式接敵，用刀、用斧、用一切工具與敵人近身肉搏，中

---

[125] **PEKING REVIEW**, 3 Jan. 1968, p.41.新華社，1967 年 12 月 18 日。

[126] Tai Sung-an, **THE SINO-SOVIET TERRITORIAL DISPUTE**, op. cit., p.144.

[127] 解放軍報，1965 年 8 月 1 日。

[128] 人民日報，1967 年 2 月 7 日。

[129] 解放軍報，1965 年 8 月 1 日。

國才有機會打敗蘇聯[130]。毛堅定的認為基於中國有廣大的領土，充沛的人口及結構複雜的地域，如果蘇聯僅靠核武是不可能打敗中國，因此為了贏得最後的勝利，蘇聯一定會派地面部隊參與戰鬥，此時只有進行人民戰爭才能打敗入侵者[131]。

即使蘇聯使用核子武器，毛預估約有三億人民會喪生，但仍有五億人民會存活下來，這些人民會殲滅敵人，這些存活的軍民會以游擊戰、正規戰、從山上、壕溝、坑洞、樹林、洞穴，以各種不同的戰爭方式殲滅入侵的敵人[132]；毛相信入侵的敵人將會陷入無止盡的戰爭泥沼裡，會死亡在中國人民大海中。中國人民會以最原始的武器，以勇敢犧牲的精神對抗蘇軍的先進武器，中國人將以人民戰爭以消滅日本的方式消滅蘇聯[133]。

結論是，毛對付蘇聯軍事入侵的作戰方式，仍以人民戰爭為主，而人民戰爭中人民的作戰意志、奉獻犧牲的精神是決定勝負的因素，而作戰意志與奉獻精神則來自於人民對家國一體的熱誠，以及人的因素可以決定一切的信仰。基本上，人民的熱情建構在對領袖「迷思」的崇拜上，「人的因素」則建構在對意識型態的教條上，要達到這個目的，就需要透過政治社會化的過程才能將其內化成奉行不渝的精神。

毛思想在人民中意識中已根深柢固，他對軍隊政治角色的種植也有一套自己的模式，毛建構了一套軍事、政治、思想理論論述，

---

[130] 解放軍報，1965 年 11 月 25 日，1966 年 8 月 23 日。

[131] 人民日報，解放軍報，1969 年 10 月 1 日。

[132] 人民日報，1967 年 9 月 7 日。**PEKING REVIEW**, 5 Feb. 1965, p.20.

[133] 人民日報，1965 年 5 月 14 日。解放軍報，1966 年 9 月 17 日。 **PEKING REVIEW**, 14 May 1965, pp.15-22.

更在實際運用中交互運作，他對人恩威並施，對事堅持己見。中蘇關係的惡化，實際上對毛有利，毛順勢執行了轉手策略，他借外患批內敵，如果要想一次打倒內敵就必須刻意誇大外患的嚴重性，如要遂行這個策略，首先就得做些對付外患的準備，這些準備要能滿足軍隊的核心需求，滿足了軍隊才能抓住軍隊，抓住軍隊就能打倒內敵。

因此，60年代共軍最大的建軍特色是，既重視擴張軍隊在國內的政治角色，也同時進行武器現代化的發展，其中最值得注意的是核子武器發展的成功。政治上，核武的成就在國內凝聚了全國人民傳統上「中主」地位的歷史驕傲；外交上，中國成為亞、非、拉世界推崇的盟主，也就是第三世界的領袖；軍事上，再也不怕蘇聯的軍事入侵，毛的「人民戰爭」與「核子嚇阻」相互結合，逐漸發展成共軍最重要的「守勢」戰略構想，以及滿足了職業軍人對精進國防武力的需求，抒解了軍隊的憂慮。核子武器發展成功，提高了軍隊的士氣，對軍隊中潛藏的不滿政治掛帥的情緒，起了重要的疏導作用。

基本上，毛對核子武器及現代化建軍的評價有一套邏輯思維，毛認為「原子彈是反動派用來唬人的紙老虎，看樣子可怕、實際上並不可怕」，「從長遠的觀點看問題，真正強大的力量不是屬於反動派，而是屬於人民」，「決定戰爭勝敗的是人民，而不是一兩件新武器」。毛以中國的情形為例說：「我們所依靠的不過是小米加步槍，但是歷史最後將證明，這小米加步槍比蔣介石的飛機加坦克還要強些」[134]。

---

[134]「和美國記者安娜‧路易士‧斯特朗的談話」，毛澤東選集，第四卷，頁100。「毛澤東

　　毛一向批評「單純軍事觀點」，毛認爲「戰爭 ── 從有私有財產和有階級以來就開始了的、用以解決階級和階級、民族和民族、國家和國家、政治集團和政治集團之間、在一定發展階段上的矛盾的一種最高的鬥爭形式」，而「戰爭是民族和民族、國家和國家、階級和階級、政治集團和政治集團之間互相鬥爭的最高形式；一切關於戰爭的規律，都是進行戰爭的民族、國家、階級、政治集團爲了爭取自己的勝利而使用的」[135]。因此，當社會各階級，政治集團之間發展到你死我活的鬥爭地步，戰爭便成爲解決矛盾的一種最高手段，如將辯證法的基本原理運用在戰爭上，就是「戰爭是政治的繼續」，從這點上毛強調的說，「戰爭就是政治，戰爭本身就是政治性質的行動」[136]。

　　此外毛還相信「弱者戰勝強者，新生力量戰勝腐朽力量，不是一帆風順沒有曲折的」，而「鬥爭，失敗，再鬥爭，再失敗，再鬥爭，直至勝利，這就是人民的邏輯」[137]。毛認爲「戰爭問題中的唯心論和機械論的傾向，是一切錯誤觀點的認識論上的根源，他們看問題的方法是主觀的和片面的」，因此，毛「反對戰爭問題中的唯心論和機械論的傾向」，毛相信「採用客觀的觀點和全面的觀點去考察戰爭，才能使戰爭問題得出正確的結論」，毛更強調「我們不但看到武器，而且看到人力，武器是戰爭的重要的因素，但不是決

同志論帝國主義和反動派都是紙老虎」，**人民日報**，1958 年 10 月 31 日。

[135] 「中國革命戰爭的戰略問題」，**毛澤東選集**，第一卷，頁 184。

[136] 「論持久戰」，**毛澤東選集**，第二卷，頁 459。列寧「第二國際的破產」、「社會主義與戰爭」，**列寧全集**，第 26 卷，北京：人民出版社，1988 年，頁 235-327。

[137] 「丟掉幻想，準備鬥爭」，**毛澤東選集**，第四卷，頁 428。「戰爭勝利的決定因素是人不是物」，**紅旗**，第七期，1965 年，頁 32。

定的因素，決定的因素是人不是物」[138]。

　　核子武器的出現，以毛的「人民戰爭」思想，及「階級鬥爭」的意識，它並沒有，也不可能改變人類社會發展的規律及階級鬥爭的規律，沒有也不可能改變社會主義必然要代表資本主義制度的規律，沒有也不可能改變軍隊在政治上的立場及其擔任非軍事任務的作用。即使擁有核武，在毛的意識中也不可能改變帝國主義和一切反動派的侵略、剝削、壓迫廣大勞動人民的本性。

　　因此，毛在「人民公社」運動時期，積極進行「全民皆兵」政策，「全民皆兵」是毛人民戰爭戰略思想中，軍事與政治一體的重要反應。毛是典型中國農業社會出身的知識分子，毛熟讀中國古典章回小說及各朝代的戰爭野史，其人格發展受這些影響深遠。在中國歷史上，兵農不分的全民皆兵時期，代表不穩定社會的出現，或是改朝換代的前夕。剛革命成功的中國，全民期盼安定，完全不具備再革命的社會條件，毛此時大力鼓吹的「全民皆兵」運動，反映的只是一種權力鬥爭的策略，毛要用「全民皆兵」的大號召，壓制彭德懷正規化、專業化建軍政策下，所可能引發的軍隊獨立於政治之外的情勢，一旦情勢失控，毛就將走進歷史，毛必須維持革命的氛圍，才能鞏固權勢。

　　此外不論是毛主動或是被動造成與蘇共在國際共產主義路線上的分歧，中蘇分裂後，中共處於核彈攻擊的危險，在這種劣勢的戰爭條件下，給毛一個絕佳的機會，毛又可高分貝的重複強調「人」在戰爭中的重要性。毛借用了列寧在 1905 年所寫「軍隊與革命」一文中的觀點，要把一切士兵變成公民，把一切能執武器的公民變

---

[138] 「論持久戰」，毛澤東選集，第二卷，頁 459。

成士兵；該文曾指出：「在世界上存在有被壓迫者和被剝削者的時候，我們應當要求爭取的不是解除武裝而是全民武裝」[139]。毛實現了「全民武裝」的意識，毛準備在蘇聯入侵中國時，打一場標準的人民戰爭。

基本上，人民戰爭與核子嚇阻是相互矛盾並呈兩極化的戰略觀點，但毛在抨擊「原子彈是紙老虎」時，卻又反過來發展原子彈，這種行為證明一件事實，就是毛的「人民公社」運動中之「全民皆兵」思想，有相當的一部分是針對國內的情勢而來，在真正有關軍事事務革新上，毛實際上亦認同軍事武器的價值，也就是說武器在取得戰爭勝利的某種程度上超過「人」的因素，至於何時何者重要，由毛自己視需要決定。

50 年代，中共在外交上採取向蘇聯一面倒的國策，企圖在蘇聯核子傘的保護下，以人民戰爭的方式確保國家的安全，由於毛認為人民戰爭是建立在人與武器充分配合，而且人的重要性更應該超越武器，因此反覆宣傳「原子彈是紙老虎」。毛貶低核武的價值，同時不斷強調「人的因素第一」的原則，並升高人在核戰中的重要性。如同前述，毛認為任何對中國大規模的核子攻擊，基於人口及特殊農村型式的結構特性，未必能徹底擊垮中國，因此在核子攻擊之後，敵人如欲佔領，必須派遣傳統地面部隊入侵，而人民戰爭正是針對這種情況所設計，中共深信「誘敵深入」的持久戰，在全民皆兵的戰爭條件下，任何敵軍都將葬身在汪洋的人海中。

1954 年至 1955 年台海第一次危機時期，美國基於穩定西太平洋局勢及壓抑中共軍事冒進的野心，艾森豪（Dwight D. Eisenhower）

---

[139] 傅秋濤，「全民皆兵」，紅旗，第十期，1958 年，頁 22-23。

總統曾於 1955 年 3 月 16 日的記者會中表示：美國可能使用原子彈攻擊中國沿海的軍事目標[140]。1958 年 8 月 23 日，中共砲轟金門，8 月 25 日、29 日兩次會議上白宮提到使用核武的問題[141]，9 月 20 日國務卿杜勒斯（John F. Dulles）與參謀首長聯席會議主席針對若中共出兵攻擊台灣外島，美國採取何種回應行動進行討論，會議的結論是，美國沒有必要立即使用核武，但當軍事情況有需要時，美國不會因顧忌而不敢使用核武[142]。

9 月 24 日杜勒斯與艾森豪在羅德島（Rhode island）晤談，杜勒斯在一篇關於危機處理的意見書中表示，台灣外島如果淪陷，美國將失去在遠東的影響力，除非美國在中共攻擊之前發表強硬聲明，表達美國關切的立場，或在中共攻擊之後迅述做出軍事反應，才能遏阻情勢的惡化，若此仍不能制止共軍的攻台，將會考慮使用核子武器[143]。會談後，杜勒斯發表聲明表示，美國有條約義務協助保衛台灣，而國會的聯合決議案（台灣決議案）授權總統使用武裝部隊確保台澎、及金、馬等地的安全[144]。

針對美國的核子威脅，毛於 1958 年 9 月 8 日抨擊美國說：「台灣、黎巴嫩以及所有美國在外國的軍事基地，都是套在美帝國主義脖子上的絞索，不是別人而是美國自己製造這種絞索，並把它套在

---

[140] 林正義，**1958 年台海危機期間美國對華政策**，台北：商務印書館，1985 年，頁 24。

[141] 同上，頁 81。

[142] Morton H. Halperin, **THE TAIWAN STRAIT CRISIS OF 1958**, Santa Monica: Rand Corporation Research Memorandum, 1966, p.24.

[143] Dwight D. Eisenhower, **THE WHITE HOUSE YEARS: WAGING PEACE 1956-1961**, New York: Double Day, 1965, pp.691-693.

[144] **DEPARTMENT OF STATE BULLETIN 39** (22 Sep. 1958), pp.445-446.

自己的脖子上」[145]，而「美國壟斷的資本集團，如果堅持推行他的侵略政策和戰爭政策，勢必有一天要被全世界人民處以絞刑」。[146]

當面對戰爭的壓力，但卻無法獲得蘇聯在安全上的支持，尤其蘇聯吝於提供核武的嚇阻協助，赫魯雪夫在台海危機時表現的冷漠等，使中共警覺到問題的嚴重性。由韓戰到台海危機，在軍事上，中共總結得到了兩項教訓：(1)雖然擁有數量龐大的民兵部隊及傳統武器裝備，但在危機時期，只有核武才能發揮最大的嚇阻作用。(2)即使共產陣營中的領導國蘇聯是一個核子強權，但它不可能爲了保護中共的國家安全，冒核戰的危險與美國進行直接的核子反嚇阻。基於上述事實，毛瞭解，如果中共要與美國對抗，如果要保衛領土，就必須自己擁有核武才行。

台海危急時刻，蘇聯未能協助中共，雙方關係急遽惡化，同時赫魯雪夫不同意毛在經濟與政治上所採取的激進冒險路線，再加上雙方對共產主義意識型態的主導權之爭論，蘇聯終於在 1959 年 6 月片面撕毀「中蘇國防新技術協定」，終止各項國防科技的合作計畫。中共面對此一困境，只有自立更生一途，加速發展核武的研製成爲重要的軍事革新目標。此外，毛瞭解在未具有可靠的核武嚇阻能力前尋求自保的一種方法，就是利用中國的地理環境，充沛的人口資源以「人民戰爭」恫嚇美、蘇的威脅。要突出「人民戰爭」的神聖性，對一個具有東方專制主義精神，以農業社會型態爲主的國家而言，訴諸領袖的個人魅力，使其成爲人民狂熱追隨的對象，並以其意志爲人民意志，就顯得非常重要了。

---

[145] 「毛澤東主席在最高國務會議上論目前形勢」，**新華半月刊**，第十八期，北京：人民出版社，頁 14。**紅旗**，第八期，1958 年，頁 3。

[146] 同上。

　　爲了保持意識型態的純潔性，堅持毛思想的崇高地位，毛在國內發起了一連串的政治運動，如 1957 年 4 月的「整風運動」，毛在「引蛇出洞」後再一網打盡，另透過教育和學習，對黨員進行思想改造，逼迫知識分子放棄一切非無產階級的思想意識，並進行新的思想建設。1957 年 6 月，中共中央發出「關於組織力量準備反擊右派分子進攻的指示」，進行全國性的反右鬥爭。1956 年 9 月的「八大」所做的決議曾樂觀的指出「我國無產階級同資產階級之間的矛盾已經基本上解決」，但一年後的 1957 年 9 月，也就是發出「關於組織力量準備反擊右派分子進攻的指示」之後的三個月，在「八屆三中全會」上，毛改變了「八大」的結論，他說：「無產階級和資產階級的矛盾，社會主義道路和資本主義道路的矛盾，毫無疑問，這是當前我國社會的主要矛盾」，並且說，「八大」的「提法是不對的」。

　　1958 年正是中共「三面紅旗」運動的高潮，毛在中央軍委會擴大會議上批判彭德懷的建軍路線，對共軍脫離群眾，脫離政治的現代化、專業化的政策表示強烈的不滿。但值得注意的是，一連串的政治運動，並沒有阻礙中共發展核武的進度。1959 年 6 月蘇聯撕毀「中蘇國防新技術協定」後不久，中共即在 7 至 8 月召開的「廬山會議」上罷黜及批鬥了國防部長彭德懷，彭被鬥的導火線雖然是因爲公開抨擊了毛的「三面紅旗」及「大躍進」運動，但是真正的原因在毛反對彭的單純軍事觀點及彭對蘇聯的獻媚推崇。早在 1956 年 11 月 15 日毛在「八屆二中全會」上就透露了他的看法，他說：「有一些同志就是不講辯證法，不分析，凡是蘇聯的東西都說是好的，硬搬蘇聯的一切東西」，「他們片面地看問題，認爲蘇聯的東西都好，一切照搬，不應當搬的也搬來了不少」，「我們的高級幹部、

中級幹部中，還有個別的裡通外國」[147]。

「裡通外國」如同「漢奸」，在中國社會是一項極其嚴重的罪名，力主學習蘇聯的黨、軍高層，此時成爲「裡通外國」分子，「裡通外國」代表的是道德上的最大墮落和人格的低劣，這種指控是中國歷史上排外情節的又一次再現。中蘇交惡實際上種下了彭德懷及劉少奇被鬥的遠因，從軍事角度看，毛整肅彭，其意義爲對共軍走蘇聯專業路線的一次大調整，從政治角度看，彭的下臺，代表軍隊重新退回「紅」壓「專」的毛式建軍路線。值得注意的是，這些內部的路線鬥爭，或「紅」「專」衝突，並未影響毛發展核武的決心，毛批判繼承了共軍中職業軍人對有關武器的單純軍事觀點，當然毛對此事的看法較爲權謀，也就是說何謂「單純的軍事觀點」由毛做最後仲裁，何謂「裡通外國」由毛做價值判斷。

一般來說，「盧山會議」後，林彪接任國訪部長至文革共軍全面介入奪權鬥爭前，林除了利用軍隊推行一連串政治色彩濃厚的運動，在軍事上，林亦推動了武器現代化的工作，以維持打一場人民戰爭的有利態勢。這段時期，林彪所推動的是一條「紅」「專」平行、講求均勢的軍事路線，林的目的有二：

第一，軍隊繼續秉承「政治掛帥」的傳統，並在「黨指揮槍」的體制下，神話毛在軍隊的至高無上的權威，並藉此鞏固自己的地位。林有計畫的將軍隊塑造成學習毛思想運動的樣版，再經由「全國人民學習解放軍」運動，號召全國人民效法解放軍學習毛思想，並不斷透過傳播工具把毛的「魅力」推上高點。爲了維持毛與其追

---

[147] 「在中國共產黨第八屆中央委員會第二次全體會議上的講話」，毛澤東選集，第五卷，頁 313-329。

隨著強烈的感情聯繫，林利用一切可以利用的機會，不斷的在人民心中深刻毛的絕對權力及天賦的神聖使命。林以國訪部長的身分，進行「傳教」的工作，同時林借用崇毛運動、利用陪伴毛公開露面的機會，提高自己在人民中的威望，毛、林關係在林彪精心的策劃下，逐漸成為「毛主席和他親密的戰友林彪同志」，而共黨中央則成為「以毛主席為首，林副主席為副的黨中央」。

第二，中蘇交惡後，中共以自立更生的方式尋求加速國防現代化，以便在守勢戰略部署上能獲得充分的自我防衛能力。因此，核子武器乃循著專業化的方式發展，空軍、海軍也在此一方式下開始新的建軍階段；在 60 年代初期，中共提出了一項促進空軍現代化的五年計畫，此計畫使中共在 1965 年開始仿製「米格 21」戰機，並且於 60 年代末期生產仿製的 TU-16 轟炸機[148]，此外海軍的造船計畫也已開始，其重點則擺在飛彈快艇及潛艇的建造[149]。

這一系列武器發展計畫付諸實施後，顯然林彪大致滿足了軍方的需求；林在武器發展上的作為，是政治與軍事之間「權力平衡」的必要手段，也是面對蘇聯威脅與全面性操作軍隊政治化之間的一種暫時性妥協，這種妥協隨著中共內部權力鬥爭的公開化，及軍隊介入政治的程度增高而逐漸消失，代之而起的是軍隊全面介入政治運作，軍隊的政治角色也隨著鬥爭劉少奇及文革的開始而達到頂峰。

中蘇關係從 50 年代末交惡起，雙方文攻武嚇，中國除了在國

---

[148] 參閱：Richard M. Bueschel, **COMMUNIST CHINESE AIR POWER**, New York: Praeger, 1968, Chapter II and III.

[149] John R. Dewenter, "China Afloat", **FOREIGN AFFAIRS**, No. IV, (July, 1972), pp.738-751.

內掀起各種反「蘇聯修正主義」的政治運動，並強化軍備，正當共軍全面介入文革奪權鬥爭時，中蘇邊境危機急遽升高，60 年代中期後，蘇聯加強對中國的軍事壓力，在中蘇邊界囤駐兵營，從 1964 年 10 月至 1969 年 2 月，蘇聯軍隊在中蘇邊境地區挑起各種邊境爭執事件達 4180 餘起，雙方於 1969 年 3 月 2 日終於在黑龍江的珍寶島爆發了規模極小但卻影響極大的武裝流血衝突。

第三節　中蘇珍寶島武裝衝突事件

1969 年 3 月 2 日上午 9 點，及 3 月 15 日凌晨 4 點，中蘇在位於黑龍江省烏蘇里江主航道中心線中國一側的珍寶島發生了小規模的武裝衝突，有理由相信，中共借此偶發事件大做文章，主要是與中國國內政局的不穩，以及為即將召開的「九大」營造全國團結的氣氛而主動的擴大了它的嚴重性。中國與蘇聯及其它周邊國家邊界之爭執已有相當時日，雖衝突不斷但並未到達立即需要解決的臨界時刻，在珍寶島中蘇雙方守衛部隊發生接戰後，除了在國內有各種大型示威遊行外，軍事上並沒有持續的擴大衝突規模。

1969 年 3 月 2 日八時，中國邊防部隊巡邏分隊登上珍寶島執行巡邏任務，蘇軍發現後，立即出動七十多人迎向中國邊防巡邏分隊，並開槍射擊，打死打傷中國邊防巡邏人員六人。中國邊防巡邏分隊則開始進行還擊，珍寶島事件就此開始，雙方戰鬥約一個多小時。3 月 15 日凌晨，蘇軍邊防軍約六十餘人及六輛裝甲車，進入珍寶島北端，中國邊防部隊則以一個加強排登島，雙方對峙，八點，雙方互擊。

當 3 月 2 日事件發生後，在資訊落後以農業社會為型態的中

國，卻立即全面性的展開了一連串「打倒蘇修」及反「蘇修叛徒集團」的大規模的示威遊行。3月4日「各地工人、農民、解放軍官兵、學生、政府公務員、及城市居民參加示威遊行，人數從一萬人到幾百萬人都有，示威活動在二十九個城市大規模的展開」，「七億中國人民，龐大的示威群眾，在毛澤東攻無不克的思想領導下，團結起來打倒敵人保衛神聖的國土」[150]。

值得注意的是，珍寶島軍事衝突發生後不到一個月的時間，中共中央從4月1日至24日在北京召開了「九大」，林彪在「政治報告」中透露中共對中蘇邊界問題的基本立場，報告中說：「中蘇邊界問題，同我國和其他一些鄰國之間的邊界問題一樣，是歷史遺留下來的。對這些問題，我們黨和我國政府一貫主張通過外交途徑進行談判，求得公平合理的解決」，而「中蘇邊界問題，是沙俄帝國主義對中國的侵略造成的」，因此解決中蘇邊界問題已開始在進行，「一九六四年，中蘇雙方在北京開始談判，儘管有關目前中蘇邊界的條約是沙皇強加給中國人民的不平等條約，我們從維護中蘇兩國人民革命友誼的願望出發，仍然主張以這些條約爲基礎解決邊界問題」[151]。

既然中共決定以舊有的條約做爲中蘇邊界糾紛談判的基礎，而且在3月2日之前，中蘇在同一地區附近亦發生過多次的武裝衝突，如同中共公開宣稱的「1967年1月23日到1969年3月2日，

---

[150] "The Sino-Soviet Border Incident", **SUMMARY OF WORLD BROADCASTS, BBC**, part 3, 6 March 1969 FE/3017/A2/1.

[151] 「中國共產黨第九次全國代表大會上的報告」，參閱"Lin Piao Report to the 9th Party Congress (1 April 1969)", **CHINESE POLITICS - DOCUMENTS AND ANALYSIS**, Vol. II, South Carolina: Uni. of South Carolina Press, 1986, pp.70-82.

蘇聯的邊防部隊入侵珍寶島地區 16 次，並傷及中國邊防軍人多人，
1967 年 11 月底至 1968 年 1 月 5 日，蘇聯邊防軍共侵入珍寶島南方
的七裏沁島，擊斃或擊傷中國邊防軍多人，蘇聯邊防軍也多次入侵
同樣位於珍寶島南邊小島地區，而且蘇聯軍機多次入侵黑龍江省的
中國領空」[152]。如果邊境衝突可以引發成全國性的反蘇運動，這個
運動在 1967 年或更早之前就應該開始。

　　另外，從軍事的角度觀察，珍寶島並不具有國家核心價值的戰
略地位，而 3 月 2 日及 15 日中蘇雙方交戰的規模甚小，「3 月 2 日
蘇聯方面派遣兩輛裝甲車，一兩軍用卡車，及一輛小型軍車，裝載
邊防部隊入侵」[153]，「3 月 15 日蘇聯派遣十數輛坦克及裝甲車入侵
珍寶島」[154]。這種規模的衝突不具有任何戰略或戰術上的意義，但
是從政治的角度觀察，對中國而言此一突發事件具有相當高的可用
性及內涵著非常特殊的政治意義，此即，毛適時的借力使力，借激
發人民保衛領土的意志，為即將召開的「九大」創造全國團結的氣
氛，以及解決國內因文革及整肅劉少奇之後所引發的社會混亂局
面，最重要的它可以再度證明「蘇聯修正主義」及「蘇聯修正主義
的同路人」對中國的危害[155]，因此打倒劉少奇或剷除彭德懷等集

[152] "Chinese View of Frontier Incident", **SUMMARY OF WORLD BROADCASTS, BBC**, Part 3, 4 March 1969, FE/3015/A2/2-3; Feng Ying-chun & Huang Wei-min, "We Witnessed the New Tsar's Anti-China Atrocities", **CHINA RECONSTRUCTS**, Vol. XVIII, No. 8, Aug. 1968, pp.28-29.

[153] Ibid., FE/3015/A2/2.

[154] "Chinese Account of 15th March Incident on the Ussuri River", **SUMMARY OF WORLD BROADCASTS, BBC**, Part 3, 18 March 1969, FE/3027/A2/1.

[155] The 12th Plenum of 8th CCPCC between 13 and 31 Oct. 1968 ratified the "Report on the Examination of the Armies of the Renegade, Traitor, and Scab Liu Shao-chi". See James T. Myer (ed.), **CHINESE POLITICS-DOCUMENTS AND ANALYSIS**, Vol. II, op. cit.,

團，在理論及事實上都是正確無誤的。

毛於 1969 年 4 月 28 日在「九屆一中全會」強調了「團結」的重要，他說：團結起來的目的，是要爭取更大的勝利，要鞏固無產階級專政，就要保證在無產階級領導之下，團結全國廣大人民群眾，避免中蘇邊境的緊張、衝突進一步的造成混亂，全國人民不論來自於那一個山頭，哪一個省分，不論他的立場如何都應該團結起來爭取最後的勝利[156]。

此外從中共中央委員會「7 月 23 日佈告（1969 年）」及「8 月 28 日命令（1969 年）」亦可看出珍寶島軍事衝突事件對中共內部的政治影響力，毛借中蘇邊界衝突，重整社會次序及整合國內分裂局面的企圖已非常明顯。毛批准發佈的「7 月 23 日佈告（七二三佈告）」，可以證明擴大珍寶島事件的嚴重性與北京穩定政局有相當的關連。1969 年 7 月 23 日，中共中央針對山西的嚴重的武鬥事件發出措詞極為嚴厲的「七二三佈告」，勒令各派停止武鬥，實行大聯合，其中公開承認各地混在各派群眾組織中的階級敵人，利用資產階級派性，抗拒執行中央發佈的命令，犯了一系列極其嚴重的反革命罪刑，搞「打、砸、搶、抓、抄」，抗拒實行和破壞「大聯合」[157]及「三結合」[158]；提出武裝奪取政權的口號，進行反奪權，衝擊共

---

p.389.

[156] Mao Tse-tung, "Speech to a Central Committee Meeting (28 April 1969)", **THE PEOPLE'S REPUBLIC OF CHINA 1949-1979 - A DOCUMENTARY SURVEY**, Vol. IV, op. cit., p.2216.

[157] 「大聯合」：即革命派大聯合。原因是革命群眾組織中，出現了派性高於黨性的傾向，只有聯合才能徹底打倒敵人。

[158] 「三結合」；由「共軍」、「革命領導幹部」、「革命群眾」等，三位一體，聯合奪權的方式。

軍機關部隊搶奪共軍武器裝備，毆打、綁架、殺傷共軍指戰員，破壞鐵路、公路、橋樑、武裝襲擊列車，搶奪交通工具，搶劫旅客財物，搶佔國家銀行，用武力強佔地盤，構築武鬥據點，實行反革命割據等[159]。

「佈告」嚴令各地立即無條件停止武鬥，撤除一切武鬥據點，上繳一切武器裝備，對於拒不執行者，負隅頑抗者，由共軍部隊實施軍事包圍，強制繳械；不許侵犯共軍武器、彈藥、車輛及其它裝備物資；無條件恢復鐵路、公路交通運輸；不得佔領、搶掠銀行、倉庫、商店等國家財產；並嚴懲搶劫國家財產的主犯，嚴懲現行犯罪分子；立即解散「山頭」[160]。毛在這篇措辭嚴厲的佈告上，批「照辦」兩字。

「七二三佈告」發佈不久，當年 8 月 28 日，根據周恩來的建議，毛澤東又簽發了一份適用範圍更廣、措辭更加嚴厲的「中國共產黨中央委員會命令」（又稱「八二八命令」）給各省、市、自治區各級革命委員會，各族革命人民，人民解放軍駐邊境部隊及全體指戰員。「命令」要求高度樹立敵情觀念，充分作好反侵略戰爭的準備。「命令」指出：為了保衛國土，邊境及無產階級文化大革命的成果，因此黨中央要求上述人員、部隊確實執行下列八項命令：(1)響應毛有關提高警惕，保衛祖國，要準備打仗的號召，充分做好反侵略戰爭的準備。(2)面對強大的敵人，必須加強軍隊內部的團結，軍民團結，軍隊與政府之間的團結，鞏固各級革命委員會的領導，

[159] "The Central Committee's 23 July 1969 Notice", **PEOPLE'S REPUBLIC OF CHINA 1949-1969 - A DOCUMENTARY SURVEY**, Vol. IV, op. cit., p.2218。「七、二三」佈告，**中共術語彙解**，台北：中國出版公司，1971 年，頁 21。

[160] 同上。

反對一切分裂活動，各部隊堅守崗位，不准外出串連。(3)群眾組織實行大聯合，立即解散不合法的組織及其招兵買馬行動。(4)堅決執行「七二三佈告」之規定，立即停止武鬥，解散武鬥隊，撤除一切武鬥據點，繳出所有武器。(5)不准衝擊部隊，不准搶奪軍隊武器裝備，不准洩露和盜竊軍事機密，違者以現行反革命處置。(6)保護交通運輸，保證通訊聯絡暢通。(7)應緊抓革命，猛促生產，大力支援前線。(8)堅決鎮壓反革命分子，對於裡通外國、策劃外逃、破壞社會治安、搶劫國家財產、破壞生產、殺人放火放毒、利用宗教迷信製造叛亂者，必須堅決鎮壓，對「地、富、反、壞、右」分子，必須嚴加管制勞動改造[161]。這個命令是一個以戰備動員為理由，實際上是一個措辭嚴厲、態度堅決的要求立即停止武鬥、安定形勢的命令。

　　「七二三佈告」及「八二八命令」，已很清楚的說明中共擴大宣染珍寶島武裝衝突事件的真相。毛把「保衛國土」與「保衛無產階級文化大革命的成就」劃下等號；在「七二三佈告」中全是關於社會動亂的現象及懲處的方式，「八二八命令」除第一項外，其餘也都是針對文革以來社會與軍隊的動亂，而制訂的穩定社會次序的規定，在第四項中還明訂要堅決執行「七二三佈告」。毛適時的利用中蘇邊境衝突的機會，重新整治國內混亂的局面，以「團結」做口號收拾亂局。珍寶島軍事衝突，值得注意的是，共軍的領導菁英們並沒有公開的表達對該事件與軍事有關的立場、或戰略與戰術的觀點，但卻支持共軍加入全國性的反蘇修叛徒的群眾運動。因此，

---

[161] "The 28 Aug. 1969 Directive on Preparations for War", **PEOPLE'S REPUBLIC OF CHINA 1949-1969 - A DOCUMENTARY SURVEY**, Vol. IV, op. cit., pp.2219-2220. 「七、二三」佈告，**中共術語彙解**，頁 45-46。

可以確定 3 月 2 日及 15 日的中蘇邊境武裝衝突，雖不能說是毛刻意挑起的事件，但毛卻敏銳的及時利用及擴大了這個事件，進行國內政治運動的策略調整，為自己的政治目的服務。

第四節　越戰危機與共軍政治角色的發展

　　1965 年越戰危機升高之際，共軍領導階層爆發了一場涉及帶有濃厚政治味道的軍事大辯論。1965 年 2 月，美機開始大舉轟炸北越及增兵援助南越，越戰危機升高，當時中共當局擔心越南戰火可能蔓延至中國大陸，鑑於越戰形勢惡化，「紅旗」以「評論員」的名義發表了一篇「越南人民必勝，美帝國主義必敗」的文章，該文指出：「中國和越南是唇齒相依的鄰邦，中國人民和越南人民是情同手足的兄弟，美帝國主義對越南的侵犯，就是對中華人民共和國的侵犯，中國人民絕對不會置之不理，坐視不救，六億五千萬人民早已做好一切準備，支援越南民主共和國對美帝國主義的自衛反擊」[162]。配合這篇文章的發表，「紅旗」同時刊登「亞洲是世界革命風暴的新源頭」、「亞洲的覺醒」、「落後的歐洲和先進的亞洲」、「東方各族人民開始干預世界的命運」、「殖民地國家的勞動群眾一定會在世界革命的下一階段起非常巨大的革命作用」等五篇有關列寧對亞洲革命的看法文章，支持北越[163]。

　　此外，「紅旗」再以「評論員」的名義發表「把美國侵略者從

---

[162] 「越南人民必勝，美帝國主義必敗」，紅旗，第二期，1965 年，頁 11。
[163] 「亞洲是世界革命風暴的新源頭」、「亞洲的覺醒」、「落後的歐洲和先進的亞洲」、「東方各族人民開始干預世界的命運」、「殖民地國家的勞動群眾一定會在世界革命的下一階段起非常巨大的革命作用」，紅旗，第二期，1965 年，頁 3-8。

越南趕出去」一文，該文強調：「美帝國主義侵略越南，是它執行反革命全球戰略的一個重要步驟，美帝國主義在越南南方進行『特殊戰爭』，不僅是為了奴役越南南方人民，而且是為了取得經驗，加緊鎮壓世界其他地區的民族解放運動」[164]。不同於前文，在這篇文章中除了攻擊美國外，同時對蘇聯作了抨擊，該文說：「現代修正主義者打著『支持越南人民』的旗號，混在全世界人民支持越南人民的隊伍中，他們仍舊堅持所謂兩個超級大國主宰世界的總路線，現代修正主義者對越南人民的抗美愛國鬥爭是假支持，真出賣，他們實際上是在鼓勵美帝國主義推行侵略和戰爭政策」[165]。

　　同年 3 月，蘇共在中共反對下，在莫斯科舉行共有 19 個國家共黨參加的「共產黨和工人黨代表協商會晤」，會晤結果發表了「關於越南事件的聲明」和「協商會晤公報」。公報呼籲停止公開論戰，並反對一些黨干涉另一些黨的內部事務。中共決心斷絕與蘇共的關係，3 月 22 日，中共中央覆信蘇共中央，表示將不派代表團參加蘇共第二十三次黨代表大會。3 月 23 日，「人民日報」及「紅旗」以「編輯部」名義發表「評莫斯科三月會議」的文章，嚴厲譴責蘇共的分裂行為。莫斯科三月會議是中蘇關係的一個重要轉折點，會議後，中蘇之間正式決裂，而國際共產主義運動也從思想上的分歧發展到組織上的分裂。

　　在中蘇關係正式決裂敏感之際，對於援越政策，共軍高層發生分歧，總參謀長羅瑞卿在同年 5 月發表「紀念戰勝德國法西斯，把反對美帝國主義的鬥爭進行到底」一文，羅在此文中力主中共應在

---

[164] 「把美國侵略者從越南趕出去」，紅旗，第四期，1965 年，頁 10。
[165] 同上，頁 12-13。

越南問題上採取強硬的路線，他說：「中國人民堅決支持越南人民
的抗美救國鬥爭，我們不但在政治上，道義上，在物質上盡我們的
能力支持這些鬥爭，而且準備在越南人民需要的時候，派出自己的
人員，同他們一起戰鬥，中國人民的這種態度是堅定不移的，不管
美帝國主義轟炸我們也好，不轟炸我們也好，擴大戰爭也好，不擴
大戰爭也好，我們都是要支援的」，而「反法西斯戰爭的歷史經驗
告訴我們，害怕並不能避免戰爭，為了消滅戰爭就必須進行抗戰，
為了消滅反革命的戰爭，就必須進行革命戰爭」[166]。

　　羅在這篇文章中最值得注意的是，他祭出曾用來對付國民黨的
「統一戰線」策略，該文強調：「反法西斯戰爭的歷史經驗也告訴
我們，必須分清敵友，利用矛盾，爭取多數，團結一切可以團結的
力量，組成最廣泛的統一戰線，反對最主要的敵人」[167]。雖然羅瑞
卿在文章中沒有明確表示從新採取親蘇路線，對抗「美帝國主義」
這個主要的敵人，但其中卻暗示要與蘇聯組成廣泛的統一戰線，以
對付主要敵人的建議；他更誇讚蘇聯的說：「蘇聯紅軍高舉列寧、
史達林的旗幟，以堅韌不拔的革命精神，前仆後繼，英勇奮戰，出
色的完成了反法西斯主力軍的光榮任務，豎立了不朽的功勳」。羅
對列寧、史達林的「偉大功績」敘述說：「就在於他正確地把握國
際上階級鬥爭形勢，找到了當時世界範圍內主要矛盾和全世界人民
的最主要的敵人，從而正確地提出了反法西斯統一戰線的口號，團

---

[166] 「紀念戰勝德國法西斯，把反對美帝國主義的鬥爭進行到底」，**紅旗**，第五期，1965
年，頁 10-14。"Peking's Chief of Staff Urges a Hawkish Line on Vietnam (10 May 1965)",
THE PEOPLE'S REPUBLIC OF CHINA 1949-1979 - A DOCUMENTARY SURVEY,
Vol. II, op. cit., pp.1210-1212.

[167] 同上，頁 6。Ibid, p.1208.

結了全世界一切反法西斯力量，組成了以蘇聯和各國無產階級為主力軍的反法西斯統一戰線，而形成了全世界反侵略力量對法西斯侵略力量的反包圍，使戰略形勢發生了有利於自己，而不利於敵人的根本變化，這是反法西斯戰爭能夠取得偉大勝力的一個極為重要的因素」[168]。

羅瑞卿高度讚揚了蘇聯的成就，並暗示中共應與蘇聯結成統一戰線，這種樂觀的自信，使羅對越戰的立場，表現出不惜一戰的決心。羅在本文中重申了一項毛的原則，即「人不犯我，我不犯人，人若犯我，我必犯人」，他也強硬的表示：我們會消滅任何攻擊我們的敵人，不論美國對我們的攻擊有多大的規模，我們都會以相同的規模打回去[169]。

在羅瑞卿發表此文的同時，「人民日報」以「編輯部」的名義另發表了題為「反法西斯戰爭的歷史經驗」一文，「紅旗」同時轉載，並與羅瑞卿的「紀念戰勝德國法西斯，把反對美帝國主義的鬥爭進行到底」一文並列。在「反法西斯戰爭的歷史經驗」一文中對「赫魯雪夫修正主義者」有嚴厲的批評，文章中說：「現在赫魯雪夫叫喊什麼『團結對敵』、『共同行動』這完全是騙人的」，而「赫魯雪夫修正主義者，大捧赫魯雪夫，他們極力抹煞和貶低史達林在反法西斯戰爭中所起的作用，他們把赫魯雪夫這個小丑扮成違反法西斯戰爭的英雄」[170]。「紅旗」將兩篇文章並列，一篇是以參謀總長羅瑞卿屬名，一篇以「編輯部」名義發表，一明一暗的兩篇文章

---

[168] 同上，頁 6。Ibid., p.1208.

[169] 同上，頁 14。Ibid., p.1212.

[170] 「反法西斯戰爭的歷史經驗」，人民日報，1965 年 5 月 9 日。紅旗，第五期，1965 年，頁 15-25。

對蘇聯卻有完全不同的評價，按過去慣例及經驗法則判斷，「編輯部」的政治正確度高於個人名義發表的文章，羅不知強烈的暴風已將撲向自己。

同年 8 月，國防部長林彪發表了「人民戰爭勝利萬歲」一文，此文表面上是為了紀念抗日戰爭勝利二十週年，實際上它具有高度的政治意義，該文主要在對羅瑞卿「紀念戰勝德國法西斯，把反對美帝國主義的鬥爭進行到底」一文[171]，進行針對性的批駁與思想指導，並表明中共官方的立場，林彪在文章中說：

第一，抗日戰爭，是一個半殖民地半封建的弱國戰勝一個帝國主義強國的戰爭。抗日戰爭是中國新民主主義革命的一個歷史階段。共黨在抗日戰爭中的路線，不僅是要取得抗日戰爭的勝利，而且是要為新民主主義革命在全國範圍內的勝利奠定基礎。

第二，具體地分析具體事物，具體地解決具體矛盾，是馬克思列寧主義的活的靈魂。毛澤東同志在錯綜複雜的矛盾中，抓住了主要矛盾，具體地分析了主要矛盾的兩個方面，高屋建瓴，勢如破竹，順利地解決了怎樣認識和對待各種矛盾的問題。毛澤東同志正是在這樣科學分析的基礎上，正確地制定了抗日戰爭時期人民戰爭的政治路線和軍事路線，進一步發展了建設農村根據地、農村包圍城市、最後奪取城市的思想。

第三，正確執行統一戰線的路線和政策，堅持了共產黨、人民軍隊和根據地的獨立性，堅持思想上、政治上和組織上的獨立性，

---

[171] 「人民戰爭勝利萬歲」，人民日報，1965 年 9 月 3 日。紅旗，第 12 期，1967 年，頁 17-47。"Peking's Defence Minister States the Maoist Line on Vietnam (3 September 1965)", **THE PEOPLE'S REPUBLIC OF CHINA 1949-1979 - A DOCUMENTARY SURVEY,** Vol. II, op. cit., pp.1222-1239.

堅持獨立自主的原則，堅持領導權。

第四，依靠農民，建立農村根據地，以農村包圍城市，最後奪取城市，這是中國革命所走過的勝利的道路，農民問題在中國革命中佔有極端重要的地位；反帝反封建的資產階級民主革命實際上就是農民革命。對農民鬥爭的領導，是中國無產階級在資產階級民主革命中的基本任務。

第五，建設新型的人民軍隊。軍隊在抗日戰爭中堅決執行了毛澤東同志規定的打仗、做群眾工作和進行生產的三大任務，既是戰鬥隊，又是工作隊，也是生產隊；毛澤東同志的建軍思想的基本精神，就是人民軍隊的建設要突出政治，要首先和著重地從政治上建軍。政治是統帥，是靈魂。政治工作是我軍的生命線。人民軍隊固然也要重視不斷改進武器裝備和提高軍事技術，但是，人民軍隊打仗不是單純地憑武器、技術，而更重要的是憑政治，憑指戰員的無產階級革命覺悟。

第六，實行人民戰爭的戰略戰術。毛提出的「敵進我退，敵駐我擾，敵疲我打，敵退我追」的十六字訣，是游擊戰的基本戰術；殲滅戰，是我們作戰的基本指導思想。不論以運動戰為主，還是以游擊戰為主，都應當貫徹這個指導思想。在游擊戰爭中，固然要執行許多破壞和襲擾等任務，但是仍然需要積極提倡並且努力實行在一切有利條件下的殲滅性作戰。在運動戰中，要求每戰必須集中優勢兵力，各個殲滅敵人。毛澤東同志把人民戰爭的戰略戰術，用四句話加以高度的概括，叫做「你打你的，我打我的，打得贏就打，打不贏就走」。

第七，堅持自力更生的方針。人民群眾自己解放自己，這是馬克思列寧主義的一條基本原理。一個國家的革命，一個國家的人民

戰爭，是本國人民群眾自己的事情，應該也只能主要依靠本國人民群眾自己的力量。要革命，要進行人民戰爭，並且要取得勝利，就必須堅持自力更生的方針，依靠本國人民群眾的力量，準備在任何外來的物質援助都被切斷的情況下獨立地進行鬥爭。如果自己不努力，不獨立自主地思考和解決本國的革命問題，不依靠本國人民群眾的力量，而一味依賴外國援助，即使是依賴堅持革命的社會主義國家的援助，也是不能取得勝利的，即使勝利了也是不能鞏固的。

　　第八，毛的人民戰爭理論之國際意義。毛澤東同志指出，必須在戰略上藐視敵人，在戰術上重視敵人。毛澤東同志關於建立農村革命根據地、以農村包圍城市的理論，對於今天世界上一切被壓迫民族和被壓迫人民的革命鬥爭，特別是對於亞洲、非洲、拉丁美洲被壓迫民族和被壓迫人民反對帝國主義及其走狗的革命鬥爭，更是突出地具有普遍　的現實意義。中國革命，提供了在無產階級領導下徹底進行民族民主革命的成功的經驗，提供了在無產階級領導下及時地把民族民主革命轉變爲社會主義革命的成功的經驗。

　　第九，用人民戰爭戰勝美帝國主義及其走狗。不管現代武器和技術裝備怎麼發展，不管現代戰爭的打法怎麼複雜，戰爭的最後勝負，歸根到底，還是要決定於地面部隊的連續戰鬥，決定於戰場上的近距離搏鬥，決定於人的覺悟、勇敢和犧牲精神。在這裏，美帝國主義的弱點就極大地暴露出來，而革命人民的優勢就極大地發揮出來。美帝國主義的反動軍隊是不可能有革命人民那樣的勇敢　和犧牲精神的。革命人民的精神的原子彈，要比物質的原子彈強大得多，有用得多。

　　第十，赫魯雪夫修正主義者是人民戰爭的叛徒。赫魯雪夫修正主義者反對人民戰爭，根本上是因爲他們不相信人民群眾，害怕美

帝國主義，害怕戰爭，害怕革命。他們和所有機會主義者一樣，眼睛裡根本看不到人民群眾的力量，不相信革命人民是能夠戰勝帝國主義；赫魯雪夫修正主義者硬說，沒有核武器的國家不管採用什麼樣的作戰方法，都不能戰勝擁有核武器的敵人。這就等於說，誰沒有核武器，誰就活該倒楣，活該被欺侮，活該被消滅，要麼在敵人的核武器面前投降，要麼依靠別的核大國的保護而隨人俯仰。這豈不是典型的弱肉強食主義嗎？豈不是幫助帝國主義進行核訛詐嗎？豈不是公開地不許別人革命嗎？赫魯雪夫修正主義者硬說，核武器、火箭軍決定一切，常規部隊無足輕重，民兵不過是一堆肉。他們用這樣的謬論來反對社會主義國家動員人民群眾，依靠人民群眾，準備用人民戰爭來對付帝國主義的侵略，他的建軍路線是只見物、不見人，只要技術、不要政治的資產階級建軍路線。帝國主義、反動派是「只許州官放火，不許百姓點燈」的。赫魯雪夫修正主義者接受了帝國主義這種哲學。赫魯雪夫修正主義總路線的實質，不是別的，就是要被壓迫人民和被壓迫民族放下武器，要已經取得獨立的國家放下武器，而在全副武裝的美帝國主義及其走狗面前聽任宰割。

同赫魯雪夫修正主義者的觀點完全相反，馬克思列寧主義者和革命人民，從來不用傷感的觀點來看待戰爭。對於帝國主義發動的侵略戰爭，我們的態度歷來非常明確：第一反對，第二不怕。誰進攻我們，我們就消滅誰。對於被壓迫民族和被壓迫人民所進行的革命戰爭，我們不僅不反對，而且從來都堅決支持，積極援助。過去如此，現在如此。赫魯雪夫修正主義者所進行的反對人民戰爭的宣傳，失敗主義的宣傳，投降主義的宣傳，在全世界革命人民中，起著敗壞士氣的作用，起著從精神上解除武裝的作用。

　　越南人民的抗美救國鬥爭，是當前全世界人民反美鬥爭的焦點。中國人民支援越南人民抗美救國鬥爭的決心，是堅定不移的。

　　林彪在這篇隱藏多重政治、軍事意義的文章中，教導越南人解放戰爭應學習中國革命戰爭的經驗，要「實行人民戰爭的戰略戰術，要突出政治」。林彪強調「一個國家的人民戰爭，是本國人民群眾自己的事情，應該也只能主要依靠本國人民群眾自己的力量。要革命，要進行人民戰爭，並且要取得勝利，就必須堅持自力更生的方針，依靠本國人民群眾的力量，準備在任何外來的物質援助都被切斷的情況下獨立地進行鬥爭」[172]。

　　林彪在文章中堅持反美、反蘇的反「兩霸」政策，以及重申應以「人民戰爭」來對付「美帝」的看法顯然是針對羅瑞卿主張的與蘇聯成立「統一戰線」的觀點而來。林彪一石兩鳥，打「蘇」就等於打「羅」，而美帝國主義越壞，就越顯示蘇聯企圖與美國妥協的墮落，也就越顯示羅瑞卿的路線錯誤。因此他抨擊「美帝」是第二次世界大戰後，替代了德、日、意法西斯的地位，企圖把全世界都置於它的奴役和控制之下建立一個帝國，而美帝國是人類有史以來最狂妄的侵略者，是世界人民共同的最兇惡的敵人。

　　至於「蘇修」的部分，林彪在文章中嚴厲的指責它為「帝國主義強盜的幫凶」，並認為蘇聯密切配合美帝國主義，主要是「赫魯雪夫修正主義總路線的實質，不是別的，就是要被壓迫的人民和被壓迫的民族放下武器，要已經取得獨立的國家放下武器，而在全副武裝的美帝國主義及其走狗面前聽任宰割」[173]，林彪在這篇文章中

---

[172] 同上。
[173] 同上。

對蘇聯的批評，措辭強硬，顯示中共中央堅決不與蘇聯妥協的立場。

此外，林彪以對付核武威脅的論點，對羅瑞卿想要依賴蘇聯的看法上進行觀點上的壓制，林指出「中國人民自有對付美帝國主義的辦法，我們的辦法不是什麼秘密，最重要的還是那麼一條，就是動員人民，依靠人民，實行全民皆兵，進行人民戰爭」。林彪還針對美國的核子威脅鄙視的說：「美帝國主義藉以嚇人的無非是它的核武器」，但「核武器並不是可以輕易使用的東西」，「核武器的壟斷地位早已被打破，他有，別人也有，他要用核武器來威脅別的國家，也就把他自己置於核武器的威脅之下」[174]。林彪很清楚的向羅瑞卿顯示，北越對付「美帝」或核武威脅，只要依靠人民，進行人民戰爭就可，不必與蘇聯結成「統一戰線」。

在「聯蘇抗美」的看法上兩人意見分歧，在有關戰爭指導及「人民戰爭」如何運用的這個議題上，除了雙方都堅守毛的軍事思想做為依據外，羅瑞卿與林彪兩人在「紀念戰勝德國法西斯，把反對美帝國主義的鬥爭進行到底」，與「人民戰爭勝利萬歲」的文章中，也有相當歧異的觀點。

羅瑞卿認為「反法西斯戰爭的歷史經驗告訴我們，積極防禦的戰略方針，是社會主義國家反對帝國主義侵略戰爭的唯一正確方針」，[175] 羅借用毛在「中國革命戰爭的戰略問題」對所謂積極防禦的解釋做為他主張的依據，即「積極防禦，又叫攻勢防禦，又叫決

---

[174] 同上。

[175] 「紀念戰勝德國法西斯，把反對美帝國主義的鬥爭進行到底」，**紅旗**，第五期，1965 年，頁 6-7。"Peking's Chief of Staff Urges a Hawkish Line on Vietnam (10 May 1965)", **THE PEOPLE'S REPUBLIC OF CHINA 1949-1979 - A DOCUMENTARY SURVEY**, Vol. II, op. cit., p.1208.

戰防禦，消極防禦又叫專守防禦，又叫單純防禦，消極防禦實際上是假防禦，只有積極防禦才是真防禦，才是爲了反攻和進攻的防禦」[176]。羅又指出「積極防禦的方針，在作戰行動上，不應以保守或奪取地方爲主要目標，而應以集中優勢兵力，殲滅敵人有生力量爲主要目標」，「積極防禦，不是單單把侵略者逐出國土就算了，而且要實行戰略追擊，把敵人消滅於它的戰爭出發地，消滅它的老巢」[177]。

比較羅瑞卿和林彪兩人的主張，羅認爲，一旦中共和美國因越南問題爆發戰爭，則中共應師法蘇聯在二次大戰時反擊納粹德國的戰爭經驗，並且在戰局扭轉時，實施戰略追擊，將戰爭帶向美國本土；林彪則認爲，八年抗戰中共所累積下來的戰爭經驗，將是中共對付美國的法寶。林彪在「人民戰爭勝利萬歲」一文中，以相當的篇幅分析抗日戰爭時期的環境和條件，並且詳細介紹了人民戰爭的戰略和戰術，主張執行以人民爲主的鬥爭路線，依靠農民，建立農村根據地，組織新型人民軍，實行人民戰爭的戰略與戰術，堅持自立更生的方針，用人民戰爭去攻擊「美帝國主義及其僕從」[178]。

更重要的是，林彪指出「八路軍、新四軍爲什麼能夠在抗日戰

---

[176] 同上，頁 7。或參閱：「中國革命戰爭的戰略問題」，毛澤東選集，第一卷，頁 192。"Peking's Chief of Staff Urges a Hawkish Line on Vietnam (10 May 1965)", **THE PEOPLE'S REPUBLIC OF CHINA 1949-1979 - A DOCUMENTARY SURVEY**, op. cit., p.1209.

[177] 「紀念戰勝德國法西斯，把反對美帝國主義的鬥爭進行到底」，紅旗，第五期，1965 年，頁 7。"Peking's Chief of Staff Urges a Hawkish Line on Vietnam (10 May 1965)", **THE PEOPLE'S REPUBLIC OF CHINA 1949-1979 - A DOCUMENTARY SURVEY**, Vol. II, op. cit., p. 1209.

[178] 「人民戰爭勝利萬歲」，紅旗，第十期，1965 年，頁 12-13。"Peking's Defence Minister States the Maoist Line on Vietnam (3 September 1965)", **THE PEOPLE'S REPUBLIC OF CHINA 1949-1979 - A DOCUMENTARY SURVEY**, Vol. II, op. cit., pp.1229-1230.

爭中由小到大、從弱變強，取得偉大的勝利，最根本的原因，就是八路軍、新四軍是按照毛澤東同志的建軍思想建立起來的」。林彪因此強調：「毛澤東同志的建軍思想的基本精神，就是人民軍隊的建設要突出政治，要首先和著重地從政治上建軍。政治是統帥，是靈魂，政治工作是我軍的生命線」，而「中國人民戰爭的實踐證明，按照毛澤東同志的建軍思想建立起來的人民軍隊是無比堅強的，是戰無不勝的」，其戰勝的關鍵在於「按照毛澤東同志的人民軍隊的建軍思想，是中國共產黨絕對領導下的軍隊」。有關游擊戰的問題，林的態度是：「毛澤東同志把游擊戰爭提高到戰略地位上來，這是因為在敵我力量懸殊的條件下，革命的武裝力量要戰勝強大的敵人，不應當同敵人硬拼，否別必將使自己遭受嚴重的損失，使革命遭受嚴重的挫折。只有實行游擊戰爭，才能充分動員和高度發揮全民的力量，去同敵人進行鬥爭，才能在戰爭中壯大發展自己，消耗和削弱敵人，逐步改變敵我力量的對比，從游擊戰轉變到運動戰，最後完全戰勝敵人」[179]。

在面對越戰危機升高之際，基於戰略考慮，羅瑞卿認為中共應先與蘇聯達成某種程度的和解，以免陷入兩面為敵的戰略態勢；此外為了避免越南戰火波及到中國大陸，羅主張中共應主動出擊，派兵入越參戰，而不應該採取誘敵深入的人民戰爭，這就是羅在「紀念戰勝德國法西斯，把反對美帝國主義的鬥爭進行到底」全文中隻字不提「人民戰爭」的主因。只是中共若仿照朝鮮戰爭模式，大舉派遣軍隊援越抗美，首先軍隊必須再加強軍事訓練，以強化作戰能力，如此，軍隊將以應付外來威脅為當前急務，相對的必然會減低

---

[179] 同上。

軍隊在國內的非軍事任務。可以預料的是，這種發展將會使軍事專業主義再度抬頭，而減弱共軍的政治角色，毛不可能在這個時間點上同意羅的觀點。

當羅瑞卿拋出這篇隱藏了有關共軍角色何去何從的文章時，林彪已在軍中推動「學習毛澤東思想」多時，並在全國掀起「學習解放軍運動」，這兩項非軍事性的政治運動，不只是林要豎立毛個人至高無上的權威，更重要的是他也在強化他自己的政治地位。林彪以國防部長的身分發表「人民戰爭勝利」一文，實際上是在否定總參謀長羅瑞卿的主張，林重申毛思想掛帥的政治化建軍政策，顯示在黨內即將開展的大鬥爭的關鍵時刻，共軍仍將在非軍事領域扮演重要的角色，並執行重要的政治性的任務。

林彪與羅瑞卿之間的爭論，涉及「紅」、「專」衝突，雖然羅在林彪發表「人民戰爭勝利萬歲」一文的當天，在北京慶祝抗日戰爭勝利的二十週年大會上發表題為「人民戰勝了法西斯，人民也一定能戰勝美帝國主義」的講話時，羅一反其立場，而附合林彪的主張，並高度肯定了林彪的「人民戰爭勝利萬歲」一文。羅說：「林彪同志為紀念抗日戰爭勝利二十週年所寫的『人民戰爭勝利萬歲』這篇文章，對於中國人民在二十多年長時間裡進行人民戰爭的豐富經驗，對於毛澤東同志關於人民戰爭的理論，及其重大的國防意義，都做了系統的深刻的闡述，論證了赫魯雪夫修正主義者都是人民戰爭的叛徒，我們大家應當認真研究和學習」[180]。

---

[180] 「人民戰勝了法西斯，人民也一定能戰勝美帝國主義」，（1965 年 9 月 3 日），**中共軍事戰略文獻彙編**，頁 269-295。新華社，1963 年 9 月 4 日。或參閱："The Chief of Staff Compromises (3 Sep. 1965)", **THE PEOPLE'S REPUBLIC OF CHINA 1949-1979 - A DOCUMENTARY SURVEY**, Vol. II, op. cit., pp.1239-1246.

羅瑞卿這篇講話，實際上，已放棄他在「紀念戰勝德國法西斯，把反對美帝國主義的鬥爭進行到底」一文所提之主張。林、羅兩人在越戰政策上的衝突，並非兩人之間意識型態上的矛盾，羅從單純的軍事觀點而林卻從政治的角度看問題，兩個人都以毛的思想作為自己立論的基礎，雙方各取所需，但對羅不利的是，毛反對單純的軍事觀點，另外毛重用林有更深層的政治目的，羅對此，沒能做出敏銳的反應。除此之外，林、羅兩人亦存在著競爭關係，雖然同樣出身軍旅，但羅在軍事事務的看法上與林彪不同，林有政治上的考量，而且敢借毛的聲望讓自己獲利，羅既沒有政治敏感度也沒這個膽量，林與毛之間的關係，存在著某種程度的利益互動，羅卻不具備這個條件。

早在 1960 年，林彪拋出「頂峰論」和「最高最活」等政治意涵極高的口號時，羅卻毫無政治謀略，只能見字拆字的指出：「難道馬列主義，毛澤東思想就不再發展了，把革命導師的理論說成『頂峰』，這本身就違背了毛澤東思想」，「『最高、最活』？難道還有次高次活？毛主席知道了也不會同意」[181]。當林彪強調政治，搞「文」不搞「武」時，羅則單純的說「搞好軍事訓練，是具有戰略意義的一件大事，現在要靠訓練來準備打仗」。在林彪指羅瑞卿於 1964 年「大比武」練兵運動「衝擊了政治」是「單純的軍事觀點」，而認為只有「政治可以衝擊其它」，換句話說，林強調政治重於軍事時，羅卻則不解其意的反駁：「政治是統帥，政治工作要保證軍事任務的完成。否則，天天講突出政治，業務工作總是搞不好，那就不是

---

[181] 嚴家其、高皋，文化大革命十年史，台北：遠流出版，1989 年，頁 176。

真正的政治好」[182]。

　　表面上，林彪與羅瑞卿的衝突，可以看做兩種不同建軍方向的抵觸，也就是說林偏重革命化，羅著重現代化，但實際上兩人真正的矛盾，來自於個人人格的不同、權力的競爭與對毛真正意圖之判斷上的差異。當毛安排林彪接替彭德懷任國防部長推動建軍工作時，羅瑞卿亦同時接替黃克誠擔任總參謀長，此外，羅長期負責毛的個人安全工作，深受毛的信賴與重用，這使林在政治權力攀登上缺乏安全感，羅即曾指出：「就因為我不聽林彪那一套，我這個位置成了他篡奪權位的絆腳石，他壓了幾次沒壓過去，就下了狠心，要整掉我」[183]。

　　林、羅衝突的最後仲裁，並非決定於如何建軍或援越政策，而是誰的作法最能符合毛的政治需求，誰最有利於毛控制軍權；羅與林背道而馳，且與劉少奇走的較近，羅被整肅實為必然。在毛的看法中，軍權歸他獨佔，共軍的領兵將領只是他的子弟兵，而子弟兵不可以和毛的競爭對手勾搭，誰是毛的對手，則由毛認定。因此當劉少奇公開表示「羅瑞卿是國防部長的接班人」時，羅的最終命運已確定。林彪是毛用來掌握軍隊，改造軍隊的打手，毛要借林彪之力重塑軍隊的政治功能，其目的在使軍隊能忠誠的執行毛所付予的政治任務，這個政治任務的目標就是打倒劉少奇，羅反林，毛只好犧牲羅，越戰軍事政策的大辯論，只是一次權力的大對決而已。

　　1966年羅瑞卿以「敵視和反對毛澤東思想，誹謗和攻擊毛澤東同志」、「推行資產階級軍事路線，反對毛主席軍事路線，擅自決定

---

[182] 同上。頁192-193。
[183] 郝治平，「悼念敬愛的瑞卿同志」，人民日報，1978年9月1日。

全軍大比武，反對突出政治」[184]的罪名遭到整肅，羅的失勢，顯示軍方主張專業主義的勢力繼彭德懷之後，再度遭到壓制。

　　林彪從 1963 年開始在全軍發起「學習雷鋒運動」，所謂「學習雷鋒」實際上就是宣傳「聽毛主席的話，讀毛主席的書，照毛主席的指示辦事」等一套絕對服從毛的思想教育運動。1964 年初，毛又號召「全國人民學習解放軍」，這一系列運動的背後目的，是要以政治社會化的方式達到共軍學雷鋒，而全國人民學習解放軍，使全軍、全國人民像雷鋒一樣做個毛主席的好戰士。林任國防部長後，軍隊執行政治任務的頻率大幅增加，自 1964 年起軍隊的政工制度被引進學校、工廠、企業、甚至黨、政機構，軍事幹部也被調派至這些新建的政工單位，軍方勢力擴張至全國各地[185]；這種趨勢不可避免的促使軍隊大步邁向泛政治道路，此舉與羅瑞卿在全軍推動「大比武」的政策有極大之衝突。

　　林彪在這個時期的建軍政策「紅」大大的超越「專」；1965 年5 月，中共中央下令取消軍銜制，軍隊「專」的色彩再度降低，沒有軍銜的軍隊脫離體制，如同流民軍隊的翻版，一般來說，流民軍隊只服從意識型態領導，而且僅以國內事務為行事目的。羅瑞卿掌握不住毛塑造軍隊角色的真正意向，也不瞭解林彪在毛心中真正作用，其失敗是必然的結果。

　　當羅瑞卿與林彪之間利用越戰危機升高之際，進行一場涉及權力鬥爭的「紅」、「專」衝突告一段落時，中共內部正醞釀一場更大的政治風暴，那就是震驚世界的「文化大革命」，正由於中共沒有

---

[184] 「中共中央關於羅瑞卿錯誤問題的報告（1966 年 4 月 30 日）」，**中共文化大革命重要文件彙編**，台北：中共研究雜誌社，1979 年，頁 67-77。
[185] **人民日報**，1964 年 6 月 7 日。

如同「抗美援朝」般的派大規模部隊「援越抗美」，毛才能放手發動文革，並利用軍隊介入文革，達到整肅異己的最高政治目的，軍方的政治勢力在文革時期空前膨脹，毛、林聯手，軍隊成爲奪權、保權的最尖銳的工具。

第四章　政治派系衝突與共軍政治勢力的發展

　　由於中共的體系結構具有明顯的階層化（Hierarchy）的傾向，黨、軍菁英分子的決策及行為與政治體系的發展有直接且密切的關係，當菁英分子出現激烈的派系或不同政策觀點的衝突時，會使政治體系發生相當程度的改變，同樣的，政治體系的變遷亦影響了菁英分子的政策觀點與行為模式。

　　在共黨國家的社會裡，權力與財富有高度的關連性，權力分配的差異會立即反映出經濟的差異，共產黨人以他們特殊的身分，在革命成功後，把自己變成社會的新階級，他們毫不隱瞞的將國家的財產轉換成黨及聚集在黨周圍之官僚集團的財產；這種權力、財富的密切關係，使共黨國家中的權利追求者對權力的渴望，要比多元化社會的政治人物，表現的更為強烈。

　　這種具有高度冒險的競爭性社會，使中共菁英及派系之間的衝突，其衝突強度與暴力的程度，都有決戰性的特質在內。面對零和競賽的殘酷局面，一旦權力慾望浮現，或為了保固既得利益，派系鬥爭就不可避免，勝者全贏的高價值收益與敗者全輸的一無所有，這兩種極端的結果，使派系衝突具備了某種殘酷性。中共政權內部沒有權力競賽的規則，因此在激烈的派系或利益的競爭下，贏得權力的成本變得十分昂貴，而喪失權力後所付出的代價，也十分可

觀，它大到可能喪失一切，甚至生命，特別是，當權力鬥爭面臨政治繼承，涉及是否擁有最後最高的統治權威時，顯得更爲嚴重。

　　由於中共在建國初期是一個低政治制度化及低結構分化的國家，這種結構特性，限制了體系中公平的仲裁機構的發展，而現存體系的仲裁者，在教條主義與刻意建構的意識型態下，被塑造成道德的權威，因此，要解決內部派系或菁英之間的衝突，在沒有仲裁組織的情形下，只有依靠最高的道德權威 —— 英明領袖、偉大導師、偉大舵手的毛主席作最後的裁判，這種決策體系特質，在解決內部衝突時，帶有濃厚的個人或強人色彩，是非標準皆受毛個人及以毛爲首的當權派的好惡所左右。

　　從中共建國以後發生的各種事件觀察，毛在中共黨內同時具有「仲裁者」與「競爭者」兩種身分，並且這兩種身分時有重疊的現象，概括的說，從 1945 年「七大」後至 1959 年「廬山會議」之前，毛在中共黨內高層，權力運作中幾乎完全扮演一個仲裁者的角色，廬山會議後，毛的仲裁功能逐漸下降，競爭者的成分卻日益升高，這反映在黨內菁英分子在建國後，有取而代之的企圖。1956 年 9月舉行的「八大」在新黨章中刪除毛思想做爲指導思想的論述，正是毛在黨內最高權威地位遭受挑戰的最嚴峻時刻，毛如果要維持地位就必須直接面對危機，做爲一個最有權威的領袖，他已沒有更高的權威者可以依賴，因此，直接面對的結果就是由自己走向臺面排除障礙；當毛扮演一位黨內競爭者的角色時，他成爲一個鬥性堅強的派系領袖，並且以此身分拉攏其他有實力的黨、軍菁英分子組成一個暫時性、任務性的聯盟，對威脅其地位者進行毫不留情的反擊。

　　基於革命世代的黨、軍菁英所擁有的全國性地位及權力，除了

毛授與的部分外，有相當大的成分是來自於他們在革命時期以自己個人的功績而獲得，天下是他們與毛共同打下的，但真正在戰場賣命，衝鋒陷陣的是他們；在「七大」將毛思想納入黨章以前，他們與毛在黨內雖有上下隸屬的組織關係，但在感情上卻處於平等的地位。唯自「七大」後，毛逐漸被塑造成「意識型態權威」，毛就是黨，黨就是毛，兩者完全融合，毛的地位因此高漲；如同本書前述，意識型態在中共政權中有其特殊的功能，因此當毛擁有這項資產，一旦毛與黨內菁英產生競爭關係時，他就佔有絕對優勢地位，沒有任何對手敢在意識型態此一上層建築中攻擊毛，因為如此，將導致黨「意識型態權威」的破滅，黨如果不再擁有意識型態權威，也就是說，一旦中共政權長期論述的建黨理論破產，就會動搖中共政權的合法性，這就是毛雖然遭到黨內菁英的挑戰，而仍能屹立不搖的原因。

在具有這類特殊結構性質的政體中，任何路線、派系或權力的衝突，毛都不會成為一個失敗者，除了徹底將毛思想或毛的意識型態從其追隨者及全國人民心中解放出來，否則不可能打敗毛；「八大」的黨章對毛思想的解放是斧底抽薪的基本步驟，毛深知此事的嚴重性，如果任憑事態持續發展，他將會因此結束實力領袖的地位，僅能當一個虛名的建國元老，因此毛必須在事態發展到不能控制前，走下神壇，親自操盤一場權力爭奪大決戰，毛必須做一名競爭者才有機會繼續守住他在黨及全國的神主地位。

在國內，毛有各種不同的社會及個人的優勢條件，那就是知識分子階層普遍尊奉明哲保身的處事態度，與低教育水準的廣大群眾對迷信毛領袖魅力的無知，這兩項社會因素提供了毛一個最佳的權力競技環境。文革時期，毛能夠掀起一場全國性的政治大運動，操

縱共軍及群眾進行政局大清洗，除了上述社會原因外，還有一項重要的黨內因素是，中共黨、軍菁英分子為了維護結構的合法性及穩住個人的既得利益，而給了毛這個機會，毛也善用了這個機會。

　　1971 年 8 月 14 日至 9 月 12 日毛離開北京南巡到武漢、長沙、南昌、杭州、湖北、湖南、河南、廣東、廣西、江西、福建、江蘇、浙江、上海等省、市、自治區及武漢、廣州、福州、南京等軍區與負責幹部的談話，前後 28 天中，毛共召見重要地方黨政軍大員 13 次，傳達重要資訊，包括：8 月 16 日在武昌車站召見武漢軍區政委劉豐、汪東興；8 月 17 日在武漢召見河南省委負責人劉建勳、王新以及劉豐、汪東興；8 月 25 日在武昌召見華國鋒、汪東興；8 月 27 日下午 2 時毛再次召見劉豐；8 月 27 日晚在湖南長沙召見華國鋒、卜占亞；8 月 28 日晚召見廣東省的劉興元、丁盛，廣西省的韋國清；8 月 30 日召見劉興元、丁盛、韋國清、華國鋒、卜占亞；8 月 31 日晚在南昌召見南京軍區司令許世友、福州軍區司令韓先楚，江西省負責人程世清；9 月 2 日上午毛再次召見許世友、韓先楚和程世清；9 月 3 日凌晨在杭州召見浙江省黨政軍負責人南萍、熊應堂、陳勵耘；9 月 10 日下午 2 時再次召見南萍、熊應堂、陳勵耘和空五軍軍長白宗善；9 月 11 日在上海毛召見王洪文、許世友；9 月 12 日毛返回北京在豐台車站召見李德生、紀登奎、吳德和吳忠。

　　根據毛南巡中在各地的談話紀要，1972 年中共中央以中發 12 號最高機密文件發給各省，市，自治區，大軍區、省級軍區、野戰軍黨委會，各軍總部黨委會，及國務院各個單位與黨各級組織；在密件中毛指出中共黨內發生過十次重大的路線鬥爭，有關這十次重大路線鬥爭，毛歸納為：(1)陳獨秀右傾機會主義路線。(2)瞿秋白左傾盲動主義路線。(3)李立三左傾冒險主義路線。(4)羅章龍分裂主義

路線。(5)王明左傾機會主義路線。(6)張國燾分裂主義路線。(7)高崗、饒漱石反黨聯盟。(8)彭（德懷）、黃（克誠）、張（聞天）、周（小舟）反黨集團[1]。(9)劉少奇修正主義路線。(10)林彪反革命集團[2]。

　　在毛的思想中，毛一直堅信階級鬥爭的必要性，1937 年 8 月毛在「矛盾論」一文中就曾清楚的表示，他說：「黨內不同思想的對立和鬥爭是經常發生的，這是社會的階級矛盾和新舊事物的矛盾在黨內的反映，黨內如果沒有矛盾和解決矛盾的思想鬥爭，黨的生命也就停止了」。對於黨內矛盾的現象，毛解釋說：「共產黨內正確思想和錯誤思想的矛盾，在階級存在的時候，這是階級矛盾對於黨內的反映。這種矛盾，在開始的時候，或在個別的問題上，並不一定馬上表現為對抗性的」。毛舉陳獨秀、張國燾為例說：「我們黨內許多同志的正確思想和陳獨秀、張國燾等人的錯誤思想的矛盾，在開始的時候也沒有表現為對抗的形式，但隨後就發展為對抗的了」。毛最後總結說：「事物矛盾的法則，即對立統一的法則，是自然和社會的根本法則，因而也是思維的根本法則」，而「矛盾的鬥爭是不斷的，不管在它們共居的時候，或者在它們互相轉化的時

---

[1] 彭德懷當時是政治局委員，國防部長；黃克誠是中央委員、書記處書記、總參謀長；張聞天是政治局候補委員、外交部副部長；周小舟是候補中央委員、湖南省委第一書記。

[2] 「毛主席在外地巡視期間同沿途各地負責同志的談話記錄」1971 年 8 月 14 日-9 月 20 日，**林彪事件原始事件彙編**，台北：中國大陸問題研究所，1973 年，頁 123-126。　中共中央中發（一九七二）十二號文件：毛澤東在外地巡視期間同沿途各地負責同志的談話紀要，**中共機密文件彙編**，台北：國立政治大學國際關係研究中心，1978 年，頁 31-37。**THE LIN PIAO AFFAIR - POWER POLITICS AND MILITARY COUP,** New York: International Arts and Sciences Press, Inc., 1975, p.55.

候，都有鬥爭的存在，尤其是在它們互相轉化的時候，鬥爭的表現更爲顯著」[3]。

1959 年 8 月 16 日毛在廬山發表「機關槍與迫擊砲的來歷及其他」談話，毛在談話中對鬥爭的必要性也表示：「按照唯物辯證法，矛盾和鬥爭是永遠的」，而「共產黨的哲學就是鬥爭哲學。不過，鬥爭形式，依時代不同而有所不同罷了」。此外毛還認爲：「黨內鬥爭，反映了社會上的階級鬥爭，這是毫不足怪的，沒有這種鬥爭，才是不可思議」[4]。1966 年 8 月 12 日，毛在「八屆十一中全會」閉幕會上講話說：「我們這個黨不是黨外無黨，我看是黨外有黨，黨內也有派，從來都是如此，這是正常現象。我們過去批評國民黨，國民黨說黨外無黨，黨內無派，有人就說，『黨外無黨，帝王思想；黨內無派，千奇百怪』。我們共產黨也是這樣，你說黨內無派了？它就是有」。毛以「一言堂」的標準衡量黨內不同政策主張者的立場，所以他完全承認黨內有派的必然性，有派系就有派系鬥爭，有鬥爭就有勝負，勝負決定派系命運，而毛的主觀認定是決定派系鬥爭是否爲路線鬥爭的關鍵；依此結果，存活的「派系」就是當權派，只是不論當權派更迭的結果屬誰，他們都必須依附在毛的身邊謹遵毛的旨意才能有所做爲。

「矛盾」、「鬥爭」與「對抗」既然是毛思想中的辯證法則，而毛在黨內又擁有「意識型態權威」的地位，當意識型態權威判決誰有正確思想或錯誤思想時，是沒有人有能力反對的，因此，「路線」正確與否，與毛個人的價值認定有關，毛個人的觀點成爲「路

---

[3] 「矛盾論（1937 年 8 月）」，**毛澤東選集**，第一卷，頁 317。

[4] 「機關槍與迫擊砲的來歷及其他」，**毛澤東思想萬歲**，台北：國立政治大學，1969 年。

線鬥爭」的自變相,而毛所說的「黨內十次路線鬥爭」,只是「路線鬥爭」的依變相而已。

如果以權力鬥爭的概念,解釋上述十大路線鬥爭,則可將中共黨菁英的政治反對,劃分為「結構性的反對」(structural opposition)、「本質上的反對」(fundamental opposition)、「路線的反對」(line opposition)、「派系的反對」(factional opposition)「特定事件的反對」(specific-event opposition)等五類[5]。「結構性的反對」是反對體制本身,這種反對隨時會造成結構重組的結果,政變或革命是它的表現形式[6];「本質上的反對」,為不同價值之間的爭奪,如果此種反對強度升高及範圍擴大,則易質變為「結構性的反對」;「路線的反對」是權力鬥爭的一種反應,及權力集團之間的鬥爭,它在共同維持的政體中,表達不同的政策走向,屬於戰略分野之鬥爭;「派系的反對」亦是權力集團之間的鬥爭,但屬於戰術分野之鬥爭;「特定事件的反對」,是對單一政策的反對,屬於議題取向,這種反對不涉及領導階層、體系的基本價值,反對成員視議題不同而有不同的組合。

上述五種「反對」並不是沒有任何交集,有時它們互有重疊;實際上,中共在軍事及政治上的路線衝突並無「結構性的反對」,及「本質上的反對」,這兩種反對涉及到黨、政菁英的既得利益,他們不會選擇「階級自殺」的方式自我毀滅。另外,中共在建國初

---

[5] 參閱:Skilling H. Gorden, "Background to the Study of Opposition in Communist Eastern Europe", Leonard Schapiro (ed.), **POLITICAL OPPOSITION IN ONE PARTY STATE**, London: The MacMillan Press, 1972, pp.75-79.

[6] Robert A. Dahl (ed.), **POLITICAL OPPOSITION IN WESTERN DEMOCRACIES**, New Haven: Yale University Press, 1966, p.332.

期執行的一連串社會運動，諸如：1950 年的「肅反運動」，1952
年的「思想改造學習運動」，1951 年至 1952 年的「三反運動」，
1952 年的「五反運動」，1955 年的「農業社會主義改造運動」等，
這一連串的運動已清除了原國民黨政府，及地方上反對中共政權的
「地、富、反、壞、右」分子，保障了其體系結構的安全及淨化了
共產主義社會的純潔性。執行社會淨化的操盤手，都是黨、軍菁英
分子，這批人盡其可能的保衛了新階級利益，它們之間即使有嚴重
的路線衝突也不會去反對自己政權結構的合法性。

　　上述五種分類中，其實當權派的觀點或主觀意識才是「政治反
對」的重要分類關鍵，如果當權派要徹底摧毀對手，就會將反對分
子或集團定位為「結構反對」的層次，而歸類為「敵我矛盾」，也
就是如同毛所說的「人民內部矛盾可能轉化為敵我矛盾」的意思[7]。
這種從人民內部矛盾轉換為敵我矛盾的策略，是中共歷次重要的權
力鬥爭中，勝利的一方為了取得權力鬥爭的正當性必然使用的手
段。只是值得注意的是，中共權力競技場上，只有毛有這種定位「政
治反對」性質的身分與地位，嚴格的說，毛才是真正而且是唯一的
當權派，其他黨、軍菁英只能依毛的決定而調整態度，或緊貼毛身
邊作一個虛幻的不能自主的當權派。

　　實際上，1949 年以後，中共黨內領導階層的權力鬥爭，僅涉及
到「路線的反對」及「特定事件的反對」而已，與最嚴重的「結構
性反對」無關；換句話說，中共領導階層的權力鬥爭，基本前提是
共同維護共黨統治的合法性與正當性，他們要求的僅是權力的再分
配，在這種背景下，路線鬥爭就成了中共黨內主要的鬥爭形式。

---

[7] 「機關槍與迫擊砲的來歷及其他」，毛澤東思想萬歲。同上。

第一節　高崗、饒饒漱石反黨聯盟

　　毛所提到的十大路線鬥爭在建國之後共有四次，即「高（崗）、饒（饒漱）石反黨聯盟」[8]、「彭（真）、黃（克誠）反黨集團」、「劉少奇事件」、「林彪事件」。「高、饒反黨聯盟」的性質應屬於「特定事件的反對」，高崗、饒漱石事件是中共自 1949 年建國後，第一次打倒軍隊領導高層的嚴重黨內鬥爭事件。1954 年 2 月劉少奇在「七屆四中全會」做「為增強黨的團結而鬥爭」的報告，2 月 10 日「全會」通過「關於增強黨的團結的決議」，「決議」中以不點明批判的方式指出高、饒問題，「決議」說：「一部分幹部甚至某些高級幹部對於黨的團結的重要性還認識不足，對於集體領導的重要性還認識不足，對於鞏固和提高中央威信的重要性還認識不足；黨內一部分幹部滋長著一種極端危險的驕傲情緒，他們因為工作中的若干成績就沖昏了頭腦」，「誇大個人的作用，強調個人的威信，自以為天下第一，只能聽人奉承讚揚，不能受人批評監督，對批評者實行壓

---

[8]　高崗（1905-1954）陝西橫山人，1926 年加入中國共產黨，1954 年自殺，1955 年 3 月被開除黨籍。饒漱石（1903-1975）江西臨川人，1923 年參加中國社會主義青年團，1925 年加入中國共產黨，曾化名梁樸，從事地下工作；1929 年任共青團北滿省委書記，代理中共滿洲省委書記，1932 年任上海工會聯合會黨團書記，中華全國總工會黨團書記，1935 年赴蘇聯，任中華全國總工會駐赤色職工國際代表。中日戰爭時期，擔任中共中央東南局副書記，中共中央華中局副書記和代理書記，新四軍政委等職。內戰時期，任中共中央華東局書記，第三野戰軍政委兼華東軍區政委，「七大」當選為中央委員。中華人民共和國建立後，任中央人民政府委員，華東軍政委員會主席，中共中央華東局第一書記；1952 年調任中共中央組織部長，1955 年 3 月被開除出黨。死於 1975 年 3 月 2 日。

制和報復，甚至把自己所領導的地區和部門看作個人的資本和獨立王國」。決議並認為「對於那種與黨對抗，堅持不改正錯誤，甚至在黨內進行宗派活動、分裂活動和其他危害活動的分子，黨就必須進行無情的鬥爭，給以嚴格的制裁，直至在必要時將他們驅逐出黨」[9]。

為了黨的團結，「決議」堅決「反對任何派別思想、小團體習氣、地方主義、山頭主義和本位主義，反對任何妨礙中央統一領導、損害中央的團結和威信的言論和行動，反對分散主義和個人主義，反對把自己領導的地區和部門當作獨立王國，反對把個人放在組織之上，反對不適當地過分地強調個人的作用，反對驕傲情緒和個人崇拜」[10]。

高、饒事件在「關於增強黨的團結的決議」以不點名方式做出批判後，不到一年的時間就完全公開的上了臺面。1955 年 3 月 21 日至 31 日中共召開黨「全國代表會議」，毛在開幕詞上說：「高崗、饒漱石在黨內玩弄陰謀，進行秘密活動，在同志背後進行挑撥離間，但在公開場合則把他們的活動偽裝起來。他們的這種活動完全是地主階級和資產階級在歷史上常常採取的那一類醜惡的活動」，毛要求大家「絕對不可以學高崗、饒漱石那樣玩弄陰謀手段」[11]。3 月 31 日毛又在閉幕詞上針對「關於高崗、饒漱石反黨聯盟」說：「北京有兩個司令部，一個是以我為首的司令部，就是刮陽風，

---

[9] "Communiqu of the Fourth Plenary Session of the Seventh Communist Party of China Central Committee (Feb. 1954)", **THE PEOPLE'S REPUBLIC OF CHINA 1949-1979 - A DOCUMENTARY SURVEY**, Vol. I, op. cit., pp.157-158; 「為增強黨的團結而鬥爭」，人民日報，1954 年 2 月 18 日。

[10] 同上。

[11] 「在中國共產黨全國代表會議上的講話」，毛澤東選集，第五卷，頁 138-156。

燒陽火，一個是以別人為司令的司令部，叫做刮陰風，燒陰火，一股地下水，究竟是政出一門，還是政出多門？從這許多事看來，他們是有一個反黨聯盟的，不是兩個互不相關的獨立國和單幹戶」。對於黨內同志的警告，毛則說；「在這次高饒反黨事件中，以及在過去黨內的路線鬥爭中，都有過許多這樣的經驗，只要你以為關係太老了，太深了，不好講，不保持一個距離，不擋回去，不劃清界限，你就越陷越深，他們那個『鬼』就要纏住你。所以，應當表示態度，應當堅持原則」。毛最後要求所有同志，「不要翹尾巴，而要夾緊尾巴，戒驕戒躁」，要「夾緊尾巴做人」[12]。

　　毛親自對高崗、饒漱石事件定調，認為高、饒有陰謀，刮陰風，燒陰火，而且有自己的司令部；在毛高舉批鬥大旗下，高、饒至此正式的結束了政治及軍事生命。這次會議結束，通過了「關於高崗、饒漱石反黨聯盟決議」，「決議」要點如下：

　　第一，從 1949 年起，高崗就以奪取黨和國家的領導權力為目的而進行陰謀活動。他在東北和其他地方製造和散佈很多污蔑黨中央和吹噓自己的謠言，在同志中挑撥離間，煽動對於黨中央領導同導的不滿，進行分裂黨的活動，並且在這種活動中形成自己的反黨宗派。

　　第二，高崗的反黨宗派在東北地區的工作中違反黨中央的政策，竭力降低黨的作用，破壞黨的團結和統一，把東北地區當成為高崗的獨立王國。

　　第三，企圖煽動在軍隊中工作的黨員支援他反對黨中央的陰謀，並為此而鼓吹一種極端荒謬的理論，說我們的黨分為兩個：一

12　同上。

個是所謂「根據地和軍隊的黨」，另一個是所謂「白區的黨」，說黨是軍隊創造的，他自認爲所謂「根據地和軍隊的黨」的代表人，並自認爲應當掌握主要的權力，因此黨中央和政府都應當按照他的計畫改組，他自己在現時應當擔任黨中央的總書記或副主席，並擔任國務院總理。

第四，饒漱石是高崗反黨陰謀活動的主要同盟者，1943 年至 1953 年的十年間曾多次爲了奪取權力而在黨內使用可恥的欺騙手段。他在華東工作期間，在城市和農村中竭力採取向資本家、地主、富農投降的右傾政策，並違抗中央鎮壓反革命的政策而竭力保護反革命分子。1953 年他被調到中央工作以後，認爲高崗奪取中央權力的活動將要成功，因此同高崗形成反黨的聯盟，利用他的中央組織部部長有職務發動以反對中央領導同志爲目的的鬥爭，積極進行分裂黨的活動。

第五，高崗、饒漱石反黨聯盟的陰謀活動，不是偶然的，而是有深刻的歷史的社會的根源的。高崗、饒漱石反黨聯盟的活動是我國階級鬥爭形勢複雜化和深刻化的反映[13]。

因此「中國共產黨全國代表會議」一致決議：「開除反黨陰謀的首腦和死不悔悟的叛徒高崗的黨籍，開除反黨陰謀的另一名首腦饒漱石的黨籍，並撤銷他們的黨內外各項職務」。

---

[13] 決議全文參閱：「關於高崗、饒漱石反黨聯盟的決議」，中共黨史參考資料，第八冊，北京：人民出版社，1980 年，頁 125-129。中共黨史事件人物錄，上海：人民出版社，1983 年，頁 377-378。王元，中共的權力鬥爭與路線鬥爭，台北：國立政治大學，1982 年，頁 149-150。"Resolution on the Kao Kang and Jao Shu-shih Anti-party Alliance (31 March 1955)", THE PEOPLE'S REPUBLIC OF CHINA 1949-1979 - A DOCUMENTARY SURVEY, Vol. I, pp.160-161; 新華社，1955 年 4 月 4 日。

　　「決議」升高了高、饒反黨的位階，直指高、饒「向黨的中央委員會首先是中央政治局舉行進攻」，企圖「推翻以毛澤東同志為首的久經考驗的黨中央的領導核心」，以便「奪取黨和國家的領導權力」，實際上「已成為資產階級在我們黨內的代理人」。而「高、饒反黨聯盟」的性質則被說成：「始終沒有在任何黨的組織或任何黨的會議上或公眾中公開提出過任何反對黨中央的綱領，他們的唯一綱領就是以陰謀手段奪取黨和國家的最高權力。他們在黨的組織和黨的會議面前竭力掩藏自己的真正面貌，而在進行陰謀活動的時候，也是隨時隨地變換自己的手法」[14]。

　　有關「高、饒反黨聯盟」的「陰謀」是誰最初向毛作的反映，以及是否真有路線衝突問題，1980 年 3 月鄧小平在「對起草『關於建國以來黨的若干歷史問題的決議』的意見」中有過說明。1980 年 3 月 19 日鄧與中央負責同志的談話時說：「毛澤東同志在 1953 年底提出中央分一線、二線之後，高崗活動得非常積極。他首先得到林彪的支持，才敢於放手這麼搞。那時東北是他自己，中南是林彪，華東是饒漱石。對西南，他用拉攏的辦法，正式和我談判，說劉少奇同志不成熟，要爭取我和他一起拱倒劉少奇同志」，「高崗也找陳雲同志談判，他說：搞幾個副主席，你一個，我一個。這樣一來，陳雲同志和我才覺得問題嚴重，立即向毛澤東同志反映，引起他的注意」[15]。

---

[14] 同上。

[15] 「對起草『關於建國以來黨的若干歷史問題的決議』的意見」，參閱："Remark on successive Drafts of the 'Resolution on Certain Questions in the History of Our Party Since the Founding of the People's Republic of China' (March 1980-June 1981)", **THE SELECT WORKS OF TENG HSIAO-P'ING** (1975-1982), Vol. I, Peking: Foreign Languages Press, 1984, pp.278-279.

「高崗想把少奇同志推倒，採取搞交易、搞陰謀詭計的辦法，是很不正常的，所以反對高崗的鬥爭還要肯定」。有關高、饒事件是否有路線衝突，鄧說：「高崗究竟拿出了一條什麼路線？我看，確實沒有什麼路線」，「過去我們講黨的歷史上多少次路線鬥爭，現在看，明顯地不能成立」，「高饒事件的基本結論是維持了，但也不好說是什麼路線鬥爭」。另外，高、饒是否如毛所謂有「獨立王國」或「司令部」的問題，鄧小平以羅章龍事件為例說：「羅章龍是搞派別鬥爭，是分裂黨，另立中央，高饒事件也是類似那麼一個性質，當然還不是另立中央」[16]。

鄧小平對於「高、饒反黨聯盟」的總結評論，實際上，只說出了部分事實的真相，的確，高崗有意將劉少奇鬥倒，正如同「關於高崗、饒漱石反黨聯盟決議」中所說，高主張將中共黨分開成「根據地和軍隊的黨」及「白區的黨」兩個部分，高的目的在以「根據地和軍隊的黨」號召共軍的支持，及矮化「白區的黨」。

高崗的工作背景與「白區的黨」在經歷上毫無關連，高於 1926 年參加中國共產黨，1932 年 1 月任陝甘工農紅軍游擊隊隊委書記，1933 年 8 月任陝甘寧邊區紅軍臨時總指揮部政治委員，1934 年任紅二十六軍第四十二師政治委員、紅二十六軍政治委員，是陝甘紅軍和革命根據地的創建人之一，1935 年 2 月，擔任西北革命軍事委員會副主席兼總政治委員，9 月任紅十五軍團副政治委員，1938 年 5 月任中共陝甘寧邊區黨委書記，1941 年初任中共陝甘寧邊區中央局書記，同年 5 月任西北局書記。中日戰爭結束後於 1945 年 11 月任北滿軍區司令員，1946 年 6 月任中共中央東北局副書記、東北民

---

[16] 同上。

主聯軍副政治委員，1947 年底任東北人民解放軍第一副司令員兼副
政治委員，1949 年任中共中央東北局書記、東北人民政府主席、東
北軍區司令員兼政治委員，中共建政後任中央人民政府副主席，
1952 年 11 月被任命為中央人民政府計畫委員會主席並兼東北行政
委員會主席。

值得注意的是，1954 年以前中共中央總書記處的五個書記毛澤
東、劉少奇、周恩來、朱德、高崗五人中，毛、朱德及高崗三人未
曾在「白區」做過特務工作，而劉少奇及周恩來則長期負責「白區」
的工作，因此，可以肯定的是高崗之「白區的黨」的論點受到影響
的僅劉少奇、周恩來二人。周恩來與高雖有心結，但周與軍隊有淵
源，在軍中有人脈，與周鬥爭高崗有忌諱，另外在高的心中周恩來
不是一個企圖爭取大位的人[17]，對高崗的威脅不大，而劉少奇卻在
共軍部隊中沒有人脈的情形下，高居黨的副主席，這種情形使高崗
心存不滿。

此外 1945 年中日戰爭結束後林彪及高崗進入東北，當時劉少
奇的親信彭真也以中共中央東北局書記的身分到東北工作，彭真與
林彪、高崗之間存有歧見，而於 1946 年被調離東北，高崗破壞了
劉少奇在東北部署勢力的計畫，兩人之關係有矛盾。另外，高崗對
中共在最艱困時做過貢獻，高崗與劉志丹、謝子長共創的陝北蘇
區，曾提供兩萬五千里長征後的紅軍最後落腳地，「抗美援朝」戰
爭時期，東北又是共軍作戰總後勤根據地，高崗有功勞。建國之始
高崗受毛重用，1949 年 10 月 1 日建國當天高崗與朱德、劉少奇共
列副主席之職，僅在主席毛一人之下，當時周恩來在黨內公認的位

---

[17] 胡繩，**中國共產黨七十年**，北京：中共黨史出版社，1991 年，頁 365。

階應高於高崗，毛提拔高崗有貶抑周恩來之意，毛這種壓抑周恩來，平衡劉少奇的人事安排，周恩來並非欣然接受；台面上的排名順序是毛的意思不可違逆，但台面下它卻催化了劉少奇、周恩來與高崗之間的矛盾及不滿。

　　高崗與劉少奇的衝突近點始自於「七大」的「新民主主義」論點所引發的「資本主義經濟」問題。建國之前召開的「七大」，會議上毛提出過「新民主主義」的論點，毛在「七大」做的政治報告「論聯合政府」中主張：「在徹底地打敗日本侵略者之後，建立一個以全國絕對大多數人民為基礎而在工人階級領導之下的統一戰線的民主聯盟的國家制度」。毛稱這樣的國家制度為新民主主義的國家制度，毛並對「新民主主義」制度下的政治、經濟、文化做了詳盡的說明。對於未來的經濟問題，毛說：「有些人懷疑中國共產黨人不贊成發展個性，不贊成發展私人資本主義，不贊成保護私有財產，其實是不對的。民族壓迫和封建壓迫殘酷地束縛著中國人民的個性發展，束縛著私人資本主義的發展和破壞著廣大人民的財產。我們主張的新民主主義制度的任務，則正是解除這些束縛和停止這種破壞，保障廣大人民能夠自由發展其在共同生活中的個性，能夠自由發展那些不是『操縱國民生計』而是有益於國民生計的私人資本主義經濟，保障一切正當的私有財產」[18]。在毛的規劃下，「新民主主義」似乎成為中共建政後的建國方略。

　　共黨勝利前夕，東南地區仍有動亂，社會不安，經濟前景混沌不明，1949 年 5 月劉少奇在天津發表對於建國的談話，劉以「新民主主義」的精神為主旨提出自己對「資本主義經濟」的看法，他說：

---

[18]「論聯合政府」，**毛澤東選集**，第三卷，頁 978-1048。

「在現階段，中國不是資本主義多了，而是資本主義少了。要承認資本主義的剝削是進步的，現在工人的痛苦是工廠關閉、商店關閉、工人失業、店員失業、生活沒有著落，造成社會治安不穩。所以有人剝削比沒有人剝削要好。工人要你剝削，不剝削就沒法活。今天資本主義的剝削不但沒有罪惡，而是有功」。劉少奇錯估了毛對「新民主主義」真正的態度，而提出這種「剝削比沒有剝削要好」、「剝削有功」的說法，雖然這是現實主義的論點，但它卻違反了共產主義追求的反資本主義剝削的理想，毛對此有意見。

全國解放後隨之而來的「抗美援朝」戰爭，帶給中國沈重的經濟打擊，劉少奇及周恩來力圖振興經濟，對高崗在東北學蘇聯搞集體農莊有意見，認為他左傾冒進。1951 年 7 月 5 日，劉少奇在中南海對中央馬列學院學員作「中國共產黨今後的歷史任務」報告，簡單的敘述新民主主義的建國大綱之原則，他說：「私人資本主義經濟也會要發展，自然發展，不可避免」，「實行工業國有化，但小工業和個體手工業不能國有化。這是一種嚴重步驟，不能輕率採取。性質是開始破壞資本主義的私有制，要影響小資本家和小有產者富農、以至中農。方式現在不能決定，實行時間和方式也要看當時情況和資產階級的態度才能決定」，劉並且認為在新民主主義階段，國營、私有化、農業集體化、合營、個體等五種經濟成份，應各得適當發展，只有這樣才能穩當地過渡到社會主義[19]。

高崗對劉少奇這篇關於「中國共產黨今後的歷史任務」的報告有不同的意見，劉認為「整個新民主主義階段估計至少十年，多則

---

[19] 「中國共產黨今後的歷史任務」，**建國以來重要文獻選編**，第二冊，北京：中央文獻出版社，1992 年，頁 366-382。

十五年，二十年」，高崗則認為長達二十年的時間，仍要忍受資產
階級對社會的控制，有違革命及無產階級翻身的本意；因此高崗說
劉少奇是資本家的同夥，長期在白區工作，重用一批城市地下黨的
變節分子，說發展經濟，其實是發展資本主義。對於劉少奇在 1949
年 5 月的天津講話中批評「中國共產黨今後的歷史任務」的態度上，
毛和高崗在思想上產生了共鳴，毛自始至終不認為資產階級是可以
和平接收的。

經濟爭議只是權力鬥爭的導火線，對於一個作戰出身的將領，
高崗自認有功於新國家，無法接受打下天下後與地下工作出身的黨
工共享特權；周恩來在黨內有特殊的地位，「遵義會議」之前曾任
中央軍委會主席，領導過紅軍，高崗對他不能有意見，但對劉少奇，
基本上高崗不認為劉能與其平起平坐，因此可以確定高崗「白區的
黨」的說法，真正的目標是劉少奇。高崗用二分法將黨的領導幹部
劃分為出身「根據地和軍隊的黨」或「白區的黨」，劉少奇被歸為
「白區的黨」的代表，以當時的時空環境，建國有功的軍事將領聲
望崇隆，多高居黨、政、軍要職，「根據地和軍隊的黨」的出身背
景代表的是主流勢力。

劉少奇沒有根據地和軍隊的經驗，對劉而言是最大的弱點，也
是痛處，高崗的挑戰，劉不可能不反擊。高崗被鬥劉少奇是關鍵性
的人物，應無疑問，毛雖然對劉少奇的一些經濟主張有不同的看
法，對「資本主義經濟」的問題更有意見，但經濟問題看法上的分
歧對毛而言不是問題，「資本主義經濟」的觀點上的分歧，也還沒
有到了必須作理論攻防的時候。在毛最在乎的權力問題上，劉少奇
此時並未與毛有明顯的競爭關係，兩人尚未面臨必須攤牌的時刻，
而高崗的野心在鄧小平及陳雲「覺得問題嚴重」做出反映後，卻使

毛有了戒備，高崗有權力的野心，犯了毛的大忌，毛正好借劉、高之間的鬥爭，以劉少奇之力達到了除去心患，消滅地方軍事山頭勢力的目的。

此外，高、饒事件另透露出劉少奇與周恩來之間的不合，饒漱石原是受周恩來領導的南方局人員，饒繼劉少奇之後出任新四軍政治委員一職，就是來自周的支持[20]。之後在周恩來的安排下饒漱石一路高昇，1953 年之前饒的頭銜共有「中央人民政府委員，人民革命軍軍事委員會委員，華東軍政委員會主席，華東軍區（第三野戰軍）政治委員，中共中央華東局書記」等職。1952 年 10 月饒擔任由劉少奇領隊參加蘇聯共黨第十九次黨代表大會的首席團員，返國後，隨即出任中共中央組織部長，該職位在前部長任弼時死後已虛懸三年，中央組織部部長是中共黨內重要的職務，饒漱石能接任代表他的背後有高人支持；1953 年饒又擔任華東行政委員會主席，國家計畫委員會主席，及憲法起草委員會委員。

值得注意的是，中共中央組織部部長，自部長任弼時死後的懸缺期，自 1950 年至 1952 年一直由原劉少奇領導的北方局系統的安子文以副部長代行部長一職[21]。安子文，1937 年經王若飛介紹加入中國共產黨，歷任山西太嶽工委書記、晉冀省委委員兼統戰部部長、中央黨校二部副主任和黨校教育長、中日戰爭時期在北方局工作，1949 年後任職中共中央組織部副部長及兼中紀委副書記，和中央人民政府人事部部長等職，1956 年「八大」被選為中央委員，並

---

[20] 史家麟，中共高饒事件面面觀，香港：自由出版社，1955，頁 36。

[21] Michael Y. H. Kau (ed.), **THE WRITINGS OF MAO TSE-TUNG 1946-1976**, Vol. I, New York: M.E. Sharpe Inc., 1986, p.543.

升任中央組織部部長[22]，與彭真、薄一波、林楓同爲劉少奇的「四大金剛」。四人中彭真一直主管中央組織部和中央黨校，負責幹部的選拔和培訓，對劉少奇而言他的角色重要；薄一波任中央財委副主任兼財政部長，掌理財物；安子文則居中聯絡，屬於劉少奇的大總管。安子文當時未能以代行部長之尊直接升任部長，對劉而言，饒的出線實屬重大挫敗，饒漱石接任部長後對於人事的安排與劉少奇的矛盾甚爲嚴重[23]。饒被整肅以後，安子文兼任的國務院人事部長一職，也於 1954 年在國務院改組後被撤換，而國務院總理正是周恩來。

有關「高、饒反黨聯盟」是否有「聯盟」一事，許多黨員存有疑慮，因爲找不到任何與聯盟相關的文件與證明，而高崗長期在華北和東北地區工作，饒漱石則在華東工作，兩人之間也無任何歷史淵源。毛對上述黨員的疑問於 1955 年 3 月 31 日在黨全國代表會議上做了解釋，有關是「聯盟」，不是「聯盟」，或者是「兩個獨立王國」，或「兩個單幹戶」的問題，毛提出了下列說明：「有的同志說，沒有看到證明，他們是聯盟總得有一個協定，協定要有文字，文字協定那的確是沒有，找不到，我們說，高崗、饒漱石是有一個聯盟的。這是從一些什麼地方看出來的呢？一是從財經會議期間高崗、饒漱石的共同活動看出來的。二是從組織會議期間，饒漱石同張秀山[24]配合進行反黨活動看出來的。三是從饒漱石的話裡看出來的。

---

[22] Donald W. Klein & Anne B. Clark (ed.), **BIOGRAPHIC DICTIONARY OF CHINESE COMMUNISM, 1921-1965**, Vol. I, op. cit., pp.3-5.

[23] 史家麟，**中共高饒事件面面觀**，頁 36-37。

[24] 張秀山（1911-1969），陝西神木人。1954 年「七屆四中全會」時，任中共中央東北局第二副書記兼紀委書記、監委會主任。1978 年「十一屆三中全會」後，曾任國家農委會副主任、中共中央顧問委員會委員等職。參閱：「在中

饒漱石說『今後中央組織部要以郭峯[25]爲核心』，組織部是饒漱石爲部長，高崗的心腹郭峯去作核心。四是從高崗、饒漱石到處散佈安子文私擬的一個政治局委員名單這件事看出來的。高崗、饒漱石等人把這個名單散佈給所有參加組織會議的人，而且散佈到南方各省，到處這麼散佈，居心何在？五是從高崗兩次向我表示保護饒漱石，饒漱石則到最後還要保護高崗這件事看出來的。高崗說饒漱石現在不得了了，要我來解圍；第二次是在揭露高崗的前一天，高崗還表示要保護饒漱石。饒漱石直到最後還要保護高崗，他要給高崗申冤。從上面這許多事看來，他們是有一個反黨聯盟的，不是兩個互不相關的獨立國和單幹戶」[26]。毛的說法有部分牽強的地方，致於高崗要保護饒漱石，或饒漱石要保護高崗，與聯不聯盟無關，但是高崗、饒漱石「到處散佈安子文私擬的一個政治局委員名單，而且散佈到南方各省」確有侵犯到毛的權力。

有關是否有「協定」或相關檔案的問題，毛有他自己的解釋，他說：「至於說，因爲沒有明文協定，有的同志就發生疑問，說恐怕不是聯盟吧。這是把陰謀分子組成的反黨聯盟同一般公開的正式的政治聯盟和經濟聯盟等同起來，看作一樣的事情了。他們是搞陰謀嘛！搞陰謀，還要訂個文字協定嗎？說沒有明文協定就不能認爲

國共產黨全國代表會議上的講話」之註解3，**毛澤東選集**，第五卷，頁156。
[25] 郭峯，1915年生，吉林德惠人。1954年「七屆四中全會」時，任中共中央東北局組織部部長；1978年「十一屆三中全會」後，曾任中共遼寧省委第一書記、中央顧問委員會委員等職。參閱：「在中國共產黨全國代表會議上的講話」之註解4，**毛澤東選集**，第五卷，頁156。
[26] 「在中國共產黨全國代表會議上的講話」，**毛澤東選集**，第五卷，頁138-156。Michael Y. M. Kau (ed.), **THE WRITINGS OF MAO TSE-TUNG 1949-1976**, Vol. I, op. cit., p.534.

是聯盟，這種意見是不對的」[27]。

　　毛雖然承認高崗、饒漱石沒有提出過反黨協定，但仍認定高、饒結合成立反黨聯盟，其用意，有殺一儆百的目的。高崗企圖搞「獨立王國」、「奪取黨和國家的領導權力、煽動對於黨中央領導同志的不滿，進行分裂黨的活動」及「煽動在軍隊中工作的黨員支援他反對黨中央的陰謀」，這幾點才是毛最大的不滿及擔心的重點，對毛而言，毛要建立在黨內的絕對領導，絕不能允許像高崗、饒漱石這類山頭型的人物存在。高、饒事件另一層重要的意義是毛要摧毀非毛嫡系的企圖，已非常明顯，毛在批鬥「高、饒反黨聯盟」的會議上就曾說過：「北京有兩個司令部，一個是以我爲首的司令部，一個是以別人爲首的司令部」[28]。

　　毛把高崗、饒漱石問題從「特定事件的反對」，有目的的提升至「路線反對」或「派系反對」的層次，毛既然已認定「高、饒反黨聯盟的出現，不是偶然的現象，它是我國現階段激烈鬥爭的一種尖銳的表現」[29]，因此，毛要打倒以高、饒爲首不聽話的派系分子，就要全面的清除與高、饒關係密切的人員，在高、饒事件中同時被整肅下臺的主要有張秀山、郭峯等七人[30]。

---

[27] 同上。

[28] 「學習在中國共產黨全國代表會議上的講話」，紅旗，第五期，1977 年，頁 56。

[29] 同上，頁 51。

[30] 七人為：張秀山、郭峯、向明；曾任高崗主持西北局時的組織部副部長，部長，建國後任青島市軍管會主任，山東分局第二書記。趙德尊；曾任黑龍江省省主席，黑龍江省書記。馬洪；曾任中共中央東北局副秘書長。陳伯村；曾任中共中央東北局組織部副部長，東北政府人事部長。張明遠；曾任東北行政委員會副主席。張明遠、張秀山、馬洪、郭峯、趙德尊五人被稱為高崗身邊的五虎將。Frederick C. Twiwes, **POLITICS & PURGES IN CHINA,**

　　拔除高的軍權，對毛而言有百利而無一害，高崗的行事風格與毛及其他黨、政菁英不搭調，高崗的流民氣息中多了些霸氣，少了團隊精神，建國前後，高崗除了擔任東北軍區司令員兼政治委員，另任中央東北局書記、東北人民政府主席，在東北高崗地位顯赫，有「東北王」之稱。1935 年，毛和紅一軍團到達陝甘寧邊區不久，毛曾當面讚揚高崗說：「高崗是一貫正確的領導人，在得不到中央指示的情況下，他一切正確，不斷前進」[31]。毛高度的讚揚高崗並非高真的有毛佩服的本事，而是因為高為毛保住了革命的火種，它是毛在失意時的一種情感反射而已；毛當初用高，只是革命過程中利用高的軍事實力廣結英雄的行為而已，建國後，毛不可能再任由「東北王」繼續分食江山大權，繼續「在得不到中央指示的情況下一切正確的不斷前進」。

　　實際上，自朝鮮戰爭結束後，在毛心中六大軍區司令員：彭德懷（西北）、賀龍（西南）、陳毅（華東）、葉劍英（中南）、聶榮臻（華北）、高崗（東北）；高崗是六人中最不重要的一人，高沒有參加過長征，與毛在革命情感上無法與其他司令員相比，高崗除了有地方武力外不具備真正的軍事與政治上的實力，革命可以，做正規軍隊則不行。「高、饒反黨聯盟」事件當時，高僅有一個軍（第 14軍）駐防東北，兩個軍駐防廣東，而第 14 軍則又屬於由林彪統帥的第四野戰軍的一部分，實際上高的軍事武力在事件當時已被分

New York: M.E. Sharpe Inc., 1979, p.185; John Gittings, **THE ROLE OF THE CHINESE ARMY**, op. cit., p.278; 王元，**中共的權力鬥爭與路線鬥爭**，頁 105。"Resolution on the Kao Kang & Jao Shu-shih Anti-Party Alliance (31 March 1955)", **THE PEOPLE'S REPUBLIC OF CHINA 1949-1979 - A DOCUMENTARY SURVEY**, Vol. I. op. cit., p.161.

[31] **人民日報**，1949 年 10 月 1 日。

散，高崗對毛起不了任何重大危害的作用。

「高、饒反動聯盟」事件對共軍政治角色的發展有下述之影響：

第一，毛走出削除地方軍事山頭的第一步，確定了毛對地方軍隊的控制。1949 年至 1953 年之間大軍區，地方軍區及地方行政委員會之間如同一體，角色相互重疊，在中央對地方軍頭勢力仍有需求的建國初期，爲了穩定局面，毛只能如此，不能拿他們任何一人開刀，1953 年底之前六個野戰軍中就有四個野戰軍司令，包括彭德懷（一野）、劉伯承（二野）、林彪（四野）、高崗（東北），同時擔任大行政區的主席。這種同時擁有地方黨、政、軍大權的現象，對毛而言如同芒刺在背，毛必須要作處理。

在整肅高、饒的同時，爲了清除軍隊在地方上的勢力，毛於 1954 年 6 月先撤銷華北、華東、東北、西北、西南、中南等六大行政區，接著再撤銷六個中央局，同年 9 月將六個野戰軍分佔的六大軍區改組爲廣東、成都、福州、昆明、蘭州、南京、北京、武漢、瀋陽、濟南等十大軍區，及內蒙古、新疆、西藏等三個自治區軍區[32]。各軍區負責部隊及管轄範圍如**表 4-1** 所示[33]。

毛增加軍區的目的在稀釋原野戰軍的控制範圍及軍區司令員的權力，使地方軍權由五人的手中擴大至 13 人，避免地方軍頭勢

---

[32] William W. Whitson, **THE CHINESE HIGH COMMAND - A HISTORY OF COMMUNIST MILITARY POLITICS 1927-1971**, London: The MacMillan Press, Ltd., 1973, p.507; John Gittings, **THE ROLE OF THE CHINESE ARMY**, op. cit., pp.307-308; Chiang I-shan, **THE MILITARY AFFAIRS OF THE CCP - THE FIRST DECADE OF THE CCP**, Hong Kong: Yiu Lien Press, 1960, p.372.

[33] William W. Whitson, **THE CHINESE HIGH COMMAND - A HISTORY OF COMMUNIST MILITARY POLITICS 1927-1971**, op. cit., pp.506-507; John Gittings, **THE ROLE OF THE CHINESE ARMY**, op. cit., p.308.

表4-1 各軍區負責部隊及管轄範圍

軍區	負責部隊	管轄範圍
廣東	四野	廣東、廣西、湖南
成都	一野、二野	四川
福州	三野	福建、江西
昆明	二野	貴州、雲南
蘭州	一野	青海、甘肅、寧夏、陝西
南京	三野	浙江、安徽、江蘇
北京	五野	湖北、山西
瀋陽	四野	吉林、遼寧、黑龍江
濟南	三野、五野	山東
武漢	二野	湖南、湖北
內蒙古	一野、五野	
新疆	一野	
西藏	二野	

力坐大，危及「黨指揮槍」的局面。此外，將原野戰軍打散，分別
部署在不同的軍區，可以降低各野戰軍之派系實力及影響力，避免
五大野戰軍擁兵自重的情勢發生。除了內蒙古、新疆、西藏三個自
治區軍區因係少數民族地區，軍區幹部可以兼任地方黨、政職務
外，其餘軍區司令員或政委不再同時擔任地方政府或地方黨組織的
工作；但地方黨委的第一書記，則兼所在地各級軍區的第一政委，
這個安排是為了確保「黨指揮槍」的原則。

依據 1954 年憲法的規定，中央政府應成立國防部及國防委員會[34]，上述組織成立後毛親自兼任國防委員會主席，彭德懷以國務院副總理的身分兼任國訪部長，朱德、彭德懷、林彪、劉伯承、賀龍、陳毅、鄧小平、羅榮桓、徐向前、聶榮臻、葉劍英、程潛、張治中、傅作義、龍雲等十五人爲國防委員會副主席[35]。這個委員會包括了各野戰軍司令員。實際上，國防委員會不俱實權，實權在黨中央軍委會手上，但黨中央軍委會人員與國防委員會成員重疊，這是中共制度上的設計，是以黨領軍、以黨領政的必然安排。毛將野戰軍司令員群集北京，給他們崇隆的國家職位，這個作法是中國歷代建朝之初，天下底定之際，尊養擁有兵權將領的手法翻版，直接削弱兵權是下策，以高官厚祿先箝制兵權再削兵權才是上策。

1954 年，朝鮮戰爭剛結束，一時也沒有任何對外作戰的可能，在國內方面，經濟持續發展，人民正在修生養息，看不出會再有立即而明顯的政權危機出現，此時，兵權不宜再下放地方，而應收歸中央；中央就是毛，毛釋兵權的方法，是擴大軍區番號，打散各野戰軍的部署，並將其分散於不同的駐防地點；野戰軍司令官則安排在中央政府機構內分享虛名，與此同時進行的是將他們留在階級嚴密的黨組織內擔任黨官，聽令於主席的指揮。

第二，劉少奇被高崗指爲「白區的黨」的代表，這樣的指控造成劉在共軍內聲望上的傷害，1954 年之前的人民革命軍事委員會時

---

[34] 中華人民共和國憲法，"Constitution of the People's Republic of China (20 September 1954)", **THE PEOPLE'S REPUBLIC OF CHINA 1949-1979 - A DOCUMENTARY SURVEY**, Vol. I, op. cit., p.102. 新華社，1954 年 9 月 20 日。

[35] 李可、郝生章，文化大革命中的人民解放軍，北京：中共黨史資料出版社，1989 年，頁 538。

期,毛任主席,毛以下共設五個副主席,劉少奇與周恩來同為副主席之一[36]。1954年9月人民革命軍事委員會改組成國防委員會,毛仍擔任主席,在十五位副主席中,除了朱德在共軍中的地位可與毛相提並論,程潛、張治中、傅作義、龍雲等四人僅俱象徵性的意義外,其餘均可視為毛的子弟兵。劉少奇及周恩來則未被列入副主席名單,其原因係1954年9月正是中共黨內審查高、饒反黨聯盟的階段,毛藉此機會削去了劉少奇及周恩來在軍隊的領導地位。

劉少奇雖高居中共黨內重要職位,但他一直未能與共軍建立密切的關係,除了擔任過紅八軍團、紅五軍團黨代表,及新四軍政委外,並未能任其他重要軍職。在中共黨內,劉一直在黨組織系統發展,他的黨、軍雙重角色中,黨的色彩遠遠的超過軍的色彩。建國後,劉能擔任人民革命軍事委員會副主席一職,正是他在軍隊建立人脈的最好機會,但高崗以「白區的黨」對劉的攻擊,使他失去了這個機會。文革時期,共軍一面倒向毛及林彪,而劉少奇卻束手無策,正說明了高崗、饒漱石反黨聯盟事件,造成劉的損失實在無法估計。

第三,林彪在高、饒事件中成功的脫身,並保持了四野完整的實力,導致日後毛能借林彪及林彪所領導的共軍部隊,全力整肅劉少奇,而國防部長彭德懷在國防部長任內所推動的正規化、專業化的建軍政策,也因為林彪的崛起而告終止。

在共軍部隊中,高崗與林彪的關係最為密切,在高、饒事件中同時被整肅的七人,都是於林彪在東北時期獲得提拔而能在地方黨機關位居高位,嚴格的說,高、饒事件林彪也有責任,林之所以能

---

[36] 史家麟,中共高饒事件見面面觀,頁27。

夠逃脫責任，有下列原因：

第一，高崗只是地方性山頭式人物，與共軍關係不深，建國初期，毛容忍高崗位居東北人民政府主席一職，只是基於政治穩定考慮下的一種暫時性的安排，毛要鞏固自己的權威領導，統一天下，清除「刮陰風，燒陰火，搞司令部」之高崗這類人物只是遲早的問題，而林彪與高崗不同，他是毛的嫡系，是毛政權重要的軍事支柱，毛不會為了高崗而犧牲林，在該階段，林的重要性大大的高於高崗。

第二，根據毛在 1955 年 3 月 31 日於「在中國共產黨全國代表會議上的講話」，對高、饒有一個聯盟存在的五點說明中，除了第五項「高崗兩次向我表示保護饒漱石，饒漱石則到最後還要保護高崗這件事看出來的」外，其餘均非毛能親自接觸而瞭解。有理由相信，除了劉少奇外，林彪在相關資料的提供上扮演了重要的角色。高、饒事件中，中共中央在「關於高崗、饒漱石反黨聯盟的決議」中認為高崗最後想拉攏軍隊，及「企圖煽動在軍隊中工作的黨員支援他反對黨中央的陰謀」。這裡指的軍隊就是林彪的軍隊，毛對高崗有意見，林趁此機會向毛匯報高的材料，借刀殺人，以犧牲高換取毛對林的信任，才是林彪的核心利益。

第三，劉少奇當時在中共黨內的地位僅次於毛，高於林彪，毛可以同意劉整肅高崗這個地方式的山頭人物，但不會同意把林彪牽連在內。此外如前所述，劉在共軍內並無人脈，劉如果在此一事件中將林彪與高崗掛勾，必須顧忌四野及共軍內部的反應，共軍中雖有派系，但它屬於共軍這個封閉系統中的事務，尚未延伸至政治領域，毛此時也不會愚蠢到打開這個潘朵拉盒子，而同意將林彪一併清除。高、饒崗事件與日後毛發起文革鬥爭劉少奇不同，高、饒沒有任何足以傾斜權力天平的實力，還不需要放開潘朵拉盒內的共軍

精靈興風作浪,作政治打手;劉少奇應該深知,毛的威望會使共軍毫不猶疑的忠於毛,而不會追隨劉少奇的指揮,毛決定誰負責任誰就該負責任,因此,不追究林彪也就順理成章了。

「高、饒反黨聯盟」事件,是中共成立政權後的第一次權力鬥爭,在這次高層權力鬥爭中,共軍置身事外,並未參與政治運作,但毛卻借用高、饒事件改組軍區,取消大行政區,成立國防部及國防委員會,將共軍各野戰軍司令員調至北京。從某種意義而言,這些措施都是共軍進行正規化、專業化之前的必要手段,只是毛的目的並不在此,對毛而言,此一策略的用意在避免軍隊地方勢力化,或軍事山頭化,以及再度確立「以黨領軍」的建軍原則。毛在「古田會議」中所律定的軍隊政治性功能與角色並沒有任何改變,雖然中共已由革命團體晉升為國家的執政團體。

「高、饒反黨聯盟」事件,牽涉的範圍雖僅限定與高、饒派系有關人員,而且這些人都僅為地方而非中央級幹部,但重要的是,此一事件是毛建立「毛王朝」的第一步,毛從地方開始根除所有對毛的權威有威脅的分子,在毛的眼中,類似高、饒這種人物在黨內大有人在,毛必須利用這個機會除了整肅高、饒外,還要警告其他有異心分子,讓他們知道,誰才是真正的當權派,誰的話說了算。

值得注意的是,毛在爾後的歷次鬥爭中,均將其對手與「高、饒反黨聯盟」掛勾,以顯示對手的野心以及打倒他們的必要性。例如「彭、黃事件」中的彭德懷就被指為「在八屆八中全會上的表現,是高、饒反黨聯盟事件的繼續和發展」[37];文革初期,1967 年 2 月

---

[37] 「中國共產黨八屆八中全會關於以彭德懷為首的反黨集團的決議(1959 年 8 月 16 日)」,紅旗,第十三期,1967 年,頁 18-20。"Central Committee Resolution on P'eng Te-huai (16 August 1959)", **THE PEOPLE'S REPUBLIC OF**

10 日，在批判朱德時，紅衛兵即指出朱德在 1953 年「曾參加高崗、
饒漱石的反黨陰謀」並有「大家輪流作領袖的主張」[38]；文革後期
「四人幫」事件，江青等四人幫分子也被指為「不但全盤繼承了從
高、饒到林彪的反動衣缽，並且加以惡性發展，表現得更為瘋狂」
[39]。

　　在「高、饒反黨聯盟」事件中，基於建國初期，軍隊穩定高於
一切的考量，也由於高、饒僅俱地方性的實力，林彪又在毛的刻意
保護下安然脫身，因此共軍並未介入政治運動，此一共軍置政治鬥
爭於事外的現象，在「彭、黃反黨集團」事件時，才有了轉變。

第二節　彭德懷、黃克誠反黨集團

　　「彭、黃反黨集團」事件的性質，屬於「特定事件的反對」與
「派系的反對」的混合體，台面上是彭德懷對「三面紅旗」的政策
不滿，台面下則是彭對軍隊涉及非專業化的建軍政策不滿；換句話
說，就是彭代表了軍事專業系統人員，與黨務系統人員對共軍政治
角色立場的衝突。

　　1952 年 2 月共軍「總政治部」制訂「關於軍隊參加和支持農業
合作化運動及農業生產的實施方案」中規定各部隊，軍事機關和學
校應根據自己的不同情況，同駐地黨委，人民委員會聯繫，在一年

CHINA 1949-1979 - A DOCUMENTARY SURVEY, Vol. II, op. cit., pp.
754-756; 新華社，1967 年 8 月 16 日。

[38] 王元，中共的權力鬥爭與路線鬥爭，頁 156。

[39] 「學習在中國共產黨全國代表會議上的講話」，紅旗，第五期，1977 年，
頁 53。

內抽出若干勞動日，有計畫地參加當地社會主義建設[40]。「八大」以後，共軍政工系統開始醞釀增加軍隊義務勞動的天數，1957 年，一年內共軍共進行了兩千萬人次的義務勞動[41]，1958 年時共軍宣稱將以三千萬個勞動人次支援農業生產大躍進。

1959 年 1 月 23 日共軍總政治部下達「中國人民解放軍總政治部關於工作作風若干問題的指示」給各軍區，各軍種、兵種，各院校，總後勤部；該指示說：「1958 年，在黨的社會主義建設總路線的照耀下，隨著思想的大解放和工作的大躍進，破除了教條主義束縛，克服了單純軍事觀點，廣大幹部不僅懂得了政治掛帥的重要性，並且逐漸學會了領導群眾運動的藝術，種試驗田、開現場會、發動競賽、組織評比等一系列行之有效的工作方法」[42]。

1959 年 3 月 13 日中共中央批准共軍總政治部「關於軍隊參加社會主義建設工作綱要」，該綱要首先說明軍隊參加社會主義建設必須有計劃有組織地進行。根據中央軍委關於軍隊「每年以一至兩個月的時間參加生產勞動」的決定，軍隊要以百分之五十左右的時間，參加地方各項建設事業，其餘時間則經營軍隊內部的工農業生產。「綱要」規定：(1)軍隊需以一定的勞力和技術力量幫助公社進行生產與建設，必要時，應當盡可能地抽派幹部參加地方的檢查團，幫助整頓公社。(2)軍隊所屬的工廠、修理廠、修理分隊及各種技術學校的實習工廠，幫助駐地人民公社修理、改進農業機械和農

---

[40] 「關於軍隊參加和支持農業合作化運動及農業生產的實施方案」，**人民日報**，1956 年 2 月 9 日。

[41] **人民日報**，1958 年 2 月 19 日。

[42] 「中國人民解放軍總政治部關於工作作風若干問題的指示」，1959 年 1 月23 日，**中國人民解放軍總政治部文件**。

具。(3)部隊除參加當地的基本建設工程外，還應參加當地季節性的農業生產勞動及植樹、造林等。(4)軍隊的各種交通運輸工具，在不影響備戰和訓練的原則下，應當積極支援地方交通運輸事業。(5)軍隊的工廠及其他有技術設備的單位，應當根據可能，分別吸收地方上一定數量的學員和學徒，或者採取派人幫助的辦法，幫助地方訓練技術人才。(6)軍隊幫助駐地附近「人民公社」開展文化教育和衛生工作，幫助辦好各種集體福利事業。(7)貫徹黨的「全民皆兵」方針，使民兵真正成爲生產戰線上的突擊隊和軍隊良好的後備力量，加強對民兵的政治思想工作。(8)各單位要有計劃地組織幹部參加地方工作。(9)軍隊參加社會主義建設工作，必須在地方黨委統一規劃之下進行，部隊黨委和政治機關應依照規定把部隊參加生產勞動的時間，列入年度訓練和工作計劃以內，適時檢查、評比和總結經驗；團以上單位（集中駐紮的則可以師和軍爲單位）應在每年秋後，依據部隊的任務，結合當地的實際情況，擬訂下年度參加社會主義建設工作的具體計劃[43]。

除了上述軍隊要支援「大躍進」的政策外，1958 年 4 月 8 日中共中央曾發佈「關於加強地方黨委對軍隊的領導和密切地方黨委同軍隊關係的指示」，該「指示」說：「爲了加強地方黨委對軍隊的領導，密切地方黨委同軍隊之間的關係，以利工作上的配合和相互支援，促進國家經濟建設和國防建設」，因此，「中央認爲，有必要繼續貫徹執行在黨中央統一領導下的軍事系統和地方黨委對軍隊的雙重領導制度」[44]。

---

[43] 「關於軍隊參加社會主義建設工作綱要（1959 年 1 月 18 日）」，人民日報，1959 年 2 月 26 日。

[44] 「關於加強地方黨委對軍隊的領導和密切地方黨委同軍隊關係的指示（1958

　　「指示」的重點如下：(1)省（自治區）軍區、軍分區、直轄市和縣、市兵役局這三級軍事機關，除了保持軍事系統的垂直領導與隸屬關系以外，在黨的關系上同時成為同級地方黨委的軍事工作部，受同級地方黨委領導，並由地方黨委書記兼任同級軍事機構的政治委員；縣（市）兵役局改為縣（市）人民委員會的人民武裝部，同時也是同級黨委的人民武裝部。(2)凡軍事區域同地方行政區域相一致的軍區，應置於軍委和同級黨委雙重領導之下。(3)軍事區域同地方行政區域不一致的軍區，以及駐在各地的國防部隊、軍事學校、國防倉庫，都應當和當地的地方黨委保持密切的聯系，並在與地方有關的各項工作上，接受當地省（市）委和自治區黨委的領導。(4)軍隊派駐工廠的軍事代表，保持派出機關的垂直領導，在政治上、思想上和黨團生活方面，受工廠黨委的領導。(5)軍隊在有關兵役工作，地方治安工作，在國境線上同敵人的特務、走私和武裝盜匪作鬥爭方面，軍隊在以勞力參加農業、工業、交通運輸業的生產建設，幫助人民群眾防汛抗旱、搶險救災、興修水利、消滅四害、掃除文言和護航護漁等等工作方面；軍隊在因軍事工程建設，軍事操演和軍事行動需要徵用土地、遷移居民、動員民工、設置禁區時，必須尊重同級和所在地的最高地方黨委的意見，接受其監督和服從其領導，並在同級和所在地的最高地方黨委的統一安排與統一領導下進行。(6)軍隊的負責同志負責將軍隊方面的有關情況向地方黨委作報告[45]。

　　上述加強地方黨委對軍隊領導的指示，地方軍隊必須向地方黨

　　年4月8日）」，中共中央檔案資料。

[45]　同上。

委負責一事，在政治意義上，它表現出黨系統對軍隊專業主義的控制，這項決定對經歷過朝鮮戰爭主張正規化、專業化建軍的軍事菁英而言是一個嚴重的打擊，這批有實戰經驗的將領礙於毛的權威，在公開場合隱忍不發，但彭德懷與他們不同，彭的個性是有話就說，對毛也是如此。

1959 年 7 月彭德懷在「廬山會議」上，以國防部長的身分在會議開始後，從 7 月 3 日至 10 日在西北小組討論會上共做了七次發言，批評「大躍進」政策錯誤，彭發言的重點如下：(1)人民公社辦早了。(2)北載河會議後搞了個「左」的東西（全民大煉鋼）。(3)全民辦工業的實際問題。(4)每個地區要搞個工業系統，不是一兩個五年計畫能辦到的。(5)黨內糾正「左」難，糾正「右」容易。(6)「大躍進」缺點不少。(7)失敗換來的經驗教訓，人人有責，包括毛主席同志在內。(8)現在不是黨的集體領導做決定，而是個人決定，不建立集體威信，只建立個人威信，是很不正常很危險的[46]。

彭的發言中以上述第七、八兩項對毛有直接的批評；7 月 14 日彭德懷向毛提出一份「私人信件」，彭寫信給毛主要是將他在西北小組會上「不便講的一些問題，提要式地寫給主席，這些問題是涉及到執行總路線、大躍進和人民公社的一些具體政策問題，以及某些幹部的工作方法問題」[47]。

彭「信」中的重點如下：(1)1958 年的基本建設，有些項目過急過多了一些，分散了一部分資金，推遲了一部分必成專案，這是一個缺點，基本原因是缺乏經驗，對這點體會不深，認識過遲；1958

---

[46] 李銳，廬山會議實錄，台北：1994 年，頁 110-111。
[47] 彭德懷，彭德懷自述，北京：人民出版社，1981 年，頁 269-270。

年就不僅沒有把步伐放慢一點，加以適當控制，而且繼續大躍進，這就使不平衡現象沒有得到及時調整，增加了新的暫時困難。(2)在全民煉鋼鐵中，多辦了一些小土高爐，浪費了一些資源（物力、財力）和人力，雖然付出了一筆學費（貼補 20 餘億），即在這一方面也是有失有得。(3)浮誇風氣較普遍地滋長，北戴河會議時，對糧食產量估計過大，造成了一種假像，大家都感到糧食問題已經得到解決，因此就可以騰出手來大搞工業了；在對發展鋼鐵的認識上，有嚴重的片面性，一些不可置信的奇蹟也見之於報刊，確使黨的威信蒙受重大損失；當時從各方面的報告材料看，共產主義大有很快到來之勢，使不少同志的腦子發起熱來。(4)小資產階級的狂熱性。在思想方法上，往往把戰略性的佈局和具體措施，長遠性的方針和當前步驟、全體與局部、大集體與小集體等關係混淆起來；過早否定等價交換法則，過早提出吃飯不要錢，某些地區認為糧食豐產了，一度取消統銷政策，提倡放開肚皮吃，以及某些技術不經鑒定就冒然推廣，有些經濟法則和科學規律輕易被否定等，都是一種左的傾向。(5)有些同志，認為只要提出政治掛帥，就可以代替一切，政治掛帥不可能代替經濟法則，更不能代替經濟工作中的具體措施。(6)糾正這些左的現象，一般要比反掉右傾保守思想還要困難些[48]。

實際上，彭德懷指出的所謂「基本建設」缺失，不論是「過急」、「浮誇風氣」、「小資產階級的狂熱性」、「否定經濟法則和科學規律」、或「政治掛帥」等的確都符合當時的情形，但彭身為國防部長，不檢討當時國防建設問題，卻針對大躍進的失敗提出「意見」，

---

[48] 同上，頁 281-287。

其「項莊舞劍，意在沛公」的企圖非常明顯。

彭的這封信於 7 月 17 日被毛加上大字標題「彭德懷同志的意見書」分發與會人員，彭發覺事態嚴重，要求大會收回這封已被公開的「私人信件」。毛對彭在西北小組的發言及「意見書」中的批評不滿，發起強烈的反擊，7 月 23 日上午毛在會議上批判彭的「意見書」是反黨性質的綱領性文件，是一個右傾機會主義的綱領，是有計畫、有組織、有目的，並直指彭犯了軍閥主義、大國主義和路線上的錯誤。毛這篇針對性極強的講話重點歸納如下：(1)毛認爲「現在黨內黨外都在颳風，說我們脫離了群眾，我看是暫時的，小資產階級狂熱性有一點，但不那麼多；想早點搞共產主義，總不能說全是小資產階級狂熱性，我看不能那樣說」。(2)「幹部沒有讀好政治經濟學，價值法則、等價交換、按勞分配，沒有搞通幾個月就說通了」[49]。

毛極具挑戰意味的說：「我少年時代、青年時代，也是聽到壞話就一股火氣。我就是人不犯我、我不犯人，人若犯我，我必犯人，人先犯我，我後犯人。這個原則，現在也不放棄」。毛將彭的「意見書」視爲路線綱領，他說：「黨的歷史上有四條路線：陳獨秀路線、立三路線、王明路線、高饒路線。現在是一條總路線，在大風浪時，有些同志站不穩」。

關於彭對「全民煉鋼鐵」的「得、失」評論，毛回應說：「『有失有得』，『失』放在前面，這都是仔細斟酌了的」。毛並認爲彭「這回是資產階級動搖性，或降一等，小資產階級動搖性，是右的性質，

---

[49]「毛澤東在廬山會議上的講話（一九五九年七月二十三日）」，或參閱：Jurgen Domes, **P'ENG TE-HUAI - THE MAN AND THE IMAGE,** London: C. Hurst & Company, 1985, p.94–95.李銳，**廬山會議實錄，**頁 150-152。

往往是受資產階級影響，是在帝國主義、資產階級的壓力之下，右起來的」。毛最後更威脅的說：「假如辦十件事，九件是壞的，都登在報上，一定滅亡、應當滅亡，那我就走，到農村去，率領農民推翻政府，你解放軍不跟我走，我就找紅軍去，我就另外組織解放軍，我看解放軍是會跟我走的」[50]。

此外毛在講話中針對彭所謂「小資產階級狂熱性」的說法，另有嚴厲的批評，毛說：「要你們駁，你們又不駁，說我是主席不能駁，我看不對，事實上紛紛在駁，不過不指名就是。我有兩條罪狀：一個，一千零七萬噸鋼，是我下的決心，建議是我提的，結果九千萬人上陣，補貼四十億，『得不償失』。第二個，人民公社，我無發明之權，有推廣之權，人民公社，全世界反對，蘇聯也反對，中國也不是沒有人反對」，「你們放大炮也相當多」。如果講到責任，毛說「主要責任應當在我身上，過去說別人，現在別人說我」，「你們看，『始作俑者，其無後乎』，我一個兒子打死了，一個兒子瘋了，我看是沒有後的。始作俑者是我，應該絕子絕孫」[51]。

毛的這篇講話，完全表達了堅定的反彭立場，毛以再回井崗山打游擊威脅與會人員表態，並以中國社會價值中最嚴重的「無後」自損。1950 年抗美援朝戰爭，毛的長子毛岸英跟隨彭德懷進入朝鮮戰場，毛的用意除了在表示自己家人與全國人民志願軍一樣共赴前線，另有為其子培養政治聲望之意，但彭未盡保護之責，毛岸英於 1950 年 11 月 25 日被美軍飛機炸死。因此，事隔多年後，當毛針對彭的「意見書」進行嚴厲批判時，說自己「始作俑者，其無後乎」，

---

[50] 同上。
[51] 同上。李銳，**廬山會議實錄**，頁 155-158。

應該「絕子絕孫」時，實際上係表達對彭得懷的憤怒及忍無可忍的立場。

7 月 23 日下午，彭德懷與周恩來的一次談話中，彭表示不能同意毛上午的講話，認爲「共產黨不能批評，這違反共產黨的基本原則」[52]。7 月 26 日「盧山會議」進入一個新的關鍵階段，該日會議傳達了毛的最新指示，即針對彭德懷的「意見書」要「對事也對人」，既要批判信，也要批判寫信的人，也就是說，毛要求黨、政、軍的菁英必須公開批鬥彭德懷。依據事件的發展可以證明，毛所說的「對事也對人」，其實對「人」比對「事」重要。至此，「盧山會議」的目的已完全轉向，會前毛擬定討論的「十八個問題」，包括：讀書、形勢、今年任務、明年任務、四年任務、宣傳問題、綜合平衡問、群眾路線問題、工業管理問題、體制問題、協作關係、公共食堂、學會過日子、三定政策、恢復農村初級市場、使生產小隊成爲半核算單位、農村黨的基層組織領導作用問題、團結問題等，已全部被討論彭德懷的問題取代，會議鬥爭彭的氣氛高漲，彭給毛的「意見書」不再是信的問題，而完全是人的問題，即「意見書」不是無組織、個人行爲，而是有組織、有剛領性的向黨進攻，也就是說，彭的問題是「軍事俱樂部」的問題。

毛將彭德懷問題定調爲以彭爲首的「軍事俱樂部」的問題後，會議各組針對彭召開了一連串的批鬥會，其中包括劉少奇、周恩來在內都對彭作了嚴厲的抨擊，歸納各組發言重點如下：(1)凡是在黨緊要關頭，彭都是動搖的。(2)彭是個人英雄主義者，反對毛的軍事指揮。(3)彭歷來對群眾運動潑冷水，鬧獨立性。(4)彭對黨的進攻，

---

[52] 李銳，盧山會議實錄，頁 163。

不僅是立場問題，不是爲了黨的利益，而是要在黨內掀起一場鬥爭，反對總路線，攻擊毛主席。(5)彭在會議上的發言及「公開信」帶有反黨性質，並指向黨中央及毛主席，向黨挑戰。(6)毛在八大二次會議及上海會議時暗指要防止黨分裂，就是指防止彭德懷分裂黨。(7)彭反對建立個人威信，是在攻擊毛主席。(8)彭裡通外國[53]。

有關「凡是在黨緊要關頭，彭都是動搖的」及「彭是個人英雄主義者，反對毛的軍事指揮」這兩項批評是有歷史背景的。起因自1935年在貴州四渡赤水期間毛、彭之間有關指揮紅軍問題的衝突。1935年5月，中央紅軍主力渡過金沙江，擺脫了國民黨圍剿部隊，實現了渡江北上的戰略計畫，四渡赤水之戰按毛澤東自己的說法，是他的得意之作。

當時擔任紅軍第一軍團長的林彪對毛指揮軍隊的策略有意見，林彪認爲，四渡赤水戰役讓紅軍疲於奔命，毛迫使部隊走了冤枉路，使部隊精力消耗殆盡這樣會拖垮部隊，而且這是在敵人面前逃跑，有損紅軍形象是失敗主義。因此林彪寫信給中央談到此一問題的嚴重性，同時他建議由彭德懷擔任前敵指揮。

當時爲了檢討紅軍的戰略戰術等問題，1935年5月12日中共中央政治局在四川會理城郊的鐵廠召開政治局擴大會議。毛面對這種情勢，採取了以攻擊的手段做爲危機處理的方式，他在會上發言痛批：黨內對失去中央蘇區而缺乏勝利信心和存在懷疑不滿情緒，是右傾思想的反映，改變中央軍事領導的意見，是違背遵義會議的精神。毛接著又說：要是現在有人反對穿插、迂回的作戰方針，多跑了一些路，有意見發牢騷，甚至給中央寫信，要求改換領導，這

---

[53] 同上。頁 188-189。

是動搖的表現，是右傾機會主義行為。毛對林彪寫的這封信不滿，
周恩來、朱德也發言支持毛的觀點，但彭德懷卻以實際帶兵打仗的
指揮官身分有不同的意見，他支持林彪信中的說法，在彭發言過程
中毛打斷他的話，並且不滿的大聲說：彭德懷同志你對失去中央蘇
區不滿，在困難中動搖，這是右傾，林彪寫的信是你鼓動起來的。

　　毛認為林彪寫信的背後是彭的主意，如果沒有彭的教唆林彪不
可能這樣做；毛發難後，彭德懷被迫作了檢討，他說：遵義會議才
改變領導，這時又提出改變前敵指揮是不妥當的。以外，彭也自我
批評的說：因魯班廠和習水兩戰未打好，有些煩悶，煩悶就是右傾。
他最後完全擁護毛作的軍事決定，也就是國民黨的軍隊已截斷了紅
軍的退路，紅軍唯一的出路就是穿過彝族山區，向北突圍，渡過大
渡河。這樣做雖然風險很大，但必須採取這種行動。

　　日後彭德懷針對此事曾解釋說：林彪給中央寫信，事先他不
情，更不是他鼓動林彪寫的。但這次因四渡赤水問題的會議，影響
了毛澤東對彭德懷的觀感，尤其當時毛剛接任中央軍委主席一職，
彭就對毛的指揮有意見，雖然有關檢討「四渡赤水」問題送交中央
的信是林彪寫的，但毛卻把帳算在彭的身上，而且毛還在日後多次
提到此事，可見毛的在意與不滿。這就是彭必須承擔「凡是在黨緊
要關頭都是動搖的」及「個人英雄主義者，反對毛的軍事指揮」之
罪名。

　　有關彭德懷問題，7 月 31 日、8 月 1 日在盧山召開了兩次政治
局常委會議，兩次均由毛主持，參加會議的人員有：劉少奇、周恩
來、朱德、林彪、彭德懷、彭真、賀龍，列席旁聽的有黃克誠、周
小舟、周惠、李銳。在這兩次政治局常委會議中正式為彭的錯誤定
性，第一次常委會議，毛談話說：(1)要反右傾機會主義。(2)在歷次

路線鬥爭中，彭的立場都有動搖，由於彭曾被批判，而對黨、對毛心中有恨。(3)總結毛與彭的關係為百分之三十合作，百分之七十對立。(4)彭寫信給毛的目的在爭取群眾，組織隊伍，有陰謀[54]。

第二次會議毛談話說：(1)彭所謂的「小資產階級狂熱性」主要攻擊的目標是中央領導機關，是反中央的，信的發表是爭取群眾，組織隊伍，要按照彭的意思改造黨和世界。(2)彭有野心，而且是歷來有野心的。(3)毛六十六歲，彭六十一歲，毛快死了，許多同志有恐懼感，認為難對付彭，黨內很多同志都有這個顧慮。(4)六億中國人中最高明、最厲害的就是彭，彭稱毛為先生，自己是學生，是假的。(5)毛再強調與彭的關係為「三、七開」[55]。

兩次常會中，與會人員選擇站在毛這一邊對彭展開攻擊，對於彭德懷「軍閥主義」作風，周恩來翻出舊帳批評說：「1930 年春夏之間，彭錯誤地消滅了袁文才、王佐部隊，殺了袁文才，王佐落水而死，而袁、王的殘部被國民黨招降，喪失了井岡山根據地，這是彭在黨內和革命軍隊內部鬥爭中使用了軍閥主義的手段。長征中主張以軍閥主義的辦法用武力解決四方面軍前敵指揮部，錯誤地主張以軍治黨」[56]。此外，周恩來附和毛的說法認為彭的信是「對總路線的進攻，是站在右傾立場，是在向黨中央，向毛主席進攻」，周完全拋棄與彭的革命情感，指責彭的行動「是有歷史根源的，是有綱領的」。林彪則嚴批彭為「野心家，陰謀家，偽君子」，並奉承的說「中國只有毛是大英雄，誰也不要想當英雄」[57]。周恩來除了翻

---

[54] 同上。頁 201-209。
[55] 同上。頁 219。
[56] 參閱：老田，1959 年廬山會議與彭德懷這個人，
[57] 同上。頁 221，250。

舊帳外，另說彭德懷錯誤的主張「以軍治黨」；周的指控正說明了彭長期以來對「以黨領軍」的立場。林彪曾推託擔任「抗美援朝」軍隊總司令一職，彭德懷補位並當了英雄，林說「中國只有毛是大英雄」的態度除了向毛交心外，另有報復及修理彭的嫌疑。

彭德懷事件中，彭以國防部長的身分卻對「三面紅旗」運動的經濟性和社會性議題批評毛政策上的錯誤，並「公開」反對毛，彭對「三面紅旗」帶來的災害進行全面性的檢討，並認為「政治掛帥不可能代替經濟法則，更不能代替經濟工作中的具體措施」，及「現在不是黨的集體領導做決定，而是個人決定，不建立集體威信，只建立個人威信，是很不正常很危險的」。政治掛帥不僅影響經濟運作，也影響軍事事務，政治掛帥既然不能代替經濟法則，當然也不能代替軍事法則；黨不是集體領做決定，而是個人做決定，因此彭的正規化、專業化建軍也受到「個人」的決定而無法進行。

彭的意見與毛意見相左，彭其實不瞭解毛的「人民公社」運動只是招牌，「全民皆兵」才是主要的目的，而「全民皆兵」，或「大辦民兵師」的背後，除了是毛不相信僅靠軍隊就能打贏與蘇聯或美帝國主義入侵的戰爭，另外就是對彭一系列正規化、專業化建軍作為不滿的反應。此外，彭也誤信了毛在 7 月 2 日「廬山會議」開幕時要求與會人員「對黨的工作中所存在的錯誤及短處提出意見及批評」，及承諾不會對任何提出批評的人「戴帽子」的講話[58]。

彭給毛的「意見書」中所提出的檢討及批評，基本上都屬於「特定事件的反對」的範圍，彭的「特定事件的反對」實際上是屬於一

---

[58] Jurgen Domes, **P'ENG TE-HUAI - THE MAN AND THE IMAGE**, op. cit., p.89.

種忠誠的異議,但毛卻認為「1959 年廬山會議,彭德懷裡通外國,想奪權。黃克誠、張聞天、周小舟也跳出來反黨,他們搞軍事俱樂部,又不講軍事,講什麼『人民公社辦早了』,『得不償失』等等。彭德懷還寫了一封信,公開下戰書,想奪權、沒有搞成」,「1959 年廬山會議跟彭德懷的鬥爭,是兩個司令部的鬥爭」[59]。毛更認為,「廬山出現的這一場鬥爭是一場階級鬥爭,是過去十年社會主義革命的過程中,資產階級與無產階級兩大對抗階級生死鬥爭的繼續」[60]。

1959 年 8 月 2 日起至 16 日繼政治局常委會議後,中共中央在廬山召開了「八屆八中全會」,毛在講話中指出,「廬山會議」不是反「左」而是反「右」的問題,是右傾機會主義向黨的領導中心進攻。八中全會自毛將會議定調後,與會人員的發言都以毛的講話為基準,會議持續對彭展開各種批評:(1)彭反對政治掛帥,目標是在毛主席。(2)彭的意見書惡意攻擊毛,是一個反黨綱領。(3)彭否定總路線的目的,在否定中央領導。(4)彭有野心,想改組黨、黨中央及軍隊。(5)這次黨內的鬥爭,實際上是階級鬥爭在黨內的反映。(6)彭在出國訪問時,向外國反映了他的觀點,彭裡通外國[61]。

彭德懷「裡通外國」的近因起自於 1959 年 4 月 24 至 6 月 11

---

[59] 「中共中央中發(1972)十二號文件 —— 毛主席在外地巡視期間同沿途各地負責同志的談話紀要」,**中共機密文件彙編**,頁 33-34。"Summary of Chairman Mao's Talks To Responsible Local Comrades During his Tour of Inspection (Mid-August to September 12, 1971)" - Document of the Central committee of the Chinese Communist Party, Chung-fa, 1972, No. 12, **THE LIN PIAO AFFAIR - POWER POLITICS ND MILITARY COUP**, New York: International Arts and Sciences Press Inc., 1975, p.59.

[60] 「彭德懷的審訊記錄」,**1969 年匪情年報**,上冊,台北:情報局,1970 年,頁 84。

[61] 李銳,**廬山會議實錄**,頁 266。

日，在盧山會議之前，全國人代會議期間（4月18日至28日），彭率領一支訪問團對華沙公約國家包括：蘇聯、波蘭、德意志民主共和國（東德）、捷克斯洛伐克、匈牙利、羅馬尼亞、保加利亞、阿爾巴尼亞、及蒙古人民共和國，進行「軍事友好訪問」。6月2日彭在莫斯科與莫司卡林科元帥（Marshal Moskalenko）會面，5月25日彭與赫魯雪夫在阿爾巴尼亞首都提拉那（Tirana）會面，彭結束友好訪問返回北京，從莫斯科至烏蘭巴托（Ulan Bator）這一段行程均由柯尼夫元帥（Marshal Koniev）陪同[62]。

當彭德懷抨擊「大躍進」的失敗錯誤時，赫魯雪夫在莫斯科亦同時對「大躍進」運動提出諸多批評[63]，毛懷疑彭在此事上與蘇聯有聯繫，有共謀的嫌疑，因此彭的罪名中有一項被冠上了「裡通外國」企圖奪權篡位的帽子。「裡通外國」是中國近代史上最令人民痛恨的罪名，這項罪名如同「賣國賊」般已是「敵我矛盾」的問題，它觸及到的是「結構的反對」的層級。在中蘇意識型態衝突不斷升高的情形下，彭沒有政治警覺而在對外訪問期間，與蘇聯軍事高層進行了密切的接觸，因此「八屆八中全會」上沒有人反對這項指控；以毛的觀點，彭在「盧山會議」上不僅反對他，而且彭已經和蘇聯結成反毛聯盟，要鬥倒他。

8月11日毛又在八中全會上講話，持續對彭再做嚴厲的批評，毛再指出：(1)彭有資產主義的階級立場，不是馬克思主義者。(2)

---

[62] David A. Charles, "The Dismissal of Marshal P'eng Te-huai", THE CHINA QUARTERLY, No. 8, Oct.- Dec. 1961, pp.66-67; John Gittings, **SURVEY OF THE SINO-SOVIET DISPUTE**, London: Oxford Uni. Press, 1968, p.105.
[63] Harrison E. Salisbury, **THE NEW EMPERORS - MAO & TENG: A DUAL BIOGRAPHY**, op. cit., p.179.

彭參加高崗反黨集團，走高崗路線，而這次會議，彭的表現比高崗、李立山等人還惡劣。(3)高、饒集團是在 1951 至 1953 年之間形成，而彭則深陷其中，是高、饒聯盟，還是高、彭聯盟？彭的嚴重錯誤即在參加了高崗集團。(4)彭反對第一書記掛帥，其實是彭想自己掛帥，彭所謂的「集體領導」實際上是要自己領導。(5)本次會議要有決議，決議有三：一是增產節約，要公開發表；二是為保衛黨的總路線，反對右傾機會主義而鬥爭，此一決議不公開發表，但在全黨討論；三是關於彭的錯誤的決議，這一決議不在全黨討論，僅發至縣一級（政），團一級（軍）等幹部[64]。

　　值得注意的是，當時二十個政治局委員中，陳雲、鄧小平、陳毅三人及六位候補政治局委員沒有參加政治局有關彭德懷問題的會議；如從理性的人事架構分析，參與會議的二十三人中，毛當時最能掌握的有政治局委員林彪、羅榮桓、柯慶施、譚震林、及候補委員陳伯達、康生等六人，加毛則一共七人，而較支持彭德懷的政治局委員有朱德、林伯渠及候補委員張聞天等三人，加彭則有四人，因此是否處分彭德懷則決定於另外十二人的態度，包括政治局委員劉少奇、周恩來、彭真、李富春、董必武、李先念、劉伯承、賀龍、李清泉及候補委員陸定一、薄一波、烏蘭夫，彭德懷不是沒有機會安然脫身；但是由於中共黨內有家長制的特質，會議成員沒有獨立決定意志的勇氣，會議也不具備理性表決的環境，因此毛的話說了算，彭德懷在這種制度下註定毫無脫身的機會。

　　雖然毛威脅的表示，如解放軍不跟他走，他要重回井岡山，再組紅軍，但這十二人中沒有人敢公開反對毛的意見或說一句公道

---

[64] 同上，頁 330-345。

話，這種情境不是決定於毛要不要回井岡山的問題，也不是彭「裡
通外國」的問題，而是來自於毛在黨內外不可動搖的權威性地位，
黨內菁英已從毛的夥伴關係轉變成追隨者關係，毛的意志就是追隨
者的意志。當時唯一可以從中調和的只有周恩來及朱德，但朱德不
及周恩來具有調和的手段，因此周恩來對彭德懷事件的態度有重要
的關鍵性及指標性作用，唯周當時卻識時務的對彭進行撻伐，倒向
毛，其餘人自然跟著倒過去。最後，彭被迫作自我檢討，但是基於
彭的問題乃由毛個人意志所主導，毛想要一次徹底的打倒彭不能不
顧及黨、軍、政菁英的反應，因此彭雖被卸除軍事職務，但仍保留
政治局委員的身分。

　　8 月 16 日「八屆八中全會」閉幕，按毛的指示，通過了會議公
報及三個決議，即「為保衛黨的總路線，反對右傾機會主義而鬥爭
的決議」，「中國共產黨八屆八中全會關於彭德懷同志為首的反黨集
團的錯誤的決議」，及「關於展開增產節約運動的決議」。在「中國
共產黨八屆八中全會關於彭德懷同志為首的反黨集團的錯誤的決
議」中特別強調彭的錯誤淵遠流長，而彭在「廬山會議」的發難，
是有歷史淵源的。「決議」指出：「彭德懷同志這一次所犯的錯誤不
是偶然的，它有深刻的社會的、歷史的、思想的根源。彭德懷同志
和他的同謀者、追隨者，本質上是在民主革命中參加我們黨的一部
分資產階級革命家的代表。彭德懷同志雖然掛著馬克思列寧主義的
招牌，口頭上也講社會主義，實質上一腦子資產階級個人英雄主義
思想、資產階級的極端虛偽的所謂『自由平等博愛』思想，並且還
有某些封建殘餘思想」，「他的世界觀、人生觀和思想方法是資產階
級的經驗主義和唯我主義的世界觀、人生觀和思想方法。他帶著『入
股』的思想參了黨和黨所領導的革命軍隊，從來只願領導別人，領

導集體，而不願受別人領導，受集體領導。他不把自己所擔任的革命工作的成就看成黨和人民的鬥爭的成就，而把一切功勞歸於自己」[65]。

　　毛在「八屆八中全會」上將彭在「廬山會議」上的行為定位於「階級鬥爭」，視彭為右傾機會主義者及反黨聯盟的總頭目，並認為彭的錯誤是有歷史淵源及意識型態的基礎，是代表資產階級對無產階級的進攻。另外，在「中國共產黨第八屆中央委員會第八次全體會議的公報」中也將彭定位為「帝國主義者及其走狗」，並要求「各級黨委堅決批判和克服某些幹部中的這種右傾機會主義的錯誤思想，堅持政治掛帥」[66]。

　　「廬山會議」之後彭德懷被撤除國防部長及中共中央軍委會第一副主席之職務，但仍保留中央委員及政治局委員的身分。隨同彭德懷被撤職的尚有總參謀長黃克誠及張聞天等人，有關被撤職人員之姓名及職務如下：張聞天，外交部副部長，政治局候補委員；習仲勛，國務院副總理兼秘書長，中央委員；譚政，總政治部主任，國防委員會委員，隨同彭德懷訪蘇聯成員；蕭克，國防部副部長，

---

[65] 「關於彭德懷的反黨集團的決議」，**人民日報**，1967 年 8 月 16 日。「中國共產黨八屆八中全會關於彭德懷同志為首的反黨集團的錯誤的決議」，**紅旗**，第十三期，1967 年，頁 18-24。"Resolution of the 8th Plenary Session of the 8th Central Committee of the Communist Party of China concerning the anti-Party clique headed by P'eng Te-huai", **THE PEOPLE'S REPUBLIC OF CHINA 1949-1979 - A DOCUMENTARY SURVEY**, Vol. II, op. cit., pp.754-756.

[66] 「中國共產黨第八屆中央委員會第八次全體會議的公報」，**新華社**，1959 年 8 月 26 日。"Central Committee Communiqu on the 'Readjustment' of Claims and Targets (26 August 1959)", **THE PEOPLE'S REPUBLIC OF CHINA 1949-1979 -A DOCUMENTARY SURVEY**, Vol. II, p.758，**紅旗**，第十七期，1958 年，頁 3。

訓練總監部部長，中央委員；鄧華，瀋陽軍區司令員，中央委員；
周小舟，湖南省委會第一書記，候補中央委員；洪學智，總後勤部
部長，國防委員會委員，候補中央委員；李達，國防部訓練總監部
副部長，國防部副部長；聶鶴亭（中將），裝甲兵司令部副司令員；
韓振紀（中將），駐蘇聯大使館武官；萬毅（中將），總參謀部裝備
部部長，國防委員會委員；陳正湘（中將），京津衛戍區副司令員[67]。

　　毛、彭衝突，反映出中共在政策制訂過程中有極高的排他性，
沒有任何「忠誠反對者」的生存空間。盧山會議之前，基本上，中
共黨內高層尚能維持表面的和諧，他們之間有一個共同的目標，即
在清除國民黨殘留的影響力，並將中國改造成一個社會主義社會；
但在盧山會議之後，高層權力鬥爭的架構業已形成，此即，毛站在
制高點上，收納派系及號召追隨者共同向毛的敵人開火。在彭德懷
事件中雖然毛做了部分的妥協，並沒有擴大打擊面，衝擊到軍隊的
穩定，而且彭也仍保留在黨內的職位，但這次針對一個集建國功
臣、黨、政菁英於一身的國防部長的整肅，卻腐蝕了中共體系健全
發展的可能性，也扼殺了日後中共黨內對「政策」公開討論的可能。

　　盧山會議，毛最大的收穫是林彪取代彭擔任國防部長及中央軍
委會第一副主席。林彪在建國戰爭中功勳卓著，在軍隊中有一定的
軍事聲望，林接任彭的職務後，在毛的期望下，最優先也是最重要
的工作就是重新恢復共軍的政治意識及突出的扮演政治角色，加強
黨對軍隊的控制，解決軍隊中由於「三面紅旗」運動所茲長出來之
「資產階級與無產階級意識型態鬥爭」的問題。

---

[67] Jurgen Domes, **P'ENG TE-HUAI - THE MAN AND THE IMAGE**, op. cit., pp.99-100.

　　因此，林彪上臺後於同年 9 月在首次對軍隊的重要講話「高舉
黨的總路線和毛澤東軍事思想的紅旗闊步前進」中要求軍隊加強政
治教育，深入群眾，強化黨對軍隊的控制，並嚴厲批評忽略「人」
的因素而不斷強調武器裝備重要性的軍事觀點。林彪在講話中重新
引用毛的話說「政治工作是一切經濟工作的生命線」，並且認為「我
們的軍隊是為政治服務、為社會主義服務的軍隊」。有關軍隊與群
眾的關係，林則自豪的說：「當敵對勢力企圖阻撓和破壞革命的群
眾運動的時候，人民解放軍總是挺身而出，為群眾撐腰。同時，洶
湧澎湃的群眾運動，又總是反過來大大鼓舞和教育了軍隊，成為鍛
煉和提高軍隊政治覺悟的革命熔爐」[68]。

　　1960 年之後在毛及林彪不斷的以思想及政策的操作下，共軍的
政治意識及對毛的政治忠誠度大大的提高，彭德懷累積數年的專業
化、正規化建軍的思潮完全潰散。1960 年 10 月 20 日中央軍委舉行
擴大軍委會議，會議通過「中共中央軍委擴大會議關於加強軍隊政
治思想工作的決議」，「決議」提出了正確處理政治工作領域中的四
個關係問題：(1)正確處理武器和人的關係。人的因素、政治思想的
因素，是戰鬥力諸因素中的首要因素。(2)正確處理各種工作和政治
工作的關係。一切工作都必須強調政治掛帥。(3)正確處理政治工作
中事務性工作和思想工作的關係。掌握思想教育，是團結全黨進行
偉大政治鬥爭的中心環節。(4)正確處理思想工作中書本思想和活的
思想的關係。思想工作在任何時候都要注意抓兩頭，一頭是抓黨中

---

[68] 「高舉黨的總路線和毛澤東軍事思想的紅旗闊步前進」，**人民日報**，1959
年 9 月 29 日。**紅旗**，第十二期，1959 年，頁 16-25。"Lin Piao on the Maoist
Line in Military affairs (29 September 1959)"，**THE PEOPLE'S REPUBLIC
OF CHINA 1949-1979 - A DOCUMENTARY SURVEY**, op. cit., pp.777-784.

央、軍委的指示、決議的傳達貫徹，一頭是抓部隊的思想動態。此外，林彪提出了「四個第一」，就是「人的因素第一，政治第一，思想工作第一，活的思想第一」的軍隊政治思想工作的方向[69]。

1961 年 4 月，軍隊各級黨組織恢復正常的運作，其中工作不力的黨委被撤換了約兩千人，其餘有關黨委之人事也做了大幅度的調整[70]。

盧山會議之後，毛借林彪之力將軍隊拉回到「政治掛帥」的道路，在林的主導下，進行了一連串以解放軍爲主體的政治運動，軍隊自此擠身於中央的政治舞臺；正規化、專業化建軍的代表人物 —— 彭德懷的下臺，標示著共軍一個時代的結束，及另一個新政治建軍時代的開始。毛以林彪主持軍委日常工作，雖然林於上臺後立即號召全軍「高舉毛澤東思想的偉大紅旗前進」，但毛深知林彪此舉只能保護自己的基本盤，以及引領共軍回到「古田會議」的建軍原則老路而已，但黨內的政治威脅仍在，而劉少奇在「八大」時的表現，讓毛產生了戒心。基於劉擁有高組織能力及在黨內僅次於毛

---

[69] 「中共中央軍委擴大會議關於加強軍隊政治思想工作的決議（1960 年 10 月 20 日）」 "Resolution of the Enlarged Military Committee Concerning the Strengthening of Political and Ideological Work (20 October 1960)", **BULLETIN OF ACTIVITIES OF THE PEOPLE'S LIBERATION ARMY**, Vol. IV, 1961, p.219; J. Cheng (ed.), **THE POLITICS OF THE CHINESE RED ARMY: A TRANSLATION OF THE BULLETIN OF ACTIVITIES OF THE PEOPLE'S LIBERATION ARMY**, California: Stanford University, 1966, pp.480-487; "Reindoctrinating the People's Liberation Army (October 1960)", **THE PEOPLE'S REPUBLIC OF CHINA 1949-1979 - A DOCUMENTARY SURVEY**, Vol. II, op. cit., pp.882-897.

[70] Ralph L. Powell, **POLITICO-MILITARY RELATIONSHIP IN COMMUNIST CHINA**, U.S. Dept. of State: Bureau of Intelligence and Research, 1963, pp.7-8.

的地位，劉有可能會以漸進的方式蠶食毛的權威，因此毛認知到他的安全只有建立在全民對他「個人崇拜」的基礎及劉少奇的垮台上，要劉垮台並不容易，劉沒有犯錯，也沒有公開與毛有針鋒想對的衝突，毛要達到目的必須有周延的計畫，計畫執行需要時間，但劉成為毛下一個權力挑戰的敵手則已確定。

在廬山會議中，雖然毛贏得了勝利，順利的將會議由「反左」扭轉成「反右」，但彭德懷的下臺，其結果卻不是黨內鬥爭的結束，而是另一場更大鬥爭的開始。劉少奇更因為在廬山會議上沒有遠見及大戰略的佈局，投毛所好，未能支持彭德懷，使他失去了能與毛制衡的一大幫手。劉在「八屆八中全會」結束的第二天，8月17日在中共中央工作會議上對彭的問題又再做發言，以示一面倒向毛，劉吹捧的說：(1)毛的領導是最好、最正確的領導，即使請馬克思、列寧來領導，可能比毛還差。(2)彭德懷反對個人崇拜，反對唱『東方紅』，反對喊『毛主席萬歲』，我則是積極的搞個人崇拜，在『七大』以前我就宣傳毛澤東同志的威信，在『七大』黨章上就寫上以毛澤東思想為指導思想這一條。(3)蘇共二十大以後，有人反對毛澤東同志的個人崇拜，我認為是完全不正確的，是對黨的一種破壞[71]。

劉少奇大力的迎奉毛，甘願做毛鬥彭的幫手，但他卻沒能認知，一旦失去了彭，也就等於未來劉失去了黨內一個敢於和毛提出不同意見的同盟軍，同時也失去了共軍這一個最大最有力的政治資產，文革開始後，當毛整肅劉時，劉毫無反擊能力的命運也自此註定。

---

[71]　李銳，廬山會議實錄，頁369。

第三節　劉少奇事件

「劉少奇事件」的性質，雖高於「派系或路線的反對」，但卻遠不及「結構性的反對」的層次，毛與劉在社會主義信仰上並無衝突，但在如何落實這個理想的策略及行動上則有矛盾。

1945 年 5 月召開的「七大」將毛澤東思想納入黨章，是出自於劉少奇的建議，劉在 5 月 14 日的會議中作「關於修改黨章的報告」，「報告」中對毛有相當露骨的吹捧，劉在「報告」裡公開的提出「天才」論，他說「毛澤東同志是我國英勇無產階級的傑出代表，是我們偉大民族的優秀傳統的傑出代表，他是天才的創造的馬克思主義者」。劉在談到毛澤東思想的價值時說「毛澤東思想就是馬克思主義在目前時代的殖民地、半殖民地、半封建國家民族民主革命中之繼續發展，就是馬克思主義民族化的優秀典型」，「毛澤東思想是中國共產主義的理論與實踐，不只是在和國內國外各種敵人進行革命鬥爭中，同時又是在和黨內各種錯誤的機會主義思想—和陳獨秀主義，李立三路線，以及後來的『左』傾路線、投降路線、教條主義、經驗主義等進行原則鬥爭中，生長和發展起來的。它是我們黨的唯一正確的指導思想，唯一正確的總路線」[72]。

有關毛澤東思想部分，劉再推崇說：「從他的宇宙觀以至他的工作作風，乃是發展著與完善著的中國化的馬克思主義，乃是中國

---

[72] 「關於修改黨章的報告（1945 年 5 月在中國共產黨第七次全國代表大會上報告）」，劉少奇問題資料專輯，台北：中共研究雜誌社，1970 年，頁 145-153。 "On the Party (14 May 1945)", **SELECTED WORKS OF LIU SHAO-CH'I**, Vol. I, Peking: Foreign Languages Press, 1984, pp.315-332.

人民完整的革命建國理論」，「現在的重要任務，就是動員全黨來學習毛澤東思想，宣傳毛澤東思想，用毛澤東思想來武裝我們的黨員和革命的人民，使毛澤東思想變爲實際的不可抗禦的力量」，而毛澤東思想「就是這次被修改了的黨章及其總綱的基礎。學習毛澤東思想，宣傳毛澤東思想，遵循毛澤東思想的指示去進行工作，乃是每一個黨員的職責」[73]。劉要求黨員用毛思想武裝自己，而且他把毛思想形容成具有宇宙觀的建國理念，毛是天才，因此黨員必須學習，還要宣傳毛思想。

劉少奇在這個報告中對毛思想極盡奉承，但是 11 年之後，於1956 年 9 月召開的「八大」在作「政治報告」時卻有了不同的說法。劉在報告中之「國際關係」部分指出：「今年二月舉行的蘇聯共產黨的第二十次代表大會是具有世界意義的重大政治事件。它不僅制定了規模宏偉的第六個五年計劃，決定了進一步發展社會主義事業的許多重大的政策方針，並批判了在黨內曾經造成嚴重後果的個人崇拜現象」。劉認爲個人崇拜會造成嚴重的後果，而且批判個人崇拜具有特殊的意義。

在「黨的領導」部分，劉則表示：「黨領導的任務之一就是要研究和分析過去所犯的錯誤，取得教訓，從而求得在今後的工作中少犯錯誤，盡量不重複已經犯過的錯誤，並且盡量不使小錯誤變爲大錯誤」，「爲了力求黨的領導工作符合於客觀實際，便利於集中群眾的經驗和意見，減少犯錯誤的機會，必須在黨的各級組織中無例外地貫徹執行黨的集體領導原則和擴大黨內民主」。有關黨的集體領導原則，劉說：「我們黨的集體領導原則，絕不是否認了個人負

---

[73] 同上。

責的必要和領導者的重要作用，相反，它是使領導者能夠充分正確
地和最有效地發揮個人作用的保証」，因此要「堅持黨的民主原則
和集體領導原則」[74]。11 年間中共從革命團體成爲國家政權及黨政
軍權的獨佔團體，劉少奇此時不再吹捧毛思想的偉大，不再要求黨
員遵循毛思想的指示去工作，劉在天下太平後很現實的拋棄了毛，
此時他開始要求擴大黨內民主以及執行集體領導，而且要堅持這樣
做。

另外，劉少奇在「八大」主導黨章的修正，這次修正最重要的
內容是在黨章中刪除了「以毛澤東思想作爲我們黨的一切工作指
針」的規定。在新黨章的「總綱」中說明：「中國共產黨以馬克思
列寧主義作爲自己行動的指南，只有馬克思列寧主義才正確地說明
了社會發展的規律，正確地指出了實現社會主義和共產主義的道
路」。「中國共產黨的組織原則是民主集中制」，按照黨的民主集中
制，「任何黨的組織都必須嚴格遵守集體領導和個人負責相結合的
原則」，因爲「任何政黨和任何個人在自己的活動中都不會是沒有
缺點和錯誤的」。在「黨章」第一章、第二條「黨員有下列義務」
中刪除了「學習毛澤東思想」，僅強調「努力學習馬克思列寧主義，
不斷提高自己的覺悟程度」[75]。毛意識型態的權威地位，毛個人在
黨內的地位，在新黨章中受到了以劉少奇爲首的挑戰。黨章中刪除
毛思想作爲指導思想的宣示，不會只是劉少奇個人的意見，更不會

---

[74] 「中國共產黨中央委員會向第八次全國代表大會的政治報告」，人民日報，
1956 年 9 月 17 日。

[75] 「中國共產黨章程（中國共產黨第八次全國代表大會通過）」，新華社，1956
年 9 月 26 日。"Constitution of the Communist Party of China (26 September
1956)", **THE PEOPLE'S REPUBLIC OF CHINA 1949-1979 - A
DOCUMENTARY SURVEY**, Vol. I, op. cit., pp.406-407.

是黨內即興之作，相信這在當時是黨內多數人的看法，否則不會經由大會同意而正式通過成為新黨章的重要內容。

　　按照慣例，中共黨代表大會，均由黨內排名第一或第二的領導同志做重要的報告，特別是「政治報告」。如不以實際影響力，而僅以黨內排名論，劉少奇自 1945 年後僅次於毛而位居第二號人物，對中共黨而言，權位的排序，雖非實際權力但卻代表法定權力的大小，劉在黨內重要會議中提出的報告，不容否認的具有一定程度的政策代表性。

　　有關毛思想，為何從「七大」時的崇隆地位降到「八大」時的低落，劉少奇在「八大」的政治報告中，有下列的原因說明，他說：「在黨的第七次代表大會到第八次代表大會期間，隨著革命的勝利和國家狀況的變化，黨本身的狀況也有了很大的變化。[76]」劉的意思非常明顯，隨著革命的成功，在新的建國時期，黨要「貫徹執行黨的集體領導原則和擴大黨內民主」，要擴大黨內民主，而民主的前提是平等、組織高於個人，因此要實行集體領導和擴大黨內民主就必須消除個人思想領導，「反對主觀主義。必須加強在廣大的新黨員中理論和實際統一的教育，認識主觀主義，包括教條主義和經驗主義的危害」[77]。

　　從權力競賽的角度看，如果黨內實施「民主集中制」，大家可以共同分享毛目前所享有的決策權，對中共黨、政、軍菁英而言他們的決策發言地位會升高，對劉少奇而言，一旦實施「民主集中制」對他日後爭取大位有相當的助益，因此劉對「民主集中制」有特別

---

[76] 同上。
[77] 同上。

的期待；刪除毛思想在黨章中的法定地位，在黨、政、軍菁英的眼中是共享大權的開始，但在劉及劉派系人的心中卻是必須先動手的部分。

「八大」黨章順利的通過，對毛是個打擊，劉在黨內的地位雖未變動，但卻相對的提升了未來在黨內的實力。1958 年 12 月「八屆六中全會」，毛因「三面紅旗」運動失敗，被迫辭去「國家主席」的職位，1959 年 4 月「二屆人大」選出劉少奇擔任國家主席，鄧小平擔任中共中央總書記，並規定「中央書記處」直接向政治局常委負責，不再向毛個人負責，毛退居二線。

1961 年 3 月 15 日劉少奇批准以陸定一為部長的中央宣傳部所提「關於毛澤東思想和領袖革命事蹟宣傳中一些問題的檢查報告」，這個報告發至各中央局，各省（市）、自治區黨委，中央各部委、各黨組，解放軍總政治部，並規定此「報告」要發至縣團級。「報告」中指出：(1)在對於毛澤東思想的宣傳中，存在著簡單化、庸俗化的現象。有些文章把某些科學、技術方面的創造、發明或發現，簡單、生硬地和毛澤東思想直接聯系起來，或者說成是應用毛澤東思想的結果。有的出版物，把毛澤東同志的戰略戰術思想，牽強附會地和醫治疾病直接聯系起來。(2)在宣傳領袖革命事跡的出版物中，有的文章所寫的事實不真實。該報告規定今後各地報刊書籍出版機關，在發表這類文章或出版這類書籍時，一定要經過省（市）委或中央有關各部黨組的審查，當否，請予批示[78]。

1963 年 7 月劉少奇以中共中央名義批轉中央宣傳部「關於出版

---

[78] 中共中央轉發中央宣傳部「關於毛澤東思想和領袖革命事跡宣傳中一些問題的檢查報告（1961 年 2 月 23 日）」，1961 年 3 月 15 日，**中共中央檔案資料**。

工作座談會情況和改進出版工作問題的報告」到各級地方機關，並規定地方不許代編印出版毛的著作，要求嚴格控制印刷數量，只能在機關內部發行，不得公開發行[79]。劉少奇有計畫的從根本上進行消除毛思想的工作。

另外，中共中央於 1961 年 1 月召開「八屆九中全會」，會議聽取了李富春作的「關於 1960 年國民經濟計劃執行情況和 1961 年國民經濟計劃主要指標的報告」，該報告對現行的經濟問題進行了檢討，並指出有關經濟的調整主要是在克服農、工業冒進政策，並且進一步提倡「三自一包」包括：發展自由市場、擴大自留地、自負盈虧，包產到戶等措施，這些措施實際上否定了毛的「社會主義總路線」。

1961 年 9 月 15 日在劉少奇的主持下制訂了「關於全黨幹部輪訓的決定」，在「決定」中明確的規定：「不得採取強制接受意見的壓服辦法，並且允許有不同意見的同志保留自己的意見或者修正自己過去的意見，不戴帽子，不抓辮子，不打棍子，認真貫徹執行『知無不言，言無不盡，言者無罪，聞者足戒』的原則」，劉要求大家「不作思想政治排隊」[80]。此一規定減低了林彪在全國對毛進行「造神」運動的衝擊，維護了批判的自由，「不戴帽子，不抓辮子，不打棍子」的作法鼓舞了批判的風氣。

嚴格的說，劉少奇對「社會主義信仰」上與毛一致，但對如何過渡到「社會主義社會」的途徑則與毛有分歧；早在 1946 年 2 月 1 日中共政權成立之前，劉的觀點在其所發表的「時局問題的報告」

---

[79] 王元，**中共的權力鬥爭與路線鬥爭**，前揭書，頁 168。

[80] 「中共中央關於輪訓幹部的決定」，1961 年 9 月 15 日，**中共中央檔案資料**。

時已有表露，在當時的「報告」中，劉提出「和平民主新階段」的
論點，其重點在「走合法議會鬥爭的道路」。劉認為：「中國革命主
要鬥爭形勢已轉變為和平的、議會的鬥爭，是合法的群眾鬥爭和議
會鬥爭」，「黨的全部工作要轉變，一切組織要改變，轉變到以非武
裝鬥爭為主，要會做宣傳、會演講、會做選舉運動，要大家投你票」
[81]。劉少奇「走合法議會鬥爭的道路」的看法與赫魯雪夫一致，赫
魯雪夫就認為通過議會道路實現社會主義是有可能的。

　　文革初期，當毛開始狠打劉少奇時，劉的「議會論」看法成為
無恥的罪狀。中共中央於 1967 年 8 月發表「中國『議會迷』的破
產」一文，嚴屬的批判了劉少奇「合法鬥爭與議會道路」的觀點，
並將劉的這個觀點提升為資產階級與無產階級的鬥爭，馬克思、列
寧主義與修正主義的鬥爭。該文祭出列寧的話：「如果把階級鬥爭
侷限於議會鬥爭，或者認為議會鬥爭是最高的、決定性的支配著其
餘一切鬥爭形式的鬥爭，那就實際上轉到資產階級方面去而反對無
產階級」；因此，該文強調：「議會只是資產階級統治的裝飾品和屏
風，無產階級絕不能用議會鬥爭代替暴力革命」。此外該文重申「無
產階級要奪取政權，是通過武裝鬥爭，還是走『議會道路』，這是
馬克思、列寧主義和修正主義的一個根本分歧，國際共產主義運動
的全部歷史告訴我們，大大小小的修正主義者從來就是『議會迷』，
他們無一例外地否認暴力革命是無產階級革命的普遍規律，一向以
資產階級議會做為交易所，幹著出賣無產階級根本利益的勾結，成
為工人階級最可恥的叛徒」[82]。

---

[81] 「中國『議會迷』的破產」，紅旗，第 13 期，1967 年 8 月，頁 29。
[82] 同上，頁 29-30。

　　毛對劉少奇「議會道路」的觀點，進行嚴厲的批判，其實真正
的目的在保衛其「槍桿子裡出政權」的信仰，以及清除非毛思想的
異端論點，鞏固他絕對的領導地位。在「中國『議會迷』的破產」
一文中，非常清楚的表達了毛的顧慮，即「中國赫魯雪夫鼓吹『議
會道路』的同時，還赤裸裸的反對武裝鬥爭，主張向國民黨交槍，
他公然提出『軍隊也要整編』，要把我們的軍隊整編成為國防軍，
保安隊，自衛隊，要在軍隊中取消黨的組織，停止對軍隊的直接領
導，指揮統一於國防部」[83]。

　　對於 1950 年代初劉少奇提出的「鞏固新民主主義次序」口號，
毛則反批「鞏固新民主主義次序」就是鞏固和發展資本主義勢力，就
是不搞社會主義革命，就是走資本主義道路，毛因此發表了一系列
「關於農業合作化的問題」文章批駁劉少奇的論點，並認為他與「發
展富農」的觀點無異[84]。

　　1956 年社會主義改造在生產資料所有制的方面基本完成以
後，劉在同年 9 月 15 日「八大」的「政治報告」中認為無產階級
同資產階級之間的矛盾已經基本解決，「改變生產資料私有制為社
會主義公有制這個極其複雜和困難的歷史任務」基本上已經完成
了。「社會主義和資本主義誰戰勝誰的問題，現在已經解決」，而中
共內部目前主要矛盾是「先進的社會主義制度同落後的社會生產力
之間的矛盾」。毛則認為「八大」於 9 月 27 日通過關於劉少奇「政

---

[83] 同上，頁 30。

[84] 「紀念中國共產黨五十週年」，**紅旗**，第七/八期，1971 年，頁 12。**人民日報**，**解放軍報**，1971 年 7 月 1 日。"The Communist Party's Fiftieth Anniversary (1 July 1971)", **THE PEOPLE'S REPUBLIC OF CHINA 1949-1979 - A DOCUMENTARY SURVEY**, Vol. V, op. cit., pp.2329-2330.

治報告」決議中之上述論點是錯誤的、是反馬克思的。

　　「八大」之後不久，毛於 1957 年 2 月 27 日在最高國務會議第十一次（擴大）會議上發表了「關於正確處理人民內部矛盾的問題」，回答了有關社會主意社會的階級矛盾及階級鬥爭的問題，毛指出：「雖然社會主義改造，在所有制方面說來，已經基本完成」，「但是，被推翻的地主買辦階級的殘餘還是存在，資產階級還是存在，小資產階級剛剛在改造。階級鬥爭並沒有結束，無產階級和資產階級之間的階級鬥爭，各派政治力量之間的階級鬥爭，無產階級和資產階級之間在意識形態方面的階級鬥爭，還是長時期的，曲折的，有時甚至是很激烈的。無產階級要按照自己的世界觀改造世界，資產階級也要按照自己的世界觀改造世界，在這一方面，社會主義和資本主義之間誰勝誰負的問題還沒有真正解決」[85]。

　　毛認為在知識分子中間，馬克思主義者仍然是少數，因為「馬克思主義必須在鬥爭中才能發展」，而且「正確的東西總是在同錯誤的東西作鬥爭的過程中發展起來的。真的、善的、美的東西總是在同假的、惡的、醜的東西相比較而存在，相鬥爭而發展的」。毛意有所指的強調：「我國社會主義和資本主義之間在意識形態方面的誰勝誰負的鬥爭，還需要一個相當長的時間才能解決。這是因為資產階級和從舊社會來的知識分子的影響還要在我國長期存在，作為階級的意識形態，還要在我國長期存在」。毛在這篇講話中對人民的「敵人」做了新的定義，他說：「在建設社會主義的時期，一切贊成、擁護和參加社會主義建設事業的階級、階層和社會集團，

---

[85] 「關於正確處理人民內部矛盾的問題」，毛澤東選集，第五卷，頁 363 - 402。人民日報，1957 年 6 月 19 日。

都屬於人民的範圍；一切反抗社會主義革命和敵視、破壞社會主義建設的社會勢力和社會集團，都是人民的敵人」[86]。毛已暗指劉少奇是敵人而且是人民的敵人。

1962 年 1 月 11 日至 2 月 7 日中共中央在北京召開擴大工作會議，參加會議人員涵蓋面遍及中央各部、各中央局、各省、市、自治區黨委，及解放軍各級幹部七千餘人，劉少奇代表中共中央作了講話及提出書面報告，初步總結了 1958 年以來社會主義建設的基本經驗及教訓，分析了幾年來工作中的主要缺點錯誤。劉在 1 月 27 日的講話中針對「大躍進」的成績指出：「兩三年以前，我們原來以為，在農業和工業方面，這幾年都會有大躍進。可是，現在不僅沒有進，反而退了許多，出現了一個大的馬鞍形」，困難形勢出現的原因，出自工作中的缺點和錯誤，劉少奇並以「三分天災，七分人禍」做為總結。以外，劉還接著說：黨內還有一種「左」比「右」好的說法，「有的同志說，犯『左』傾錯誤是方法問題，犯『右』傾錯誤是立場問題」，劉認為這種說法，是不正確的，是錯誤的，他強調「右」不比「左」好，「左」也不比「右」好。

最後劉少奇談到「民主集中制」和工作中缺點錯誤的相互關系，劉認為：黨提出了一些過高的超出了實際可能的經濟任務和政治任務，並且不顧一切地採取了各種組織手段，去堅持執行這些任務，因而，也就是在組織上犯了許多錯誤。這些組織上的錯誤，最主要的就是「在國家生活和群眾組織生活中違反了民主集中制的原則。有不少的負責人，沒有充分地發揚民主，沒有把任務提交給群

---

[86] 同上。

眾和幹部」[87]。

在「報告」中，劉少奇檢討了農業、工業生產等各種問題，有關「民主集中制」本身的問題，他說：「無產階級的集中制，絕不能離開廣泛的人民民主，即佔人口百分之九十以上的人民的民主」。劉除了「反對脫離群眾、破壞民主作風的傾向」並「反對政治空談」，對於科學技術人員，他主張應「在技術問題上應該尊重他們的職權和意見」，因為「我們的各級領導機關和負責人，不可能什麼事情都懂得」，劉認為在黨內「有些幹部嚴重地沾染了本位主義、個人主義等非無產階級思想，斤斤計較眼前的、局部的利益，缺乏遠大的政治眼光。這是分散主義產生和滋長的更重要的原因」[88]。

劉在「報告」及「講話」中提出的檢討意見，個個打中毛的痛處，「三面紅旗」運動的上崗是毛拍版定案的，其中並未透過黨內「民主集中制」的討論，尤其劉借引用農民所述「三分天災、七分人禍」的定論直指毛的錯誤外，劉還間接的以要尊重專家的意見影射毛的獨斷。劉的說法事後引來殺生之禍，文革初期，「紅旗」發表「從彭德懷的失敗到中國赫魯雪夫的破產」之社論，該社論針對1962 年 1 月的擴大中央工作會議有關劉少奇的「報告」及「講話」提出嚴厲的批評說「資產階級司令部的總頭目，中國的赫魯雪夫親自出場了」，「他公然替彭德懷翻案，他為彭德懷辯護說，彭德懷的反黨綱領『不少還是符合事實的』，『並不算犯錯誤』，『對彭

---

[87] 「在擴大的中央工作會議上的講話（1962 年 1 月 27 日）」，**劉少奇選集**，下冊，頁 230-235。
[88] 同上。

德懷的反黨集團的鬥爭是錯誤的過大的鬥爭』」[89]。

1962 年 9 月 23 至 27 日在北京召開的「八屆十中全會」，毛在 24 日上午於懷仁堂的講話中針對性的說：「社會主義國家有沒有階級存在？有沒有階級鬥爭？現在可以肯定，社會主義國家有階級存在，階級鬥爭肯定是存在的」，「階級問題沒有解決」，「要承認階級長期存在，承認階級與階級鬥爭，反動階級可能復辟，要提高警惕」[90]。全會上，毛提出「千萬不要忘記階級鬥爭」[91]的號召，要求全國人民向資產階級司令部進攻。

「八屆十中全會」的「公報」重申「在由資本主義過渡到共產主義的整個歷史時期，存在著無產階級和資產階級之間的階級鬥爭。這種階級鬥爭是錯綜複雜的、曲折的、時起時伏的，有時甚至是很激烈的。無論現在和將來，我們黨都必須提高警惕，正確地進行在兩條戰線上的鬥爭，既反對修正主義、也反對教條主義」[92]。毛隨後並將「社會主義教育運動」從經濟性的「鞏固人民公社的集體經濟」扭轉成政治性的「整黨內那些走資本主義道路的當權派」，毛要以群眾運動的方式清除以劉少奇為代表的反對勢力。

1963 年 5 月毛在「關於社教運動的指示」中表示，「不打無準備的仗，這一仗是全國性的革命運動」，同月 20 日發佈「關於目前農村工作中若干問題的決議」，「決議」強調：「社會主義社會是一個相當長的歷史階段，在社會主義這個歷史階段中，還存在著

---

[89] 「從彭德懷的失敗到中國赫魯雪夫的破產」，**紅旗**，第十三期，1967 年 8 月，頁 23。

[90] 毛澤東「在八屆十中全會上的講話」，**毛澤東思想萬歲**，台北：國際關係研究中心，1974 年，頁 430-436。

[91] 「千萬不要忘記階級鬥爭」，**紅旗**，第七期，1966 年 5 月，頁 20-23。

[92] **新華社**，1962 年 9 月 28 日。

階級、階級矛盾和階級鬥爭，存在著社會主義同資本主義兩條道路
的鬥爭，存在著資本主義復辟的危險性」，「這是關系社會主義和
資本主義誰戰勝誰的問題，是關係馬克思列寧主義和修正主義誰戰
勝誰的問題」，而「這一場鬥爭是重新教育人的鬥爭，是重新組織
革命的階級隊伍，向著正在對我們倡狂進攻的資本主義勢力和封建
勢力作尖銳的針鋒相對的鬥爭」，毛號召要「把他們的反革命氣焰
壓下去」[93]。

　　1964 年 7 月，毛、劉的鬥爭已提升到理論層次，毛在 7 月 18
日發表「關於哲學問題」的講話，在講話中毛否定中央黨校校長楊
獻珍[94]「合二為一」的觀點。楊「合二為一」的說法起於 1964 年 4
月在中央黨校對新疆班學員於「在實際中尊重辯證法」之課程內容
中，楊獻珍以明朝人方以智的「東西均」中之「合二而一」這句話
應用在對辯正法的分析上，其詮釋為「不有二，則無一」，即「一」
是由「二」所構成[95]，因此，統一的事物應是由兩個對立面所構成，
而辯證法的基本觀點就是對立面的統一。

　　同年 8 月「紅旗」刊登另一篇「哲學戰線上的新論戰 —— 關於
楊獻珍同志的『合二為一』論」的討論報導，該文批評楊獻珍的「合
二為一」觀點是「一場意識型態領域中的階級鬥爭」，該文表示：「哲

[93] 「中共中央關於目前農村工作中若干問題的決定」，1963 年 5 月 21 日，中
共中央檔案資料。

[94] 楊獻珍，1899 年生於湖北，留學蘇俄，中日戰爭時期，任中共中央馬主義
研究院及中央黨校哲學教研室正、副主任，1949 年後中央馬主義研究院任副
院長，兼哲學教研室主任，1955 年任由中央馬主義研究院改制之中央高級黨
校校長，1956 年 9 月當選候補中央委員，1958 年 5 月遞補為中央委員。參
閱：中共人名錄，前揭書，頁 776。

[95] 「一分為二、合二為一」，光明日報，1964 年 5 月 29 日。

學是一種社會意識型態，它有顯明的黨性即階級性，哲學戰線上的鬥爭，總是經濟戰線和政治戰線上階級鬥爭的反映，在階級鬥爭中，不同階級必然從各自的階級利益出發，提出各種不同的看法，並且把這種不同的看法從哲學上做出概括，或者是革命的概括，或者是反動的概括」[96]。

「紅旗」在「哲學戰線上的新論戰」一文中再度強調：「『一分為二』和『合二而一』[97]是兩種根本對立的世界觀。現在，國際上反帝、反修的鬥爭正在蓬勃發展，國內無產階級和資產階級兩個階級的鬥爭，社會主義和資本主義兩條道路的鬥爭正走向一個新的階段。面對這種形勢，毛澤東強調要用『一分為二』的觀點來進行鬥爭。楊獻珍在這時宣揚『合二而一』論，就是適應修正主義和敵對階級的需要，宣傳階級合作和矛盾調和對抗社會主義教育運動」[98]。

「人民日報」在 1964 年 8 月 31 日轉載「紅旗」這篇「哲學戰線上的新論戰」評論，並由此引發一系列批判楊獻珍的文章。毛認

---

[96] 「哲學戰線上的新論戰 —— 關於楊獻珍同志的『合二為一』論」，**紅旗**，第十六期，1964 年，頁 7-11。"New Polemic on the Philosophical Front", **PEKING REVIEW**, No. 37, 11 September, 1964; "A Reaffirmation of Dialectics", **THE PEOPLE'S REPUBLIC OF CHINA 1949-1979 - A DOCUMENTARY SURVEY**, Vol. II, pp.1293-1296.

[97] 楊獻珍認為自己說的是「合二而一」，毛認定其說的是「合二為一」。楊獻珍表示「合二而一」與「合二為一」不同，楊認為「合二而一」與毛說的「一分為二」相同，因為：「合二而一」說的是「一」是由「二」即對立面構成的。正因為「一」之中有「二」，所以「一」分為「二」才是可能的。用哲學教科書裏面的話說，「合二而一」相當於「統一體是由兩個對立面組成的」，「一分為二」則相當於「統一物之分解為兩個部分」，所以，兩個詞語表達的是同一個意思，差別在於前者從靜態的角度說，後者從動態的角度出發。參閱：「合二而一」還是「合二為一」？ —— 讀楊獻珍：「合二而一」。參閱：楊獻珍，**合二而一**，重慶出版社，2001 年。

[98] 同上。

為楊的背後有後台，而楊只是開槍發難而已。轉載「紅旗」評論當天，「人民日報」在頭版刊登了中共中央對於蘇共中央 7 月 30 日來信的回信；「回信」指責蘇共執行了一條反共、反人民、反革命路線，並說蘇共這封來信是「發出了公開分裂國際共產主義的號令」。「回信」宣稱「絕不參加你們分裂國際共產主義運動的國際會議，絕不能分擔你們分裂國際共產主義運動的責任」，並說「召開這種分裂小會是自尋絕路，我們已經警告過你們：你們召開分裂會議之日，就是進入墳墓之時」。

　　1965 年 3 月 1 日，批判楊獻珍哲學觀點的運動到了新的階段，中央黨校校務委員會向黨中央作了「關於楊獻珍問題的報告」，報告中指出：「他是資產階級在黨內的代言人，是彭德懷一夥，是個小赫魯雪夫」，他「反對毛澤東思想，製造反對社會主義的理論，攻擊社會主義建設總路線、大躍進、人民公社，鼓吹資本主義復辟，大刮單幹風，攻擊歷次政治運動，大鬧翻案風，同彭德懷一道反黨，站在赫魯雪夫一邊」，是「包庇、安插惡霸地主反革命分子」，要「把高級黨校變成獨立王國」，並「企圖抓全國黨校領導權」。

　　楊獻珍借用古人的「合二而一」，從哲學角度對抗毛的「一分為二」，不論事後楊如何辯稱「合二而一」與「一分為二」表達的是同一個意思，與毛的差別僅在於前者從靜態的角度而後者是從動態的角度出發；但以當時毛的權威性地位及楊任中央黨校校長的身分，楊獻珍敢提出與毛堅持「一分為二」不同的「合二而一」或「合二為一」的說法，其中當然有相當程度的針對性，可以肯定的是楊獻珍的哲學批判主要在對毛的「不斷革命」的迷思，進行理論上否定，其對應的則是支持劉少奇的「階級調和」的論點。

　　劉少奇早在 1939 年 7 月於延安馬列研究院發表過一篇演講「論

共產黨員的修養」，而楊獻珍則在該期間分別擔任研究院哲學教研室正、副主任；劉在「論共產黨員的修養」中曾指出某些黨員中還存在著比較濃厚的個人主義和自私自利的思想意識。這種個人主義的表現就是：「某些人在解決各種具體問題的時候，常把個人利益擺在前面，而把黨的利益擺在後面」，「少數同志有濃厚的剝削階級的意識。他們常常不擇手段地對付黨內的同志，處理黨內的問題，完全沒有無產階級共產主義的偉大而忠誠的互助精神和團結精神。有這種意識的人，在黨內總是想抬高自己，並且用打擊別人、損害別人的方法去達到抬高自己的目的」，「他嫉妒強過他的人，別人走在他前面，他總想把別人拉下來，他不甘心居於人下，只顧自己，不管別人」[99]。

另外在「論共產黨員的修養」第九點「對待黨內各種錯誤思想意識的態度，對待黨內鬥爭的態度」中，劉認為黨內有同志「不按照客觀需要和客觀事物發展的規律來適當地具體地進行黨內鬥爭，而是機械地、主觀地、橫暴地、不顧一切地來鬥爭」，「他們把黨內的機械的過火的鬥爭，發展到故意在黨內搜索鬥爭對象，故意製造黨內鬥爭，並且濫用組織手段甚至黨外鬥爭的手段來懲罰同志，企圖依靠這種所謂鬥爭和組織手段來推動工作」[100]。

基本上，劉少奇反對主觀地、機械地、橫暴地黨內鬥爭，但當時代表當權派言論的「紅旗」卻在楊獻珍「合二而一」的論點上做了必須鬥爭的結論，即「馬克思、列寧主義同現代修正主義的矛盾和鬥爭是不可調和的」。「紅旗」批楊，實際上是對楊的後台劉少

---

[99] 「論共產黨員的修養：1939 年 7 月在延安馬列學院的演講」，**紅旗**，第 15/16 期，1962 年 8 月，頁 1-38。
[100] 同上。

奇開火，此時毛已透過「紅旗」明白的表示與劉之間的鬥爭是不可妥協的。

1964 年 12 月毛召集中央工作會議，直指鬥爭的目標是「黨內走資本主義道路的當權派」，毛要清除走資本主義的當權派，而這個當權派又是搞黨務出身的總頭目，因此對毛而言必須步步為營，要有戰略。劉少奇是國家主席，在黨內有一定的聲望，如果毛用路線鬥爭的名義整肅劉，有一定的困難。建國後，不論高崗、饒漱石事件，或彭德懷事件，劉都與毛站在同一陣線，在「三面紅旗」運動造成國家災害時期，劉並沒有為民請願或公開批判此一運動，因此，毛不能以路線之名鬥劉，在這種情形下毛只能動用「槍桿子」及建構一個有利於毛的政治環境，才能完成整肅劉的目標。毛採用了兩個步驟，一是用林彪，從軍隊著手，透過加強軍隊的政治思想工作，不斷強調政治是統帥，是靈魂，政治工作是共軍的生命線，並將「高舉毛澤東思想的偉大紅旗」的任務，由軍隊傳送到全國各地，鞏固毛之不容挑戰的領袖地位。二是掀起全國性的政治運動，用人民的力量作後盾，進行對劉的大鬥爭。

林彪於 1965 年 8 月在「紀念中國人民抗日戰爭勝利二十週年」發表了「人民戰爭勝利萬歲」一文，重申「中國革命的特點是武裝的革命反對武裝的反革命，主要的鬥爭形式是戰爭，主要的組織形式是在中國共產黨絕對領導下的軍隊」。林說「按照毛澤東同志的人民軍隊的建軍思想，我們的軍隊是在中國共產黨的絕對領導之下的軍隊，它無比忠誠地執行黨的馬克思列寧主義的路線和政策」。而毛建軍思想的基本精神，「就是人民軍隊的建設要突出政治，要首先和著重地從政治上建軍。政治是統帥，是靈魂。政治工作是我軍的生命線」，「中國人民戰爭的實踐經驗證明，按照毛澤東同志的

建軍思想建立起來的人民軍隊，是無比堅強的，是戰無不勝的」。
該文重提馬克思列寧主義關於無產階級革命的學說：「歸根到底，
就是用革命暴力奪取政權的學說，是用人民戰爭反對反人民戰爭的
學說」。林強調毛曾明確地指出：「革命的中心任務和最高形式是武
裝奪取政權，是戰爭解決問題」，該文再度闡明：「共產黨員不爭個
人的兵權，但要爭黨的兵權，要爭人民的兵權」[101]。

　　1966 年 5 月 4 日「紅旗」及「解放軍報」同時刊出「千萬不要
忘記階級鬥爭」的社論，該社論意有所指的嚴厲指出：「當前這一
小撮反黨反社會主義分子，在新的階級鬥爭形式下，對我們的進攻
具有新的特點，這些人打著『紅旗』反『紅旗』披著馬克思、列寧
主義，毛澤東思想的外衣，反對馬克思、列寧主義，毛澤東思想。
我們要遵照毛主席的教導，充分認識社會主義時期階級鬥爭的長期
性，曲折性，複雜性，千萬不要忘記階級鬥爭」。社論因此要求大
家要「要高舉毛澤東思想的偉大紅旗，堅決搞掉資產階級，修正主
義的反黨、反社會主義的黑線」[102]。

　　同年 8 月 4 日毛在「八屆十一中全會」期間舉行的中央政治局
常委擴大會議上講話：「中央下令停課半年，專門搞文化大革命，
等到學生起來了，又鎮壓他們。不是沒有人提過不同意見，就是聽

---

[101] 「人民戰爭勝利萬歲：紀念中國人民抗日戰爭勝利二十周年」，紅旗，第
　　十期，1965 年 9 月。"Peking's Defence Minister States the Maoist Line on
　　Vietnam (3 September 1965)", **THE PEOPLE'S REPUBLIC OF CHINA
　　1949-1979 - A DOCUMENTARY SURVEY**, Vol. II, pp.1222-1239.

[102] 「千萬不要忘記階級鬥爭」，紅旗，第七期，1966 年 5 月，頁 20-23。解
　　放軍報，1966 年 5 月 4 日。"The PLA Implies Intervention Against P'eng Chen
　　(4 May 1966)", **THE PEOPLE'S REPUBLIC OF CHINA 1949-1979 - A
　　DOCUMENTARY SURVEY**, Vol. III, pp.1435-1438.

不進」，這「是方向問題，是路線問題，是路線錯誤，違反馬克思主義」，毛認為：「從這次鎮壓學生群眾文化大革命的行動來看，鎮壓的行動是站在資產階級方面反對無產階級文化大革命」。毛接著點名批判說：「團中央，不僅不支持青年學生運動，反而鎮壓學生運動，應嚴格處理。」劉少奇聽完毛的訓示後表示「我在北京，要負主要責任時」，毛則不滿的回應：「你在北京專政嘛，專得好。」當葉劍英說到，我們有幾百萬軍隊，不怕什麼牛鬼蛇神時，毛立即回覆說：「牛鬼蛇神，在座的就有。」第二天，8 月 5 日毛拋出了驚動全國的「炮打司令部 ── 我的一張大字報」，鬥爭劉少奇的文革正式上場。

　　毛對劉少奇鬥爭的強烈意圖非常明確，毛要穩固至上的權力，就要牢牢掌握搶桿子，要清除權力競爭場上的障礙，就必須帶著共軍一起走紅旗飄揚的政治大路，將政治工作變成共軍的生命線。1949 年以後，毛犧牲過建國功臣高崗、彭德懷、黃克誠等人，劉少奇與毛並沒有濃厚的革命感情，如就鬥爭而論鬥爭，毛鬥劉不會有情感上的壓力；劉少奇雖貴為國家主席，主持黨務，但劉在「八大」黨章中著力的斧痕著著顯著，使毛警覺到劉有野心，只是劉未能摸透毛的心思，想要繼續蠶食毛的地位。劉在「彭德懷反黨聯盟」事件中，對彭落井下石，其做為與周恩來相同，有明顯的投機傾向，如同前章所述，中共黨內失去敢講真話、事事求是的彭德懷，劉不可能在此刻得到任何務實的奧援，毛用軍隊掀起反劉鬥爭易如反掌，而國訪部長林彪又會揣測及按照毛的意向辦事。

　　此外劉少奇雖位居國家主席，但毛不可能屈就劉之下，毛仍是中央軍委會主席，掌握軍權，毛深知「槍趕子裡出政權」的鬥爭法則，毛、劉的鬥爭結局，實際上在 1959 年廬山會議罷黜彭德懷，

而以林彪出任國防部長時已可確定，1969 年 4 月 1 日林彪在「中國共產黨第九次全國代表大會上的報告」，代表中共黨及毛對劉少奇作了最後的正式判決，劉在中共的政治舞臺上結束了生命。

林在「中國共產黨第九次全國代表大會上的報告」中，在「關於無產階級文化大革命的準備」一節中說：「毛主席同以蘇修叛徒集團爲中心的現代修正主義進行了針鋒相對的鬥爭，毛主席全面地總結了無產階級專政的正反兩個方面的歷史經驗，爲了防止資本主義復辟，提出了無產階級專政下繼續革命的理論」。林在「報告」中再次強調：「針對劉少奇在 1956 年提出的所謂『我國社會主義和資本主義誰戰勝誰的問題，現在已經解決了』的謬論，毛主席特別指出社會主義和資本主義之間誰勝誰負的問題還沒有真正解決，無產階級和資產階級之間的階級鬥爭，各派政治力量之間的階級鬥爭，無產階級和資產階級之間在意識形態方面的階級鬥爭，還是長時期的，曲折的，有時甚至是很激烈的」，而「毛主席的無產階級革命路線的每一個勝利，黨發動的反對資產階級的每一個重大戰役的勝利，都是粉碎了以劉少奇爲代表的右的或形『左』實『右』的修正主義路線，才取得的」[103]。

關於劉少奇的問題，「報告」中的定論是「劉少奇早在第一次國內革命戰爭時期就叛變投敵，充當內奸、工賊，是罪惡累累的帝國主義、現代修正主義和國民黨反動派的走狗，是走資本主義道路的當權派的總代表。他有一條妄圖在中國復辟資本主義，使中國變成帝國主義、修正主義殖民地的政治路線。他又有一條爲他的反革

---

[103] 「中國共產黨第九次全國代表大會上的報告」，紅旗，第五期，1969 年。
THE LIN PIAO AFFAIR - POWER POLITICS AND MILITARY COUP,
op. cit., p.530.

命政治路線服務的組織路線。多年來，劉少奇招降納叛，搜羅了一幫子叛徒、特務、走資派，他們隱瞞了自己的反革命的政治歷史，互相包庇，狼狽爲奸，竊取了黨和國家的重要職務，控制了從中央到地方許多單位的領導權，組成了一個地下的資產階級司令部，對抗以毛主席爲首的無產階級司令部。他們同帝國主義、現代修正主義、國民黨反動派勾結著，起了美帝、蘇修和各國反動派不能起的破壞作用」。有關劉的「反革命陰謀」是誰揭露的問題，林說：「毛主席最早察覺了劉少奇一夥的反革命陰謀的危險性。[104]」

「報告」中再指出毛對劉的警告「並沒有也不可能絲毫改變劉少奇一夥反動的階級本性」，並說 1964 年，在社會主義教育運動中「劉少奇跳了出來，鎮壓群眾，包庇走資派，並且公開地攻擊毛主席倡導的對社會情況進行調查研究這個馬克思主義的科學方法已經過時了」。此外，林還指出：「1964 年底，毛主席召集了中央工作會議，主持制定了『農村社會主義教育運動中目前提出的一些問題』（即二十三條），痛斥了劉少奇形左實右的資產階級反動路線，批判了劉少奇的所謂『黨內外矛盾交叉』、『四清四不清的矛盾』等奇談怪論，第一次明確提出了『這次運動的重點，是整黨內那些走資本主義道路的當權派』。[105]」

林彪最後則呼籲大家：「我們可以知道這一次有億萬革命群眾參加的無產階級文化大革命，絕不是偶然發生的。這是存在於社會主義社會中的兩個階級、兩條道路、兩條路線長期尖銳鬥爭的必然結果。這是『無產階級反對資產階級和一切剝削階級的政治大革

---

[104] 同上，頁 523-524。
[105] 同上。

命，是中國共產黨及其領導下的廣大革命人民群眾和國民黨反動派長期鬥爭的繼續，是無產階級和資產階級階級鬥爭的繼續』。決心緊跟偉大領袖毛主席走社會主義道路的英雄的中國無產階級、貧下中農、人民解放軍、革命幹部和革命知識分子，對劉少奇一夥的復辟活動，已經忍耐不住了，一場階級大搏鬥是不可避免的了。[106]」

值得注意的是，早在「八大」，劉少奇主導刪除黨章中有關「以毛澤東思想做為我們黨的一切工作指針」時，劉少奇渾然不知的已被種下了被整肅的命運；「八大」無疑標示著中共試圖走向集體領導路線的新里程，也是劉少奇與毛在思想路線上分歧的開始，毛當然無法忍受這種「本質上的反對」的發展趨勢。「八大」後毛即開始進行反擊部署，毛要消滅黨內企圖向他奪權的勢力，首要工作就是先奪回槍桿子的主導權。「八大」對毛而言是一場權力的挑戰，但毛卻在 1959 年的「盧山會議」上公開證明了自己權威地位的不可動搖性，盧山會議從「反左」開始，最後被毛成功的扭轉成「反右」，並公開的在會議上將毛曾親述「山高路遠坑深，大軍縱橫馳奔，誰敢橫刀立馬，唯我彭大將軍」的彭德懷從「反左」打成「反革命分子」，並將其定位為「反黨集團」的頭目，同時鎮懾當時包括周恩來在內的一群黨、軍菁英。

毛的表現充分的說明了毛在黨及軍隊中具有不容忽視的威望及最高的權威地位，特別是對軍隊，毛有把握，只要他決定下手沒有解決不了的問題。雖然局面已經如此，但毛卻不能以此滿足，權力上的不安全感，使毛必須更大程度的擴張軍隊的政治影響力，軍人在毛的號召下擴大了政治角色，當然這種角色功能必須臣服於毛

---

[106] 同上。

個人領導之下；基本上，任何軍事菁英的政治力量不得危及毛的最高領導權威，否則很難逃避被整肅的命運。

然而，在毛借重林彪，提升其在軍隊中的領導地位，擴大軍人政治參與之際，卻面臨來自軍中的阻力，掀起此事的是當時共軍總參謀長羅瑞卿；羅的不滿並非針對毛的最高領導權威，或刻意挑戰毛的政治決策。事實上，毛清楚的瞭解雖然他擁有槍桿子的控制權，但當時序進入國家正常運作時期，面臨的卻是法律權威凌駕意識型態權威時代的來臨，尤其「八大」黨章及彭德懷事件對毛而言是一個警訊，毛如果再不整頓黨內及軍隊人事，局勢將一發不可收拾，首要之務，就是要牢牢的控制槍桿子。

毛不能容忍任何軍事菁英公然違抗他的旨意，林彪是毛推行及貫徹毛意識的重要代理人，任何人違反了林彪的意志就是對毛的反抗；羅瑞卿與林彪的衝突對毛而言是鞏固軍權的一大障礙，毛必須處理。1965 年 12 月 8 日至 15 日由林彪主持對羅瑞卿的罪行批判，正說明此點：(1)敵視和攻擊毛澤東思想。(2)擅自決定全軍大比武，反對突出政治。(3)目無組織紀律，搞獨立王國。(4)投機取巧，個人主義登峰造極。(5)向黨伸手，迫林彪讓位、讓權，進行奪軍活動[107]。

羅的垮臺及文革初期劉少奇被整肅，顯示了中共當時一個相當重要的政治運作過程，此即中共軍人在政治鬥爭中不可或缺的地位；劉少奇的失敗，在於他忽略了軍人在政治上的決定性份量，做為一個職業革命家，劉低估了軍人的重要性，而毛卻非如此，毛堅持「槍桿子裡出政權」的警惕及原則。其次劉在政治鬥爭中過於軟

---

[107] 「反革命修正主義分子羅瑞卿罪惡累累」，**中共文化大革命資料彙編**，第一卷，香港：明報出版社，1967 年，頁 578-584。

弱，不敢進行針鋒相對的反應，當毛任命林彪擔任國防部長後，林有計畫的將毛塑造成一種克里斯瑪（charisma）型的領袖，造成全國性的政治迷思都投注在毛的身上，劉沒有認知到這種無法違逆的情況，雖然「八大」黨章刪去以毛思想做為指導思想的律定，但實情卻是不論劉有多高的行政地位，他都無力撼動毛的地位。

值得注意的是，林彪接任國防部長之關鍵的 1959 年廬山會議，會議形勢對毛不利時，劉當時卻採取隨大流的態度，與周恩來一起選擇奉承毛的權威，未能盡力保住彭德懷，劉失去了彭，當然也失去了專業化、正規化的軍隊；林彪上臺後，軍隊再度回到政治競賽場，已非劉所能依賴。

劉少奇事件非如毛、林所謂的「資產階級司令部」與「無產階級司令部」之間的鬥爭，劉被批為「走資本主義道路的當權派」，「是一個埋藏在黨內的叛徒、內奸、工賊、是罪惡累累的帝國主義、現代修正主義和國民黨反動派的走狗」等，純係權力鬥爭的結果。毛、劉的鬥爭雖高於「派系或路線的反對」，但不及「結構性的反對」的層次，這是來自毛、劉對革命變遷的看法有基本上的差異。毛極度肯定革命變遷的價值，毛認為「社會革命要天天革」，「要講不斷革命論，一個接一個，趁熱打鐵，中間不使冷場」[108]，即使在進入社會主義社會之後，也並不代表革命的結束，不斷革命仍將繼續進行。他的論點是：革命的動力是階級鬥爭，只要階級還存在，階級鬥爭就要進行，革命也就要繼續。因此當 1956 年中共基本上完成了生產資料所有制的社會主義革命後，做為階級基礎的經濟結構雖

---

[108]　「在最高國務會議上的講話（1958 年 1 月 28、30 日）」，**毛澤東思想萬歲**，台北：國際關係研究中心，1974 年，頁 157。

已改變，毛卻認為階級和階級鬥爭仍然存在，所以在社會主義革命和建設過程中，還要不斷革命、繼續革命[109]。

　　但以劉為首的「組織幹部」則在革命成功後，便已揚棄了革命變遷的辯證觀，他說：「我國社會主義和資本主義誰戰勝誰的問題，現在已經解決了」，「階級剝削制度的歷史，已經基本上結束」，劉認為目前的主要矛盾是「先進的社會主義制度同落後的社會生產力之間的矛盾」，而這樣矛盾是可以「經過和平道路」加以解決[110]。對於革命變遷評估的不同，也就導致雙方對於人及組織在革命變遷中的重要性，持有不同的看法；毛強調群眾的潛能與力量，對於工人與農民在革命過程中所扮演的角色給予了高度的評價，因此，他不僅主張不斷鼓勵群眾運動，還要求領導幹部走入群眾，成為群眾的一部分；毛認為黨的組織雖然在革命運動中扮演重要而決定性的角色，但運動及群眾本身才是黨能存在及發展功能的基本元素。

　　劉少奇雖然也強調群眾的重要性，但劉的人格特質沒有革命領袖性格，劉也不具備足以驅使群眾盲目追隨的人格魅力，因此，他對革命變遷的論點持著比較審慎的態度，這點使他更重視組織的發展、組織紀律、及菁英分子在政治運作過程中的影響力；當他以成就取向而非群眾革命性的「造反主義」做為社會價值的分配標準時，自然違反了毛的原則。劉企圖在一個一直被毛主導的「不斷革命」的體系中，將它扭轉成「社會階層化」的新結構，但「階層化」

---

[109] 參閱：「關於正確處理人民內部矛盾的問題」，**毛澤東選集**，第五卷，頁363-375。**人民日報**，1957 年 6 月 19 日。

[110] 「代表中共中央委員會第八次全國代表大會的政治報告（1956 年 9 月 15日）」，「第三次『自我檢查』（1967 年 8 月 2 日）」，**劉少奇問題資料專輯**，台北：中共研究雜誌社，1970 年，頁 267、272-629。

在毛的意識裡，就是階級存在的一種形式，有階級就有鬥爭，而毛畢生追求的就是「階級鬥爭」。

　　毛、劉在意識型態上有不可彌補的裂痕，此外毛、劉兩人在國共內戰時期的經驗也有極大的差異，當時不論在延安或長征時期，不斷權力衝突的環境形塑了毛的鬥爭哲學，黨內的衝突對毛而言是獲得權力、保存權力、擴大權力的必要手段，而劉在「白區」的工作經驗，則使他特別強調黨的組織與紀律。毛、劉鬥爭在中國這個屬於亞細亞社會型態的國家，形勢一開始就對劉不利，但劉卻未能敏銳的察覺這點，一味的想透過黨組織的改造成就自己的事業，卻不能清楚的瞭解毛的權威地位早已在黨之上。此外，如同前述，1959年廬山會議上，劉有私心，附合及跟隨毛鬥倒彭德懷，劉當時如能保彭，其實就等於保住黨內的多元聲音、多元化，劉失去契機，其失敗已是必然的趨勢，只是早晚而已。

第四節　林彪事件

　　「林彪事件」的性質，應純屬「派系的反對」；林在被鬥倒前一直是「高舉毛澤東思想偉大紅旗」的頭號政治旗手，林彪在中共黨內政治地位的竄升，有各種不同的主客觀因素，其中最重要的是林彪自己對政治權力的高度期望，及毛個人在權力競爭場上的需求，毛需要一個可以走在政治鬥爭前線又具備黨、軍菁英條件的實力型打手（gladiator），林彪完全符合毛的條件，因此兩人能緊密的聯合；林是毛緊抓槍桿子的一張王牌，林在毛的支持下推行毛的政治路線，清除毛的權力障礙。林接任國防部長後不論人事還是意識型態的建構經過一段時間的部署，到文革初始時已具備強大的黨、

軍實力，為了實踐毛的願望，林彪在文革中開始大顯身手。

1966 年 5 月中共中央政治局擴大會議，通過「516 通知」，決定成立「文化革命小組」，林隨即在 5 月 18 日發表了會議總結講話，號召全黨全軍「要要念念不忘階級鬥爭，念念不忘無產專政，念念不忘突出政治，念念不忘高舉毛澤東思想偉大紅旗」。林鼓舞追隨群眾「要提高警惕，要鬥爭，不能存有和平幻想。鬥爭就是生活，你不鬥他，他鬥你，你不打他，他要打你，你不殺他，他要殺你。喪失這種警惕性，不團結起來鬥爭，就不是馬克思主義者。全黨越團結得好，越要鬥爭，越有戰鬥力」[111]。

在政治問題上，林知道毛要什麼，在講話中林強調：「革命的根本問題是政權問題，有了政權，無產階級，勞動人民，就有了一切，沒有政權，就喪失一切」。對於政權的問題，林說：「永遠不要忘記了政權。要念念不忘政權。忘記了政權，就是忘記了政治，忘記了馬克思主義的根本觀點，變成了經濟主義、無政府主義、空想主義。那就是糊塗人，腦袋掉了，還不知道怎麼掉的」，因為「上層建築的各個領域，意識形態、宗教、藝術、法律、政權，最中心的是政權。政權是甚麼？政權是一個階級壓迫另一個階級的工具」[112]。

---

[111] 「林彪在中共中央政治局擴大會議上的講話」，**中共機密文件彙編**，頁 474。"Address to the Enlarged Session of the Politburo of the Central Committee", **THE LIN PIAO AFFAIR - POWER POLITICS AND MILITARY COUP**, op. cit., pp.326-345; "Lin Piao's Speech to an enlarged Politburo Meeting (18 May 1966)" & "The People's Liberation Army Proclaims Support for Mao (1 August 1966)", **THE PEOPLE'S REPUBLIC OF CHINA 1949-1979 - A DOCUMENTARY SURVEY**, Vol. III, op. cit., pp.1438-1444.

[112] 同上，頁 468-469。

　　有關爲何要高舉毛澤東思想偉大紅旗的部分，林則表示：毛澤東思想是人類的燈塔，是世界革命的最銳利的武器，是放之四海而皆準的普遍真理。毛澤東思想能夠改變人的思想面貌，能夠改變祖國的面貌，能夠使中國人民在全世界面前站起來，永遠站起來，能夠使全世界被壓迫、被剝削的人民站起來，永遠站起來。林更強調說：「毛澤東思想永遠是普遍真理，永遠是我們行動的指南，是中國人民和世界革命人民的共同財富」，因爲「毛主席天才地、創造性地、全面地繼承、捍衛和發展了馬克思列寧主義，把馬克思列寧主義提高到一個嶄新的階段。毛澤東思想是在帝國主義走向全面崩潰，社會主義走向全世界勝利時代的馬克思列寧主義。毛澤東思想是全黨全國一切工作的指導方針」。林彪要求解放軍必須「把毛主席著作做爲全軍幹部戰士的課本，用毛澤東思想統一全軍、全黨，什麼問題都可以解決。毛主席的話，句句是真理，一句超過我們一萬句」[113]。

　　1966 年 8 月 1 日至 12 日，由毛主持的「八屆十一中全會」上，除了通過「中國共產黨中央委員會關於無產階級文化大革命的決定」外，林彪更高度的發揮了他的政治角色，在這次會議上，毛決定對劉少奇發動全面攻擊，準備一舉剷除劉少奇在黨內的勢力，在這場激烈的政治鬥爭中，林彪在穩住軍隊上發揮了毛所期盼的作用。8 月 10 日上午及下午，林彪兩次接見軍隊領導幹部，林坦白的指出「今後我們的幹部政策應該是誰反對毛主席，就罷誰的官，不管它有天大的本事」。此外林彪對有關軍隊幹部的政治態度訓示說：有兩個政策，兩條路線；一個是高舉毛澤東思想的偉大紅旗，

---

[113] 同上，頁 474-478。

突出政治，表現出革命的熱誠；另一個則是沒有高舉毛澤東思想的偉大紅旗，沒有突出政治，它代表的就是單純的軍事觀點，不能抓住問題的核心。林彪要求不能使軍隊在精神上變成墮落、腐敗的軍隊，不能使軍隊變成停滯不前的軍隊，任何時候都要教育、要批鬥犯錯誤的同志，對那些無可救藥的同志則應該讓他永遠被摒棄[114]。

在這次會議中，毛於 8 月 5 日發表了一篇著名的、具有全面鬥爭之攻擊發起號角作用的「炮打司令部 — 我的一張大字報」，表明打倒劉少奇的決心並親自揭開一場史無前例的權力大鬥爭。毛這張具有歷史意義的「大字報」全文如下：「全國第一張馬列主義大字報和人民日報評論員的評論，寫的何等好啊！請同志們重讀這張大字報和這個評論。可是五十多天裡，從中央到地方的某些領導同志，卻反其道而行之。站在反動的資產階級立場上，實行資產階級專政，將無產階級轟轟烈烈的文化大革命打下去，顛倒是非，混淆黑白，圍剿革命派，壓制不同意見，實行白色恐怖，自以為得意，長資產階級的威風，滅無產階級的志氣，又何其毒也！聯繫 1962 年的右傾和 1964 年的形『左』而實右的錯誤傾向，豈不是可以發人深省的嗎？」[115]。

1966 年 5 月 25 日，北京大學聶元梓等七人[116]貼出反對北大黨委的大字報「宋碩、陸平、彭佩雲在文化大革命中究竟幹了些什麼」，這張大字報是針對在「保衛黨中央，保衛毛主席」的鬥爭中，

---

[114] "On the Question of the Cadre Line (10 August 1966)", **THE LIN PIAO AFFAIR - POWER POLITICS AND MILITARY COUP**, op. cit., p.352–353.

[115] 「砲打司令部 — 我的一張大字報」，**紅旗**，第十三期，1967 年，頁 3。**人民日報**，1967 年 8 月 5 日。

[116] 七人為北大哲學系：聶元梓、宋一秀、夏劍豸、楊克明、趙正義、高雲鵬、李醒塵。

北大按兵不動，其中有鬼而來。該大字報認為北大黨委閉口不談「黨中央毛主席早已給我們指出的文化革命的正確道路、正確方向」，並且「壓制群眾革命，不准群眾革命，反對群眾革命」。大字報抨擊北大黨委「負隅頑抗，想『堅守崗位』來破壞文化革命」，因此大字報警告說「螳臂擋不住車輪，蚍蜉撼不了大樹，這是做白日夢」[117]。

　　「人民日報」在 6 月 2 日以「評論員」的名義發表「歡呼北大的一張大字報」的文章支持該大字報，這篇文章說：「聶元梓等同志的大字報，揭穿了『三家村』黑幫分子的一個大陰謀。」此外該篇文章並針鋒相對的宣示：「對於無產階級革命派來說，我們遵守的是中國共產黨的紀律，我們無條件接受的，是以毛主席為首的黨中央的領導。毛澤東思想，是我們各項工作的最高指示。毛主席關於社會主義社會階級和階級鬥爭的學說，關於在意識形態領域中興無滅資的無產階級文化大革命的指示，是我們必須遵循的。凡是反對毛主席，反對毛澤東思想，反對毛主席和黨中央的指示的，不論他們打著什麼旗號，不管他們有多高的職位，多老的資格，他們實際上是代表被打倒了的剝削階級的利益，全國人民都會起來反對他們，把他們打倒，把他們的黑幫、黑組織、黑紀律徹底摧毀。[118]」

　　基於林彪於「八屆十一中全會」成為毛的接班人與黨內第二號人物後，積極及忠誠的執行毛鬥爭劉少奇的各種運動，林及林系軍人的政治角色隨著政治鬥爭而廣泛的開展。1969 年文革進入一個新的階段，毛如期打倒劉少奇，毛的政治地位已無人可以威脅，但當

---

[117] 「宋碩、陸平、彭佩雲在文化革命中究竟幹些什麼？」，人民日報，1966年 6 月 2 日。

[118] 「歡呼北大的一張大字報」，人民日報，1966 年 6 月 2 日。

毛的主要敵人被消滅後，毛又開始對軍事幹部大舉崛起於政治舞臺，耿耿於懷，危機意識再度升起。林彪政治實力的膨脹令毛擔心，由於長期的軍隊政治化及文革引發的社會混亂，提供了軍隊擴張政治角色的大好機會，軍人及軍隊已成為地方上唯一有組織、有實力的政治力量。在中共政治生態中，這種發展嚴重的破壞了毛一貫堅持「黨指揮槍」的原則，「九大（1969 年 4 月 1 日至 4 月 24 日）」所選出的 170 位中央委員中，軍人就有 77 人，候補中央委員 109 人中軍人佔 50 人。

　　這種選舉的結果，加深了毛的警惕，地方實力軍人透過黨大會晉升中央政治舞臺，擴大了他們在中央級的政治勢力；同樣的，一旦地方實力軍人擁有「中央委員」或「中央候補委員」的身分，又可以反過來在地方上強化他們的政治權威，獲取政治利益，或由政治利益所帶來的其他各種附加利益。「九大」選舉的結果使毛不得不有所顧慮，顯然，這樣的局面，不論在形式上或實質上均違反毛建軍路線的基本原則，就是只允許黨指揮槍，不允許槍指揮黨。

　　早在林彪接任國防部長後，為了鞏固與擴大政治及軍事上的勢力，在共軍各單位安插親信，即使如此，但林在政治權力的運作上，仍有其無法控制的困難，其原因有下列四點：(1)雖然「九大」黨章確定了林彪接班人的身分，並於黨章第一章「總綱」中明白的記載：「林彪同志一貫高舉毛澤東思想偉大紅旗，最忠誠、最堅定地執行和捍衛毛澤東同志的無產階級革命路線。林彪同志是毛澤東同志的親密戰友和接班人」[119]。但「九大」選出的中央政治局委員 21 人

---

[119] "The 1969 party Constitution (14 April 1969)", **THE PEOPLE'S REPUBLIC OF CHINA 1949-1979 - A DOCUMENTARY SURVEY**, Vol. IV, op. cit., p.2239; 新華社，1969 年 4 月 28 日。

及候補中央政治局委員 4 人中，許世友、李德生、陳錫聯、汪東興、紀登奎、葉劍英、劉伯承、朱德、李先念、董必武等人均非林系人馬，而江青、張春橋、姚文元、康生、謝富治等人屬於文革左派，聽命於毛；屬於林彪的人馬僅軍委辦事組主任葉群、總參謀長黃永勝、空軍司令員吳法憲、海軍司令員李作鵬、總後勤部長邱會作，及李雪峰、陳伯達等人。(2)林彪雖主持中央軍委日常工作，但軍委會除李德生屬於林系人員外，其餘副主席劉伯承、陳毅、徐向前、聶榮臻等人均非林彪所能掌握。毛在軍委會中的人事佈局對林彪軍權的膨脹起了巨大的平衡作用。(3)從結構及功能的角度檢視，雖然林彪高居國訪部長，但基於共軍的組成分子大多數都是農民出身，而農民在中國的體系結構中具有強烈的「忠君」道德意識，反映此一傳統的現象，即軍隊對最高權威的忠心，堅定不移；而林彪的威望主要限於四野軍系，其他野戰軍系效忠的對象仍然是毛，由於毛在中國具有高度的政治威望及領袖的魅力，因此，即使四野也不敢公開反毛，或者與毛的命令背道而馳。林彪雖然在法定地位上僅次於毛，為排名第一順位的接班人，但林的軍權仍有其拘限性，換句話說，即林彪所有擴張軍權的努力，實際上都在毛的掌握中。(4)林彪的權力基礎在軍系而非黨系，林在助毛鬥垮黨務系統出身的劉少奇時，並沒有能力接收劉在黨系統內的班底，而毛則由於特殊袖地位，其操控黨、軍運作完全自如；在這種情勢下，毛、林鬥法中林彪成功的唯一可能，就是與周恩來聯手，但以周的個性，及周在黨內的聲望，周不可能屈居林的幫手；此外，周在歷次黨內鬥爭時永遠是站在會獲勝的一邊，周有強烈的投機性格，屬於「識時務」型的人物，1959 年廬山會議，周選擇站在毛的一邊，一起批鬥說實話的彭德懷，周不可能現在才與林彪聯手反毛。

　　以上四點顯示林彪在黨、軍內的權力實際上是脆弱的，台面上林是毛的親密戰友及接班人，但它卻是依附在毛的應允之下，一旦毛收回他的認可，林彪就將一無所有，如果林能在毛之下做一個沒有聲音的接班人，他的政治生命還能勉強維持，只是，林彪的權力企圖心，違反了毛的原則，林做為法定的「毛的親密戰友及接班人」與國訪部長，使他擁有制度上的權力，此一權力從某種角度看，雖然威脅不到毛的地位，但在地方的黨、政、軍組織上仍有一定的影響力，毛完全瞭解「槍桿子裡出政權」的道理，他不可能容忍這種情勢毫無節制的發展下去。

　　1959 年廬山會議後，毛、林結合的重要目的，是在打倒劉少奇，劉倒臺後，林彪趁勢而上，此時毛、林之間的「主」、「客」體關係產生質變，以「異化」的觀點來看，做為「客體」的林彪已經異化，反過來威脅做為「主體」的毛的地位；以毛的權威性格，他不可能接受這種事實，毛要反擊。毛鬥林最大的困難在於林彪是「九大」黨章中明載為毛的「親密戰友及接班人」，此外林又是掀起全國「崇毛」運動的主要策劃及執行人，毛為了突破這層障礙，只能先採取從輿論下手的策略，各種跡象顯示，毛、林決裂在「九大」之前已經出現。

　　1969 年 1 月 1 日中共「兩報一刊」發表聯合社論「用毛澤東思想統帥一切」，社論特別強調「一元化領導」的重要，也就是「最根本的一條，就是要進一步用毛澤東思想統帥一切」。社論公開發表了毛澤東的最新指示要「清理階級隊伍」，並且有以下之呼籲：(1)必須以毛澤東思想做基礎去統一各種不同的或分歧的思想、政策、計畫、指揮、行動。必須不屈不撓的與所有反毛澤東無產階級革命路線的錯誤思想和行動鬥爭到底。(2)有一小撮反革命分子秘密

的走錯誤的方向，造成黨及社會的分裂及混亂，想要摧毀文化大革命的成就。(3)要充分的調查抓犯罪證據，反革命分子，無論如何狡猾，都無法逃脫，並且所有的罪刑都將暴露[120]。

在劉少奇被鬥垮以及文革掀起大鬥爭後，中共黨內還有「一小撮反革命分子」，黨還要「清理階級隊伍」，還要強調「一元化領導」，這些很清楚顯示毛的鬥爭矛頭已轉向新的階級敵人，在「寒蟬效應」高漲的文革時期，能成為毛的階級敵人的黨菁英所剩無幾，林彪高居第二後人物，對毛威脅最大，林彪的處境也最危險。

同年 8 月 24 日，「人民日報」及「解放軍報」發表「抓緊革命大批判」的聯合社論，否定「大批判搞得差不多了」，並確定革命大批判的箭頭應指向：(1)進一步批判修正主義。(2)要批判黨內、革命隊伍內部違反毛主席無產階級革命路線，和政策的各種錯誤傾向，和錯誤思想，絕不永許宗派主義觀點歪取黨的政策，陽奉陰違，各取所需。(3)批判宗派主義、山頭主義、小團體主義、無政府主義、自由主義、個人主義，應當堅持把黨和人民的利益放在地位，絕不許可把宗派主義，即資產階級派性的利益放在第一位[121]。

此外，1969 年 10 月 1 日，為了慶祝建國二十週年，「紅旗」、「解放軍報」、「人民日報」再發表聯合社論「為進一步鞏固無產階級專政而鬥爭」[122]，社論強調「為了進一步鞏固無產階級專政，

---

[120] 「用毛澤東思想統帥一切」，**人民日報、解放軍報**，1969 年 1 月 1 日.j。**紅旗**，1969 年，第一期，頁 5-11。"New Year Editorial (1 January 1969)", **THE PEOPLE'S REPUBLIC OF CHINA 1949-1979 -A DOCUMENTARY SURVEY**, Vol. IV, op. cit., pp.2307-2309.

[121] 「抓緊革命大批判」，**人民日報、解放軍報**，1969 年 8 月 24 日。**紅旗**，1969 年，第九期，頁 5-8。

[122] 「為進一步鞏固無產階級專政而鬥爭」，**人民日報、解放軍報**，1969 年 10

我們在鬥、批、改的工作中，必須進一步開展活學、活用毛澤東思想的群眾運動，和抓緊革命大批判，把上層建築領域的社會主義革命進行到底」。當天國慶日的集會中，中共中央要求全民高呼二十九個口號，其中第七個是「繼續鬥、批、改的工作，進一步鞏固無產階級專政」；第八個口號是「緊抓革命大批判，將社會主義革命進行到底」[123]，毛批鬥的矛頭已經指向另一批新生的階級敵人。

　　1970年3月8日，毛提出召開「四屆人大」以及修改憲法的意見，同時也提出不設國家主席的建議[124]。毛的目的主要在遏制林彪勢力的發展，而林彪則把召開「四屆人大」看成是擴大權力的機會。林要利用「四屆人大」和修改憲法的時機，坐上國家主席的位置，此事，林的妻子，軍委辦事組主任葉群於1970年7月與空軍司令員吳法憲密談，葉群說「如果不設國家主席，林彪怎麼辦？往哪裡擺」[125]。但設不設國家主席一事，毛有自己的盤算，毛曾多次表示，不設國家主席，不擔任國家主席。

　　林彪知道毛鬥垮國家主席劉少奇後，以毛的個性不可能再接任這個位置，如果毛不接，做為毛的接班人，林彪就是最優先資格的人選；林要坐此大位，首先必須讓毛同意設國家主席一職。因此林於4月11日再正式提出由毛任「國家主席」，毛於第二天批示「我

月1日。紅旗，1969年，第10期，頁5-8。

[123]「二十週年國慶口號」，新華社，1969年9月16日。"Slogans for the Twentieth National Day (16 September 1969)", **THE PEOPLE'S REPUBLIC OF CHINA 1949-1979 - A DOCUMENTARY SURVEY**, Vol. IV, op. cit., p.2258.

[124] 胡繩（編），**中國共產黨的七十年**，北京：中共黨史出版社，1991年，頁514。

[125] 同上。或參閱：嚴家其、高泉，**中國文革十年史**，台北：中國問題研究出版社，1988年，頁309。

不能再做此事，此議不妥」，林及林系人馬仍堅持不懈的努力想說服毛，到四月下旬，毛又在中央政治局會議上再次表示，他不當國家主席，不設國家主席的決定[126]。7 月 2「紅旗」發表了一篇極具政治訓示的專文「為加強黨的思想建設而鬥爭」，該文強調「要突出毛澤東思想的指導和統帥」[127]，毛利用輿論為鬥林彪鋪路。

7 月 12 日中共中央成立以毛為主任，林為副主任的「中共中央修改憲法起草委員會」，會議中，毛第四次公開堅持不設「國家主席」的態度，並說「設國家主席，那是形式，不要因人設事」，毛的立場已非常明確，就是不設國家主席。「九屆二中全會」前，中央政治局黨委開會，林彪與陳伯達再提設「國家主席」的建議，並希望毛擔任，毛拒絕，並表示，誰要當主席誰就當[128]，毛的態度在林彪不斷的挑釁下逐漸強硬。8 月 3 日毛要求共軍重新學習 1929 年 12 月紅軍第四軍第九次黨代表大會議的決議「關於糾正黨內的錯誤思想」，該「決議」在「關於個人主義」一節中，認為個人主義的傾向有如下之表現：「小團體主義。只注意自己小團體的利益，不注意整體的利益，表面上不是為個人，實際上包含了極狹隘的個人主義，同樣地具有很大的銷蝕作用和離心作用。[129]」毛用「紅軍」時期的文件警告林彪的「小團體主義」，但林彪對此沒有回頭是岸的反應。

---

[126] 郝夢華、殷浩然，**中國共產黨六十年**，下冊，北京：解放軍出版社，1984 年，頁 613。

[127] 「為加強黨的思想建設而鬥爭」，**紅旗**，第七期，1970 年，頁 11-18。

[128] 郝夢華、殷浩然，**中國共產黨六十年**，頁 614。

[129] 「關於糾正黨內的錯誤思想」，**毛澤東選集**，第一卷，頁 87-89。

　　各種跡象都顯示毛對林彪的「個人主義」行為開始不耐及厭煩，但林及林系人馬卻並未因毛的數度拒絕而放棄爭取設立「國家主席」的企圖，他們對毛公開但未點名批評的不滿視而不見，非但如此，他們還準備奮力一搏。8 月 22 日下午，中共中央政治局在盧山召開常委會議，毛在會中重複他在「九大」說過的話：「希望這次大會，開成一個團結的大會，勝利的大會」。毛再一次以「團結」做為會議的象徵，顯然是針對林系人馬而來。政治局常委在會議中決定「九屆二中全會」於 23 日下午 3 時舉行開幕式，會議延遲了 45 分鐘，到 3 時 45 分才正式開始。開幕式後林彪隨即發言談「天才論」，陳伯達則再提設國家主席的建議，並繼林彪之後發表他對「天才論」的觀點，陳伯達除了推崇毛為「天才」外，也說林彪是一個天才，更是一個可以與馬克思、恩格斯、列寧和史達林並列的偉大革命領袖。 8 月 24 日林系人馬陳伯達、葉群、吳法憲、李作鵬、邱會作，分別在會議的華北組、中南組、西南組、西北組發言，進行推動「國家主席」的議案，堅持設置國家主席，並要毛當國家主席，在分組會議上林系人馬散發華北組會議的六號簡報，簡報上刊載陳伯達提議設「國家主席」的發言。

　　在 25 日下午的會議上毛要求停止討論林彪於 23 日的講話。毛開始發難，他發出三項指令：(1)立即休會，停止討論林彪在開幕式的講話。(2)收回華北組 2 號簡報。(3)陳伯達在華北組的發言違背了「九大」精神。之後，毛又指出：「你們繼續這樣，我就下山，讓你們鬧，設國家主席的問題不要再提了，誰堅持設國家主席，誰就去當，反正我不當」，接著毛對林彪語帶威脅的說：「我勸你也別當國家主席，誰堅持設誰去當」。9 月 1 日，毛寫了「我的一點意見」，他認為有人想搶班奪權。

在設不設「國家主席」問題上毛、林的對立，反映出來的不是制度而是權力的問題。對毛而言，基於自己堅持上馬的大躍進運動失敗，以及在當時黨內形勢嚴峻下辭去「國家主席」，由劉少奇接任，而劉又在毛掀起的文革中在毛親自操盤下被鬥垮，若此時毛再回頭擔任這一職務，有礙觀瞻，損及毛權威性人格，這是情緒因素；在理性因素上，若同意恢復「國家主席」而自己又不擔任該職，在當時環境下，捨林彪之外已無他人可以適任，一旦林出任國家主席，勢必會強化林系在黨、軍、政中的勢力，而直接威脅到毛的地位，在毛的眼裡，林堅持設「國家主席」的態度有如奪權。

林彪事件後，在中共中央中發（一九七二）十二號文件，有關「毛澤東在外地巡視期間同沿途各地負責同志的談話紀要」中對林彪及其同謀如同逼宮的行徑有下述之說明：「1970 年廬山會議，他們搞突然襲擊，搞地下活動」，「他們先搞隱瞞，後搞突然襲擊，五個常委瞞著三個（毛、周恩來、康生），也瞞著政治局的大多數同志，除了那幾位大將以外。那些大將，包括黃永勝、吳法憲、葉群、李作鵬、邱會作，還有李雪峰、鄭維山，他們一點氣都不透，來了個突然襲擊，他們發難，不是一天半，而是 8 月 23、24 到 25 中午，共兩天半」。毛對這場襲擊極度不滿，毛認為 1959 年廬山會議，彭德懷想奪權起碼還寫了一封信，公開挑戰；毛說：「彭德懷搞軍事俱樂部，還下了一道戰書，他們連彭德懷還不如，可見這些人風格之低。[130]」

---

[130] 「中共中央中發（一九七二）十二號文件：毛澤東在外地巡視期間同沿途各地負責同志的談話紀要」，**中共機密文件彙編**，頁 33。

　　毛接著指出：「我看他們的突然襲擊，地下活動，是有計畫、有組織、有綱領的，綱領就是設國家主席，就是『天才』，就是反對『九大』路線，推翻『九屆二中全會』的三項議程。有人急於想當國家主席，要分裂黨，急於奪權。天才問題是個理論問題，他們搞唯心論的先驗論。說反天才，就是反對我，我不是天才」。毛對林的憤怒與不滿可想而之，毛認爲：「1959 年廬山會議跟彭德懷的鬥爭，是兩個司令部的鬥爭。跟劉少奇的鬥爭，也是兩個司令部的鬥爭，這次廬山會議，又是兩個司令部的鬥爭」。有關華北組六號簡報的問題，毛將其定性的說；「華北組六號簡報，究竟是革命的，半革命的，還是反革命的？我個人認爲是一個反革命的簡報。[131]」

　　有關林彪事件中的軍隊問題，毛則強調：「要謹慎，第一軍隊要謹慎，第二地方也要謹慎，不能驕傲，一驕傲就犯錯誤，軍隊要統一，軍隊要整頓。我就不相信我們軍隊會造反，我就不相信你黃永勝能夠指揮解放軍造反，軍下面還有師、團、還有司、政、後機關，你調動軍隊來稿破壞的事，軍隊聽你的？[132]」毛決定要整頓軍隊，另外毛再度對自己的領袖魅力展現無比的信心，他不相信軍隊會跟林彪或林的手下大將走，毛說的沒錯，以毛在黨內外的意識型態權威地位，軍隊不可能背離毛跟林彪走，當然更不可能跟林彪的部下走。

　　「九屆二中全會」，林彪實際上已被毛宣判政治死刑，林在毛的認定中已被歸爲階級敵人，毛以批鬥陳伯達做爲全面整肅林彪的序幕。「九屆二中全會」進行至 9 月 1 日， 在毛拋出日後成爲「批

---

[131] 同上，頁 33-35。
[132] 同上。頁 35。

陳整風」運動綱領性文件的「我的一點意見」中，毛說：「是英雄創造歷史，還是奴隸們創造歷史，我們只能站在馬、列主義的立場上，而絕不能跟陳伯達的謠言和詭辯混在一起」，「希望同志同我們一道採取這種態度，團結起來，爭取更大的勝利，不要上號稱懂得馬克思那樣一些人的當」[133]。

　　毛認為林彪在「九屆二中全會」上的行為「採取突然襲擊，煽風點火，唯恐天下不亂，大有炸平廬山，停止地球轉動之勢」[134]。毛說「我的一點意見」是專批天才論的，我並不是不要說天才，天才就是比較聰明一點，天才不是靠一個人靠幾個人，天才是靠一個黨，黨是無產階級先鋒隊，天才是靠群眾路線，集體智慧[135]。毛用否定自是天才以突顯無產階級先鋒隊的黨及群眾的重要，此時毛是不是天才已不重要了，因為創造天才的群眾及無產階級先鋒隊是忠於毛的。

　　對於「天才論」及「國家主席」的問題，毛對林彪有強烈的意見，毛說：「我同林彪同志談過，他有些話說的不妥，他說，全世界幾百年，中國幾千年才出現一個天才，這不符合事實，馬克思、恩格斯是同時代的人，到列寧、史達林一百年都不到，怎麼說幾百年才出一個呢？中國有陳勝、吳廣，有洪秀全、孫中山，怎麼能說幾千年才出一個呢？什麼『頂峰』啦，『一句頂一萬句』啦，你說過頭了嘛，一句就是一句，怎麼能頂一萬句」。有關設「國家主席」

---

[133] 「中共中央中發（一九七一）五七號文件：毛澤東『我的一點意見』」，**中共機密文件彙編**，頁113。

[134] 同上。

[135] 「中共中央中發（一九七二）十二號文件：毛澤東在外地巡視期間同沿途各地負責同志的談話紀要」，**中共機密文件彙編**，頁34。

的問題，毛再度強調：「不設國家主席，我不當國家主席，我講了六次，一次就算講了一句吧，就是六萬句，他們都不聽嘛，半句也不頂，等於零。陳伯達的話對他們才是一句頂一萬句，什麼『大樹特樹』，名曰樹我，不知樹誰人，說穿了是樹他自己。還有什麼人民解放軍是我締造和領導的，林親自指揮的，締造的就不能指揮呀！締造的，也不是我一個人[136]。」講到解放軍「締造和領導」這一段，反映了毛的心思，林想要在軍隊這一塊大資產上與毛共分，毛不可能坐視不管。

9 月 6 日，「九屆二中全會」最後一天中共中央對於陳伯達的錯誤，要求全黨進行公開的批評檢討，因為「陳伯達在林彪的庇護下，在九屆二中全會上，公開跳出來反對中央，否定和不承認中央關於不設國家主席的決定，並依靠這個集團的骨幹黃永勝、吳法憲、葉群、李作鵬、邱會作，在中央委員會內拉攏中央委員，大搞分裂活動」，因此「對於陳伯達的錯誤，中央已要求在全黨內提出公開的批判」，但是林彪表示反對，黃永勝、吳法憲、葉群、李作鵬、邱會作向林看齊，不表示態度，以致中央政治局不能作出關於批判陳伯達的決議[137]。毛認為無法做成批判陳伯達的決議，是因為林彪的反對，林彪包庇陳。除林彪外林系將領與林行動一致，這在毛的心中就是公開與毛對抗，是在搞反革命武裝政變，企圖篡黨、篡軍、篡政。

有關「廬山會議」上出現的針鋒相對場面，毛在閉幕式上發表了批判性的講話，他說：「廬山是炸不平的，地球還是照樣轉，極

---

[136] 同上。

[137] 「中共中央中發（一九七一）六一號文件：關於對林陳反黨集團的公報」，中共機密文件彙編，頁 117。

而言之，無非是有那個味道。我說你把盧山炸平了，我也不聽你的，你就代表人民？我是十幾年以前就不代表人民了，因為他們認為，代表人民的標誌就要當國家主席。我在十幾年以前就不當了嘛，豈不是十幾年以來都不代表人民了嗎？我說誰想代表人民，你去當嘛，我是不幹。你把盧山炸平了，我也不幹，你有啥辦法呀？[138]」盧山會議後，毛於 15 日到武漢，16 日批閱了汪東興就盧山會議上所犯錯誤而寫的書面檢討報告[139]。毛日後曾對汪東興說：「他們（黃永勝、吳法憲、葉群、李作鵬、邱會作）在各組一起動作，煽動，他們幾個都用了語錄，但他們的簡報未發，一說不行了，記錄就收回，這當中好像是有點名堂。[140]」

「九屆二中全會」結束後一個月，10 月 9 日「紅旗」發表一篇具有批鬥林彪之指標性的文章「加強無產階級黨性」，該文強調反對「從個人或小團體的利益出發，鬧資產階級派性，鬧獨立性」，並認為「糾正各種黨性不純的表現，在繼續革命的道路上才不會停滯不前」[141]。此文與 8 月 3 日「九屆二中全會」前，毛指示重新學習「關於糾正黨內的錯誤思想」前後呼應，毛鬥林的態度已非常堅定。

基於情勢的需要，毛決定採取先發制人的手段對付林彪，毛堅定的說「對路線問題，原則問題，我是抓住不放的，重大原則問題，

---

[138] 毛澤東在中共九屆二中全會閉幕式上的講話記錄，1970 年 9 月 6 日，摘自中共中央 1971 年 12 月 11 日轉發的中央專案組整理之「粉碎林陳反黨集團反革命政變的鬥爭」。

[139] 汪東興在盧山會議上主張毛澤東當國家主席。

[140] 汪東興，**汪東興回憶 —— 毛澤東與林彪反革命集團的鬥爭**，北京：當代中國出版社，1997 年，頁 62-65。

[141] 「加強無產階級黨性」，**紅旗**，第十一期，1970 年，頁 17-20。

我是不讓步的」。對於處理林彪的問題，事後他透露了他的方法：「廬山會議以後，我採取了三項辦法，一個是甩石頭，一個是滲沙子，一個是挖牆角，批了陳伯達搞的那個騙了不少人的材料，批發了三十八軍的報告，和濟南軍區『反驕破滿』的報告，還有軍委開了那麼長的座談會，根本不批陳，我在一個文件上加了批語。我的辦法，就是拿到這些石頭，加上批語，讓大家討論，這是甩石頭。土太板結了就不透氣，摻一點沙子就透氣了，軍委辦事組摻的人還不夠，還要增加一些人，這是摻沙子。改組北京軍區，這叫挖牆角。[142]」

基於「甩石頭」、「滲沙子」、「挖牆角」的策略，毛於 1970 年 12 月在北戴河召開「華北會議」（政治局擴大會議），會中黃永勝、吳法憲、葉群、李作鵬、邱會作，被迫就陳伯達問題作檢討，縱是如此，毛尚認為「華北會議」「除林彪外，他們才馬馬虎虎的檢討了一下，這樣，陳伯達的問題才基本上在全黨展開批判」；但是自「華北會議」後，「林彪在稱病不工作的背後，暗中和陳伯達祕密商量，並多次召集黃、吳、李、邱開黑會，準備搞反革命武裝政變，企圖篡黨、篡軍、篡政，在中國實現資本主義復辟」。[143]在針對林彪事件發佈的「關於對林陳反黨集團的公報」中，毛認定林有武裝政變的企圖，他說：「林彪和葉群派遣林立果到上海、南京、杭州、廣州等地大搞反革命串連活動，非法動用國家外幣，從海外、香港購買大量特務器材，在廣州設立三個法西斯特務組織，企圖配合武

[142] 「中共中央中發（一九七二）十二號文件：毛澤東在外地巡視期間同沿途各地負責同志的談話紀要」，中共機密文件彙編，頁 35。
[143] 「中共中央中發（一九七一）六一號文件：關於對林陳反黨集團的公報」，中共機密文件彙編，頁 118。

裝政變。[144]」

　　1971 年 1 月 24 日毛改組「北京軍區」，將擁林彪的北京軍區司令員鄭維山，及第二政委李雪峰免職，此外並將林的嫡系部隊 38軍調離北京軍區。1971 年 4 月 15 日毛召開人員來自中央、地方、軍隊的「99 人會議」，此一會議主軸在「批陳整風」並由周恩來代表中共中央做總結講話。

　　9 月 14 日中共中央發出「毛澤東『給全黨的一封公開信』」，要求全黨立即傳達、組織學習、討論，並將結果上報中央。毛在「公開信」上指出：「陳伯達是一個假馬克思、列寧主義者，長期以來，陳伯達一直就天才問題和我辯論，說天才是天生的，不是來自實踐，不是從群眾中產生，要我承認他是個天才，他這樣做無非想當國家主席，個人認為，他是一個野心家。黨中央在廬山召開九屆二中全會時，陳伯達發表了有關天才的講話就中途退席，長期不向黨中央匯報工作，而背後搞小動作，在黨中央從事分裂活動」。毛規定「必須把陳伯達的問題提出來傳達、在全黨展開批判，這封信，已經給林彪同志看了，林彪同志基本上同意我的意見」[145]。毛在這封「公開信」中雖認為陳伯達要想當「國家主席」，毛表面上批陳，實際上則是項莊舞劍，乃針對林彪是「天才」想當「國家主席」而來，毛、林鬥爭已升至檯面。

　　1971 年 7 月 1 日「人民日報」、「解放軍報」、「紅旗」發表聯合社論「紀念中國共產黨五十週年」，公開號召全黨、全國要警惕「現在正睡在我們身旁的赫魯雪夫那樣的人物」。「社論」並說

---

[144] 同上。

[145] 「中共中央中發（一九七一）五七號文件：毛澤東『給全黨的一封公開信』」，**中共機密文件彙編**，頁 112。

中國共產黨五十年的歷史證明一個政黨的成功或失敗，決定於路線是否正確，路線不正確，即便奪取了政權，還會喪失政權。路線正確，沒有政權也會取得政權。但是，正確路線不是從天上掉下來的，也不是自然地平安地產生和發展起來的，而是同錯誤路線相比較而存在，相鬥爭而發展的[146]。

　　該「社論」總結中共建黨後的歷史經驗，要求全黨、全國必須：(1)堅持馬克思、列寧主義的普遍真理同中國革命的具體實踐相結合，這是「我們黨的一貫思想原則」，要繼續揭露和批判以蘇修為中心的現代修正主義，並且把這個鬥爭進行到底。(2)必須正確的進行黨內鬥爭，對於混在黨內資產階級陰謀家、野心家、叛徒、特務，對於裡通外國的內奸，必須徹底的揭露。(3)必須力戒驕傲，引以為戒。(4)要兩點論，不要一點論，在注意到一種傾向的時候，要注意可能掩蓋著另一種傾向；要看到已經出現的問題，也要估計到還沒有察覺而可能出現的問題。(5)必須堅持群眾路線。把堅持群眾路線作為堅持辯證唯物論的認識論的根本問題，把是否為中國和世界大多數人的利益，當作無產階級革命事業接班人的條件。(6)必須堅持民主集中制，反對說假話，提倡說真話；各級黨委都要建立和健全黨委制，加強一元化領導。(7)黨的原則是黨指揮槍，永遠不允許槍指揮黨[147]。

　　這篇文章已清楚的出現林彪即將被鬥的訊號，尤其文章再度強

---

[146] 「紀念中國共產黨五十週年」，**人民日報、解放軍報**，1971 年 7 月 1 日。**紅旗**，第七/八期，1971 年，頁 5-26。"Commemorate the Fiftieth Anniversary of the Communist Party of China", **THE PEOPLE'S REPUBLIC OF CHINA 1949-1979 - A DOCUMENTARY SURVEY**, Vol. V, op. cit., pp.2324-2337.
[147] 同上。

調「黨指揮槍」的原則，毛進行的歷次黨內鬥爭，都會出現這種堅持只有「黨指揮槍」，不允許「槍指揮黨」的說詞；這篇借批劉少奇，檢討劉少奇的錯誤，影射對林彪的不滿，並對他作出了嚴厲的警告。

在廬山召開的「九屆二中全會」，陳伯達變節投靠林彪，毫無疑問的對毛是一次重創，陳長期以來擔任毛的私人秘書，是中共黨內重要的理論家之一，文革初期，陳竭盡全力協助毛進行奪權，唯當 1967 年下半年，毛為了鞏固權力而整肅文革左派的「五一六兵團」時，毛鬥爭手段與作風的殘酷表露無遺，陳伯達作為「文革小組」小組長，既沒有江清與毛那種親密的關係，又是缺乏政治實力作後盾的「知識分子」；陳體認到，一旦形勢需要，毛可能也會犧牲他，陳伯達要強化自己未來的政治安全，只能尋求新的靠山，陳此時選擇了林彪。

陳變節投靠林彪之初，並無背叛毛的企圖，但為了要贏得林的信任，陳必須以實際行動向向林表態效忠，而且要表態的義無反顧證明自己的決心。因此，「廬山會議」中，在「天才論」之後，對於設立「國家主席」的問題，陳扮演著最積極的角色，陳在「憲法修改草案會議」上發言，企圖說服出席的中央委員「否定和不承認關於不設國家主席的決定」，並且「在中央委員會內拉攏中央委員，大搞分裂活動」[148]。值得注意的是，陳以為建構一個新的理論就可以協助林彪獲得最高的權位，有關「天才」說，是陳試圖為林彪進行權力攻防的重要「理論」基礎，設「國家主席」的論點，是

---

[148] 「中共中央中發（一九七一）六一號文件：關於對林陳反黨集團的公報」，**中共機密文件彙編**，頁 117。

繼「天才」理論後的政治實踐，只是陳伯達忽略了毛的個人政治迷思已牢不可破，他的「神」性地位，已非天不天才的理論就可以撼動的。

陳在「九屆二中全會」上的行為，雖被毛視為最大的叛逆行動，但如果從林彪整個集團的角度檢視會更清楚毛堅持批陳原因；也就是說，如果僅是陳伯達的問題，以陳在黨內的分量，毛無須那麼大張旗鼓堅批不捨。但林彪不同，林彪集團除他自己外，其它主要成員有總參謀長黃永勝、空軍司令員吳法憲、海軍司令員李作鵬、總後勤部長邱會作等人，他們有槍桿子。如果直接拿軍頭開刀牽涉大廣，毛有顧慮，但如能在林彪集團中找一人下手，殺一儆百，卻會有震懾的效果，毛不能讓軍隊亂，解決軍頭問題要靠方法，因此毛以批陳作為批鬥林彪集團行動的祭旗，先除掉能製造輿論的「理論」打手，再圍剿其他分子。

林彪事件後，中共中央除以中發（一九七二）四號文件公佈林彪反黨的「五七一工程紀要」全文外，並於 1971 年 12 月起分別以「中共中央中發（一九七一）六十號文件：關於『九一二』林彪叛黨事件公報」；「中共中央中發（一九七一）六一號文件：關於林陳反黨集團的公報」；「中共中央中發（一九七一）六二號文件：關於林陳反黨集團的處理」；「中共中央中發（一九七一）六四號文件：關於撤銷『四好、五好運動』和上繳林彪提詞、畫像的通知」；「中共中央中發（一九七二）二四號文件：粉碎林彪反黨集團反革命政變的鬥爭」；以及「中共中央中發（一九七三）三四號文件：關於林彪反黨集團反革命罪行的審查報告」等六份機密文件，將中共中央對林彪事件的立場與處置分發全黨、全軍。

在「（一九七一）六一號文件」中，林彪被指為自「九大」以

後，和陳伯達互相勾結，組織反革命集團，企圖反對中央和分裂黨，而另立山頭[149]。在「（一九七二）二四號文件」中則稱：「林彪反黨集團發動反革命政變的罪惡目的，是要分裂我們黨，用陰謀手段篡奪黨和國家的最高權力，背叛『九大』路線，從根本上改變黨在整個社會主義歷史階段的基本路線和政策，顛覆無產階級專政，覆辟資本主義。他們要把毛主席領導下我黨我軍我國人民親手打倒的地主資產階級再扶植起來，在國內他們要聯合地、富、反、壞、右，實行地主買辦資產階級的法西斯專政。在國際他們要投降蘇修社會帝國主義，聯蘇聯美反華反共反革命，林彪反黨集團是國內被打倒的地主資產階級和帝、修、反在我們黨內的代理人，他們的路線，集中反映了國內外階級敵人妄圖在我國實行反革命復辟的願望」[150]。

　　「（一九七二）二四號文件」由毛批示發至各省、市、自治區黨委，各大軍區、各省軍區、各野戰軍黨委，軍委各種部、各軍兵種黨委，中央和國務院各部委領導小組，黨的核心小組，包涵面極廣；毛借此否定「九大」的決議及路線，並如同在彭德懷事件中將之與蘇聯掛勾，此次也將林彪事件與蘇聯和美國串連，利用人民排外、仇外的情緒以減低毛與林彪長期合作關係中的責任問題。此外，對於軍隊，毛有信心的說：「我不相信軍隊造反」，毛不相黃永勝能夠指揮解放軍造反。對軍隊毛則另有下列之訓示：「抓軍隊工作，無非就是路線學習，糾正不正之風，不要搞山頭主義、宗派

[149] 「中共中央中發（一九七一）六一號文件：關於林陳反黨集團的公報」，**中共機密文件彙編**，頁 117。
[150] 「中共中央中發（一九七二）二四號文件：粉碎林彪反黨集團反革命政變的鬥爭」，**中共機密文件彙編**，頁 147。

主義，要講團結。[151]」

毛很有信心也很清楚的表示，軍隊只有毛才能控制，總參謀長黃永勝在毛的眼裡毫無作用，毛警告軍隊要避免搞山頭主義、宗派主義，不是為了建設一支專業化的軍隊，而是要軍隊團結在毛的指揮之下，聽毛的指揮。毛雖然未提軍隊必須政治掛帥，但卻不認為軍隊的專業訓練可以解決思想問題，他說「軍隊歷年來講雷厲風行的作風，我贊成，但是，解決思想問題不能雷厲風行，一定要擺事實，講道理」[152]。毛深受林彪事件的打擊，對軍隊過度強調政治雖有所警惕，但卻仍難忘情思想在軍隊中的重要性。

林彪的崛起與墜落正反映出毛在政治與軍事系統裡的真正力量，事實上，不論林彪的政治與軍事權力如何擴張，它仍受制於毛的掌控，一旦毛收回了他的支持，林彪這種屬於依賴性結構型態的權力，就會突然的終止，立刻回到原點。但是值得說明的是，共軍在政治舞臺上的角色隨著林彪的崛起而過度擴大的政治性功能，這點卻非毛在短期間內可以恢復原狀。從 1959 年彭德懷下台起，毛有意借用林彪之力，操控軍隊完成鬥倒劉少奇及主張改革的黨、軍領導人的任務，以及鞏固其至高無上的權威地位；林彪事件之後，毛只能再以一連串的新政治運動，清除林彪留在軍隊及政治上的影響力，重建「黨指揮槍」的傳統。

首先，毛指定葉劍英主持中央軍委日常工作，決定讓鄧小平復出及接替總參謀長一職，出身「二野」的鄧小平的作法是先稀釋「四野」在軍隊中的勢力，及發起全國性的「批林整風」運動，以清除

---

[151] 「中共中央中發（一九七二）十二號文件：毛澤東在外地巡視期間同沿途各地負責同志的談話紀要」，**中共機密文件彙編**，頁 35。
[152] 同上。

林彪留在軍隊及政治上的影響力。以外，1971 年 11 月，中共中央決定把「中國共產黨黨章」、「九大文件」、「人民戰爭勝利萬歲」一文上繳中央處理，其他有關林彪的著作、題詞和畫像，由各基層收集，上繳到縣，由縣安排處理[153]。

1969 年「九大」黨章，在「總章」一節中清楚的寫入「林彪同志一貫高舉毛澤東思想偉大紅旗，最忠誠、最堅定地執行和捍衛毛澤東同志的無產階級革命路線。林彪同志是毛澤東同志的親密戰友和接班人」[154]；「九大黨章」、林彪在「九大」之政治報告的「九大文件」及「人民戰爭勝利萬歲」一文，三者象徵林彪軍事、政治勢力達到頂峰的重要里程文件，毛深刻的了解如不除去這三項有代表性的文件，就不足以徹底清除林與毛有密切關聯的影像，尤其「九大黨章」涉及林為毛「親密戰友及接班人」的地位，這更是需要即刻解決的問題，否則以林、毛之「親密的戰友」的關係，林彪有叛黨、叛國之舉，代表毛無識人之明，代表毛與叛黨、叛國分子長期親密，是毛敵友不分，因此毛必須將它連根拔起，不然難以向黨及人民交代，難堵眾人悠悠之口。

隨著林彪的垮臺，有六十多名林的部屬先後遭到被整肅的命運，由於林任國防部長長達十餘年，在軍隊的人事佈局且深且廣，其影響力不容忽視，林彪事件後，毛要求共軍「要講團結」，這點毛說出了事實，鄧小平在 1975 年就曾坦白的指出「我們軍隊出現

---

[153] 「中共中央中發（一九七一）六四號文件：關於撤銷『四好、五好運動』和上繳林彪提詞、畫像的通知」，**中共機密檔彙編**，頁 489。

[154] "The 1969 Party Constitution (14 April 1969)", **THE PEOPLE'S REPUBLIC OF CHINA 1949-1979 - A DOCUMENTARY SURVEY,** Vol. IV, op. cit., p.2239. 中國共產黨章程，新華社，1969 年 4 月 28 日。

了一個大問題，就是鬧派性，有些單位派性還很嚴重」，「軍隊在
支左當中出現的新問題，軍隊支左，許多人也捲到派性裡面去了，
一些人捲到這一派裏，另一些人捲到那一派裏。軍隊的權力大得
很，變成了派的後台，以後把派性帶回到軍隊，在軍隊內部不少單
位也分成了兩派。現在，文化大革命已經九年了，軍隊還有相當一
部分人沒有擺脫派性，這一點影響了我們軍隊本身的團結」[155]。

從鄧小平的講話中證明，共軍在政治上尾大不掉的現象，並未
因林彪的死亡而告消失，由於毛需要非林系野戰軍將領的支持與協
助，以清洗林在軍隊盤棕錯結的關係，但毛整軍的工作緩慢。1973
年「十大」前，共軍的地方實力派軍人在地方「黨委會」仍佔多數
席位，1972 年初共軍掌握了 20 個省級黨委會第一書記的職位，在
「革委會」的 118 名主任、副主任中，共有 63 名軍人[156]，這種情
形直到「十大」之後才有轉變。

1973 年 8 月 24 日至 28 日於北京召開「十大」，周恩來代表中
共中央作「政治報告」，在報告中對林彪有下列之批評：(1)「九大」
期間和大會以後，林彪不顧毛主席、黨中央對他的教育、抵制和挽
救，繼續進行陰謀破壞，一直發展到 1970 年 8 月在「九屆二中全
會」上發動反革命政變未遂，1971 年 3 月制定「571 工程紀要」反
革命武裝政變計畫，9 月 8 日發動反革命武裝政變，妄圖謀害偉大
領袖毛主席、另立中央。陰謀失敗後，9 月 13 日私乘飛機，投奔蘇
修，叛黨叛國，摔死在蒙古溫都爾汗。(2)「九大」以來的革命實踐，

---

[155] 「軍隊要整頓」，鄧小平文選，第二卷，北京：人民出版社，1983 年，頁
1-2。

[156] Paul H. B. Godwin, "The PLA and Political control in China's Provinces",
COMPARATIVE POLITICS, 9:3 (October, 1976), pp.9-15.

主要是同林彪反黨集團的鬥爭實踐證明，馬克思列寧主義認為，黨內鬥爭是社會上階級鬥爭在黨內的反映。劉少奇叛徒集團垮臺，林彪反黨集團跳了出來，繼續同無產階級較量，正是國內、國際激烈的階級鬥爭的尖銳表現。(3)林彪及其一小撮死黨是一個「語錄不離手，萬歲不離口，當面說好話，背後下毒手」的反革命陰謀集團。他們推行的反革命的修正主義路線的實質，他們發動反革命武裝政變的罪惡目的，就是篡奪黨和國家的最高權力，徹底背叛九大路線，從根本上改變黨在整個社會主義歷史階段的基本路線和政策，使馬克思、列寧主義的中國共產黨變為修正主義的法西斯黨，顛覆無產階級專政，復辟資本主義。在國內，他們要把毛主席領導下我黨我軍和我國人民親手打倒的地主資產階級再扶植起來，實行封建買辦法西斯專政。在國際，他們要投降蘇修社會帝國主義，聯合帝、修、反，反華反共反革命。(4)林彪這一類只為少數人謀利益的走資本主義道路的當權派，地位越高，野心越大，過高估計自己的力量，過低估計人民的力量，就再也隱藏不住，就要跳出來，同無產階級較量了。當他適應國內外階級敵人的需要，跟著蘇修的指揮棒，妄圖說出自己決定性的話的時候，也就宣告了他的總暴露，總破產。(5)林彪是野心家、陰謀家、兩面派、叛徒、賣國賊[157]。

　　有關林彪攀上權力頂峰的「九大」，周恩來有以下之說明：(1)「九大」是在毛主席親自發動和領導的無產階級文化大革命取得了偉大勝利的時刻舉行的。(2)九大政治報告是毛主席親自主持起草的

---

[157] "Report to the Tenth Party Congress (24 August 1973)", **THE PEOPLE'S REPUBLIC OF CHINA 1949-1979 - A DOCUMENTARY SURVEY**, Vol. V, op. cit., pp.2463-2465;「在中國共產黨第十次全國代表大會上的報」，**紅旗**，第九期，1973 年，頁 5-17。

[158]。周在「報告」中將毛與林彪在「九大」合作的歷史脫鉤，貶低甚至完全否定林彪在「九大」的重要地位。

周恩來在總結林彪事件的教訓後又重申毛的教導：「思想上政治上的路線正確與否是決定一切的。路線不正確，即使掌握了中央的領導權、地方的領導權、軍隊的領導權，也要跨台。路線正確，沒有一個兵也會有兵，沒有政權也會有政權」[159]。

「十大」在「粉碎了林彪反黨集團」、「取得偉大勝利，國內外大好形勢下召開」，而「十大黨章」是「總結了兩條路線鬥爭，特別是粉碎林彪反黨集團鬥爭的基本經驗，進一步明確了無產階級專政下繼續革命的方向和任務，是全黨、全軍、全國人民的戰鬥綱領」，「十大」「憤怒地聲討了林彪反黨集團的罪行，全體代表堅決擁護中共中央的決議，永遠開除資產階級野心家、陰謀家、反革命兩面派、叛徒、賣國賊林彪的黨籍，永遠開除林彪反黨集團主要成員、國民黨反共分子、托派、叛徒、特務、修正主義分子陳伯達的黨籍，撤銷其黨內外一切職務」[160]。

林彪、陳伯達在全黨「憤怒及聲討」中被開除了黨籍，有了林彪事件的教訓，中共中央重新調整人事佈局，會議產生 195 名中央委員，其中 52 人為軍人，124 名候補中央委員中軍人佔 25 人，軍人共佔中央委員及中央候補委員總數的 24%，比「九大」的 45% 少了一倍，軍隊在中央級的政治勢力遭到全面壓壓抑。接著在「十

---

[158] 同上。

[159] 同上。

[160] "Communiqu of the Tenth Party congress (29 August 1973)", **THE PEOPLE'S REPUBLIC OF CHINA 1949-1979 - A DOCUMENTARY SURVEY**, Vol. V, op. cit., p.2477；「中國共產黨第十次全國代表大會新聞公報」，新華社，1973 年，8 月 29 日。

屆一中全會」上產生的政治局委員及政治局候補委員共 25 人中，職業軍人僅有朱德、葉劍英、劉伯承、李德生，韋國清、許世友、汪東興、陳錫聯、蘇振華（候補）等九人，而此九人中朱德在共軍建軍史上有特殊之地位，沒有擁誰的問題，其餘均是堅定的擁毛派軍人。

　　為了徹底掃除林彪在軍隊及社會中的殘餘影響力，「十大」的公報中對於林彪事件後的清理工作，作了下列之指示：要繼續把批林整風放在首位。要充分利用林彪反黨集團這個反面教員，向全黨、全軍、全國人民進行階級鬥爭和路線鬥爭的教育，學習馬克思主義、列寧主義、毛澤東思想，批判修正主義，批判資產階級世界觀。[161]毛記取林彪事件此一負面實例的教訓，於「十大」之後迅速進行損害管制，1973 年底，一舉調動了八大軍區司令員，這次調動的目的極為明確，即：(1)避免實力派軍人擁兵自重，形成割據之勢。(2)拔除軍隊在地方尾大不掉的政治影響力，以利黨官僚能在地方重整黨組織，恢復黨一元化的領導，堅實「以黨領軍」的建軍原則。

　　1975 年 1 月 5 日鄧小平出任政治局常委，及中共中央軍委會副主席兼共軍總參謀長，鄧上臺後針對軍隊的問題於同年 1 月 25 日在共軍總參謀部對團級以上幹部發表一篇講話「軍隊要整頓」，鄧說：「從 1959 年林彪主管軍隊工作起，特別是在他主管的後期，軍隊被搞得相當亂。」鄧在講話中再度強調軍隊的屬性是黨指揮槍，不是槍指揮黨。此外鄧認為「總參謀部、總政治部、總後勤部，三個總部本身首先要整頓」，他並指出：「軍隊的紀律很差，軍隊的

---

[161] 同上。

整頓，一個是要提高黨性，消除派性，一個是要加強紀律性。[162]」
從鄧的講話中可以得知，共軍在 1959 年林彪擔任國防部長後，其
黨性低，派性高，以及紀律差，鄧雖把責任推給林彪，但實際上林
彪在毛之下不可能獨攬大權，許多有軍隊介入的政治運動或重要軍
事政策，毛說了才算，鄧無法將責任上溯至毛本人，只能由林彪獨
自承擔。

　　此外 1975 年 7 月 14 日鄧在中央軍委擴大會議上做「軍隊整頓
的任務」的講話，針對共軍的狀況有下列之敘述：軍隊建設中確實
存在不少問題，即「腫、散、驕、奢、惰」，有關「散」，主要表
現在「有派性和組織紀律性差這兩個方面」，政策不能落實，鬧派
性是一個重要的原因，有些部隊的派性回過來又影響到地方，使地
方的派性問題也不能解決；支左部隊撤出地方，人走了，影響還在。
所以說，「地方的問題與軍隊有關」，「領導班子軟、懶散的問題，
地方有，軍隊也有」[163]。

　　有關「驕、奢、惰」，鄧則指出「在文化大革命中，軍隊支左，
權力大得很，大權在握，加上其他一些原因，在軍隊一部分人中，
滋長了驕氣，有的甚至不只是驕氣，而是驕橫」，「軍隊的團結，
軍政、軍民的團結，都存在不少問題。有的部隊內部相互之間的關
係相當緊張，軍政之間、軍民之間的關係也相當緊張」，「有人追
求資產階級生活方式，鬧享受，鬧待遇，一切都向高級發展」，而
「有些高級幹部革命意志衰退，追求個人利益，不注意保持革命晚
節，有的人小病大養，無病呻吟，官僚主義」[164]。

---

[162]　「軍隊整頓的任務」，**鄧小平文選**，第二卷，頁 16。
[163]　同上，頁 27 - 30。
[164]　同上。

　　基於共軍內部問題嚴重，同年秋天，毛又進行了一次涉及 83
名軍事領導幹部的大調動，毛的目的在改造軍隊與黨之間的關係，
並企圖一次解決軍隊內部的派性問題。林彪事件，雖然在林被冠上
「野心家、陰謀家、兩面派、叛徒、賣國賊」的罪名而告一段落，
但綜觀整起事件的過程，雖然林是有野心，急於接班，但林的大權
卻都來自毛的授與，毛與劉少奇鬥爭期間林被委以重任，共同打擊
對手，林從未反過毛的意識型態領導，也同樣尊崇毛的最高權威地
位，但林犯的最大錯誤就是林以爲他真的是毛的親密戰友與接班
人，真的是毛之下的全國第二號實權人物，而毫無顧忌的擴張自己
的軍、政勢力，打壓非林系軍人及準備接班，林忽略了毛真正的意
圖，和毛對「槍桿子裡出政權」的警惕。林愚昧的甘作造「神」的
工具，但林卻無法先驗的認知一旦「神」被塑造完成那是誰也無法
撼動的，包括製造出「神」的他自己。

第五章　文革初期三大事件對共軍政治角色之影響

鬥爭羅瑞卿、二月逆流、及武漢事件在文革初期對共軍政治角色的發展有著重大的推波作用。

「二月逆流」事件是另一個共軍內部派系鬥爭的事例，基於毛的支持，「二月逆流」事件後林彪的四野嫡系逐漸掌握了共軍的主導權，毛、林兩人做為政治盟友，以及林彪忠誠的推行毛的政治建軍路線，完全符合毛的政治利益，因此，毛對林彪的支持，在這一個階段是無庸置疑的。

1967 年中期的「武漢事件」是地方具有實力的軍事菁英在文革初期對中共中央對抗的重要事例。隨者文革的發展，各軍區軍事領導亦逐漸的擴大了他們的政治影響力，1969 年之「九大」前夕，他們掌握了各省級革命委員會的大權，在這一階段黨、軍關係中，存在著「槍指揮黨」的現象，此一現象腐蝕了共軍「黨指揮槍」的建軍傳統。這個警訊促使毛於「九大」後進行地方黨組織的重建，並再度進行新一階段的權力鬥爭，只是這次鬥爭的矛頭是對著毛長期的黨內鬥爭夥伴、「親密的戰友及接班人」林彪。

第一節　鬥爭羅瑞卿

　　羅瑞卿與林彪的關係原本密切，從 1930 年 2 月開始共事，羅雖然比林大一歲，但羅長期爲林彪的部下，林彪任紅四軍軍長時，羅瑞卿在林彪轄下任十一師的政委；長征時期林任紅一軍團軍團長，羅則先後擔任紅一軍團、紅一方面軍保衛局局長；延安時期，林擔任紅軍大學、抗日軍政大學校長，羅則擔任教育長、副校長等職；1959 年盧山會議之後，林彪接替彭德懷出任國防部長及主持中共中央軍委日常工作，當時羅任職國務院公安部部長及公安部隊司令，林就任國防部長之初即調羅回軍隊，安排他擔任中央軍委會秘書長並升任共軍總參謀長。

　　林彪大力提拔羅的目的，是希望羅能支持林彪的建軍政策，並成爲林彪在軍隊擴大影響力的幫手。當時與羅同時任職總參謀部的八位副總參謀長，除了李天佑、韓先楚兩人出身四野屬於林彪人馬外，其餘六人：彭紹輝、張宗遜、張愛萍、楊成武、楊勇、王新亭等人，均非林系人員。林彪重用羅瑞卿的用意十分明顯，但羅卻違背了林的安排，而以中央軍委會秘書長及總參謀長的身分，經常越過林彪直接向毛請示及匯報工作，並與林彪以外的元帥保持密切的接觸，這點違反了中國官場上的倫理原則，羅的行爲被林視爲忠誠度有問題，林對羅的不滿因此而生。林彪曾對陶鑄說：「1960 年，羅瑞卿對我的合作是好的，但是從 1961 年起，就開始疏遠我、封鎖我，到 1965 年便正式反對我了」。

　　除此之外，林、羅之間時有爭執，1961 年 12 月林彪曾令羅瑞

卿組建撰寫班子，為林彪在「七千人大會」[1]會議提供發言搞。但在
討論這個由羅瑞卿定案的發言稿時，林彪之妻葉群主張加上毛澤東
為「天才」的相關內容，羅對葉群的主張有意見，他不讚成，認為
這種作法不合適。羅認為「不要提什麼個人天才」，葉群不表同意
並說「怎麼不能提？史達林活著時蘇聯就提過，毛主席現在雖在，
但怎麼不能提？」，羅回應說：毛澤東思想是在黨和人民集體奮鬥
中形成的，與天才無關。

　　1965 年 6 月在討論林彪為「毛主席語錄」再版所寫的前言時，
林、羅又發生爭執。林彪指出「毛澤東思想是當代馬克思、列寧主
義的頂峰」，羅則認為林的說法不妥，他向毛的秘書田家英請教林
的觀點是否得宜，田家英回覆認為林的提法是錯誤的，田強調錯在
「頂峰」這兩個字，因為馬克思、列寧主義、毛澤東思想是人類社
會發展的產物，是科學，是真理，而科學和真理是隨著人類社會的
不斷前進而不斷發現，不斷發展，不斷豐富的，所謂發展的「頂峰」，
其含義很明顯，就是說馬克思、列寧主義發展到了毛澤東思想就到
頭了，不再發展了。所以，「頂峰」的提法，田家英認為是違反科
學，違反辯證唯物主義的，是站不住腳的。田的看法對羅瑞卿是鼓
舞，因此羅瑞卿對再版的「語錄」之「前言」中引用林彪的所說「毛
澤東思想是最高最活的馬克思主義」的話有意見。他借用田家英的
觀點說：「不能這樣講，最高，難道還有次高嗎？最活，難道還有
次活嗎？」，「最高最活，不好理解，外國人也不好翻譯呀！」，羅
建議將此句刪去。

　　1965 年 11 月 18 日，林彪提出「突出政治五原則」，要求：(1)

---

[1] 「七千人大會」為「擴大中央工作會議」。

活學活用毛主席著作，特別要在「用」字上狠下功夫，把毛主席的書當成全軍各項工作的最高指示。(2)堅持「四個第一」（人的因素第一，政治工作第一，思想工作第一，活的思想第一），大抓狠抓「活思想」。(3)領導幹部要深入基層。(4)大膽提拔真正優秀的指戰員到關鍵的崗位上。(5)苦練過硬的技術和近戰、夜戰戰術。[2] 羅不同意林彪的第一項原則，他認為「突出政治五原則」中「把毛主席的書當成全軍各項工作的最高指示」不符合實際需求。

林彪與羅瑞卿的衝突到了必須要解決的地步，否則毛的大鬥爭計畫會受到干擾，12 月 8 日至 15 日，中共中央突然在上海召開批判羅瑞卿的會議，解決羅的問題排上了日程。「人民日報」於 1966 年 1 月 24 日拋出一篇「社論」，「社論」說：「突出政治，是根據社會主義社會的發展規律和社會主義社會的經濟基礎所提出的根本措施，不突出政治，就是違反社會主義社會發展的規律」。該社論再度強調林彪的說法：「毛澤東思想是當代馬克思列寧主義的頂峰，是最高最活的馬克思列寧主義。毛主席的書，是我們全軍各項工作的最高指示，毛主席的話，水平最高，威信最高，威力最大，句句是真理，一句頂一萬句」[3]。

1966 年 2 月 3 日「解放軍」報刊登「永遠突出政治」的社論，該社論的調子對羅不利，「社論」指出「最近召開的全軍政治工作會議，根據黨中央和毛主席的指示，全面地檢查和總結了兩年來的政治工作，研究了如何貫徹執行林彪同志提出的繼續突出政治的五

---

[2] "On the Purge of Chief of Staff Lo Jui-ch'ing (Jan. 1966)", **THE PEOPLE'S REPUBLIC OF CHIN 1949-1979 - A DOCUMENTARY SURVEY**, Vol. III, op. cit., p.1405.

[3] 「林彪關於毛主席的話一句頂一萬句的講話」，人民日報，1966 年 1 月 24 日。

項原則的問題」。「全軍政治工作會議」中號召全軍幹部戰士，要緊緊地團結在黨中央和毛主席的周圍，更高地舉起毛澤東思想偉大的紅旗，爲繼續突出政治、堅決執行五項原則而鬥爭，爲加強戰備、隨時準備粉碎美帝國主義的侵略而鬥爭。

「社論」另外強調：「林彪同志關於突出政治的指示，正是按照毛主席的教導，運用階級和階級鬥爭的觀點，運用辯證唯物論的觀點，根據社會主義社會的發展規律和社會主義社會的經濟基礎提出來的」，「突出政治，就是突出無產階級政治，大抓無產階級同資產階級的階級鬥爭，就是用毛澤東思想武裝廣大人民群眾的頭腦，興無產階級思想，滅資產階級思想，充分調動群眾的積極性和創造性，充分發揮無產階級政治對於社會主義經濟基礎的能動作用；就是正確處理政治和軍事、經濟、技術以及其他業務的關係，在各項工作中把政治工作放在第一位」，「突出政治絕不是一項任意的、局部性的、權宜性的政策，而是一項具有偉大戰略意義的根本措施」。最後「社論」之結論說「全軍同志一定要充分認識突出政治的偉大戰略意義，不斷提高突出政治的自覺性，我們要幹一輩子革命，學習一輩子毛主席著作，突出一輩子政治！我們要永遠聽黨的話，永遠聽毛主席的話，永遠走突出政治的道路」[4]。

該篇社論中揭示的論點，已明確的對羅瑞卿與林彪之間衝突有了判定，林勝羅敗已成定局。社論刊出之前的 1965 年底，江青計畫借用共軍之手向全國推展文革運動，江當時向羅瑞卿表示要到軍隊開文藝座談會，遭羅拒絕。1966 年 1 月 21 日江青到蘇州與林彪會面，隨即由林下令共軍總政治部，派遣副主任劉至堅，文化部長

---

[4] 「永遠突出政治」，解放軍報，1966 年 2 月 3 日。

謝鏜忠、副部長陳亞丁、宣傳部部長李曼村等人到上海參加由江青
主持召開的「部隊文藝座談會」，此次座談會做出「林彪同志委託
江青同志召開的文藝座談會紀要」，該「紀要」拋出一條極左的文
藝路線，此一「紀要」經毛審閱修改後，用軍委名義分送中共中央
徵求意見。

　　3月19日江青將毛已修改了三次的「紀要」送達林彪，3月22
日林寫信給中央軍委要求貫徹執行，4月10日中共中央批發了「紀
要」，4月18日「解放軍報」發表「高舉毛澤東思想偉大紅旗積極
參加社會主義文化大革命」之社論，火力集中的批判共軍內部的「文
藝黑線」，並重申共軍的政治角色的重要性。該文指出：「文化戰線
上興無滅資的鬥爭，是無產階級同資產階級、社會主義同資本主義
兩個階級、兩條道路、兩種意識形態之間的階級鬥爭的一個重要方
面」，「在我國革命的兩個階段，即新民主主義階段和社會主義階
段，文化戰線上都存在兩個階級、兩條路線的鬥爭，即無產階級和
資產階級在文化戰線上爭奪領導權的鬥爭。我們黨的歷史上，反對
『左』右傾機會主義的鬥爭，也都包括文化戰線上的兩條路線鬥
爭」，而「建國後的十幾年來，文藝界存在著一條與毛澤東思想相
對立的反黨反社會主義的黑線。這條黑線就是資產階級的文藝思
想、現代修正主義的文藝思想和所謂三十年代文藝的結合」，因為
「軍隊的文藝工作也在不同程度上受到了反黨反社會主義的黑線
的影響」，因此「我們一定要根據黨中央和毛主席的指示，積極參
加文化戰線上的社會主義大革命，徹底搞掉這條黑線，徹底清除這
條黑線對部隊的影響」。該社論最後說「一個社會主義文化大革命
的高潮已經出現，一個社會主義文化大革命的群眾運動正在興起。
這個偉大的革命潮流，必將蕩滌一切舊時代資產階級文藝思潮的汙

濁,開創社會主義的無產階級文藝的新紀元」[5]。

此外該日「解放軍報」亦公佈了「紀要」全文,根據「紀要」的精神,4 月 8 日至 6 月 11 日,共軍總政治部在北京召開「全軍創作工作會議」,會議期間,林彪下令對懷疑和抵制「紀要」及有不同意見的人,要進行批判,本次會議羅瑞卿及態度與羅一致者均遭受嚴厲的指責。會議之後共軍各階層、各單位同時進行性質相同之會議,繼續執行對不同意見的人員的批判,屬於羅瑞卿系統的軍事幹部因此受到不同程度的波及。林彪及文革左派結盟借批「文藝黑線」,開始在共軍內部徹底摧毀羅的勢力。

1966 年 7 月,「紅旗」以「編輯部」名義又發表一篇文章「無產階級文化大革命的指南針」,再度對「文藝黑線」展開攻擊,該文認為在這條黑線的控制及影響下,出現了一套荒謬的文藝理論及大毒草,他們企圖將文藝做為攻擊無產階級專政及覆辟資本主義的工具[6]。羅瑞卿這時已被定性為大毒草,是攻擊無產階級專、企圖覆辟資本主義的黑線人物;這些罪名,換句話說,就是毛所謂的無產階級與布爾喬亞之間的階級鬥爭,不同政治勢力之間的階級鬥爭,無產階級與資產階級意識型態領域的階級鬥爭[7]。

在軍事工作上,1964 年下旬羅瑞卿決定在全軍舉行「大比武」的軍事訓練運動,此舉有利於軍事實力的提升但卻違反了林彪突出

[5] 「高舉毛澤東思想偉大紅旗積極參加社會主義文化大革命」,解放軍報,1966 年 4 月 18 日。"The PLA Enters the Campaign Against P'eng Chen (18 Apr. 1966)", **THE PEOPLE'S REPUBLIC OF CHINA 1949-1979 - A DOCUMENTARY SURVEY**, Vol. III, op. cit., pp.1430-1431.

[6] 「無產階級文化大革命的指南針」,紅旗,第九期,1966 年,頁 26。

[7] "The PLA Enters the Campaign Against P'eng Chen (18 Apr. 1966)", **THE PEOPLE'S REPUBLIC OF CHINA 1949-1979 - A DOCUMENTARY SURVEY**, Vol. III, op. cit., p.1249.

政治建軍的原則，羅的行徑對其直屬長官林彪而言，已嚴重的影響了林在軍隊所推行「崇毛」政治運動的進度。1964 年下半年林有了動作，他派葉群等人到部隊蹲點，蹲點過程中，林於 12 月 29 日晚十一時在廣州召見劉志堅[8]及唐平鑄時說「現在部隊出現了一些偏差，軍事訓練有的搞得過於突出，時間也佔的多了一些，衝擊了政治」，「這樣下去，必然會把政治工作衝垮，把其他一切東西衝垮」。林在談話中強調「一定要突出政治，使政治思想工作真正成為我們全盤工作的基礎」，並說「今後兩三年都不要搞全軍性的比武，軍區、軍、師大規模的比武也都不搞」。

1965 年 1 月 5 日，中央軍委召開了第八次擴大會議，總結 1964 年的各項軍事工作，同時討論 1965 年的工作綱要。會議由軍委秘書長羅瑞卿主持，各總部、各大軍區、各軍兵種領導人參加，會前將葉群等人的調查報告，作為會議文件印發給大家參考，會議共舉行四天。1 月 9 日，羅在講話中明確指出，不能給群眾性練兵運動戴上「單純軍事觀點」的帽子，羅認為 1964 年軍事訓練成績是主要的，「大比武」運動一直都是貫徹毛的軍事思想，調動了廣大指戰員的積極性。羅還認為練兵的態度是「氣可鼓，不可洩」，羅同意不能犯單純軍事觀點和單純技術觀點的錯誤，而且必須把政治思想工作落實到軍事訓練上，但不能搞空頭政治。

1 月 12 日，經林彪審查同意，有關林彪對部隊的相關談話記錄，以「林彪同志關於當前部隊工作的指示」為題，加按語，做為軍委

8　劉志堅，湖南平江人。1931 年加入中國共產黨，曾任總政治部主任、軍事科學院政委、昆明軍區政委、解放軍政治學院院長兼政委，1955 年被授予中將軍銜，第二、三四屆全國人民代表大會代表、中共第七次全國代表大會代表、第十一屆候補中央委員、第十二屆中央委員．

1965 年 1 號文件下發各部隊執行。「指示」上對軍隊忽略政治的部分，說：「有些部隊也出現了一些不好的苗頭，軍事訓練有的搞得過於突出，時間也占得多了一些，衝擊了政治；有的過分強調抓軍事技術，忽視政治思想工作；有的甚至弄虛作假，搞錦標主義和形式主義。這樣下去，必須會把政治工作衝垮，把其他一切東西衝垮，結果也會把軍事訓練本身衝垮」。

　　林彪在「指示」中要求 1965 年軍隊的工作重點必須「要突出政治，大力加強政治思想工作，大抓毛主席著作的學習，在全軍掀起一個更大、更廣泛的學習毛著作的高潮，使毛主席著作的學習成為最根本的必修課」。「指示」另強調：「軍事是重要的，但是，更重要的是政治。如果政治上一塌糊塗，敵人來了向後跑，即便軍事技術上再好，有什麼用」，因此「軍事訓練、生產等如果和政治思想工作發生了矛盾，要給政治思想工作讓路」。

　　有關羅瑞卿最驕傲的「大比武」部分，「指示」總評說 1964 年的比武，有積極的意義，它對部隊的軍事訓練，確實起了推動作用，這是主要的。但是，也帶來了一些副作用，有的部隊拼湊「尖子」，弄虛作假，這都是不對的。「指示」還認為對黨領導的軍隊，「自己騙自己怎麼行？要把這個壞作風很快糾正過來，不糾正，聽其發展，隊伍就會搞得不像樣子，就會吃大虧」。「指示」最後規定「今後兩三年都不要搞全軍性的比武，軍區、軍、師大規模的比武也都不搞、要搞就是團、營搞一點」[9]。

　　羅堅決不同意林否定「大比武」的練兵運動，4 月 3 日，羅到廣州軍區，召集葉群曾經蹲過點的部隊之團級以上軍事幹部講話，

<hr>

[9] 林彪同志關於當前部隊工作的指示（1965 年 1 月 12 日），**中國共產黨中央委員會軍事委員會通知**。

羅提到「怎麼才叫突出政治，如何突出政治，這個問題各同志理解不同。有林彪同志的理解，有我的理解，還有另外一些同志的理解，這種現象是正常的」。此外羅強調，十幾年才比了一次武，積極意義是主要的；針對林彪所說「如果政治上一塌糊塗，打起仗來往後跑，即使軍事上再好，有什麼用」，羅則認為：政治搞得不好，打起仗來往後跑，但是，軍事沒有一點功夫，打得不准，一打，人家撲過來，你說向不向後跑？羅再次對參與會議的各部隊長強調：政治可以衝擊其它，只是「這裏是指必要的，也不能亂沖一氣」。對於林彪的「突出政治五原則」羅認為它僅僅是原則而已，軍隊的作戰技能則更為重要。

另外，羅反對當時在軍隊中沒有任何領導職務的葉群，其名字出現在印發全軍的文件上。在「林彪同志關於當前部隊工作的指示」中，開始的一段話「林彪同志看到了劉志堅同志和葉群同志等寫的幾份報告，並聽取了葉群同志的匯報」，羅要求將此文件上的人名刪去改為「總政治部工作組」，然後再下發各軍事單位。

1965 年是林彪與羅瑞卿之間的鬥爭白熱化的一年，11 月林彪派系的核心成員海軍第一政委李作鵬，與海軍副司令員王宏坤、海軍政治部主任張秀川聯手寫了一份報告，由葉群上呈毛，報告中指出羅對海軍有重大之陰謀，有不可告人之秘密。12 月 8 日至 15 日，毛在上海主持召開了中央政治局常委擴大會議，即所謂的「上海會議」，會中印發了李作鵬等人所寫的報告，會議人員對羅做了嚴厲的批評。葉群發言時透露空軍司令員吳法憲曾針對羅的問題說過，「羅總長」曾交代吳法憲向葉群談四條意見，即：(1)一個人早晚要退出政治舞臺，林彪也是要退出政治舞臺的。(2)要保護林彪的身體。(3)林彪不要再干涉軍隊的事情，由羅瑞卿去管就好。(4)放手讓

羅瑞卿工作，一切交給他負責[10]。

羅的四條意見對林彪而言，無疑是向林公開奪取軍隊領導權，這點對毛而言，在當時的時間點上，羅的行為觸犯了毛的最大禁忌，林是毛在軍隊中推行毛式建軍的代理人，而羅非但執行「政治建軍」政策不力，還欲公開向林奪權，此舉嚴重的影響了毛的政治戰略部署。毛曾在一份報告上明白的批示「那些不相信突出政治，對於突出政治表示陽奉陰違，而自己另外散佈一套折衷主義，及機會主義的人，大家當有所警惕」。上海會議後，羅被調離軍隊，共軍總參謀長之職務由北京軍區司令員楊成武代理。

1965 年 12 月底至 1966 年 1 月，共軍召開軍隊政治工作會議，此一會議根據上海會議的精神，繼續對羅瑞卿進行批判，而且是升高強度的批鬥，會議將與羅瑞卿的鬥爭定位為無產階級與資產階級路線的鬥爭，會議重申林彪「突出政治」五項原則的重要。總政治部主任蕭華在本次會議中發表一篇「高舉毛澤東思想偉大紅旗」的講話，這篇講話一再強調「突出政治五原則」及「政治第一」的重要性。蕭華講話的要點歸納如下：(1)社會主義國家依然存在著階級鬥爭，存在著階級矛盾，它是無產階級與資產階級的鬥爭，及社會主義與資本主義兩條路線的鬥爭；政治本身存在著階級，在政治意識型態的戰場上不是被無產階級佔領，就是被資產階級佔領。(2)有人認為軍事與政治同樣重要，應該放在同樣的位置，這種看法完全錯誤。(3)林彪提出的「突出政治五原則」，完全符合毛的建軍思想以及實際的現狀，它是創造、運用毛思想的偉大實例。(4)政治領

---

[10] "A Report on the Purged Chief of Staff (30 Apr. 1966)", **THE PEOPLE'S REPUBLIC OF CHINA 1949-1979 - A DOCUMENTARY SURVEY**, Vol. III, op. cit., pp.1478-1479.

導軍事，軍事替政治服務，只有做好政治工作，才能做好軍事工作，突出政治的軍隊才是革命的現代化軍隊[11]。

1966 年 3 月 4 日至 4 月 18 日，中共中央在北京召開討論羅瑞卿問題的京西賓館小組會議，會議分兩個階段進行，第一階段歷時十三天，參加人員包括軍委總部、公安部、國防工廠、國防科委、軍事科委、軍事科學院、和大部分軍區、軍種、兵種的負責同志，以及羅瑞卿本人，共四十二人。3 月 22 日，會議進入第二階段，根據黨中央指示，增加了五十三人，包括黨中央、國務院有關部委和各中央局的負責同志，第一階段未參加會議的軍區、兵種、軍事院校的負責同志；第二階段參加會議的共九十五人[12]。3 月 18 日羅瑞卿在沈重的批鬥壓力下跳樓自殺未遂，因此第二階段的會議，再度轉為背靠背的鬥爭。參與本次會議的人員包括黨、軍各高層，分佈面甚廣。毛及林彪出重手的擴大批鬥羅瑞卿，其用意甚為明顯，毛即將掀起一場驚天動地的文化大革命，在這一階段毛不可能任由羅瑞卿破壞了政治掛帥為基幹的大謀略，因此羅在這一場鬥爭中被冠上「野心家、陰謀家、篡黨、篡軍」的帽子，羅必須受到懲罰。

毛、林聯手擴大鬥爭羅的另一個用意，在引蛇出洞，引出支持羅的派系分子，林彪借鬥爭羅趁勢打垮共軍內部非林系分子，以及徹底清除黨內、軍內反對「政治掛帥」的各級幹部，以利文革順利的開展。這個引蛇出洞的策略發生了一定程度的效果，如北京市長

[11] "On the Purged Chief of Staff Lo Jui-ching (Jan.. 1966)", **THE PEOPLE'S REPUBLIC OF CHINA 1949-1979 - A DOCUMENTARY SURVEY**, Vol. III, op. cit. Ibid., pp.1405-1412.

[12] "A Report on the Purged Chief of Staff (30 Apr. 1966)", **THE PEOPLE'S REPUBLIC OF CHINA 1949-1979 - A DOCUMENTARY SURVEY**, Vol. III, op. cit., p.1473.

彭真在討論羅瑞卿問題的小組會議上要求「只講有根據的資料，凡是無根據的資料，不要隨便提出，有一條是一條，是七分不能講十分，是三分不能講七分，只講羅的問題，不要牽連別人」。另外，賀龍與羅關係密切，他與鄧小平對黨中央處理羅的事件有意見，他們認為羅在提升軍隊專業化的「大比武」運動上，沒有錯誤。此外，楊尚昆、軍委辦公廳主任尚向蓉，總政治部梁必業等人，都因與羅的關係密切而受到牽連。

有關彭真，他不僅與羅瑞卿關係良好，與劉少奇也有很深的歷史淵源，劉少奇任北方局書記時，彭真是北方局的組織部長，「七大」會議，彭真還是白區代表團的主席。由於劉少奇是中共黨內白區的代表性人物，因此當毛鬥劉少奇時，整個白區地下黨出身的黨員都因此受到波及，毛懷疑白區工作的黨員與劉少奇「司令部」有聯繫，彭真做為劉少奇的長期部屬，不可能置身度外，不論彭真挺不挺羅瑞卿都不可能全身而退，這是鬥爭中最殘酷的現實。

借整肅羅瑞卿，林彪重新組合了以林為首的權力版圖，林以黨、軍菁英在此事件中反對羅的態度、強度做為衡量該人是否忠於自己的衡量標準；吳法憲、李作鵬、邱會作等人由於積極及全面性的反羅，而於日後進入林的重要幹部圈，成為林的核心班底，這一群人於文革開始後分任各軍種司令員，同時也成為毛在軍隊中的重要政治打手，「九大」時與林彪共享奪權的勝利，以毛的功臣身分成為中央政治局委員。

1966 年 4 月 30 日，中共中央工作小組，向中共中央提交「關於羅瑞卿錯誤問題的報告」，並由中共中央於 5 月 16 日轉發全黨。

「報告」指出羅主要的錯誤共有五項，即[13]：

一、敵視和反對毛澤東思想，誹謗和攻擊毛。歪曲和反對毛關於階級和階級鬥爭的理論，是典型的階級鬥爭熄滅論、是徹頭徹尾的階級鬥爭熄滅論者，是徹頭徹尾的修正主義觀點者。反對毛人民戰爭思想，反對武裝力量的傳統體制，反對設地方武裝，忽視民兵工作，拒不執行毛關於建立和加強地方武裝的指示，在民兵工作三落實[14]的問題上也和毛唱反調，反對毛的文藝方針。

二、推行資產階級軍事路線，反對毛軍事路線，擅自決定三軍大比武，反對突出政治。是資產階級軍事路線的大暴露，是力圖以資產階級軍事路線，代替以毛為代表的無產階級軍事路線的陰謀的大暴露。大比武是比軍事，比技術，提倡軍事第一，技術第一，一搞大比武就否定了四個第一，否定了軍委決定的 1964 年全軍工作的方針，大比武衝擊了政治，衝擊了學習毛著作，削弱了部隊的政治思想工作；大比武也衝擊了正常的軍事訓練，練為看，不是練為戰，搞了一套形式主義，花架子，根本不符合實戰要求。反對和歪曲林彪提出的突出政治五項原則，反對把毛的書當作軍隊各項工作的最高指示。

三、目無組織紀律，個人專斷，搞獨立王國，破壞黨的民主集中制。對許多重大的軍事行動和作戰計畫，不向軍委常委請示報告；不貫徹執行，而任意篡改和取消國防工業建設和國防科學技術政策；企圖建立公安工作和公安部隊的垂直領導系統，竭力擴展自

---

[13] "A Report on the Purged Chief of Staff (30 Apr. 1966)", **THE PEOPLE'S REPUBLIC OF CHINA 1949-1979 - A DOCUMENTARY SURVEY**, Vol. III, op. cit., pp.1473-1478.

[14] 民兵工作的三落實，第一是組織落實，第二是政治落實，第三是軍事落實。

己的權力；利用各種機會，當著下級幹部面，散佈流言蜚語，破壞軍委領導同志的威信，對林彪、賀龍、聶榮臻、陳毅、劉伯承、葉劍英、徐向前和已故的羅榮桓，妄加議論、攻擊和誹謗；是典型的「一言堂」，極端不民主，嚴重地破壞了黨的民主集中制。

　　四、品質惡劣，投機取巧，堅持剝削階級立場，資產階級個人主義登峰造極。突出個人，飛揚跋扈，鋒芒畢露，稱王稱霸，想盡一切辦法爭名譽，爭地位，爭風頭，不擇手段地爲個人撈取政治資本，熱衷於以個人名義發表文章和講話，極力爲自己爭版面，爭頭條，爭畫面，爭鏡頭，在國內外重大政治問題上，搶先發言表態；任職軍委工作高高在上，脫離群眾，脫離實際，工作上極端不負責任，嚴重失職，爲了撈取政治資本，搞陰謀活動，忙的吃喝玩樂，甚至在作戰或戰略最緊張的時候，還照常去看戲、跳舞、釣魚、遊山玩水，在生活上也是揮霍無度糜爛透頂的；對於培養他幾十年的毛和林彪，對於革命的同志和戰友毫無革命的階級感情，冷酷無情，視若仇敵。

　　五、公開向黨伸手，逼迫林彪同志讓賢讓權，進行篡軍反黨的陰謀活動。把林彪當敵人看，常常製造謠言，誣衊和打擊林彪，長期對林彪進行封鎖；不但陰謀篡奪軍隊的大權，還從中央到地方到處伸手，越權越位，常常以個人名義，以命令口氣向中央書記處書記，國務院副總理，各中央局、大部分省、市、自治區黨委書記，批過大量文件，亂加批評指示和黑指揮。

　　此外「報告」認爲羅瑞卿的錯誤不是一般性質的錯誤，而是用資產階級軍事路線來反對無產階級軍事路線，是用修正主義來反對馬克思列寧主義、毛澤東思想，反對林彪同志，反對黨中央，反對毛主席。妄圖奪取兵權，達到篡軍反黨的罪惡目的；是一個資產階

級個人主義野心家、陰謀家、偽君子；是打著紅旗反紅旗，是一顆埋在黨中央的定時炸彈。「報告」更說羅瑞卿的錯誤發展到這種嚴重地步，不是偶然的，是國內外階級鬥爭的反映，是有其深刻的階級、歷史和思想根源的[15]。

5 月 16 日中共中央批准此一「報告」並轉發全黨。根據羅瑞卿的錯誤，黨中央處置羅瑞卿的決定是：(1)撤銷羅瑞卿在軍事系統的各項職務。(2)撤銷羅瑞卿的國務院副總理職務。(3)撤銷羅瑞卿黨中央委員會書記處書記的職務。(4)對羅瑞卿的錯誤作出政治上和組織上的結論。(5)把中央工作小組的這一報告和小組會議上的幾個重要發言傳達到適當範圍，徹底肅清他在各方面的惡劣影響[16]。

半年之後，羅完全被排除在中共中央之外，其所有的黨、政、軍職務均被刪除。羅瑞卿是在文革前夕首位被整肅的高階將領，羅的錯誤在於他無法意識到黨國最高權威毛的真正意圖，認為在總參謀長的職位上可以按己意行事。另外羅有共軍總參謀長的頭銜，能叫羅下台的其實只有毛一人而已，沒有毛的同意，林彪絕不敢擅自決定批鬥羅，因此，極為明顯的，毛要清理共軍內部妨礙林彪執行毛在文革中之鬥爭計畫的障礙，當時羅身兼黨、政、軍等六十二項重要職務，包括中央軍委秘書長、國務院副總理、國防部副部長、國防工辦主任、共軍總參謀長等。羅的勢力不除，林彪在共軍下達的命令就無法貫徹。羅瑞卿事件之後，文革接著展開，文革時期一連串攻擊、批鬥共軍將領的行動陸續登場，賀龍、陳毅、徐向前、

---

[15] "A Report on the Purged Chief of Staff (30 Apr. 1966)", **THE PEOPLE'S REPUBLIC OF CHINA 1949-1979 - A DOCUMENTARY SURVEY**, Vol. III, op. cit., pp.1473-1478.

[16] 同上。

聶榮臻、葉劍英等政治立場與毛、林不完全一致，或對文革過於激烈攻擊軍事機關行動有意見者，其後均受到波及。

　　羅瑞卿事件，有幾個特點值得注意：(1)不是羅背著毛、林推行所謂資產階級軍事路線，或覆辟資本主義，而是他想同林彪「分權」，這點在「關於羅瑞卿錯誤問題的報告」中有很清楚的顯示；林、羅二人均積極的向毛爭寵，但羅並未認知林彪在這個階段對毛的重要性，及林彪所負擔的政治任務。(2)林彪之所以提拔羅任總參謀長，是希望羅推行林的軍事路線，以及借羅之手鞏固林在軍隊中的政治勢力，並期待羅感恩而為自己效命。換句話說，羅僅是林的工具，但羅卻自以為自己真的是擁有實權的總參謀長，可以自由行使意志，羅企圖直接向毛表態效忠，但又不能正確的掌握毛的意圖，羅忘了軍隊對毛而言從來就不是單純的軍隊。(3)羅其實並不像彭德懷是一個真正的專業化建軍者，羅的「大比武」運動，實際上政治投機的成分居多，羅在總參謀長任內越過上級國防部長林彪，或說羅以中共中央軍委秘書長的身分，越過軍委第一副主席，而直接向毛會報和請示問題，這是專業化軍隊體制所不允許的行為。此外，從前述有關是否派兵援越的問題，羅、林辯論的過程中，羅的立場搖擺不定，可知大概。

第二節　「軍委八條」與「二月逆流」

　　文革運動開始後，毛感受到來自兩方面的壓力，即地方割據的山頭，與雄據中央的林彪及遍及各領導階層的四野軍系。實際上在文革初期若干整肅黨、軍高幹的行動，係毛默許，甚至背後支持林彪進行，其目的在借林之力共同打倒劉少奇，這是毛「遠交近攻」，

「拉攏次要敵人，打擊主要敵人」策略的典型運用。此外，林彪對非四野軍事將領的整肅，又涉及軍隊派系之權力競爭以及個人恩怨問題。

1966 年 8 月 8 日中共中央「八屆十一中全會」通過了「中國共產黨中央委員會關於無產階級文化大革命的決定」，此「決定」就是文革運動中所謂的「十六條」，「決定」的內容如下：(1)社會主義革命的新階段。目的是鬥垮走資本主義道路的當權派，批判資產階級的反動學術「權威」，批判資產階級和一切剝削階級的意識形態，改革教育，改革文藝，改革一切不適應社會主義經濟基礎的上層建築，以利於鞏固和發展社會主義制度。(2)主流和曲折。廣大的工農兵、革命的知識分子和革命的幹部，是這場文化大革命的主力軍。一大批本來不出名的革命青少年成了勇敢的闖將，他們有魄力、有智慧；他們用大字報、大辯論的形式，大鳴大放，大揭露，大批判，堅決地向那些公開的、隱蔽的資產階級代表人物舉行了進攻。無產階級文化大革命是大勢所趨，不可阻擋。(3)「敢」字當頭，放手發動群眾。黨中央對各級黨委的要求，就是要堅持正確領導，「敢」字當頭，放手發動群眾，改變那種處於軟弱無能的狀態，鼓勵那些有錯誤而願意改正的同志放下包袱，參加戰鬥，撤換那些走資本主義道路的當權派，把那裡的領導權奪回到無產階級革命派手中。(4)讓群眾在運動中自己教育自己。要充分運用大字報、大辯論這些形式，進行大鳴大放，以便群眾闡明正確的觀點，批判錯誤的意見，揭露一切牛鬼蛇神。(5)堅決執行黨的階級路線。黨的領導要善於發現左派，發展和壯大左派隊伍，堅決依靠革命的左派。集中力量打擊一小撮極端反動的資產階級右派分子、反革命修正主義分子，充分地揭露和批判他們的反黨反社會主義反毛澤東思想的罪行，把他

們最大限度地孤立起來。這次運動的重點，是整黨內那些走資本主義道路的當權派。(6)正確處理人民內部矛盾。在辯論中，每個革命者都要善於獨立思考，發揚敢想、敢說、敢做的共產主義風格。(7)警惕有人把革命群眾打成「反革命」。為了防止轉移鬥爭的主要目標，不許用任何藉口，去挑動群眾鬥爭群眾，挑動學生鬥爭學生，即使是真正的右派分子，也要放到運動的後期酌情處理。(8)幹部問題。對反黨反社會主義的右派分子，要充分揭露，要鬥倒，鬥垮，鬥臭，肅清他們的影響，同時給以出路，讓他們重新做人。(9)文化革命小組、文化革命委員會、文化革命代表大會。無產階級同過去幾千年來一切剝削階級遺留下來的舊思想、舊文化、舊風俗、舊習慣的鬥爭，需要經歷很長很長的時期。因此，文化革命小組、文化革命委員會、文化革命代表大會不應當是臨時性的組織，而應當是長期的常設的群眾組織。它不但適用於學校、機關，也基本上適用於工礦企業、街道、農村。(10)教學改革。在各類學校中，必須貫徹執行毛澤東提出的教育為無產階級政治服務、教育與生產勞動相結合的方針；學生以學為主，兼學別樣。也就是不但要學文，也要學工，學農，學軍，也要隨時參加批判資產階級的文化革命的鬥爭。(11)報刊上點名批判的問題。要組織對那些有代表性的混進黨內的資產階級代表人物和資產階級的反動學術權威進行批判，其中包括對哲學、歷史學、政治經濟學、教育學、文藝作品、文藝理論、自然科學理論等戰線上的各種反動觀點的批判。(12)關於科學家、技術人員和一般工作人員的政策。對於有貢獻的科學家和科學技術人員，應該加以保護，對他們的世界觀和作風，可以幫助他們逐步改造。(13)同城鄉社會主義教育運動相結合的部署問題。當前無產階級文化大革命運動提出的問題，應當在適當的時機，交給群眾討

論，以便進一步大興無產階級思想，大滅資產階級思想。(14)抓革命，促生產。無產階級文化大革命是使我國社會生產力發展的一個強大的推動力，把文化大革命同發展生產對立起來，這種看法是不對的。(15)部隊。部隊的文化革命運動和社會主義教育運動，按照中央軍委和總政治部的指示進行。(16)毛澤東思想是無產階級文化大革命的行動指南。在無產階級文化大革命中，要高舉毛澤東思想的偉大紅旗，實行無產階級政治掛帥，要在廣大工農兵、廣大幹部和廣大知識分子中，開展活學活用毛主席著作的運動，把毛澤東思想作為文化革命的行動指南[17]。

　　8 月 10 日林以副主席的身分在中央工作會議上講話，宣布幹部政策，他強調評判幹部好壞的方法，首先要看他是否支持毛主席，是否強調政治第一，是否有高昂的革命熱情。8 月 18 日林彪在第一次紅衛兵的集合中表示：「要大破一切剝削階級的舊思想、舊文化、舊風俗、舊習慣，要改革一切不適應社會主義經濟基礎的上層建築，要掃除一切害人蟲，搬掉一切絆腳石」[18]。黨、軍高級幹部即在林彪的「幹部政策」及「大破一切」、「改革一切」、「掃除一切」、「搬掉一切」的原則下受到林系人馬及文革左派的攻擊，紅二方面軍賀龍被鬥，朱德、聶榮臻受到波及。

　　1967 年 1 月 3 日林在軍事院校會議上公開批判葉劍英、陳毅、徐向前、聶榮臻等人。1 月 10 日中央文革小組成員關鋒、王力等人起草了「關於解放軍宣傳方針問題的建議」，提出「徹底揭穿軍內

---

[17] 有關「十六條」的規定參閱：「中國共產黨中央委員會關於無產階級文化大革命的決定」，人民日報，1966 年 8 月 9 日。

[18] 「一切捍衛黨的原則的偉大鬥爭」，紅旗，第 11 期，1966 年，頁 13-14。人民日報，1967 年 2 月 26 日。

一小撮走資本主義的當權派」的口號；1 月 13 日江青在一次講話中說「兩條路線的鬥爭反映在軍隊內是十分尖銳的，不要以為軍隊裡沒有兩條路線的鬥爭」[19]。1 月 14 日「解放軍報」的社論公開了掀「軍內一小撮」的口號，該「社論」說：「推動文化大革命的阻力，主要來自混進軍內的一小撮走資本主義道路的當權派，來自極少數堅持資產階級反動路線的頑固分子」[20]，次日「人民日報」轉載了這篇社論。「掀軍內一小撮」的口號提供文革左派攻擊非林系軍頭的合法基礎，江青曾一度高呼「軍隊加入全面內戰」[21]。

　　1 月 11 日中共中央軍委改組了全軍文化革命小組，中央軍委副主席徐向前接替劉志堅擔任組長一職，江青任顧問，蕭華、楊成武、王新亭、徐立清、關鋒、謝鐛忠、李曼村任副組長，余立金、劉華清、唐平鑄、胡痴、葉群、王蜂、古岩、張濤任組員[22]。新的全軍文化革命小組由中央軍委和中央文化革命小組直接領導，不再隸屬總政治部。

　　同日，葉劍英在中央軍委常委會議中發言討論穩定軍隊的問題，葉指出：地方越亂，軍隊越要穩，內憂必然引起外患，穩定軍隊是黨和國家的根本利益等。1 月 14 日，中共中央發出「關於不得把鬥爭鋒芒指向軍隊的通知」，並要求軍隊不能搞「大民主」，不能成立戰鬥隊，不能搞串連。在隨後於北京京西賓館舉行的軍委碰頭會上，江青要求軍隊立即開展「四大」，即「大鳴、大放、大字報、

---

[19] 李可、郝生章，文化大革命中的人民解放軍，北京：中共黨史資料出版社，1989 年，頁 37-38。

[20] 「奪取新的勝利」，紅旗，第十五期，1966 年，頁 14-16。解放軍報，1967年 1 月 14 日。

[21] 李可、郝生章，前揭書，頁 38。

[22] 同上，頁 39。1967 年 3 月 3 日謝富治增補為副組長。

大辯論」介入地方的文化大革命[23]。1 月 19 日，葉群在會議中點名攻擊總政治部主任蕭華，1 月 22 日毛接見參加軍委碰頭會人員，參與會議人員當面向毛面報他們受到文革左派的衝激，被衝激人員包括總政治部主任蕭華、南京軍區司令員許世友、北京軍區司令員楊勇、北京軍區副司令員鄭維山、新疆軍區副司令員郭鵬、第二砲兵副司令員吳烈等多人；毛回答說「我們的基本方針，要站在革命左派的一邊，過去說軍隊不介入，其實是假的，西安、重慶、蘭州、成都、南京等地都介入了」[24]。

毛已經對軍隊介入文革與否拍版定案，因此 1 月 23 日參加軍委碰頭會人員，就軍隊介入文化大革命的方式擬出七條規定，並呈毛核准，此七條規定送毛審視，經毛提議，再提交軍委碰頭會討論，討論過程中，由於中央文革小組的堅持，刪除了「軍隊介入文革應堅持黨委對運動的領導，以及不能成立文化革命戰鬥組織」等內容。此外，由毛提議而會議人員一致同意，另增加「嚴格管教子女」及「衝擊領導機關問題，過去如果是反革命衝擊了，要追究，如果是左派衝擊了，不追究，今後右派衝擊，要抵制，左派衝擊，要歡迎」；因此會議將原來的七條變成八條，而於 1 月 28 日送請毛核批，毛批示「所定八條，很好，照發」[25]。軍委碰頭會後，中央軍委即向軍隊發佈「八條」命令，以抑制軍隊過度介入文革及防止文革左派對軍隊的過度衝擊。「軍委八條」以「中央軍委命令」的方式下達，它是文革時期重要的文件之一，其規定如下：(1)必須堅決支持

---

[23] 「奪取新的勝利」，紅旗，第十五期，1966 年，頁 15。解放軍報，1967 年 1 月 14 日。

[24] 李可、郝生章，前揭書，頁 40-41。

[25] 陳再道回憶錄，北京：解放軍出版社，1991 年，頁 278。建國以來毛澤東文稿，第十二冊，北京：中央文獻出版社，1998 年，頁 204。

真正的無產階級革命派，爭取和團結大多數，堅決反對右派，對那些證據確鑿的反革命組織和反革命分子，堅決採取專政措施。(2)一切指戰員、政治工作人員、勤務、醫療、科研和機要工作人員，必須堅守崗位，不得擅離職守。要抓革命，促戰備、促工作、促生產。(3)軍隊內部開展文化大革命的單位，應該實行大鳴、大放、大字報、大辯論，充分運用擺事實、講道理的方法，嚴格區分兩類矛盾。不允許用對待敵人的方法來處理人民內部矛盾，不允許無命令自由抓人，不允許任意抄家、封門，不允許體罰和變相體罰，例如：戴高帽、掛黑牌、遊街、罰跪等等。認真提倡文鬥，堅決反對武鬥。(4)一切外出串連的院校師生、文藝團體、體工隊、醫院和軍事工廠的職工等，應迅速返回本地區、本單位進行鬥批改，把本單位被一小撮走資本主義道路當權派篡奪的權奪回來，不要逗留在北京和其他地方。(5)對於衝擊軍事領導機關問題，要分別對待。過去如果是反革命衝擊了，要追究，如果是左派衝擊了，可以不予追究，今後則一律不許衝擊。(6)軍隊內戰備系統和保密系統，不准衝擊，不准串連。凡非文化大革命的文件、檔案和技術資料一概不得索取的搶劫。有關文化大革命的資料，暫時封存，聽候處理。(7)軍以上機關應按規定分期分批進行文化大革命。軍、師、團、營、連和軍委指定的特殊單位，堅持採取正面教育的方針，以利於加強戰備，保衛國防，保衛無產階級文化大革命。(8)各級幹部，特別是高級幹部，要用毛澤東思想嚴格管教子女，教育他們努力學習毛主席著作，認真與工農相結合，拜工農爲師，參加勞動鍛煉，改造世界觀，爭取作無產階級革命派。幹部子女如有違法亂紀行爲，應該交給群眾教

育，嚴重的，交給公安和司法機關處理[26]。

為了貫徹「軍委八條」，2 月 11 日至 27 日，中央軍委連續發佈了「關於軍以上領導機關文化大革命的幾項規定」，「關於軍隊奪權範圍規定」，以及「關於執行中央軍委『關於軍以上領導機關文化大革命的幾項規定』的補充規定」；上述各項規定對軍隊進行文化大革命作了下述之要求：(1)軍以上機關的文化大革命組織，包括各總部、軍種、兵種、各大軍區、省軍區、軍區空軍、海軍艦隊等，必須在毛主席的指示下分批進行「四大」。(2)陸、空軍的軍以下單位，海軍的基地以下單位，海、空軍的飛行學校，北京衛戍區，上海、天津、旅順、大連警備區，以及軍委指定的特殊單位，一律不准搞「四大」。(3)各級軍事領導機關，包括司、政、後、及其他領導部門，一律不允許自下而上的奪權，不允許任何人或任何組織受到衝擊。(4)軍隊可以奪權的範圍，只限於學院學校（機要學校、尖端技術學校、飛行學校、和有外訓任務的班、系除外）、文藝團體、體工隊、醫院（只限於解放軍總醫院，軍區，軍種總醫院，教學醫院）、軍事工廠（有尖端技術實驗任務的工廠，海軍基地所屬工廠和絕密工廠除外）。(5)軍以上機關的文化大革命，必須由黨委領導。(6)軍隊領導機關必須保持嚴密的、完整的指揮體系，所有超越基層行政單位的文化革命戰鬥組織，一律撤銷[27]。

---

[26] 建國以來毛澤東文稿，第十二冊，前揭書，頁 204。

[27] "Directive on the Conduct of the Cultural Revolution within the People's Liberation Army (11 Feb. 1967)", "Establishment of the Peking Military Control Committee (11 Feb. 1967)", "Regulation on the Military Control in Sinkiang (11 Feb. 1967)", "Directive on Power Seizures within the PLA (16 Feb. 1967)", **THE PEOPLE'S REPUBLIC OF CHINA 1949-1979 - A DOCUMENTARY SURVEY**, Vol. IV, pp.1818-1819, 1819-1820, 1820-1821, 1822-1823. 李可、郝生章，前揭書，頁 43。

　　「軍委八條」的下達，是毛在文革初期對共軍軍事菁英的一次最大的妥協，對毛而言該階段的主要敵人，爲政務系統的國家主席劉少奇，毛必須在鬥爭劉少奇的策略上做階段性的調整，做少許的讓步以保持彈性。雖然由文革左派控制的中央文革小組在「軍委八條」中主張刪除「軍隊介入文革應堅持黨委對軍隊的領導」，但在中央軍委發佈的「關於軍以上領導機關文化大革命的幾項規定」中仍列入「軍以上機關的文化大革命，必須由黨委領導」的規定，毛同意採取軍委的意見。妥協的主要原因，在於毛必須應付軍事菁英對軍隊全面介入文革以及對文革左派進行「揪軍內一小撮」的不滿，爲了完成主要任務，毛須要在這一階段採取「以退爲進」的策略。

　　但是「軍委八條」下達後，並未能達到穩定軍隊的目的，文革運動帶動的批鬥氣氛以及文革左派肆無忌憚的造反鬧事，最重要的仍是毛對擴大鬥爭面的支持，使得各地衝擊軍事機關、基地及軍事領導幹部的事件曾未停止。

　　當時對於文革的惡質發展反應最強烈的是中央軍委，1967 年 2月 16 日在中南海懷仁堂，由周恩來主持的政治局會議上，軍頭們摻雜著對軍隊穩定之期待及維護個人利益的情緒，表現得相當激烈，引發了所謂「二月逆流」事件。會議上軍頭們對紅衛兵在各地衝擊軍隊的事件極度不滿，並認爲 1966 年 8 月 8 日在「八屆十一中全會」上通過的文革「十六條」應該廢止，他們強烈主張應立即禁止紅衛兵的「反黨聯盟」活動。參與會議的人員分兩派，一邊是中央軍委副主席葉劍英、陳毅、聶榮臻、徐向前，政治局委員譚震林、李先念、李富春、余秋里、谷牧；另一邊是文革左派陳伯達、康生、張春橋、姚文元、謝富治。雙方對於軍隊是否介入文革，發

生激烈的意見衝突，其中有些問題涉及國家體制，葉劍英等人對文革的激進作法表示強烈不滿，提出了三個重大原則問題，即：運動要不要黨的領導？應不應該將老幹部全部打倒？要不要穩定軍隊？三個重大原則如下所述：(1)要不要中國共產黨的領導。葉劍英批評說上海改名為上海公社，這樣大的問題涉及國家體制，不經過政治局討論就擅自改名，是想做什麼，革命能沒有黨的領導嗎？(2)老幹部應不應該都打倒。譚震林在張春橋拒絕保護上海市委第一書記陳丕顯時，指責張春橋借群眾運動否定黨的領導，搞形而上學，並表示張春橋等人的目的就是要整掉老幹部，他並認為這一次，是黨的歷史上鬥爭最殘酷的一次。(3)要不要穩定軍隊。葉劍英在會中對中央文革小組說：「你們把黨搞亂了，把政府搞亂了，你們想幹什麼？」；徐向前則發言認為，軍隊是無產階級專政的支柱，把軍隊搞亂，還要不要這個支柱[28]。

　　文革左派過度衝擊軍隊，迫使中央級的軍事領導人必須在情勢無法逆轉前做最後的挽救；2 月 16 日，張春橋、姚文元、王力整理出「二月十六日懷仁堂碰頭會記錄」，向毛作了彙報，毛在此一事件上支持文革左派的立場。2 月 18 日毛召見葉劍英、陳毅、聶榮臻、徐向前等人嚴厲的批評說：「誰反對中央文革小組，我就反對誰，你們可以叫王明、張國燾回來，我和林彪同志及葉群到南方去，把江青及中央文革小組留給你們，你們可以將江青、康生等人砍頭」。[29]毛的舉動等同威脅葉劍英等人，而且將反文革左派立場的活動視

---

[28] 李可、郝生章，前揭書，頁 44-46。
[29] Chou En-lai, "On the February Adverse Current", **THE PEOPLE'S REPUBLIC OF CHINA 1949-1979 - A DOCUMENTARY SURVEY**, Vol. IV, op. cit., p.1812.

為黨內的另一次路線鬥爭，毛把王明、張國燾都搬出來，他的態度又一次的決定了誰才是正確的路線執行者。2 月 22 日至 3 月 18 日，中央政治局連續召開了七次政治生活會，以「資產階級復辟逆流」的罪名批鬥以葉劍英為首的會議人員；之後，中央政治局停止活動，其功能完全由中央文革小組取代。

3 月 14 日北京出現了群眾示威遊行，高喊打倒「二月逆流」，打倒國務院五個副總理和軍委四個副主席，並高呼「用鮮血和生命保衛中央文革」[30]。3 月 27 日，康生在一次講話中說「二月逆流」就是想為王明等人翻案，它否定了毛幾十年來的正確領導，否定了中國的文化大革命，及否定了中國的全國解放運動[31]。7 月 15 日，外交部長陳毅被公開批鬥，8 月 19 日群眾在人民大會堂召開批鬥譚震林大會，1968 年 3 月江青在十萬人大會上宣布譚震林是「大叛徒」，而代總參謀長楊成武，北京衛戍司令傅崇碧企圖為「二月逆流」翻案，因此撤銷其職務，另外則逮捕了余立金，同時任命黃永勝為總參謀長。1968 年 10 月「八屆二中全會」上，中共黨中央公開批判「二月逆流」事件，葉劍英、陳毅、徐向前、李先念、李富春等人被迫檢討[32]。

「二月逆流」是文革初期中央級的共軍領導人在政治上的一次大反撲，他們企圖以本身的實力及與毛的革命情感，抑制文革左派對軍事領導人的批鬥及對軍事機關的衝擊。在這一階段共軍領導菁英的政治功能極為顯著，不論是支持文革左派的林彪及其軍系，還

---

[30] 「一切捍衛黨的原則的偉大鬥爭」，人民日報，1967 年 2 月 26 日。

[31] 王元，中共的權力鬥爭與路線鬥爭，前揭書，頁 203-204。"A Red Guard Document", **ISSUES AND STUDIES** (Taipei), Vol. V, No. 12 (September 1969).

[32] 「一切捍衛黨的原則的偉大鬥爭」，人民日報，1967 年 2 月 26 日。

是反文革左派的葉劍英等老將，都想展現控制社會運動的實力；如不以結果論角色，他們雙方企圖以個人或集體的聲望鞏固或扭轉中央的政治決策卻非常明顯。

文革開始之後到「二月逆流」之前這段時間，共軍內部已經形成一種自發性的利益集結，它是以一種「模糊的聯盟」形勢出現。聯盟的目的是企圖與林彪的四野系統制衡，其中包括劉伯承的二野，陳毅的三野，彭德懷的一野，聶榮臻的華北系統，葉劍英的中央軍事系統，及賀龍的紅二方面軍系統；整個局勢的發展則是林彪的四野對抗非四野軍系。軍系之間雖有牽制、對抗，但可以肯定的是，雙方都在爭取毛的支持，而不是想要替代毛的位置，雙方都認為毛會站在自己這一邊，直到毛明確的表態支持文革左派後，雙方勝負態勢方見分曉。

文革初期的共軍政治運動，主要表現在、軍事領導人之間的互動，對於軍隊是否介入文革，林彪與其它軍委副主席有不同的意見，林主張軍隊應全面支持文革，其它則持保留的態度。1966 年 4 月 18 日「解放軍報」社論「高舉毛澤東思想偉大紅旗積極參加社會主義文化大革命」，已清楚的表達了林的態度；該「社論」引用毛的話「在我國無產階級和資產階級之間的階級鬥爭，各派政治力量之間的階級鬥爭，無產階級和資產階級之間在意識形態方面的階級鬥爭，還是長時期的，曲折的，有時甚至是很激烈的」。

「社論」並強調文化戰線上興無滅資的鬥爭，是無產階級同資產階級、社會主義同資本主義兩個階級、兩條道路、兩種意識形態之間的階級鬥爭的一個重要方面，而文化這個陣地，無產階級不去佔領，資產階級就必然去佔領，這是一場尖銳的階級鬥爭。有關軍隊的角色，「社論」說；「人民解放軍是中國共產黨和毛主席締造和

領導的人民軍隊，是黨和人民的最馴服的工具，是無產階級專政的重要支柱。它在無產階級革命事業中一直起著重要作用，在社會主義文化大革命中，也要起重要作用」。「社論」最後要求全國人民要「高舉毛澤東思想偉大紅旗，堅定不移地把社會主義文化革命進行到底，使部隊文藝工作在突出政治、促進人的革命化方面發揮巨大的威力」[33]。

1966 年 5 月 4 日，解放軍報的另一篇社論（5 月 5 日「人民日報」轉載）「千萬不要忘記階級鬥爭」亦指出：「每一個軍人，都要以高度的政治責任和最大的革命熱情，積極投入到這場偉大的鬥爭中」[34]。

「二月逆流」是中共高層軍人角色轉變的一個重要的階段，事件之後，北京多次出現打倒「二月逆流」，「用鮮血和生命保衛中央文革」的示威遊行。中央文革的權力及功能在這個階段都超過了中央政治局，中央軍委會也停止活動，由林彪控制的軍委辦事組接管軍隊一切事務。此外軍隊原先兩派對立的情勢被打破，林彪四野軍系開始了獨大的局面。毛為了順利的向劉少奇奪權，只有階段性的犧牲共軍的穩定和暫時放下「以黨領軍」的原則，賦予共軍「三支兩軍」── 支左、支農、支工、軍管、軍訓的任務，全面介入文革。

毛為了阻止中央級軍事領導人干擾文革的進行而停止他們的日常活動，另外，則透過文革左派及紅衛兵的社會改造運動，進一步的批鬥彭德懷、羅瑞卿、陳毅、賀龍、葉劍英、朱德等老將，以

---

[33] 「高舉毛澤東思想偉大紅旗積極參加社會主義文化大革命」，**解放軍報**，1966 年 4 月 18 日。

[34] 「千萬不要忘記階級鬥爭」，**解放軍報**，1966 年 5 月 4 日。**人民日報**，1966 年 5 月 5 日。**紅旗**，第七期，1966 年，頁 20-23。

嚇阻他們的串連，確保毛奪權計畫的進行。「二月逆流」很明顯的是毛的革命同志、黨的高級幹部、軍隊的領導人，對林彪及文革左派的一次抗拒事件；但在毛奪權鬥爭的重要目標下，毛必須做選擇，毛的意志在當時是不容挑戰的，毛為了避免老將的反林、反文革左派的舉動會危及他打倒劉少奇的謀劃，因此，毛選擇寧可破壞軍隊的內部派系平衡的局面，而支持林彪。當然，毛對掌控軍隊的能力有極大的信心，毛不擔心軍隊的問題，軍隊面對文革的態度被毛一統後，林的政治勢力雖急速擴張，但在政治權力的體質上卻相當的虛弱，林彪背後的毛仍是中國最有權威及魅力的唯一領袖。

第三節　武漢事件

　　文革可以視為中共體系內上層發動，由黨政軍菁英指導，引領群眾由下而上顛覆社會的大運動。文革的啓動與運作有相當大的複雜性，中共自稱文革是「無產階級反對資產階級和一切剝削階級的政治大革命，是中國共產黨及其領導下的廣大革命人民群眾，和國民黨反動派長期鬥爭的繼續，是無產階級和資產階級鬥爭的繼續」[35]。它也可以視為中國社會的一次大變革或中央與地方政治權力的大重組，文革的目的在打倒劉少奇及劉少奇在黨內所代表的路線，因為「劉少奇不但有一條修正主義的政治路線，而且有一條為他的政治路線服務的組織路線，只有公開的、全面地、有下而上地發動廣大群眾來揭發他們的黑暗面，才能夠清除劉少奇集團」[36]。

　　毛要清除劉少奇在黨內勢力的先決條件，就是要摧毀劉的組織

---

[35] 「紀念中國共產黨 50 週年」，紅旗，第七/八期，1971 年，頁 18。
[36] 同上。

路線，1966 年 5 月 18 日毛透過林彪在中央政治局擴大會議上講話，說：「革命的根本問題是政權問題，有了政權，無產階級，勞動人民，就有了一切，沒有政權，就喪失一切」，而「無產階級，只有經過批判、鬥爭和革命，才能奪取政權，保持政權，推動我們的事業前進」。此外林彪亦有所指的說「不少人掛著馬克思主義的招牌，毛澤東思想的招牌，實際上反對馬克思主義，反對毛澤東思想，他們掛著共產黨員的招牌，實際上是反共分子」。林彪對於黨內「資產階級陰謀復辟和無產階級反復辟的尖銳的階級鬥爭」的問題，說；「國內國外，國內是主要的；黨內黨外，黨內是主要的，上層下層，上層是主要的，危險就是出在上層」[37]。

　　林彪在這個講話中要求全黨做到四大「念念」及團結在毛的身邊，即「念念不忘階級鬥爭，念念不忘無產專政，念念不忘突出政治，念念不忘高舉毛澤東思想偉大紅旗」，「內部要團結，要以毛主席為中心來團結，以毛澤東思想為中心來團結」。除此之外，林更強調要「讓毛澤東思想更加深入人心，促進全國人民思想進一步革命化。要以毛澤東思想為武器，批判揭露各種修正主義，批判揭露各個戰線，各個部分的資產階級代表人物，批判揭露為資本主義復辟鳴鑼開道的資產階級思想，把無產階級文化大革命進行到底，把社會主義革命進行到底」[38]。

　　林彪的這次講話，被中共中央認為是「活學活用毛澤東思想的典範，是指導無產階級文化大革命的一個重要文件」，因此，中共中央於同年 9 月 22 日，將此文件發到各級黨、政、軍單位，並要

---

[37] 「林彪在中央政治局擴大會議上的講話」，**林彪文選**，第三卷，北京：人民出版社，1968 年，頁 108-123。
[38] 同上。

求全黨、全軍認真學習討論。此一文件爲文革大小戰將的奪權行動提供了指導綱領。要全面奪權必須要有革命組織，建立革命組織的第一步就是要在各省、市建立革命委員會，革委會是革命的基地，也是革命戰將的地盤。

1967 年 3 月 19 日，中央軍委會在毛的指示下作出「關於集中力量執行支左、支農、支工、軍管、軍訓任務的決定」，共軍開始全面執行「三支兩軍」的政策，接管黨、政、軍、文化各機關。此外毛決定推行、運用第一個建立革委會的黑龍江省之「三位一體，聯合奪權」方式，由共軍、革命領導幹部、及革命群眾實行「三結合」的奪權部隊，並由三方面的代表組織臨時權力機關 —— 革命委員會。在「三結合」的政策下，軍人憑藉有武裝力量做爲實力基礎，在各級革命委員會中取得了領導的地位，並控制了地方上原有的黨、政系統，形成支配地方政治的局面。

這一階段，文革左派與中央級軍事菁英的奪權鬥爭尙未決戰，爲了邁向權力高峰，他們必須先紥下全國性的基礎，因此，文革左派轉向地方，先向地方軍頭奪權，以累積實力，當時的口號是「揪軍內一小撮」，以揪軍內走資派爲名，行奪權之實。中央文革衝擊地方軍事機關收穫豐盛，但也引發了地方實力派軍事領袖抗拒中央的事件，最有代表性的就是「武漢事件」。

「二月逆流」之後，林彪獲得毛的支持，中央軍事系統的軍權問題大致穩定，而地方軍隊則基於個別利益與權力的需求，對於大規模群眾運動的評價與中央不同，雖然中央下令共軍支左，但仍發生許多地方軍隊壓制左派群眾或極左派組織的事件。針對地方軍隊層出不窮的支左嚴重問題，1967 年 4 月 6 日中央軍委發出「中央軍委命令（軍委十條）」，命令規定如下：(1)對群眾組織，無論是革命

的，或者被反動分子控制的，或者情況不清楚的，都不准開槍，只能進行政治工作。(2)不准隨意捕人，更不准大批捕人，對於確實查明的反革命分子要逮捕，但必須證據確鑿，經過批准手續。(3)不准任意把群眾組織宣佈爲反動組織，加以取締，更不准把革命組織宣佈爲反革命組織，必須公開宣佈其爲反動組織加以取締的，要經過中央批准。(4)對於過去衝擊軍事機關的群眾，無論左、中、右，概不追究。只對業已查明特別壞的右派頭頭，要追究，但應儘量縮小打擊面，不能僅僅根據是否衝擊軍事機關這一點來劃分左、中、右。(5)對待較大的群眾組織採取重大行動前，應向中央文革和全軍文革請示報告。(6)一概不要進行群眾性的「請罪」運動。不允許體罰和變相體罰，例如：戴高帽、掛黑牌、遊街、罰跪等等。(7)在軍隊中要深入進行以毛主席爲代表的無產階級革命路線同資產階級反動路線的兩條路線鬥爭的教育；學習毛主席著作，必須結合兩條路線的鬥爭。(8)對派到地方去或主持支左的幹部，要詳細交代政策。(9)在支左工作中，要學會做群眾工作，相信群眾、依靠群眾，有事同群眾商量，善於採取說服教育的方式，而不應採取簡單粗暴和命令方式。(10)對業已違反了上述諸條件作法的，都要立即改正，積極進行善後處理，今後，堅決按以上各條辦事[39]。

　　「軍委十條」中特別指出「要防止趙永夫式的的反革命分子」；趙永夫，原青海軍區副司令員，被認爲是一個混進黨內軍內的反革命分子、玩弄陰謀手段、篡奪軍權、對革命群眾組織進行殘酷的武

[39] "Ten Articles of the CCPCC Military Commission of 6 April 1967", **THE PEOPLE'S REPUBLIC OF CHINA 1949-1979 - A DOCUMENTARY SURVEY,** Vol. IV, op. cit., pp.1834-1835.

裝鎮壓[40]。中央軍委要求「軍委十條」這個命令在所有軍事機關、連隊內部用電報電話迅速傳達，廣泛張貼。

「軍委十條」發佈的目的是爲了阻止軍隊對「革命群眾」的鎮壓，以及先期遏阻此一情勢的繼續惡化。基本上「軍委十條」是對 1967 年 1 月 28 日所頒發的「軍委八條」的反制，它代表的意義是文革左派對共軍控制的加強。「軍委十條」發佈後，文革左派及革命群眾氣焰高漲，其結果則是革命群眾搶奪軍隊武器，和軍隊發生正面衝突；由於奪權的激烈，中國各地「武鬥」的情勢惡化，其中「武漢事件」就是地方實力軍人與林系和中央文革全面對抗的一次最大的鬥爭，其內涵的意義極爲重要。

「武漢事件」起因於，中央文革一直認爲武漢是地方軍頭抗拒中央文革政策的嚴重地區，在軍隊支左中犯了嚴重的路線錯誤，必須加以衝擊，否則文革左派無法在地方奪權。林彪則順勢的利用了這一事件，對地方軍事山頭下手，企圖殲滅反對勢力，殺一儆百，而武漢的實力軍頭則認爲中央應肯定他們的領導地位和支左的方式，承認他們路線的正確性。雙方各有所需，各自利用情勢完成自己的期望。

當時武漢的革命群眾分爲兩派，一派被稱爲「百萬雄師」，它是武漢地區反文革左派的大型群眾組織，領導人是武漢市委書記王克文及宣傳部副部長辛浦，並有武漢軍區司令員陳再道、政委鍾漢華的公開支持，其成員包括「武漢大專院校紅衛兵」、「職工聯合會」、「湖北省公安、檢察、法院各系統幹部」及「民兵」單位等，他們於 1967 年上半年曾將湖北省內文革左派的革命群眾，打成「反

---

[40] 同上。

革命組織」，並動員支持群眾發動多次大規模的武鬥。1967 年 6 月
10 日，武漢軍區司令員陳再道支持的「百萬雄師」封鎖長江大橋，
孤立武漢，6 月 17 日及 24 日發生兩次慘烈的武鬥事件；7 月 1 日
「百萬雄師」以武力奪取「三新」、「三鋼」等文革左派據點，武鬥
激烈。

　　中共中央見事態發展嚴重，必須立即處理，7 月 13 日晚正在重
慶的謝富治接到周恩來從北京打來的電話，要他即刻前往武漢，7
月 14 日政治局候補委員、全軍文革小組副組長、國務院副總理兼
公安部長、北京市革命委員會主任謝富治，及中央文革小組組員、
「紅旗」雜誌第一副總編輯王力等人到武漢處理「百萬雄師」事件。
謝、王及其支持群眾在武漢漢水橋附近遭到「百萬雄師」的伏擊。

　　調派謝富治到武漢的原因，是因為謝富治指揮過駐守武漢的部
隊。與謝富治同行的除王力外尚有空軍政委余立金、貴州省革命委
員會主任李再含；謝富治、王力等人抵達武漢，15 日早上，毛澤東
召見謝富治、王力。另外，毛指示周恩來主持武漢軍區黨委擴大會
議，聽取武漢情況彙報，會議從 15 日至 18 日，18 日晚由毛召集開
會，確定了關於武漢問題的三條方針，即：(1)武漢軍區支持「百萬
雄師」在支左中犯了方向性錯誤。(2)「三鋼」、「三新」是革命群
眾組織，要以他們為核心來團結其他組織。(3)「百萬雄師」是保守
派組織。

　　會中毛對解決「百萬雄師」有信心，他說：「都是工人，我就
不相信一派那麼左，一派那麼右，不能聯合起來？工人階級內部，
沒有根本的利害衝突」。7 月 19 日謝富治和王力在武漢水利學院的
講話中透露 18 日會議中的「三條方針」，王力說他相信武漢的問

題是可以就地解決的，因爲武漢有一支鋼鐵的無產階級革命派。謝富治、王力的講話，鼓舞了「三鋼」、「三新」文革左派[41]。

毛對「百萬雄師」的信心是錯誤的，「百萬雄師」不滿謝、王19 日的講話，7 月 20 日舉行了大規模的示威，武漢街頭出現「王力究竟是人還是鬼，深思幾個爲什麼？」之討伐王力的大字報，大字報指出：「王力自竊據中央文革成員以來，一貫以極左面貌出現，在他插手的四川、內蒙、江西、河南、湖北、浙江、雲南等省，均出現大抓「譚氏」人物[42]，大搞武鬥，大流血，大混亂，大破壞，工廠停工，這是爲什麼？王力是不是挑動群眾的罪魁禍首？把王力揪住，交給湖北 3200 萬人民，與各兄弟省革命組織一道，進行鬥爭，挖出這顆埋在毛主席身邊的定時炸彈，打倒王力！王力從中央文革滾出去！」。當夜陳再道的「八八二零一」部隊政委蔡炳臣率部攻擊謝、王及其支持群眾，王力遭到逮捕，謝富治被軟禁，情勢危急。7 月 22 日中共中央指派武漢軍區空軍副司令員劉豐，率領「八一九一」部隊解除駐守在長江大橋「百萬雄師」的武裝，接收電台，第十五軍進入武漢控制局勢，解救謝富治、王力兩人並於當日將謝、王兩人送返北京[43]。

「武漢事件」之後，林彪主持了包括全體中央文革成員參加的會議，會議決定將「武漢七二零事件」定調爲「反革命暴亂」，與事件有關的中央中南局第一書記王任重和武漢軍區司令員陳再道被認定爲這個事件的「策劃者」和「黑後臺」而遭到猛烈批判。會中，毛審定了「中共中央、國務院、中央軍委、中央文革小組給武

---

[41] 中共術語彙解，前揭書，頁 238-239。

[42] 「譚氏」指北京紅衛兵領袖人物譚力夫。

[43] 中共術語彙解，前揭書，頁 238-239。

漢市革命群眾和廣大指戰員的一封信」。信中指出「你們英勇地打敗了黨內、軍內一小撮走資本主義道路當權派的極端狂妄的進攻」。這封信裡使用了打擊「軍內一小撮」的提法。會後林彪以中共中央、國務院、中央軍委、和中央文革的名義正式發出該信[44]。

與此同時，江青提出了「文功武衛」的口號，康生則在「堅決打倒黨內、軍內一小撮走資本主義道路的當權派」的行動中，在全國掀起衝擊軍事機關的高峰；7月22日，林彪之子林立果以「紅尖兵」的筆名，在「人民日報」發表「揪軍內一小撮」的文章。此外當中央文革小組討論「七二零」事件的宣傳口徑時，江青、康生、陳伯達堅持要寫上「打倒黨內、軍內一小撮走資本主義道路的當權派」的宣傳口號。

7月25日，毛就「中央關於武漢『七二零』事件給武漢軍區黨委的覆電」中批示：「林（彪）、周（恩來）、文革小組及中央各同志：代擬覆電如下，請討論酌定」。毛代擬的覆電中稱：「7月24日20時10分來電並所附武漢部隊公告全文已經收到，中央進行了討論，認為你們現在所採取的立場和政策是正確的，公告可以發表」。毛認為「立場和政策是正確的」，他批准發表的武漢部隊「公告」，將「七二零」事件定性為「明目張膽地反對我們的偉大領袖毛主席、反對毛主席的無產階級革命路線、反對黨中央、反對中央軍委、反對中央文革小組的叛變行動」，並稱這個事件「是在部隊內和『百萬雄師』內極少數別有用心的人的煽動下進行的，王任重和陳再道則是上述事件的罪魁禍首」。該「公告」宣稱：「陳再道罪責難逃，我們堅決同陳再道劃清界限，堅決把他打倒」。

---

[44] 陳再道，「武漢720事件始末」，**鏡報**，香港月刊，第十期，1984年，頁50。

同日，新華社送審「首都百萬軍民集會支持武漢革命派」的新聞稿，由關鋒執筆，康生審定，康生在該新聞稿加上「堅決打倒黨內、軍內一小撮走資本主義道路的當權派」；此時文革左派對「武漢事件」批鬥的標準，已從「揪軍內一小撮」提升位階到「堅決打倒」。7 月 26 日，人民日報頭版頭條發表了新華社送審的這則新聞和有關社論，此後六天「人民日報」、「解放軍報」、及「紅旗」雜誌，連續刊登與「七二零」事件有關的社論十六篇，新聞報導和專題文章二十二篇，把對「黨內、軍內一小撮走資本主義道路當權派」的大批判運動做爲鬥爭的大方向[45]。這批社論內容有下列的敘述：7 月 26 日「人民日報」社論「北京支持你們」中指出：「這次大會，大長了無產階級革命派的志氣，大滅了黨內、軍內一小撮走資本主義道路當權派的威風」。同日「人民日報」的另一篇社論「搬起石頭打自己的腳」說：「我們一定能夠把混進黨裡、政府裡、軍隊裡的一小撮走資本主義道路的當權派統統揪出來」。同日「解放軍報」社論「人民解放軍堅決支持你們」同一調子的說到：「對於黨內、軍內一小撮走資本主義道路的當權派，我們要把他揪出來，鬥倒鬥垮鬥臭，讓他永世不得翻身！」[46]

7 月 27 日，「解放軍報」社論「乘勝前進：祝武漢地區無產階級革命派奪取更大的新勝利」中號召：「堅決打擊黨內、軍內一小撮走資本主義道路的當權派，不獲全勝，絕不甘休。」7 月 28 日「人民日報」社論「向武漢的廣大革命群眾致敬」中說武漢地區的無產階級革命派「反擊了武漢地區黨內軍內一小撮走資本主義道路當權

---

[45] 李可、郝生章，前揭書，頁 50。

[46] 「北京支持你們」、「搬起石頭打自己的腳」，人民日報，1967 年 7 月 26 日。「人民解放軍堅決支持你們」，解放軍報，1967 年 7 月 26 日。

派的倡狂進攻」。同日，「解放軍報」社論「革命的新生力量所向無敵：再祝武漢地區無產階級革命派奪取更大的新勝利」中則表示：武漢地區的無產階級革命派「決心掀起一個向中國的赫魯雪夫，向黨內、軍內一小撮走資本主義道路當權派進行大批判的新高潮」。同日「解放軍報」的另一篇社論「受蒙蔽無罪，反戈一擊有功」中再強調：「武漢地區黨內、軍內一小撮走資本主義道路的當權派，是破壞無產階級文化大革命的罪魁禍首」[47]。

7月29日「人民日報」社論「沿著毛主席的無產階級革命路線乘勝前進」中指出：武漢部隊領導機關「決心跟武漢地區黨內軍內一小撮走資本主義道路劃清界限，堅決把他們打倒」。同日「解放軍報」社論發表「堅決同武漢地區無產階級革命派戰鬥在一起」，再論：「破壞武漢地區無產階級文化大革命的罪魁禍首，是中國的赫魯雪夫及其在那裡的代理人武漢地區黨內、軍內一小撮走資本主義道路當權派」。7月30日「人民日報」社論「武漢無產階級革命派大團結萬歲」中說：「中國的赫魯雪夫和武漢地區黨內、軍內一小撮走資本主義道路當權派是遠沒有凍僵的毒蛇」。同日「人民日報」的另一篇社論「老鼠過街，人人喊打」又再強調：「被武漢地區黨內、軍內一小撮走資本主義道路當權派控制操縱的『百萬雄師』，正在土崩瓦解」。7月31日，「解放軍報」社論「新的考驗」則向「犯了路線錯誤的幹部」發出號召：「從實際行動上和黨內、

---

[47] 「乘勝前進：祝武漢地區無產階級革命派奪取更大的新勝利」，**解放軍報**，1967 年 7 月 27 日。「向武漢的廣大革命群眾致敬」，**人民日報**，1967 年 7 月 28 日。「革命的新生力量所向無敵：再祝武漢地區無產階級革命派奪取更大的新勝利」、「受蒙蔽無罪，反戈一擊有功」，**解放軍報**，1967 年 7 月 28 日。

軍內一小撮走資本主義道路的當權派劃清界限，徹底揭露和批判他們的滔天罪行」[48]。

「紅旗」8 月 1 日刊登了由陳伯達簽發，王力審定，關鋒主持起草的兩篇社論「無產階級必須牢牢的掌握槍桿子 —— 紀念中國人民解放軍 40 週年」及「向人民的主要敵人猛烈開火」。其中第一社論首先重提彭德懷、羅瑞卿問題，社論說「彭德懷、羅瑞卿等反革命修正主義分子，為了改變我軍的無產階級性質，為了篡奪軍權，拼死命地反對突出無產階級政治，販賣從外國搬來的一套修正主義貨色，專搞資產階級自由化，反對無產階級革命化，他們把軍事技術放在第一位，否認政治思想工作是決定戰鬥力的首要因素。彭德懷胡說什麼部隊軍事訓練成績的優劣，各級幹部學習軍事科學成績的優劣，是決定我軍今後戰鬥力高低的基本標準。羅瑞卿用『大比武』來衝擊政治，並且散佈一套折衷主義，即機會主義的謬論，反對林彪同志關於突出政治和四個第一的指示」。接著此一社論直接指出：「目前全國正在掀起一個對黨內、軍內最大的一小撮走資本主義道路當權派的大批判運動，這是鬥爭的大方向，人民解放軍要向全國無產階級革命派一起，積極參加大批判，徹底清除一小撮反革命修正主義分子在軍內散佈的惡劣影響」。

此外該社論再尖銳的批評說：「在無產階級文化大革命中，我們要把黨內一小撮走資本主義道路當權派揭露出來，從政治上和思想上把他們鬥倒、鬥臭；同樣，也要把軍內一小撮走資本主義道路

---

[48] 「沿著毛主席的無產階級革命路線乘勝前進」，人民日報，1967 年 7 月 29 日。「堅決同武漢地區無產階級革命派戰鬥在一起」，解放軍報，1967 年 7 月 29 日。「武漢無產階級革命派大團結萬歲」、「老鼠過街，人人喊打」，人民日報，1967 年 7 月 31 日。「新的考驗」，解放軍報，1967 年 7 月 30 日。

當權派揭露出來,從政治上和思想上把他們鬥倒、鬥臭,這些傢伙,還在垂死掙扎。不久以前,武漢地區黨內和軍內一小撮走資本主義道路的當權派就勾結起來對無產階級革命派進行鎮壓。事實證明,我們必須進一步地開展革命的大批判,把黨內和軍內一小撮走資本主義道路當權派,徹底乾淨地掃進垃圾堆裏去,只有這樣,才能防止資本主義復辟」[49]。

　　在第二篇社論「向人民的主要敵人猛烈開火」,特別指出「武漢事件」之問題在「武漢地區黨內、軍內一小撮走資本主義道路當權派,是黨內最大的一小撮走資本主義道路當權派在武漢地區的代理人」,「武漢地區黨內、軍內一小撮走資本主義道路當權派,和被他們操縱的『百萬雄師』、『公檢法』中堅持資產階級反動路線的一小撮壞頭頭,公然反抗毛主席的無產階級革命路線,把毛頭指向毛主席的無產階級司令部」。為了避免與「百萬雄師」為敵,縮小打擊面,本篇社論強調「壞人只是一小撮,武漢地區的這一嚴重政治事件,充分證明了這一點,我們要把一小撮壞人和廣大受蒙蔽的群眾嚴格區分開來,對製造武漢地區這一嚴重事件的罪魁禍首,必須徹底揭露,堅決打倒,嚴加追查,依法懲辦」[50]。

　　上述社論群的刊出,顯示中央文革利用「武漢事件」將鬥爭的矛頭同時插向地方與中央的軍事領袖,文革左派在各地展開掀「陳再道式的人物」和衝擊中央及地方軍事機關。解放軍大將、曾任人民革命軍事委員會委員徐海東,副總參謀長彭紹輝,武漢軍區第一政委王任重,武漢市人民武裝部隊政委巴方廷等人受到衝擊。

---

[49] 「無產階級必須牢牢的掌握槍桿子 —— 紀念中國人民解放軍40週年」,紅旗,第十二期,1967年,頁43-46。
[50] 「向人民的主要敵人猛烈開火」,紅旗,第十二期,1967年,頁47-49。

　　地方實力派軍人敢與中央對抗，在共軍內部開創了一個新例，「武漢事件」的主角陳再道，雖因此一事件被壓赴北京，但並沒有受到嚴厲的處罰。毛在「武漢事件」中作了相當的克制，沒有全力壓制地方軍隊，其原因可歸納爲兩點，(1)地方軍隊有安定社會的功能，它與中央權力鬥爭的路數不同，不能視爲權力鬥爭的目標。(2)文革左派如毫無限制的衝擊地方軍隊，將破壞毛的統治權力基礎。

　　毛當然非常清楚軍隊對毛的重要性，毛不可能摧毀自己與軍隊的共生關係，不重創地方軍隊等同於擁有地方軍隊對毛的忠誠，「武漢事件」對毛而言需適可而止，不能擴大打擊面，並且還要適度的對利用「武漢事件」興風作浪的文革左派給予適當的處分，以顯示毛在此事件中的客觀角色。8 月中旬，毛從河南、江西、湖南巡視回北京後，表示對「紅旗」第十二期的社論「向人民的主要敵人猛烈開火」的內容不滿，認爲這是大毒草，毛借對「紅旗」社論的抨擊適當突顯他的最後仲裁者的最高地位。毛的態度導致王力、關鋒、戚本禹等文革派戰將的下台，這三人的下台除上述兩點原因外，另有一層重要的意義是：在文革掀起的大鬥爭中，毛可以隨心所欲的控制權力的運作，毛仍是中共黨、政、軍最後、最高的權威。

　　「武漢事件」是文革時期地方軍人與中央關係的縮影，事實上，地方軍人政治角色的膨脹是這一階段中共政治的最大特色，雖然地方實力派軍人在此事件中有能力公開與中央對抗，但他們並沒有繼續擴大抗爭的規模與強度，究其原因，基本上仍出自軍隊對毛權威領袖地位的高度服從，他們寧可相信中央對「武漢事件」的態度是林彪及文革左派背著毛所進行的作爲，對他們而言林彪及文革左派才是罪魁禍首。

第六章　黨代表大會與共軍政治角色的發展

　　1954 年的「八大」、1969 年的「九大」、及 1973 年的「十大」對共軍政治角色的發展有著不同的影響，共軍政治角色的興起與衰落都與當時的政治環境，及毛的主觀意願有著極大的關連，反映在政治舞台上的則是「八大」、「九大」、「十大」會議的結論、黨章內容、及會議所產生的中央委員及政治局委員的背景身分等。

　　「八大」對毛而言是一次重大的權力挑戰，「八大」黨章刪除了以毛思想做為指導思想的文字，此舉促使毛決定強化軍隊的政治角色，藉由軍隊的政治功能進行奪權大計。「九大」是毛與林彪打倒劉少奇後的勝利大會，為了酬謝軍隊的功勞，因此它也是一場引領中央及地方軍事領袖進入中央政治舞台的一次勝利大會，它反映在軍人參加大會的高比例代表上，這次大會林彪四野軍系實力擴張，但也由於林彪所展現的政治企圖心，使毛產生了警惕、並決心剷除林彪，再造「黨指揮槍」的黨、軍傳統。「十大」的重要性在於它否定了林彪在「九大」的地位，以及對林及其派系的懲罰，削弱林彪在中央及地方的勢力，它反映在軍人會議代表極低的比例上，毛在「十大」時已顯示其成功的將軍隊拉回「黨指揮槍」的建軍傳統路線。

第一節　黨第八次全國代表大會

　　「七大」時毛思想被寫入黨章與馬克思、列寧並列；多年來國家宣傳機器對毛思想的鼓吹，使毛在黨、政、軍的地位強化到已非憲法的條文或其它任何權力制衡機構可以規範。毛一直堅信「槍桿子裡出政權」，建政之後，基於毛的權威地位，在低教育水平，講求「忠君」的農業社會中，人民並不關心政治體制及憲法的問題，毛在人民心中的地位是極為穩固的，因此不論毛是否擁有「中央軍委會主席」一職，它都能有效的控制軍權；雖是如此，在「八大」之前，毛在法律上仍擁有最高的軍事指揮權，在 1954 年憲法的條文中，毛的權力雖受到一些限制，但在該憲法第四十二條中卻規定「中華人民共和國主席統率全國武裝力量，擔任國防委員會主席」。這條規定賦予毛在組織層面上擁有軍權的合法地位。也就是說，毛的權威基礎在全國不論是法律上或感情價值上都不容挑戰，只是國內一些黨、軍菁英卻有更長遠的看法，他們試圖向集體領導靠攏，1954 年憲法的公布為集體領導奠定了法律基礎，該憲法的制訂，實際上就是中央領導階層邁向集體領導的第一步。

　　中央領導階層企圖揚棄毛個人領導並轉向集體領導的努力終於在「八大」取得了重大的成就。「八大」之前，俄共召開第二十次黨代表大會，會中赫魯雪夫公開清算史達林，反對個人崇拜，這股由蘇聯傳來的反對個人崇拜的浪潮，鼓舞了包括劉少奇、鄧小平在內的中央領導階層。1956 年 9 月 15 日至 27 日，「八大」於北京召開，這是中共建政後第一次舉行的黨大會，對中國共產黨而言，這次黨代表大會具有開創新時代的意義，在會議中毛沒有發表重要

的講話，由劉少奇做政治報告，鄧小平作關於修改黨的章程的報告，周恩來作關於發展國民經濟的第二個五年計劃的建議的報告；大會討論通過「中國共產黨章程」，「關於政治報告的決議」、「關於發展國民經濟的第二個五年計劃（1958-1962）的建議」。

　　劉少奇在 9 月 15 日的「政治報告」中談農業、工業、商業、談社會主義建設，談堅持黨的民主原則和集體領導原則，但卻不談毛思想。劉在報告有關「黨的領導」時，否定自己在 1945 年 5 月「七大」時的論點，當時劉在「關於修改黨章的報告」中曾表示：「我們黨之所以獲得偉大的成就」是因爲「它以馬克思列寧主義理論與中國革命實踐之統一的思想 —— 毛澤東思想作爲自己一切工作的指標」，劉當時更推崇的說：「我們的毛澤東同志，是我國英勇無產階級的傑出代表，是我們偉大民族的優秀傳統的傑出代表。他是天才的創造的馬克思主義者，他將人類這一最高思想，馬克思主義的普遍真理與中國革命的具體實踐相結合，而把我國民族的思想提到了從來未有的合理的高度，並爲災難深重的中國民族與中國人民指出了達到徹底解放的唯一正確的完整的明確的道路，毛澤東道路」[1]。

　　劉少奇在「八大」的「政治報告」與「七大」有了評價上的不同，「八大」的「政治報告」雖仍突顯馬、列意識型態的重要性，但卻不再提毛澤東思想、毛澤東道路。劉在「報告」中說：「中國共產黨的領導的力量，在於它有馬克思列寧主義的思想武器，有正確的政治路線和組織路線，有豐富的鬥爭經驗和工作經驗」。劉再指出「關於貫徹黨的集體領導原則和擴大黨內民主的問題，在黨中

---

[1]「論黨」，**劉少奇選集**，第一卷，1984 年，頁 323-325。

央委員會所提出的新的中國共產黨章程草案中受到了充分的注意」。另外，劉以毛對新中國的貢獻，巧妙的將其轉移至「集體領導」的作用上，他說：「我們黨的領袖毛澤東同志所以在我們的革命事業中起了偉大的舵手作用，所以在全黨和全國人民中享有崇高的威信，不但是因為他善於把馬克思列寧主義的普遍真理同中國革命的具體實踐結合起來，而且是因為他堅決地信任群眾的力量和智慧，倡導黨的工作中的群眾路線，堅持黨的民主原則和集體領導原則」[2]。劉的話隱藏著稀釋毛對建國的貢獻。

另外鄧小平在 9 月 16 日「關於修改黨的章程的報告」中亦放棄了毛思想，「報告」中表示：「民主集中制是我們黨的列寧主義的組織原則，是黨的根本的組織原則，也是黨的工作中的群眾路線在黨的生活中的應用」。有關集體領導的問題，「報告」中說：「黨的民主集中制的另一個基本問題，是各級黨組織中的集體領導問題。列寧主義要求黨在一切重大的問題上，由適當的集體而不由個人作出決定。關於堅持集體領導原則和反對個人崇拜的重要意義，蘇聯共產黨第二十次代表大會作了有力的闡明，這些闡明不僅對於蘇聯共產黨，而且對於全世界其他各國共產黨，都產生了巨大的影響」。此外鄧針對「個人」領導的問題說：「個人決定重大問題，是同共產主義政黨的建黨原則相違背的，是必然要犯錯誤的，只有聯繫群眾的集體領導，才符合於黨的民主集中制原則，才便於儘量減少犯錯誤的機會」。鄧小平特別以軍隊為例的指出：「在中國人民解放軍裏面，長期以來就實行著黨委的集體領導制，或者說得完全些，黨

---

[2] 「中國共產黨中央委員會向第八次全國代表大會的政治報告」，人民日報，1956 年 9 月 17 日。

委集體領導下的首長分工負責制」[3]。鄧小平與劉少奇在大會上兩相呼應，兩人都在虛捧實貶毛個人未來在黨內的地位，而強調「民主原則」與「集體領導原則」。

此外「八大」黨章只提到「中國共產黨以馬克思列寧主義作爲自己行動的指南」[4]。「八大」黨章所顯示的是正式宣告毛澤東思想做爲指導思想的終結，其所代表的意義極爲重大，也就是說「八大」之後按黨章規定，在黨內只有馬克思、列寧主義而沒有毛澤東思想，沒有毛思想的地位因此也就沒有毛個人領導的問題，沒有毛個人的不可替代性，毛時代就可以隨時結束。

「八大」實際上是以劉少奇爲首的黨組織系統透過「集體領導」的定位，全面性的在法律的意義上卸除毛的權力。緊接「八大」之後的「八屆一中全會」，在黨組織人事安排上做了變動，中央委員從十三人增至十七人，候補委員六人，中央政治局常務委員會委員毛澤東、劉少奇、周恩來、朱德、陳雲、鄧小平六人中，劉少奇排名第二，僅次於毛；1958 年 5 月林彪加入「政治局常委」列名第七。

非常清楚，在政治局常委六人中劉少奇、鄧小平站在同一陣線，如從集體領導的角度看，只要周恩來、朱德、陳雲，三人中任何一人倒向劉、鄧，毛的權力就將受到制衡，另外，對劉、鄧有利的是，鄧小平在「八屆一中全會」上，列名「中央書記處書記」是七名書記的首位，負責中央委員會的日常工作，其它六名書記依序

---

[3] Teng Hsiao-p'ing, "Report on the Party Constitution (16 Sep. 1956)", **THE PEOPLE'S REPUBLIC OF CHINA 1949-1979 - A DOCUMENTARY SURVEY,** Vol. I, op. cit., pp.384-397.

[4] "Constitution of the Communist Party of China (26 Sep. 1956)", **THE PEOPLE'S REPUBLIC OF CHINA 1949-1979 - A DOCUMENTARY SURVEY,** Vol. I, op. cit., p.406.

為彭真、王稼祥、譚震林、譚政、黃克誠、李雪峰。

「八屆一中全會」的人事安排，劉少奇、鄧小平成功的從組織系統上稀釋了毛的權力，「八大」黨章也順利的刪除了毛思想的指導地位，並強化了集體領導的論述。集體領導實際上就是組織領導，組織領導是劉少奇長期以來所負責的工作，因此，如果集體領導成功的成為中共統治的方式，劉少奇將會是最大的獲利者。

只是劉少奇等人忽略了毛的真正地位不在於黨章怎麼說而是決定於人民怎麼看，以及黨員怎麼回應的問題，法律或組織章程的條文在涉及核心權力的運作上從來就不是行為準則的規範。此外組織人事比率之間的制衡也只發生在已經民主化的體系內，它的前提就是組織核心成員的權力大小建立在對派系實力的尊重上，但是毛統治下的中國並不具備這個條件。

劉少奇也許有黨務改革的決心，但客觀的觀察他的立論立場，他只是關心權力如何轉移、黨內是個人領導還是集體領導。他只想借外來的經驗作為自己的武器或學習蘇聯新領導對史達林的做為而已，他知道赫魯雪夫如果不嚴批史達林的個人崇拜現象，就不足以確立自己在黨內的威信，但他卻刻意的忽略赫魯雪夫在鞭史之後並未忠實的按「集體領導」原則辦事的事實。劉少奇的「集體領導」在權力的企圖上實際與赫魯雪夫的個案相同，他也僅是要拉毛下馬，為自己鋪路而已。

但以毛的權威性人格，不可能接受這種安排，特別是劉少奇還想在共軍內執行集體領導，更犯了大忌，劉大動作的排毛舉動，強化了毛反撲的決心。在建立新中國的功勞上，劉少奇非但大不如毛，連彭德懷、林彪及其它元帥都比不上，劉在「八大」的動作過於急躁，自我膨脹，他不能準確的掌握中國農業社會的文化特質。

「八屆一中全會」後，劉少奇、鄧小平策劃的集體領導正待實施之際，毛卻展開一場體制內的反奪權行動及體制外以群眾為主，清除異己的社會運動。

1956 年 11 月 10 日至 15 日召開「八屆二中全會」，毛在會議中講到「裏通外國」的問題，毛不滿及嘲諷的說國內仍有人「背著中央向外國人通情報」，而且「有一些同志就是不講辯證法，不分析，凡是蘇聯的東西都說是好的，硬搬蘇聯的一切東西」。毛因此號召全黨向主觀主義、宗派主義、官僚主義的傾向作鬥爭。另外，毛在「整風」的問題上則提到「整風是在我們歷史上行之有效的方法，以後凡是人民內部的事情，黨內的事情，都要用整風的方法，用批評和自我批評的方法來解決」[5]。

1957 年 2 月 27 日，毛根據在最高國務會議第十一次（擴大）會議上的講話，修正成「關於正確處理人民內部矛盾的問題」一文，刊登於「人民日報」。該文不假詞色的批評說：「在我們的面前有兩類社會矛盾，這就是敵我之間的矛盾和人民內部的矛盾，這是性質完全不同的兩類矛盾」，而「我們在批判教條主義的時候，必須同時注意對修正主義的批判。修正主義，或者右傾機會主義，是一種資產階級思潮，它比教條主義有更大的危險性」。毛還認為「現在的情況是，革命時期的大規模的急風暴雨式的群眾階級鬥爭基本結束，但是階級鬥爭還沒有完全結束」[6]。

毛的這篇文章透露出階級鬥爭還沒有結束的信息，毛不會坐以

---

[5] 「在中國共產黨第八屆中央委員會第二次全體會議上的講話」，**毛澤東選集**，第五卷，頁 313-329。

[6] 「關於正確處理人民內部矛盾的問題」，**毛澤東選集**，第五卷，頁 363-402。**人民日報**，1957 年 6 月 19 日。

待斃，日後一連串的反擊就此展開。「八大」對毛而言是一場權力挑戰的大會，毛為了證明人民對他的忠誠，以及「引蛇出洞」分辨敵我，而於「最高國務會議」之後發動一場「百花齊放，百家爭鳴」的大鳴大放社會運動，同年 5 月中共中央宣布廣開言路，幫共黨「整風」。出乎毛的預料，鳴放之後一些知識分子對毛的批評涉及到毛的權威地位，毛必須糾正這種走向，並徹底消除社會中存在著對毛不滿的聲音，於是開始了一場為期一年多的「反右鬥爭」。

1958 年 5 月 5 日至 23 日在北京召開中國共產黨第八次全國代表大會的第二次會議，本次會議根據毛澤東的倡議制定了「鼓足幹勁、力爭上游、多快好省地建設社會主義的總路線及其基本點」。會議之後，全國掀起了「三面紅旗」運動，包括「社會主義建設總路線」、「工農業生產大躍進」、「人民公社」，這場運動最後導致毛與彭德懷的決裂。如前所述「人民公社」的民兵組織其政治意義大於軍事目的，毛為了反對中共黨內以劉少奇為主的黨組織系統，以及以彭德懷為主的採取蘇聯模式、專業化、正規化建軍的軍事系統，而不惜以「大躍進」及「人民公社」等運動進行反制。毛的政治目的非常明顯，毛對自己在廣大基層群眾中的領袖魅力有極大的信心，正如同毛在「八屆八中全會」批鬥彭德懷時所說「解放軍不跟我走，我就找紅軍去，我就另外組織解放軍，我看解放軍是會跟我走的」。

「八大」雖然削弱了毛的權力，但卻激發了他重新奪權的高昂鬥志以及清除異己的決心，毛要在政治權力鬥爭場上「另組織解放軍」，毛相信人民會跟他走；共軍專業建軍路線隨同毛對彭德懷學習蘇聯之建軍政策的否定，以及對劉少奇、鄧小平親蘇、支持赫魯雪夫反對個人崇拜的行徑不滿，而告瓦解。

　　「八大」之後到林彪接替彭德懷任國防部長，以及積極按照毛
的意旨推動政治掛帥的軍事路線之前，如同前章所述，人民公社運
動及民兵組織成為毛對抗彭德懷正規化、專業化建軍的有力工具。
毛當然了解要組織民兵必先重組社會結構，人民公社運動正是毛重
組社會結構的重要和巨大工程，毛奪權的決心極為強烈，他不惜改
變建國初期的土地分配政策，而逆轉到中國歷代王朝末期土地大兼
併的循環中；毛的用意非常明顯的是要利用土地大兼併的人民公社
運動，組織一個全世界最大規模的民兵系統，毛以民兵組織做為毛
心中的「新紅軍」，以對抗國防部長彭德懷領導的正規化軍隊，毛
相信人民會跟他走。

　　1958 年 12 月 10 日，「八屆六中全會」通過的「關於人民公社
若干問題的決議」，「決議」就清楚的說到：「一種新的社會組織
像初升的太陽一樣，在亞洲東部的廣闊的地平線上出現了，這就是
我國農村中的大規模的、工農商學兵相結合的、政社合一的人民公
社」。「決議」並認為公社必須實行「組織軍事化、行動戰鬥化、
生活集體化」[7]。

　　值得注意的是，在通過「關於人民公社若干問題的決議」的同
一天，「八屆六中全會」亦通過「中國共產黨八屆六中全會同意毛
澤東同志提出的關於他不作下屆中華人民共和國主席候選人的建
議的決定」。此一「決定」於 12 月 17 日正式對外公佈，該「決定」
對毛以後在黨內的工作有下列令毛難堪的敘述，「決定」說：「使

---

[7] "Central Committee Resolution on the People's Communes (10 Dec. 1958)", **THE PEOPLE'S REPUBLIC OF CHINA 1949-1979 - A DOCUMENTARY SURVEY**, Vol. II, op. cit., p.720, 729; Robert R. Bowie & John K. Fairbank (ed.), **COMMUNIST CHINA 1955-1959: POLICY DOCUMENTS WITH ANALYSIS**, Massachusetts: Harvard Uni. Press, 1971, pp.490-503.

他騰出較多的時間，從事馬克思列寧主義的理論工作」[8]。毛以不作國家主席換取「人民公社」決議的通過，以毛的個性，不作國家主席的決定如同對自己的羞辱，毛受傷之深莫此爲甚，因此，毛重新奪權的意志強烈，在這種情形下，1959 年「廬山會議」彭德懷公開抨擊「三面紅旗」政策不當時，毛的憤怒可想而知。

「八大」之後，中共中央已種下日後黨內殘酷鬥爭的種苗，劉少奇並未察覺「八大」黨章隱藏著未來衝突的因子，而「八屆六中全會」毛不作下屆主席的決定，也隱藏著尖銳的生死鬥爭的火種。此外共軍專業化、正規化建軍亦由於黨中央的權力鬥爭，受到波及而確定了失敗的命運，由林彪接替彭德懷擔任國防部長之事，其實早在「八屆二中全會」毛談到「裏通外國」時就已顯露跡象，到「八屆六中全會」時則已完全確定，毛只是在等待彭德懷犯錯的時機而已。

第二節　黨第九次全國代表大會

1969 年 4 月 1 日至 24 日「九大」召開，會議被定位爲打倒劉少奇的勝利大會，因爲「偉大的革命風暴，摧毀了以叛徒、內奸、工賊劉少奇爲首的資產階級司令部，揭露了以劉少奇爲總代表的黨內一小撮叛徒、特務、死不改悔的走資本主義道路的當權派，粉碎了他們復辟資本主義的陰謀，大大地加強了我國的無產階級專政，大大地加強了我們的黨，從政治上、思想上、組織上爲這次代表大會準備了充分的條件」[9]。「九大」議程非常簡單，僅有三項：(1)林

---

[8] Robert R. Bowie & John K. Fairbank (ed.), op. cit., p.487.

[9] James T. Myers (ed.), **CHINESE POLITICS - DOCUMENTS AND**

彪代表中共中央做「政治報告」。(2)修改中國共產黨黨章。(3)選舉中央委員會委員及候補委員。

大會開幕時毛在典禮上做了講話,當毛說「同志們,中國共產黨第九次全國代表大會現在開幕」時,全場歡聲雷動,會議代表不斷高呼「毛主席萬歲、萬歲、萬萬歲」。在講話中毛強調,從八大到現在已清楚的了解劉少奇一夥的政治路線、組織路線是什麼,毛希望這次大會是一個團結的大會,因為只有在團結的基礎上才能贏得勝利。4月1日下午5點毛在對會議代表講話時,林彪提議會議主席團由「我們偉大領袖毛主席當主席」,毛則建議「林彪同志當副主席,周恩來同志當主席團秘書長」。毛講話結束離去時,全場又不斷的高呼「毛主席萬歲、萬歲、萬萬歲」的呼聲[10]。

4月23日中午毛在會議上講話,特別指出要將鄧小平與劉少奇的問題分開處理,他說:「鄧小平和劉少奇要有區別。鄧作了許多壞事,一條是棄軍逃跑,一條是到北京後與劉少奇、彭真搞到一起,也有些好事,如蘇聯的二十大,他不同意,也未查出他是叛徒,有人說他打(仗)也不怎麼樣,總打過些仗」[11]。

ANALYSIS, Vol. II, op. cit., p.57; Lin Piao, "Political Report to the Ninth Party congress (1 April 1969)", THE PEOPLE'S REPUBLIC OF CHINA 1949-1979 - A DOCUMENTARY SURVEY, Vol. V, op. cit., p.2224.「中國共產黨第九次全國代表大會上的報告」新華社,1969年4月27日。紅旗,第五期,1969年,頁24-25。

[10] Mao addressed the opening session, and he said, "Comrades! The Ninth congress of the Chinese Communist Party is now in session", all delegates gave "long and enthusiastic applause", and shouted: "Long live chairman Mao, a long, long life to chairman Mao" in an enthusiastic fashion. See Stuart Schram (ed.), THE CHAIRMAN MAO TALKS TO THE PEOPLE - TALKS AND LETTERS 1956-1971, (New York: Pantheon Books, 1974), p.24, 281.

[11] 「九大」毛主席主持之實況記錄,建國以來毛澤東文稿,第十三冊,頁35。

　　林彪於 4 月 1 日在大會上做「政治報告」，報告以「無產階級專政下繼續革命的理論」為核心，全面肯定了「文化大革命」，並稱文革是一場真正的無產階級革命，是對馬列主義理論和實踐的一個偉大的新貢獻。林在「報告」中將共黨的歷史定位為「兩條路線鬥爭的歷史」，即毛的馬克思、列寧主義路線，同黨內「右」和「左」的機會主義路線鬥爭的歷史。林彪重申「九大」是一場勝利大會，他說：「我們這次代表大會，是在毛主席親自發動和領導的無產階級文化大革命取得了偉大勝利的時刻召開的」。

　　此外林彪在「報告」中對毛受辱甚深的「八大」會議之後，毛進行反撲的行動做了說明，這個說明也證實了毛發動文革的目的，他說：「在黨的第八次全國代表大會閉幕不久，1957 年，毛主席發表了『關於正確處理人民內部矛盾的問題』這部偉大著作，繼『在中國共產黨第七屆中央委員會第二次全體會議上的報告』之後，全面地提出了無產階級專政條件下的矛盾、階級和階級鬥爭，提出了社會主義社會中存在敵我矛盾和人民內部矛盾這兩類不同性質的矛盾的學說，提出了無產階級專政下繼續革命的偉大理論。它像光芒萬丈的燈塔，照耀著我國社會主義革命和社會主義建設的航向，也為這次無產階級文化大革命奠定了理論基礎」。此外「報告」強調：「毛主席同以蘇修叛徒集團為中心的現代修正主義進行了針鋒相對的鬥爭，繼承、捍衛和發展了馬克思列寧主義關於無產階級革命和無產階級專政的理論」。

　　「報告」中對於毛的鬥爭行動敘述說：「以毛主席為首的無產階級司令部，率領廣大群眾，按照毛主席指出的這個方向，繼續進行了偉大的鬥爭。從 1957 年反對資產階級右派的鬥爭，到 1959 年盧山會議揭露彭德懷反黨集團的鬥爭；從關於黨的社會主義建設總

路線的大辯論，到社會主義教育運動中兩條路線的鬥爭；鬥爭的中心，就是走社會主義道路還是走資本主義道路的問題，是堅持無產階級專政還是復辟資產階級專政的問題」，「毛主席的無產階級革命路線的每一個勝利，黨發動的反對資產階級的每一個重大戰役的勝利，都是粉碎了以劉少奇為代表的右的或形左實右的修正主義路線，才取得的」。

「關於無產階級文化大革命的過程」，「報告」中對毛在文革中的角色有下列幾點說明：(1)這場無產階級文化大革命，是在無產階級專政條件下，由毛親自發動和領導的一場政治大革命，是一場上層建築領域裏的大革命，其目的在「粉碎修正主義，奪回被資產階級篡奪了的那一部分權力」，而「主席領導全黨向劉少奇一夥盤踞著的資產階級陣地發動了進攻」。(2)毛寫了「人的正確思想是從那裏來的？」這篇著名文章和其他文件，批判了劉少奇的資產階級唯心論和形而上學。(3)毛發動了對「海瑞罷官」等大毒草的批判，鋒芒所向，直指修正主義集團的巢穴 ── 劉少奇控制下的那個針插不進、水潑不進的「獨立王國」，即舊北京市委。(4)毛親自主持制定的 1966 年 5 月 16 日的「通知」，為這場無產階級文化大革命確定了理論、路線、方針和政策，成為整個運動的偉大綱領。(5)毛主持召開了「八屆十一中全會」。全會通過了「中國共產黨中央委員會關於無產階級文化大革命的決定」（即「十六條」）這個綱領性文件。毛發表了「炮打司令部」的大字報，揭開了劉少奇這個資產階級司令部的蓋子。(6)毛及時地總結了上海一月革命風暴的經驗，號召全國「無產階級革命派聯合起來，向黨內一小撮走資本主義道路當權派奪權」接著，毛主席又發出了「人民解放軍應該支持左派廣大群

眾」的指示[12]。

另外有關新黨章的制訂，「報告」說明如下：「黨的第九次全國代表大會的一項重要議程，是修改黨的章程」，而「新黨章草案是偉大領袖毛主席的英明領導和廣大群眾相結合的產物，反映了全黨、全軍、全國廣大革命群眾的意志，是黨一貫堅持的民主集中制和群眾路線的生動表現。特別重要的是，黨章草案重新明確規定了黨的指導思想的理論基礎是馬克思主義、列寧主義、毛澤東思想」[13]。

「九大」於 4 月 14 日通過的「中國共產黨章程」，新黨綱在「總綱」中規定「中國共產黨以馬克思主義、列寧主義、毛澤東思想作為指導思想的理論基礎。毛澤東思想是在帝國主義走向全面崩潰、社會主義走向全世界勝利的時代的馬克思列寧主義」。毛成功的將「毛澤東思想做為黨的指導思想」重入黨章，奪回了「八大」黨章中失去的地位；除此之外，毛更獲得了額外的新桂冠，就是新黨章中推崇毛思想之地位等同於馬克思列寧主義。林彪對輔佐毛重新回到黨的神主地位有重大的貢獻，因此林彪的黨內地位在「九大」的黨章中也被定位為「林彪同志一貫高舉毛澤東思想偉大紅旗，最忠誠、最堅定地執行和捍衛毛澤東同志的無產階級革命路線。林彪同志是毛澤東同志的親密戰友和接班人」[14]，林正式被列名為全黨僅

[12] James T. Myers (ed.), **CHINESE POLITICS - DOCUMENTS AND ANALYSIS,** Vol. II, op. cit., pp.57-85; Lin Piao, "Political Report to the Ninth Party congress (1 April 1969)", **THE PEOPLE'S REPUBLIC OF CHINA 1949-1979 - A DOCUMENTARY SURVEY,** Vol. V, op. cit., pp.2224-2238. 「中國共產黨第九次全國代表大會上的報告」新華社，1969 年 4 月 27 日。紅旗，第五期，1969 年，頁 24-25。

[13] 同上。

[14] "The 1969 Party Constitution (14 Apr. 1969)", **THE PEOPLE'S REPUBLIC**

次於毛的第二號人物，而且還是接班人。

有關軍隊與黨的關係，黨章第五條規定，人民解放軍必須接受黨的領導。第六條規定，軍隊黨代表大會的召開和黨委員會的人選，必須經上級組織批准。第五、第六條的規定可以視爲黨對軍隊在文革中權力擴張的一種收縮，也等於是重新強調「黨指揮槍」的原則。黨章中有關黨、軍關係之規定，是「九大」之後毛開始重新整黨及改組省級黨委會的前奏，毛於「九大」之後削弱軍隊在中央及地方上政治勢力的工作，此時已經開始。

共軍最初介入文革，本質上並不是爲了奪取自己的政治權力，也不是公然違反毛「以黨領軍」的政策，事實上他們進入文革鬥技場乃是毛主動的領入。毛的目的是要恢復及鞏固被他視爲已被劉少奇等人剝奪的黨、政、軍勢力，但是當共軍介入文革後卻意外的形成軍人在地方執政的局面，地方實力派軍人不只控制了省、縣級的行政組織，大搞山頭主義，而且順勢進入黨中央委員會，擴大了在中央階層的政治勢力。

文革初期毛爲了打垮劉少奇，利用林彪系統的共軍衝擊以劉爲首的黨組織，但此舉卻使自己陷入不可預料的困境中，林彪及地方軍事領袖的權力擴張，顯然超過了毛所預料的範圍，而黨組織遭到的破壞，帶來的後遺症卻是黨、軍關係的混淆。毛要壓制軍隊，必須先摸底，然後再重建已遭破壞的黨組織，「九大」雖然是毛與林的勝利慶祝大會，但毛卻也清楚的看到軍隊在林彪的培植下，政治勢力已龐大到必須即處理的地步。

值得注意的是，林彪在「九大」「政治報告」中第六項「關於

OF CHINA 1949-1979 - A DOCUMENTARY SURVEY, Vol. V, op. cit., pp.2240.

黨的整頓和建設」中曾指出：「毛主席在談到整黨建黨的時候，曾經這樣說過：『一個人有動脈，靜脈，通過心臟進行血液迴圈，還要通過肺部進行呼吸，呼出二氧化碳，吸進新鮮氧氣，這就是吐故納新。一個無產階級的黨也要吐故納新，才能朝氣蓬勃。不清除廢料，不吸收新鮮血液，黨就沒有朝氣』。毛主席用這個生動的比喻，講出了黨內矛盾的辯證法。事物的矛盾法則，即對立統一的法則，是唯物辯證法的最根本的法則。黨內兩條路線的對立和鬥爭，是社會階級矛盾和新舊事物矛盾在黨內的反映。黨內如果沒有矛盾和解決矛盾的鬥爭，沒有吐故納新，黨的生命也就停止了。毛主席關於黨內矛盾的理論，是今後進行整黨建黨的根本指導思想」[15]。

　　雖然林彪借用了毛的「吐故納新」政策，並且還在「報告」中說：「離開了毛主席的領導，離開了毛澤東思想，我們的黨就受挫折，就失敗；緊跟毛主席，照毛澤東思想辦事，我們的黨就前進，就勝利。我們要永遠記住這個經驗。在任何時候、任何情況下，誰反對毛主席、誰反對毛澤東思想，就全黨共討之，全國共誅之」。但林卻違背了毛原希望「九大」能夠根據「軍隊、革命幹部、革命群眾、組織代表三結合，工、農、兵三結合，老、中、青三結合」的原則，及採取「自上而下，上下結合，內外結合，多方協商」的選拔方式，「多選一些工人、貧下中農，和紅衛兵的代表」，開個有

---

[15] James T. Myers (ed.), **CHINESE POLITICS - DOCUMENTS AND ANALYSIS,** Vol. II, op. cit., pp.57-85; Lin Piao, "Political Report to the Ninth Party congress (1 April 1969)", **THE PEOPLE'S REPUBLIC OF CHINA 1949-1979 - A DOCUMENTARY SURVEY,** Vol. V, op. cit., pp.2224-2238. 「中國共產黨第九次全國代表大會上的報告」新華社，1969 年 4 月 27 日。紅旗，第五期，1969 年，頁 24-25。

代表性的「萬人大會」[16]。毛的意思是希望會議代表不要集中在某一個群體，對於這點毛是有看法的，代表的背景越多元，對毛越有利；但實際上，「九大」出席代表僅 1512 人[17]，而其中幾乎有四分之三的代表是解放軍[18]。

基於鬥爭劉少奇有功，有功者有賞，因此，從「九大」主席團成員的背景可以了解軍人在此次會議中所扮演的角色。相對於「八大」113 人，本次黨大會會議主席團共有 176 人，占大會代表 1512 人的 11.6%，毛擔任主席團主席，林彪任副主席，周恩來擔任秘書長，主席團 176 人中的 35% 由軍人出任，會議主席團成員中現役軍人名單及其職務如下：

朱德（元帥）、劉伯承（元帥）、陳毅（元帥）、徐向前（元帥）、聶榮臻（元帥）、葉劍英（元帥）、黃永勝（總參謀長）、吳法憲（空軍司令員）、溫玉成（北京衛戍司令員）、王秉璋（空軍副司令員）、王淮湘（吉林軍區政委）、王輝球（空軍副政委）、孔石泉（廣州軍區政委）、韋國清（廣西軍區第一政委）、龍書金（新疆軍區司令員）、皮定均（福州軍區副司令員）、劉豐（武漢軍區政委）、劉興元（廣州軍區政委）、劉賢權（青海軍區政委）、任榮（西藏軍區政委）、許世友（南京軍區司令員）、杜平（南京軍區政委）、楊得志（濟南軍區司令員）、吳濤（內蒙軍區政委）、汪家道（黑龍江軍區司令員）、

---

[16] 「中共中央、中央文革關於對徵詢召開『九大』的意見通報（1967 年 11 月 27 日）」，中共文化大革命重要文件彙編，台北：中共研究雜誌社，1979 年，頁 13。

[17] 「中國共產黨第九次全國代表大會主席團秘書處新聞公報（1969 年 4 月 1 日）」，中國共產黨第九次全國代表大會文件彙編，台北：中共研究雜誌社，1979 年，頁 75。

[18] Jurgen Domes, **CHINA AFTER THE CULTURAL REVOLUTION**, Berkeley: University of California Press, 1977, p.16.

蕭勁光（海軍司令員）、李天佑（副總參謀長）、李再含（貴州軍區第一政委）、李作鵬（海軍第一政委）、李德生（安徽軍區司令員）、冼恒漢（蘭州軍區政委）、鄭維山（北京軍區代司令員）、張日清（山西軍區第二政委）、張達志（蘭州軍區司令員）、張江霖（青海軍區司令員）、張國華（成都軍區第一政委）、陳士榘（工程兵司令員）、陳錫聯（瀋陽軍區司令員）、南萍（浙江軍區政委）、袁升平（濟南軍區政委）、梁興初（成都軍區司令員）、曾紹山（瀋陽軍區政委）、曾思玉（武漢軍區司令員）、曾雍雅（西藏軍區司令員）、韓先楚（福州軍區司令員）、程世清（江西軍區第一政委）、黎原（46 軍軍長）、滕海清（內蒙軍區司令員）、潘複生（黑龍江軍區第一政委）、譚甫仁（昆明軍區政委）、汪東興（毛澤東警衛團團長）；此外尚有低階現役軍人共 9 人，包括：王世藩、王克京、馬毅、年四旺、馮全民、楊育才、張英才、胡修道、舒積成[19]。

自 4 月 15 日起，「九大」進入第三項議程，選舉中央委員，由於權力分配等問題需要協商，因此延至 4 月 24 日下午才舉行第三次全體代表會議。會議由林彪主持，共選出中央委員 170 人，候補中央委員 109 人，共 279 人，比「八大」中央及候補中央委員多了 86 人（「八大」中央委員 97 人，候補中央委員 96 人），「九大」中央委員軍人共 71 人，候補中央委員軍人共 48 人，合計 119 人，佔總數的 42.6% 強；其它如革命領導幹部 76 人（中央委員 57 人，候補中央委員 19 人），佔 27.6%；革命群眾共 63 人（中央委員 37 人，候補中央委員 26 人），佔總數的 22.6%[20]。

---

[19] 「毛共『九大』後的動向」，匪情研究專輯（15），台北：國民大會秘書處，1969 年，頁 13、38。
[20] 同上，頁 39。

　　4 月 28 日下午「九屆一中全會」在北京召開，毛當選黨主席，林彪為黨副主席。21 名政治局委員依序排名如下：毛澤東、林彪、葉群、葉劍英、劉伯承、江青、朱德、許世友、陳伯達、陳錫聯、李先念、李作鵬、吳法憲、張春橋、邱會作、周恩來、姚文元、康生、黃永勝、董必武、謝富治。政治局 4 名候補委員依序排名為：紀登奎、李雪峰、李德生、汪東興。相對於「八大」的 27 名政治局委員中僅 7 人具有軍人身分，本屆政治局委員中具有軍人身分的共有 13 人，超過半數，他們是：林彪、葉群、葉劍英、劉伯承、朱德、許世友、陳錫聯、李作鵬、吳法憲、邱會作、黃永勝、董必武、謝富治。而政治局候補委員 4 人中，李德生、汪東興為軍人。

　　政治局委員 21 人中，連任者 10 人，新任者 10 人，謝富治則是由原政治局候補委員升任，原政治局委員中被整肅的有劉少奇、鄧小平、陶鑄、賀龍、譚震林、李井泉等 6 人；陳雲、陳毅、徐向前、聶榮臻、李富春等 5 人未能列名，僅保留中央委員的職務。上述政治局委員及候補委員 25 人，除了毛以外，其它可概分五個不同的政治背景：(1)文革左派。陳伯達、康生、江青、張春橋、姚文元、謝富治、紀登奎、汪東興。(2)行政系統。周恩來、董必武、李先念、李雪峰。(3)中央級軍事領導人。林彪、黃永勝、邱會作、李作鵬、吳法憲、葉劍英、葉群、李德生。(4)軍區司令。許世友、陳錫聯。(5)掛名。朱德、劉伯承。

　　此外有關中央級軍事領導幹部的職務安排如下：黃永勝擔任總參謀長、吳法憲、李作鵬、邱會作、李天佑、溫玉成、王新亭、彭紹輝、韓先楚、閻仲川等 9 人擔任副總參謀長，副總參謀長 9 人中，除王新亭、彭紹輝外，其餘 7 人均為林彪四野軍系的舊部。值的注意的是，不僅在黨中央領導階層軍人的比重很大，在地方上，於 1968

表6-1　軍人擔任「革命委員會」主任的地區

成立時間	地區	主任	軍內職務
1967/1/31	黑龍江	潘復生	瀋陽軍區政委，黑龍江省軍區第一政委
1967/2/3	山東	王效禹	濟南軍區第一政委，山東省軍區第一政委
1967/2/13	貴州	李再含	昆明軍區副政委兼貴州省軍區第一政委
1967/2/23	上海	張春橋	南京軍區第一政委，上海警備區第一政委
1967/3/18	山西	劉格平	北京軍區政委，山西省軍區第一政委
1967/4/20	北京	謝富治	上將，中央軍委委員，北京軍區政委、北京衛戍區第一政委
1967/8/12	青海	劉賢權	少將，青海省軍區司令員
1967/11/1	內蒙古	滕海清	中將，北京軍區副司令員兼內蒙古軍區司令員
1967/12/6	天津	解學恭	北京軍區政委，兼天津警備區第一政委
1968/1/5	江西	程世清	少將，福州軍區副政委兼江西省軍區政委
1968/1/24	甘肅	沈恆漢	中將，蘭州軍區政委
1968/1/27	河南	劉建勳	河南省軍區第一政委
1968/2/3	河北	李雪峰	北京軍區政委
1968/2/5	湖北	曾思玉	中將，武漢軍區司令員
1968/2/21	廣東	黃永勝	上將，廣州軍區司令員
1968/3/6	吉林	王淮湘	少將，16軍政委
1968/3/23	江蘇	許世友	上將，南京軍區司令員
1968/3/24	浙江	南萍	少將，浙江省軍區政委
1968/4/8	湖南	黎原	少將，47軍軍長
1968/4/10	寧夏	康健民	少將，蘭州軍區副司令員

(續)表 6-1　軍人擔任「革命委員會」主任的地區

成立時間	地區	主任	軍內職務
1968/4/18	安徽	李德生	少將，12軍軍長
1968/5/1	陝西	李瑞山	蘭州軍區政委兼陝西省軍區第一政委
1968/5/10	遼寧	陳錫聯	上將，瀋陽軍區司令員
1968/5/31	四川	張國華	中將，成都軍區政委
1968/8/13	雲南	譚甫仁	中將，昆明軍區政委
1968/8/19	福建	韓先楚	上將，福州軍區司令員
1968/8/26	廣西	韋國清	上將，廣州軍區第一政委
1968/9/5	西藏	曾雍雅	少將，西藏軍區司令員
1968/9/5	新疆	龍書金	少將，新疆軍區司令員

年 9 月全國成立完成 29 個省級「革命委員會」中，其中由軍人直接擔任「革命委員會」主任的就有 20 個，其餘擔任主任的地方幹部，則大都兼任了軍隊的職務，如附表二。此外軍人擔任縣以上革委會主任，在北京市佔 78％，廣東省佔 81％，遼寧省佔 84％，山西省佔 95％，雲南省佔 97％，湖北省佔 98％，總計軍人擔任縣以上革委會主任，副主任著共有 5193 人[21]。

　　「九大」的召開代表中共黨、政、軍互動關係一個新的階段開始，「八大」之後經過十三年的周密經營，毛總算奪回失去的權力與黨章中所付與的崇高地位；「九大」承先啓後，做爲中共黨史上的一次重要會議，「九大」有下述之特點：(1)是一次祕密會議。「八大」時有關會議的情況、發言內容及大會文件都是逐日公開發表，

---

[21] 李可、郝生章，前揭書，頁 244。

此次大會開幕典禮在「人民大會堂」舉行後，就移至「中南海」舉行，會議內容不對外發佈。(2)是一次孤立的會議。「八大」曾邀請國內民主黨派、人民團體派代表參加，另有 47 位外國代表與會，並發表祝詞，本次大會沒有任何列席人員。(3)是一個大整肅後的大慶功會議。本次會議把與劉少奇有關係的「白區黨」出身的黨員、幹部，和非支持毛、林的黨員、幹部大批整肅，並以「根據地的黨」和「軍隊的黨」出身的黨員幹部替代。(4)是一個黨內派系重組的會議。文革左派勢力擴大，軍隊內部則積極進行清除與彭德懷、賀龍、羅瑞卿有關的勢力，並打擊和排擠非四野軍系幹部，及重用四野出身的中央及地方軍人。(5)是一個軍人大大擴張政治角色的會議。

「九大」給了中央級的軍事菁英政治上的崇高地位，以及由此地位而延伸的各種利益，地方軍事實力人物則透過黨大會晉升中央政治舞台，同時也因此可以回頭加強他們在地方上的權威。「九大」是中央及地方軍事領導人的慶功大會，文革前，地方的黨、政事務通常由文職的黨委第一書記領導，並同時兼任省及大軍區第一政委職務，負責對黨的監督工作，然而「九大」時包括指戰員及政委在內的地方實力派軍人進入省級領導班子，成為書記，或高居第一書記，同時也兼任軍區第一政委，一手獨攬地方黨、政、軍大權，地方軍權膨脹，黨權卻開始衰退。

第三節 黨第十次全國代表大會

「九大」時以林彪為首的軍人和文革左派結合鬥劉少奇有功，因此所選出的中央委員及政治局委員，軍人所佔的比重過高，這樣的結果違反了毛一貫的原則，使毛深感不安，毛必須加速重建黨的

組織，以壓抑共軍黨、政權力的過度擴張的現象。毛重建黨組織的首要目標，放在地方，「黨指揮槍」的原則經過文革的翻動，已由地方實力派軍人對省級革委會的有效控制而告終止，因此，恢復各級黨委會的正常運作以制衡地方實力派軍人成爲當務之急。但是由於地方實力派軍人的潛在抗拒，毛最初在地方整黨、建黨的工作遭遇困難，各省重建黨委會後，並不能對地方上的共軍當局，行使「以黨領軍」式的一元化領導，黨委會所做的各種決定，相反的，必須由地方軍事領導人審查及核准，才能執行。

　　毛解決問題根源的方法，是先把矛頭對準林彪，由高層整頓開始；1970 年 8 月 23 日至 9 月 6 日在廬山召開了「九屆二中全會」，會議中林彪、陳伯達堅持設國家主席的立場，以及對毛「突然襲擊」，「搞地下活動」，毛會後展開了以整肅林彪爲目的的「批陳整風」運動。1971 年 9 月，中共中央在「中共中央中發（1971）六一號文件」，「關於林陳反黨集團的公報」上明白的指出林彪是「自『九大』以後，和陳伯達互相勾結組織反革命集團，企圖反對中央和分裂黨，另立山頭」，「陳伯達在林彪的庇護下，在九屆二中全會上，公開跳出來反對中央，否定和不承認中央關於不設國家主席的決定，並依靠這個集團的骨幹黃永勝、吳法憲、葉群、李作鵬、邱會作，在中央委員會內拉攏中央委員，大搞分裂活動」。「公報」最後說：「林陳反黨集團這次所搞的一系列陰謀，中央認爲是一場嚴重的反革命事件」，「公報」要求全黨「永遠團結再以毛主席爲首的黨中央周圍」[22]。

　　同年 9 月 4 日中共中央以「中共中央中發（1971）五七號文件」，

---

[22] 「中共中央中發（1971）六一號文件 —— 關於林陳反黨集團的公報」，**中共機密文件彙編**，前揭書，頁 117-118。

轉發毛「給全黨的一封公開信」，信中對陳伯達也作了批評：「陳
伯達是一個假馬克思、列寧主義著，長期以來，陳伯達一直就天才
問題和我辯論」，「他是一個野心家，黨中央在廬山召開九屆二中
全會時，陳伯達發表了有關天才的講話就中途退席，長期不向中央
匯報工作，而背後搞小動作，在中央從事分裂活動」。對於陳伯達
的錯誤毛要求「在全黨展開批判」，而毛的這封信「已經給林彪同
志看了」，並且林彪「基本上同意我的意見」[23]。

　　林彪是陳伯達的背後支持者，毛要求全黨展開對陳伯達的批
判，並把這封「公開信」，在未公開前先給林彪看，毛「項莊舞劍，
意在沛公」的用意非常明顯。事實上早在 1971 年 1 月的「華北會
議」上，毛即對林彪施壓，要求林對陳伯達的事表態並公開批判陳
伯達，但林彪拒絕「以至中央政治局不能做出關於批判陳伯達的決
議」[24]。毛見事態嚴重，於華北會議後，派人滲進林彪的軍委辦事
組以及改組北京軍區，撤換北京軍區司令員鄭維山、第二政委李雪
鋒。1971 年 4 月毛又召開九十九個中央、地方和軍隊負責人參加的
「批陳整風」匯報會議，公開討論林彪的問題，這個會議是毛、林
決鬥的信號。

　　毛、林衝突已經台面化，毛深知鬥爭重點在中央，解決了中央
林彪派系後，地方問題自然好解決。但在整肅林彪之前，必須先安
撫地方實力派軍人，以便全力對付林及林的追隨者，因此在全國 29
個省級黨委會中，為了避免不必要的困擾，毛並沒有立即嚴格執行

---

[23] 「中共中央中發（1971）五七號文件 —— 附：毛澤東『給全黨的一封公開信』」，
　　中共機密文件彙編，前揭書，頁 112。

[24] 「中共中央中發（1971）六一號文件 —— 關於林陳反黨集團的公報」，中共
　　機密文件彙編，前揭書，頁 117。

「以黨領軍」的建黨原則，地方實力派軍人仍繼續保有他們的勢力，1971 年 9 月 13 日，林彪在蒙古溫都爾汗地區墜機身亡，林死亡後軍隊需要穩定，經過一段時間的部署，地方實力派軍人削權的問題到 1973 年開始有了較大的進展。

　　1973 年 1 月 1 日，「人民日報」、「解放軍報」、「紅旗」發表聯合社論「新年獻詞」透露毛在林彪死後有關政治戰略的部署有了新的面貌。該篇社論強調林彪的路線是一條反革命的修正主義路線，因此要把批林整風繼續抓緊抓好。「社論」指出；「工會、共青團、紅衛兵、紅小兵、貧下中農組織、婦女組織，應當經過整頓逐步健全起來，各級領導機構要按照老、中、青三結合原則，注意發揮老幹部的作用，注意培養新幹部，特別是要從工人中，從婦女中，從少數民族中培養幹部，並努力幫助在職幹部更快的提高理論水平，和實際工作能力，不管老幹部、新幹部、軍隊幹部、地方幹部，都要虛心向群眾學習」[25]。很明顯的，毛要以工會、共青團、紅衛兵、貧下中農、婦女等五大群眾組織，稀釋共軍在政治上的勢力。

　　「新年獻詞」刊出後，同年 2 月 12 日至 19 日中共中央於上海召開了第一個省、市、自治區級青年團代表大會；4 月 16 日至 21 日在上海和北京召開了省、市、自治區級公會代表大會；6 月 27 日至 30 日在天津和安徽召開了省、市、自治區的婦女代表大會；11 月 17 日在湖南召開了省、市、自治區級貧下中農代表大會；各種相關的會議於全國各地召開，至七月中旬，29 個省；是、自治區，

---

[25] 「新年獻詞」，人民日報、解放軍報，1973 年 1 月 1 日。紅旗，第一期，1973 年，頁 8。

共青團代表大會以全部召開完畢[26]。

上述各種群眾組織省級代表大會的召開，有下列幾項目的：(1)改變國內的政治生態，以地方性的群眾組織取代共軍在地方的政治勢力，結束文革時期軍權壓黨權的現象。(2)為重整黨的一元化領導，即黨對軍、對政的領導，提供穩定的社會環境。(3)企圖以江青為主的文革左派，結合地方群眾制衡共軍在中央與地方上的勢力。

當各級省級代表大會的討論結論成為全國共識，形勢對毛有利時，毛決定提前召開「十大」。毛提前召開「十大」的一個重要的原因是追認中共中央對林彪及其派系的處置，以及否定林彪在「九大」的黨章律定的地位，突出毛在「九大」時的決策角色。除此之外，「十大」還要解決由林彪事件所引發的許多重要問題，包括黨、軍關係的再確認、重組黨、軍組織等。

1973 年 8 月 24 日至 28 日「十大」在北京舉行，開幕當天周恩來代表中共中央作「政治報告」，周首先說「十大」是在粉碎了林彪反黨集團，黨的第九次全國代表大會的路線取得了偉大勝利，國內外大好形勢下召開的。關於「九大路線」，周貶低林彪在「九大」的地位，及突出毛在「九大」的重要性，在「報告」中周恩來強調：「黨的九大是在毛主席親自發動和領導的無產階級文化大革命取得了偉大勝利的時刻舉行的。九大根據馬克思主義、列寧主義、毛澤東思想關於無產階級專政下繼續革命的學說，總結了歷史經驗和無產階級文化大革命的新鮮經驗，批判了劉少奇修正主義路線，再次肯定了黨在整個社會主義歷史階段的基本路線和政策」[27]。

---

[26] 張敬文，「十大以後中共內部權力鬥爭的新形勢」，**十大後之中共**（郭華倫編），台北：國立政治大學國際關係研究所，1974 年，頁 37。

[27] 「周恩來在中國共產黨第十次全國代表大會上的報告」，紅旗，第九期，1973

有關「九大」的政治報告及「林彪反黨聯盟」的問題，周報告說：「九大政治報告是毛主席親自主持起草的。九大以前，林彪夥同陳伯達起草了一個政治報告。他們反對無產階級專政下的繼續革命，認爲九大以後的主要任務是發展生產。這是劉少奇、陳伯達塞進八大決議中的國內主要矛盾不是無產階級同資產階級的矛盾，而是『先進的社會主義制度同落後的社會生產力之間的矛盾』這一修正主義謬論在新形勢下的翻版。林彪、陳伯達的這個政治報告，理所當然地被中央否定了。對毛主席主持起草的政治報告，林彪暗地支援陳伯達公開反對，被挫敗以後，才勉強地接受了中央的政治路線，在大會上讀了中央的政治報告」[28]。周恩來代表黨否定林彪在「九大」政治報告中的作用。

對於「粉碎了林彪反黨集團」一事，「報告」中說：「九大期間和大會以後，林彪不顧毛主席、黨中央對他的教育、抵制和挽救，繼續進行陰謀破壞，一直發展到 1970 年 8 月在九屆二中全會上發動反革命政變未遂，1971 年 3 月制定『571 工程紀要』反革命武裝政變計劃，9 月 8 日發動反革命武裝政變，妄圖謀害偉大領袖毛主席、另立中央。陰謀失敗後，9 月 13 日私乘飛機，投奔蘇修，叛黨叛國，摔死在蒙古溫都爾汗」。「報告」要求全國人民對林展開批判，批判同時更要堅決擁護毛的領導，「報告」說「九一三事件以後，全黨、全軍、全國億萬各族人民進行了認真討論，對資產階級

年，頁 5-6。新華社，1973 年 8 月 31 日。Chou En-lai, "Report on the Tenth Party Congress (24 Aug. 1973)", **THE PEOPLE'S REPUBLIC OF CHINA 1949-1979 - A DOCUMENTARY SURVEY**, Vol. V, op. cit., pp.2463-2469. James T. Myers (ed.), "Communiqu of the Tenth Party Congress", **CHINESE POLITICS - DOCUMENTS AND ANALYSIS**, Vol. II, op. cit., pp.207-208.

[28]　同上。

野心家、陰謀家、兩面派、叛徒、賣國賊林彪及其死黨，表示了極大的無產階級義憤。對偉大領袖毛主席和以毛主席為首的黨中央表示堅決擁護，在全國範圍內，開展了批林整風運動，認真學習馬克思主義、列寧主義、毛澤東思想，開展對林彪一類騙子的革命大批判，從思想上、政治上、組織上清算了他們的反革命罪行」[29]。

當天，王洪文作「關於修改黨章的報告」時指出「九大黨章總綱中有關林彪的一段話，這次全部刪去了」，而「在無產階級文化大革命中，毛主席領導全黨、全軍、全國人民，粉碎了以劉少奇為頭子和以林彪為頭子的兩個資產階級司令部，這是對國際國內一切反動勢力的一次沈重打擊」，「在開展鬥爭的時候，要學習毛主席關於兩條路線鬥爭的理論與實踐，不僅有堅定的原則性，而且實行正確的政策，分清兩類不同性質的矛盾，注意團結大多數，遵守黨的紀律」。有關加強黨一元化領導部分，「報告」中說：「黨的一元化領導，在組織上應體現在兩個方面，第一，在同級各組織的相互關係上，工、農、商、學、兵、政、黨這七個方面，黨是領導一切的，不是平行的，更不是相反的。第二，在上下級關係上，下級服從上級，全黨服從中央，「黨的一元化領導，最根本的是正確的思想和政治路線的領導。各級黨委都要在毛主席革命路線的基礎上，做到統一認識，統一政策，統一計劃，統一指揮，統一行動」[30]。

8 月 28 日通過的「十大」黨章，第五條「黨的組織原則是民主集中制」中則規定：「全黨必須服從統一的紀律，個人服從組織，

---

[29] 同上。

[30] James T. Myers (ed.), "Wang Hung-wen's Report on the Revision of the Party Constitution", **CHINESE POLITICS - DOCUMENTS AND ANALYSIS**, Vol. II, op. cit., p.223;「關於修改黨章的報告」，**紅旗**，第九期，1973 年，頁 22。**新華社**，1973 年 9 月 1 日。

少數服從多數，下級服從上級，全黨服從中央」。第七條規定「國家機關，人民解放軍和民兵，工會、貧下中農協會、婦女聯合會，共產主義青年團、紅衛兵、紅小兵及其他革命群眾組織，都必須接受黨的一元化領導」[31]。

　　由於新黨章的規定，文革時期，共軍因「三支兩軍」任務所形成的槍指揮工業、農業、商業、文化、教育、地方政府、及黨的現象就此終止。在黨、軍關係的規範上，「十大」已明確的表示不再允許「槍指揮黨」的現象存在。毛在「十大」中強化黨的一元化領導，是要恢復黨中央對地方黨、軍的領導，徹底剷除地方山頭主義。按中共的領導體制，軍隊的領導權掌握在中央軍委會手上，只是在文革期間，中央軍委的主要成員遭到文革左派的衝擊或整肅，軍隊領導權，除毛之外，已完全集中在文革左派、林彪或地方實力派軍人的手上，而地方實力派軍人又以原四野軍系為主。以廣州軍區為例，廣州軍區司令員丁盛，政委孔石泉、任思忠均出身四野，黃海榮等 11 名副司令，全部出身四野；副政委中四野出身者有蕭元禮等 3 人。換句話說，廣州軍區副司令員和副政委以上的 22 名軍事領導人中，四野出身者共 17 人，佔 77.3％[32]。

　　基於四野在中央及地方的雄厚實力，毛為了顧及軍隊的穩定，林彪被整肅的同時，除了與林彪事件有直接關係者受到牽連外，其它屬於林系的軍事領導人並未立即受到處置，「十大」之前，毛對

---

[31] 「中國共產黨章程（1973 年 8 月 28 日）」，**紅旗**。第九期，1973 年，頁 27。**新華社**，1973 年 9 月 1 日。"Constitution Adopted by the Tenth Party Congress (28 Aug. 1973)", **THE PEOPLE'S REPUBLIC OF CHINA 1949-1979 - A DOCUMENTARY SURVEY**, Vol. V, op. cit., p.2475.

[32] 「關於中共『十大』後的黨軍關係」，**十大後之中共**（郭華倫編），前揭書，頁 179。

他們的安排極爲愼重，毛採取了階段性、分批的予以更換或調動。再以廣州軍區爲例，林彪事件後，廣州軍區僅第一政委劉興元調往成都軍區擔任第一政委，也僅調入華國鋒、鍾漢華兩人分別擔任廣州軍區政委、副政委之職務。除廣州軍區外，其它軍區也多有類似的案例。在林彪多年的經營下，其勢力已盤棕錯節，毛要重新恢復「以黨領軍」，所能採取有效而又能穩定軍隊的作法，只有先進行意識型態再教育的工作，另配合「十大」黨章的修訂以及中央委員、後補中央委員等人事安排，逐漸削弱軍隊在黨、政中的勢力。但是值得注意的是，此一階段爲了穩定軍隊，「十大」時中央委員及候補中央委員的席次中仍保留相當的位置給予軍人。

「十大」共有 1240 名代表出席，中央委員 195 名，候補中央委員 124 名，總數共 319 名，有關軍人在中央委員及候補中央委員的位置有下述之安排：

第一，林彪系統的主要軍事領導人被排除在名單之外，其中包括：黃永勝（總參謀長）、吳法憲（空軍司令員）、李作鵬（海軍第一政委）、邱會作（總後勤部長）、溫玉成（副總參謀長）、酈任農（空軍副司令員）、吳瑞林（海軍司令員）、曾國華（空軍副司令員）、王秉璋（空軍副司令員）、龍書金（新疆軍區司令員）、梁興初（成都軍區司令員）、鄭維山（北京軍區司令員）、劉豐（武漢軍區政委）、周赤萍（福州軍區政委）、南萍（浙江省軍區第一政委）、程世清（福州軍區副政委兼江西省軍區第一政委）。

第二，由於林彪多年紮根的結果，其派系勢力在中央根深蒂固，基於軍隊穩定之考慮，毛縮小了打擊面，因此，除了與林彪事件有直接關係的軍事領導人未列入名單外，其餘林彪派系人馬在「十大」時並未完全清除，當時擔任重要軍職者多數均進入中央委

員會。

第三，非林系，而在文革時期被整肅的重要軍職幹部，多予解放起用。

「十大」政治局委員的人數與「九大」相同，都是 21 人。「九大」的政治局委員除林彪、葉群、黃永聖、吳法憲、李作鵬、邱會作、陳伯達被鬥，謝富治死亡外，其餘 13 人，包括：毛澤東、葉劍英、劉伯承、江青、朱德、許世友、陳錫聯、李先念、周恩來、張春橋、姚文元、康生、董必武等都再擔任此一職位，新增列的人員有：王洪文、韋國清、華國鋒、紀登奎、吳德、汪東興、陳永貴、李德生等 8 人。「九大」的候補政治局委員共四人，除李雪峰被鬥外，其餘三人紀登奎、李德生、汪東興高昇為正式委員。「十大」新任的候補政治局委員為：吳桂賢、蘇振華、倪志福、賽福鼎。

「十大」選出的 9 名政治局常務委員（依排名順序）：毛澤東、王洪文、葉劍英、朱德、李德生、張春橋、周恩來、康生、董必武。本屆常委與「九大」相同者僅毛澤東、周恩來、康生等三人，其餘均為新任。「十大」中央委員會主席毛澤東，副主席五人（依排名順序）：周恩來、王洪文、康生、葉劍英、李德生。五位副主席中葉劍英、李德生為軍人，王洪文、康生為文革左派。

「十大」的特點及其影響有下列四點：

第一，「十大」公開了林彪的罪行及追認黨中央對林案的處理。在中央政治局委員、候補政治局委員，及政局常委等三個組織上全面清除了林彪的勢力。「十大」在 8 月 29 日發出的「新聞公報」中很清楚的表示：「大會憤怒地聲討了林彪反黨集團的罪行，全體代表堅決擁護中共中央的決議：永遠開除資產階級野心家、陰謀家、反革命兩面派、叛徒、賣國賊林彪的黨籍；永遠開除林彪反黨

集團主要成員、國民黨反共分子、託派、叛徒、特務、修正主義分子陳伯達的黨籍，撤銷其黨內外一切職務。一致擁護中共中央委員會對林彪反黨集團其他主要成員的處理和所採取的全部措施」[33]。

第二，「十大」沒有決定毛的繼承人選。「八大」時所選定的副主席為劉少奇、周恩來、朱德、陳雲等四人，後增補林彪，共五人，劉少奇被列名為第一副主席及接班人，「八屆十一中全會」改以林彪為接班人；「九大」時黨綱明訂林彪為毛的親密戰友和接班人，並為唯一的副主席；「十大」周恩來雖列名第一副主席，但並非接班人，值的注意的是，工人出身的文革左派王洪文，名列第二副主席，特務出身的文革左派康生，名列第三，二野出身的文革左派李德生，名列第五。

毛這項人事安排的用意，可以確定的是以王洪文、康生、李德生制衡周恩來；毛在「八大」、「九大」時先安排劉少奇，後選林彪為接班人，都棄周恩來於不顧，「十大」迫於形勢，且周在黨、政、軍方面有足夠的資歷及威望，不得不做此安排。周雖列名第一副主席，但以當時的情況而言，周可以活動的空間甚小，與此相對應的是在「十大」的中央政治局常務委員 9 人的人事安排上，王洪文亦列名第二，周恩來卻列名第七，在李德生、張春橋之後，毛的用意致為明顯。

第三，雖然毛為了穩定軍隊，「十大」時並未完全削除軍人在中央及地方的政治勢力，但在「十大」後毛開始階段性的以文革左派制衡剩餘的軍權勢力。基於黨、軍菁英雙重角色的身分，共軍在

[33] 「中國共產黨第十次全國代表大會新聞公報」，紅旗，第九期，1973 年，頁 31。James T. Myers (ed.), **CHINESE POLITICS - DOCUMENTS AND ANALYSIS**, Vol. II, op. cit., pp.226-227.

黨內一直有一定程度的影響力，1955 年頒定的十大元帥，此十人均做過政治局委員，其中朱德、林彪、葉劍英做過黨的副主席，「八屆十一中全會」時除當時已死亡的羅榮桓及垮台的彭德懷外，其餘八人均同時列名為政治局委員。

　　文革時期毛在先後整肅劉少奇、林彪的兩次大鬥爭中，鬥垮了不少原紅一方面軍、一野、四野的軍事幹部，這些人其實都算毛的嫡系；林彪事件之後，四野軍系受到牽連，相對的，紅四方面軍、二野、三野反而顯得重要且有實力，但這些幹部嚴格的說，卻不算毛的嫡系。「十大」時毛安排以江青為首的文革左派進入中央政治舞台，從某種權力平衡的角度觀察，其中含有平衡非毛嫡系軍事幹部的企圖。此外文革動亂所引發的社會脫序，仍須依靠軍隊予以穩定，軍隊穩定社會的前提是軍隊自己必先穩定，林彪事件的發生，毛也有責任，不能置身度外，因此，縮小對軍隊的的打擊面，而僅以清洗林系軍人為主，對自己有利而無害。

　　第四，毛在「十大」時保留了一定數量的軍人留在中央委員會，此舉意外的成為日後文革左派奪權失敗的重要原因之一，此外毛調動八大軍區司令員，去除山頭主義的後患，以利黨對軍隊的控制。「十大」前後，四野軍系因林彪事件受到重創，林彪死亡之後到「十大」之前，這段時間中央及地方被整肅的林系軍人主要的有：黃永勝（總參謀長）、吳法憲（空軍司令員）、李作鵬（海軍第一政委）、邱會作（總後勤部長）、葉群（中央軍委辦公廳主任）、閻仲川（副總參謀長）、陳繼德（副總參謀長）、黃志勇（總後勤部副部長）、嚴俊（總後勤部副部長）、張明遠（總後勤部副部長）、韓振紀（總後勤部副部長）、張敬一（海軍副司令員）、張秀川（海軍副司令員）、曾國華（空軍副司令員）、王秉璋（空軍副司令員）、譚家

述（空軍副司令員）、何振亞（空軍副司令員）、劉錦平（空軍副政委）、郁文（空軍副政委）、楊勁（空軍副政委）、程世清（江西省軍區第一政委）、楊棟樑（江西省軍區司令員）、藍亦農（貴州省軍區第一政委）、卜占亞（廣州軍區副政委兼湖南省軍區第一政委）、韋祖玲（廣西省軍區政委）、南萍（浙江省軍區政委）、熊應堂（浙江省軍區司令員）、龍書金（新疆軍區司令員）、王新（河南省軍區政委）、劉海清（北京軍區副司令員）、劉豐（武漢軍區政委）、周赤萍（福州軍區政委）、梁興初（成都軍區司令員）。

　　為了避免衝擊過大，毛整肅林系軍人極為謹慎，採取分批且有步驟的進行，「十大」之後，同年 12 月 22 日，毛以中央軍委會的命令，將北京軍區司令員李德生與瀋陽軍區司令員陳錫聯；南京軍區司令員許世友與廣州軍區司令員丁盛；濟南軍區司令員楊德志與武漢軍區司令員曾思玉；福州軍區司令員韓先楚與蘭州軍區司令員皮定鈞；等八大軍區司令員互調，並命令在十天之內調動完畢，新任軍區司令員並無附加省委書記的頭銜。

　　毛調動八大軍區司令員之外同時任命了北京、廣州、濟南等三個軍區的第一政委，1974 年 1 月 2 日「人民日報」報導這次調動。對中共黨中央而言，因這次大調動而造成省級黨委權力產生空隙的局面，正好讓黨中央能以中意的人選予以填補，並利用這個機會重新恢復黨中央對地方軍隊的領導。

　　「十大」是黨內經歷大鬥爭後的一次重新整頓黨、軍的會議，也是軍隊政治角色轉變的一個重要關鍵性會議，會議追認了中央對林彪及核心分子的處置，並公開林彪背叛毛的罪行。「十大」之後，新一輪的黨內鬥爭迅速在全國開展，「人民日報」、「解放軍報」、「紅旗」發表了一連串有關意識型態討論及批判性的文章。9 月 28

日「人民日報」轉載「遼寧日報」的一篇文章「焚書坑儒辯」，該
文說：「焚書坑儒就其性質來說，在當時是一個反篡權復辟的『厚
今薄古』的進步措施」，而「秦始皇『焚書坑儒』的效果，也是應
該肯定的」[34]。

　　1973 年 10 月，「紅旗」刊登「論尊儒反法」一文，說「秦始
皇統一中國後廢除了分封制，結束了全國的分裂狀態；但是，被推
翻的奴隸主、貴族堅決反對中央集權的郡縣制，他們的政治代表，
丞相王綰就曾建議恢復分封制，法家著名代表李斯，駁斥了這種開
倒車的反動主張，指出只有郡縣制才是鞏固封建王朝的安定之術，
如果恢復分封制，就必然重新導致諸侯互相攻擊如仇讎的分裂和混
戰局面，秦始皇採納了李斯的建議，認爲分封制是分裂和內戰的根
源，堅定的否定了分封制，堅持了郡縣制」[35]。

　　1974 年一場聲勢浩大的「批林批孔」運動在全國展開，元旦，
「兩報一刊」發表聯合社論，提出：「要繼續開展對尊孔反法思想
的批判」，「中外反動派和歷次機會主義路線的頭子都是尊孔的，
批孔是批林的一個組成部分」[36]。1 月 25 日（農曆正月初三），北
京召開了有一萬多人參加的黨中央直屬機關和國務院各部門「批林
批孔」動員大會，會上借「林彪與孔孟之道」之題說：「不准批孔
就是不准批林」，大會反對「折中主義」、反對「中庸之道」。1974
年 5 月「紅旗」轉登「漢代的一場儒法大論戰 —— 讀『鹽鐵論』劄
記」一文，強調中央集權的重要[37]。

---

[34] 「焚書坑儒辯」，人民日報，1973 年 9 月 28 日。
[35] 「論尊儒反法」，紅旗、第十期、1973 年，頁 38。
[36] 「元旦獻詞」，人民日報、解放軍報，1974 年 1 月 1 日。
[37] 「漢代的一場儒法大論戰 —— 讀『鹽鐵論』劄記」，紅旗，第五期，1974
　　年，頁 12-19。

　　上述反對「中庸之道」，讚揚秦始皇鎮壓儒家，廢止「分封制」，而「由中央派遣官吏」建立「郡縣制，以及公元前八十一年的「鹽鐵會議」加強中央集權的重要文章，以「借古批今」的手法，批判了林彪及文革時期各軍區司令員兼任省委第一書記，和省軍委會主任，集黨、政、軍大權於一身的現象；同時上述文章亦在爲八大軍區司令員的互調，確定黨中央對地方黨、政、軍的「中央集權」等措施提供理論基礎。但值得注意的是「漢代的一場儒法大論戰 ── 讀『鹽鐵論』劄記」一文，該文借古諷今的說：「丞相田千秋，在整個會議過程中，括囊不言，容身而去，這是一個相當圓滑的老官僚，他善於擺平關係，模棱兩可，始終不表態，最後各方面都不得罪」。這篇文章已開始影射並將矛頭對準周恩來。

　　此外 1974 年 2 月「紅旗」拋出了一篇批將帥的文章「讀柳宗元的『封建論』」，文章中不斷的強調「藩鎮割據」，「驕兵悍將向長安的中央政權大鬧獨立性」，該文結論是，割據叛亂的原因在於「軍隊」，因此要「善於掌握軍隊」[38]。同年第三期「紅旗」刊登了「秦統一六國起決定作用的是什麼」，文章指出：「統一六國是秦始皇的正確路線決定的，不是將領的戰功起決定作用」，因爲「在正確的路線下，將領不行也能打勝仗」[39]。這兩篇文章的目的在強調正確路線的重要性，否定林彪及地方軍事領導人的作用，所謂「正確路線」，即是指毛「以黨領軍」、「政治掛帥」、「反對單純軍事觀點」的路線。換句話說，沒有毛的正確路線，林彪將毫無作用。

　　「十大」之後，共軍的政治角色逐漸收縮，文革時期軍人佔據

---

[38] 「讀柳宗元的『封建論』」，紅旗，第二期，1974 年，頁 32-39。
[39] 「秦統一六國起決定作用的是什麼」，紅旗，第三期，1974 年，頁 15-21。

全國各層級重要位置，形成黨、軍不分，甚至以軍制黨的現象也開始淡化，只是基於軍事菁英具有黨、軍雙重角色的特質，軍人的政治角色只能說受到削弱或壓制，而不能完全解除。此外當毛削弱軍人在中央及地方的黨、政權力時，並未遭到阻力或引起軍隊的反抗。這個現象的出現，除了是毛以階段性的方式進行，避免大震動外，另有兩個重要的因素：(1)具有權威地位的毛，已內化成為軍人懼怕、崇拜、不可懷疑的「領袖」，忠於「領袖」成為軍人的最高道德，這種情結使毛的命令、語錄、人事安排等一切作為都受到軍人的高度認同，毛誇讚林彪時，林彪聲望扶搖直上，毛批鬥林彪時林彪聲望立刻墜地；因此，當毛下令撤職或調動軍隊領導人時，此一人事命令無庸置疑的具有絕對的權威性。(2)林系軍人在文革時期整肅其它軍系領導人，樹敵太多，激起非林系軍人的不滿，一旦林彪垮台，林彪軍系人馬自然成為被攻擊的目標，當毛要調動這批人時，大家樂觀其成，且看法一致。

第七章 結 論

　　權力衝突對中共而言，實際上可縮限爲黨內的權力鬥爭，而政府各級組織的成員對治理國家的政策認知有高度的一致性，黨內鬥爭的結果並不影響國家政策的推動。此外一個權威主義國家政治發展中的軍人角色，取決於該國家的社會文化特質；從建政起，共軍歷經各種權力鬥爭的風暴，而且涉入其中，但卻未曾出現經常發生在開發中國家軍人干政的問題。同樣的，不同於已政治制度化的國家，共軍在政治鬥爭場上並未能保持中立，但也沒有任何野心進行政變；由於共軍的成員結構、組織特性、以及軍事菁英的雙重角色等特質，這些都對共軍的特殊政治角色發展起了重大的作用。

　　本質上，共軍的政治角色受制於毛「黨指揮槍」的原則，毛雖然不斷的強調軍隊的政治功能，並且經常實際運用這項功能，但它與克勞塞維茲（Carl von Clausewitz）所說「戰爭是政治的延長」的概念完全不同[1]。在毛的眼裡，政治是主要的，其它均附屬於政治之下，但是毛所認知的政治與一般的政治概念不同，毛的政治實際上等同於權力鬥爭，因此，共軍的政治化，與戰爭無關，它只是做爲鬥爭工具的一種必要的條件而已。

---

[1] 參閱：Charles Reynolds, *THE POLITICS OF WAR*, New York: St. Martin's Press, 1989, pp.59-83.

　　共軍如同中國秦以下的歷朝軍隊，其組成人員系以農民為主體，但若與中國歷史上以農民為主體的軍隊比較，共軍最大的差異就是被施以徹底的具有中國特色的政治意識教化，同時也被賦予了高度的政治任務，這種情形從 1959 年林彪接替彭德懷擔任國防部長後及文革時期最為嚴重。基本上，經過 1927 年 9 月「三灣改編」，與 1929 年 12 月「古田會議」以後，共軍政治性功能即已確定，「三灣改編」是中共在軍中建立黨委制的開始，只是「三灣改編」對共軍的政治工作制度雖有律定，但卻由於共軍組成分子素質低落，而顯得相當鬆散。「古田會議」的決議，則明顯規定了紅軍的性質是「一個執行革命的政治任務的武裝集團」，在「決議」中，毛毫不模糊的反對「單純的軍事觀點」，並強調紅軍「不是單純地為了打仗而打仗，而是為了宣傳群眾、組織群眾、武裝群眾，並幫助群眾建設革命政權才去打仗的」。

　　以農民為主的「兵農合一」軍事制度，如第二章所述，它是中國傳統上的一項重要的國家政策，不論是「寓兵於農」還是「寓農於兵」，以農民為主體的軍隊成員，受制於中國社會結構特性及儒家的價值觀，軍人多內涵著亞細亞社會的特質，即：(1)對專制權威或中央效忠，以忠君為最高的社會道德。(2)對專制權威懷有畏懼，恐懼從上而下的懲罰。(3)軍隊是最高權威領袖個人的軍隊。

　　此外中共的革命是在少數知識分子領導下，以農民為主體的革命，建黨之初一個知識分子經常必須擔負黨的工作，或做為農民起義的一個指戰員；在建軍階段，一個黨的地方或中央負責人，通常也是軍隊的政治領導人。因此，中共革命世代的黨、軍領袖多為雙重角色菁英，黨菁英與軍事菁英是一個同構體，1949 年建政後，革命世代的黨、軍領袖又多為政府組織中的重要行政官僚；這種雙重

或三重角色菁英的體系結構特性，出現了下述之現象，即毛堅持「以黨領軍」、「黨指揮槍」的最高政治原則，一直不曾被軍事官僚公開的反對，也就是說，在毛統治時期，共軍並未發生過「俚人政體」的原因。中國在毛統治年代，是一個典型「以黨領軍」的國家，共軍政治參與的廣度、深度全視統治者，或權威當局對軍隊的需求而定，共軍介入政治實際上是被動而非主動的。

做為一個最高權威領袖，毛對軍權的看法是相當坦白的，他明白的指出：「每個共產黨員都應懂得這個真理：『槍桿子裏面出政權』，我們的原則是黨指揮槍，而絕不容許槍指揮黨」。毛為了阻止「槍指揮黨」的局面出現，長期以來不僅從有形的權力系統、人事安排上掌握軍隊，並且還不斷的在各種「崇毛」的政治運動中，從意識型態的領域，把軍隊控制在對自己絕對效忠的程度；正因為如此，毛對軍人的政治角色有相當特殊的看法，他不在乎軍人政治角色的強弱，他只堅持自己能有效的控制軍隊，保持自己在軍隊中最高領導人的地位，共軍的政治活動永遠只能在他的絕對領導、鞏固毛式意識型態的大原則之下，軍隊的任何政治活動，必須堅定不移地「捍衛毛主席的軍事路線」、「擁護以毛主席為首的黨中央」，任何軍事菁英的政治立場只要與他稍有差距，就會遭到被整肅的下場，高崗、饒漱石、彭德懷、羅瑞卿、林彪等都是毛對軍事菁英不絕對服從，或毛認為他們可能不服從其領導，而做出的極端反應。

高、饒於 1955 年 3 月 31 日，在黨全國代表會議通過的「關於高崗、饒漱石反黨聯盟決議」中，被指控為「他們的唯一綱領就是以陰謀手段奪取黨和國家的最高權力」。高、饒事件對共軍的發展產生了下述影響：(1)毛走出削除地方軍事山頭的第一步，確定了毛對地方軍隊的控制。(2)林彪在高、饒事件中成功的脫身，並保持了

四野完整的實力，導致日後毛能借林彪之力全面整肅劉少奇，而彭德懷在國防部長任內所推動的正規化、專業化建軍政策，也因爲林彪的興起而告終止。

此外與高、饒被鬥同時發生，且對共軍日後政治角色發生重大影響的會議與人事安排，即 1954 年 9 月舉行的「八大」及彭德懷接任國防部長。「八大」有關修改黨章的決議，它將「七大」黨章總綱中「以馬克思列寧主義的理論與中國革命的實踐統一的思想——毛澤東思想，作爲自己一切工作的指標」的敘述，刪除了毛澤東思想，而修正爲「中國共產黨以馬克思列寧主義作爲自己行動的指南。只有馬克思列寧主義才正確地說明了社會發展的規律，正確地指出了實現社會主義和共產主義的道路」。「八大」黨章刪除毛思想做爲指導思想的文字，雖然是共軍專業化、正規化、放棄對毛個人的崇拜，成爲國家軍隊的必要條件，但實際上，「八大」黨章卻仍保有對馬克思、列寧的「個人崇拜」，一個揚棄毛澤東思想，但卻保留馬克思、列寧主義的黨綱，很明白的顯示，「八大」黨綱制訂時，並沒有反「個人崇拜」的問題，只有向毛奪權的問題。

以劉少奇爲首的黨務系統派，在「八大」中對毛的小動作，誘發了毛的危機意識。同時在彭德懷接任國防部長後，積極的將軍隊體質轉成正規化、專業化的國防軍隊，由於正規化、專業化的建軍前提是軍隊必須以完成軍事任務爲第一優先事項，軍事訓練的比重應大幅度的提高，與此作爲相對應的，就是必然會減低政治性、社會性等非軍事任務的比例，在這種情形下，軍隊中政委、黨委的角色及權力將緊縮，而「三灣改編」、「古田會議」的決議，以黨領軍、軍隊是戰鬥隊，又是工作隊的基本結構勢必受到衝擊，這點違背了毛的建軍思想，摧毀了「以黨領軍」的原則。這種「單純的軍事觀

點」，企圖改造毛式革命化軍隊的作爲，也觸犯了毛的大忌，「八大」之後，毛開始在權力鬥爭的戰場進行戰略部署，並重建軍隊，確保「紅」在「專」之上、確保「黨指揮槍」的原則不被撤換。

「八大」無疑是中共試圖脫離毛時代的開始，對毛而言，它是一場權力的生死之戰，他當然無法忍受這種結果，「八大」後毛重建軍隊的原因，就是必須鞏固自己對槍桿子的控制，特別是對軍事菁英的絕對控制；1959年「盧山會議」從「反左」開始，被毛扭轉至「反右」，彭德懷在「盧山會議」的結局，已明確顯示毛在黨、軍中的威望根生蒂固，雖然「八大」黨章已刪除毛思想做爲指導思想的規定，但毛的權威地位仍不容挑戰。

彭德懷以國防部長的身分在「盧山會議」抨擊「三面紅旗」的舉動，再次觸動毛整頓軍隊的決心，毛以更大程度的擴張軍隊的毛式政治功能，並將其延伸至全國各地，因此，軍人在毛的安排下擴大了政治角色，爲政治服務成爲重要的行動方針，當然軍隊的任何政治行爲必須在毛的同意之下才能進行，只有毛才能決定什麼是正確的政治角色，換句話說，軍隊在政治角色的扮演上軍隊是依變項，而毛才是獨立的自變項。

彭德懷在1959年的「盧山會議」被打成「反黨集團」的總頭目，會議上，毛認爲彭在「招兵買馬，有野心」，1966年6月1日「解放軍報」的一篇社論清楚的說明了彭下台的原因，社論說；「借著他們在軍隊所竊取的重要職務，力圖取消黨對軍隊的絕對領導，取消政治工作，取消地方武力和民兵，從根本上否定毛主席人民軍隊和人民戰爭思想」。彭垮台後，林彪取代彭出任國防部長，並晉升爲中央軍委會第一副主席及執行日常業務，林上台後隨即發表對軍隊的重要講話，號召軍隊要「高舉黨的總路線和毛澤東軍事思想

的紅旗闊步前進」，這一篇講話，完全否定了彭的正規化、專業化的建軍政策，重回了「黨指揮槍」的老路。

唯值得注意的是，林彪取代彭德懷出任國防部長之初，正是中蘇關係緊張之際，中共必須同時對付美國及蘇聯兩個敵人，當時國家安全面臨了嚴重的威脅，一方面，林彪必須穩定軍中因為清除彭德懷而產生的不安情勢，另一方面，林又必須速謀對策，應付美蘇兩大強權的進逼，以確保國家安全。在這兩大因素交互影響下，林彪任國防部長初期，實際上，軍事路線與政治關係呈現一種微妙的妥協狀態，唯此一妥協的建軍路線，隨著國內權力鬥爭的擴大，以及林彪主導的「崇毛」運動逐次展開，而使共軍進入全面性的「政治工具」時代。客觀的說，初任國防部長，林彪能在毛的政治建軍壓力及美蘇威脅下，有效的滿足了毛及軍隊的需求，林在軍事政策的拿捏上恰到好處，只是林有強烈的更上一層樓的政治企圖心，因此林只有放棄專業而緊緊的跟隨毛，並揣摩或按毛的意志行事。

林彪擔任國防部長期間，總參謀長羅瑞卿與他之間的鬥爭，有著不可忽視的政治意義，1964 年 1 月下旬羅在全軍舉行的「大比武」軍事訓練運動，違反了林彪突出政制的建軍原則，羅的行徑嚴重的影響了林在軍中推行政治運動的進度，而政治運動卻是毛的旨意。羅的垮台及文革初期劉少奇被整肅，同樣的顯示了一個重要的政治運作過程，就是軍隊在政治鬥爭中角色的重要性；劉少奇的失敗在於做為一個職業革命家，他卻忽略了槍桿子的力量，在 1959 年「廬山會議」時，以當時劉在黨內的身分，非但沒有力保彭德懷，還短視的跟著大家批彭，黨失去了彭，相對應的是，劉同時也失去了一個敢言真相的黨內菁英，以及彭背後正在正規化、專業化建軍的軍隊。因此，當劉在被毛整肅時黨內已沒有任何敢發出公正聲音不畏

權勢的人物,而軍隊也已經是一個徹底爲毛服務的機器,劉當然也不可能期待周恩來說公道話,周與彭德懷完全不同,周不會公開的批評毛的任何政策,周有識時務的個性。

羅瑞卿違反林彪突出政治的建軍政策,也就等於違反了毛的建軍原則,羅沒有認知到林是毛在軍隊推行毛式建軍的總代理人,羅的「大比武」軍事訓練及「援越」政策與林彪對立,羅的下場已可預料。1965 年越戰危機升高之際,有關援越政策,林與總參謀長羅瑞卿之間的衝突,表面上,可以看做兩種軍事方向的歧異,也就是林強調應該以中國革命的模式對抗美帝,羅則認爲應該與蘇聯結成統一戰線對付入侵者;有關共軍軍事訓練方面,林偏重革命化,羅著重正規化。但實際上,兩人真正的矛盾,只是個人人格與權力分配爭奪的衝突,林彪是毛用來掌握軍隊、改造軍隊的棋子,毛只是借林彪之手將軍隊配合奪權,以及忠實的執行毛所附予的政治任務,而當時的重要政治目標,是打倒劉少奇,羅不識時務,反林,毛只好犧牲羅。越戰時期有關軍事問題的大辯論,無關真正的軍事事務,它只是一次權力鬥爭的大對決而已。此外,毛、林擴大鬥爭羅的另一個用意,在引出支持羅的同夥及借鬥爭羅徹底打垮共軍內部非林系分子,及清除黨內反對「政治掛帥」的異議者。

劉少奇被整肅後,林彪在黨內趁勢而上,做爲毛的親密戰友、接班人及國防部長,林擁有了全國性的威望及制度上的權力,當林攀上權力高峰後,毛、林之間的「主」、「客」關係產生質變,以共產主義宗師馬克思的「異化」觀點解釋,做爲「客體」的林彪已經異化,反過來威脅做爲「主體」的毛之地位;毛不可能接受這種結果,對毛而言,林彪只是工具而已,敵人已除,工具的價值也就沒了,不同的是,林彪卻認真的將「接班人」當做自己的地位。1970

年「九屆二中全會」，林彪堅設國家主席的立場，使毛、林鬥爭公開化，「九屆二中全會」後的 10 月 14 日，「紅旗」一篇具有指標性的鬥爭林彪文章「加強無產階級黨性」，清楚的表明了毛的立場。

林彪的崛起與墜落，正反映了毛在政治及軍事系統上真正的力量，事實上，不論林彪的政治與軍事權力如何膨脹，他仍受制於毛的控制，一旦毛收回了對他的支持，林彪這種屬於依賴性結構型態的權力，就會突然終止。林彪犯的最大錯誤就是林及林系人馬以為他真的是毛親密的戰友和接班人、是全國第二號人物，而毫不顧忌的擴張自己在軍、政上的勢力，林用槍桿子協助毛穩定權勢，但自己卻忽略了毛真正的意圖和毛對「搶桿子裡出政權」的嚴重關切。

此外從中共黨代表大會中，軍人在中央委員及候補中央委員的人數上檢視，也可以了解共軍政治角色的變遷。綜合而論，1945 年的「七大」與 1969 年的「九大」是軍人在黨內中央級階層政治地位最高的兩個階段。這兩次大會提供共軍擴張政治角色的最佳環境；1945 年正是中共全面展開內戰的開始，基於黨、軍雙重菁英角色的因素，軍事菁英是真正為中共政權打下江山的功臣，他們在黨內的地位隨著解放戰爭的開始而越發顯得重要，反映此一情勢的即共軍在「七大」被選出的中央委員及後怖中央委員的人數，「七大」選出的 44 名中央委員，及 33 名候補中央委員中，有 23 名中央委員，及 18 名候補中央委員為軍人，共佔總人數 50%以上，比例相當高。

1969 年 4 月召開的「九大」。是毛、林鬥垮劉少奇的一次勝利大會，林做為毛劉鬥爭中的頭號打手，有功於毛，毛因此也給予林彪及其派系可觀的利益，軍人再次大批進入中央政治舞台，「九大」選出的 170 名中央委員，及 109 名候補中央委員中，有 77 名中央

委員，及 50 名候補中央委員爲軍人，約佔總人數的 45%。

　　「八大」及「十大」則是共軍政治地位下降的兩個階段。「八大」召開的背景是中共經過了朝鮮戰爭並開始了第一個五年計畫，在政治上，中共已能有效的控制全國，統治基礎已經穩定，經濟上，有關社會主義的改造也已初步完成，因內戰而受傷的元氣正在復甦，軍事上朝鮮戰爭已經結束，蔣介石退至台灣，對中國大陸的威脅無足輕重，中蘇關係友好，各種軍事合作案正在進行。因此，「八大」要處理的主要目標是社會主義經濟建設的工作，在強調經濟建設爲主，在黨內政治鬥爭沒有明顯跡象的時刻，軍隊的政治地位自然下降，政治角色自然萎縮；因此，「八大」選出的 97 名中央委員，及 73 名候補中央委員中，只有 36 名中央委員，及 24 名候補中央委員是軍人，僅佔總人數的 35.2%，這個百分比比「七大」的 50%低了約 15%，比「九大」的 45%低了約 10%，軍人在「八大」中央委員及候補中央委員總人數的比例仍嫌偏高的原因，是中共黨、軍雙重菁英角色下的自然現象，另外，毛必須照顧追雖多年，革命有功的軍人同志。

　　「十大」召開的背景，是林彪事件之後，毛需要清除林彪在黨內勢力以及重建「黨指揮槍」的路線原則，因此，「十大」選出的 195 名中央委員，及 124 名候補中央委員中，52 名中央委員及 25 名候補中央委員爲軍人，佔總數的 24%，比「八大」的 35.2%少了約 11%；保持 24%的軍人比例，主要的原因在於毛仍需要靠軍隊穩定因文革動亂所引起的社會混亂，而軍隊穩定社會之前提是軍隊本身必須穩定。此外林彪事件的發生，毛不是沒有責任，平反被林系整肅的軍人並給予適當的名望補償，以及縮小打擊面，僅以清洗林系軍人爲主，對毛而言有利無害，也是必須做的選擇。

　　黨中央委員會的人事結構，反映出共軍政治角色的兩個特點：(1)軍人在中央委員會所佔比例的變動，透露了毛對軍人應扮演何種政治角色的階段性功能的認知；毛的態度才是決定軍隊政治角色的主要關鍵。(2)中共黨、軍菁英角色重疊的現象極為明顯，在黨、軍一體的結構特性下，軍人雖然參與政治，但「黨指揮槍」的建軍傳統受到高度的尊重，因此，不論軍人在中央委員會佔有何種程度的比例，基本上，他們都受到黨的約束，不會挑戰黨的領導。此外軍人在中央或地方黨機器的人事結構中所佔的比例，只能說明一般性的軍人政治角色，此種角色能在權力運作中發揮多大的功能並不一定，它仍受制於下列因素：(1)軍人有不同的派系因素，所以當不同派系的軍人出現在同一人事組織裡，除了有軍人角色擴張的義意外，另有相互制衡的目的在內。(2)軍人在中央或地方政治舞台，其權力運作的範圍、強度需視毛的態度而定，此即，軍人在行使政治性的任務時，雖偶有失控，但都只是個案，毛仍享有最高、最後的裁判權。

　　通常，在一個高政治制度化的國家，軍隊效忠的對象是國家，而不是意識型態的領袖，但在毛統治下的中國卻非如此，由於毛屬於魅力型的領袖，他在中共政治發展中的角色極為特別，他有能力改變全世界人口最多的國家的體系運作方式；實際上，中共建政後，在毛的領導下，忠實的反映了費爾巴哈（Ludwin Feuerbach）「宗教異化」的論點，毛借林彪及共軍之手，將自己塑造成無所不在，無所不能的「神」，當毛變成「神」以後，毛開始以神的地位及權力，通過對舊社會、舊階級、對路線、對單純軍事觀點的批判，轉變成對革命同志、對親密戰友、對接班人的批判。不論是高、饒、或彭、羅、林等，他們與毛之間並無「黨指揮槍」或「槍指揮黨」

的基本原則的衝突，他們對毛權威領導並無異議，他們也都承認毛的家長地位，只是他們或對毛的某些政策不滿、或企圖在毛之下獲取更多的權力，而令毛懷疑他們的忠誠度、懷疑他們有背叛毛的陰謀，而將之去除。實際上，共軍政治地位的變動，無所謂干政的問題，不論共軍介入政治的程度如何，他們都受黨最高領袖的約束，「黨指揮槍」的原則不只是毛個人的堅持，它也一樣受到軍事菁英的高度服從，即使那些被鬥倒的軍事菁英也無一例外。

　　此外由於共軍組成的人員多來自農村，即所謂社會底層結構的人民，對他們而言，只要不違背毛的意識型態領導權威，就可以在社會中享受特殊的地位，以及由此特殊的地位而帶來的階級利益，雖然毛不斷鼓吹無產階級革命的重要性，但軍人不可能採取「階級自殺」，自動退回到流民無產階級，在這種情形下，一種特殊的官僚系統因而形成，共軍必須在毛的意識型態下作毛個人的政治工具，共軍的階級利益來自毛的安排或授與，共軍要保衛即得的利益，就要絕對的支持毛，在這種的結構特性中，共軍形成的政治傳統，並非制度崇拜，而是個人崇拜，毛始終能控制著軍權，操縱著權力的歸屬。

參考資料

中文

「一分為二、合二為一」，**光明日報**，1964 年 5 月 29 日。

「一切捍衛黨的原則的偉大鬥爭」，**人民日報**，1967 年 2 月 26 日。

「二十週年國慶口號」，**新華社**，1969 年 9 月 16 日。

「人民解放軍堅決支持你們」，**解放軍報**，1967 年 7 月 26 日。

「人民戰爭勝利萬歲：紀念中國人民抗日戰爭勝利二十周年」，**紅旗**，第十期，1965 年 9 月。

「人民戰爭勝利萬歲」，**人民日報**，1965 年 9 月 30 日。

「人民戰爭勝利萬歲」，**紅旗**，第十期，1965 年，頁 12-13。

「人民戰勝了法西斯，人民也一定能戰勝美帝國主義」，**新華社**，1963 年 9 月 4 日。

「千萬不要忘記階級鬥爭」，**人民日報**，1966 年 5 月 5 日。

「不斷革命論和革命發展階段論」，**人民日報**，1959 年 6 月 27 日。

「中共中央軍委擴大會議，關於加強軍隊政治思想決議（1960 年 10 月 29 日）」，**工作通訊**，解放軍總政治部編印，第四期，1961 年，頁 219。

「中共中央關於目前農村工作中若干問題的決定」，1963 年 5 月 21 日，**中共中央檔案資料**。

「中共中央關於在農村建立人民公社問題的決議」，**新華社**，1958 年 9 月 9 日。

「中共中央關於輪訓幹部的決定」，1961 年 9 月 15 日，**中共中央檔案資料**。

「中共軍隊政治工作」，**匪情研究**，台北：國立政治大學，1986 年 3 月。

「中國『議會迷』的破產」，**紅旗**，第十三期，1967 年 8 月，頁 29。

「中國人民解放軍總政治部關於工作作風若干問題的指示」，1959 年 1 月 23

日，中國人民解放軍總政治部文件。

「中國共產黨八屆八中全會關於以彭德懷為首的反黨集團的決議（1959 年 8 月 16 日）」，紅旗，第十三期，1967 年，頁 18-20。

「中國共產黨中央委員會向第八次全國代表大會的政治報告」，人民日報，1956 年 9 月 17 日。

「中國共產黨中央委員會關於無產階級文化大革命的決定」，人民日報，1966 年 8 月 9 日。

「中國共產黨第九次全國代表大會上的報告」，新華社，1969 年 4 月 27 日。

「中國共產黨第八屆中央委員會第八次全體會議的公報」，新華社，1959 年 8 月 26 日。

「中國共產黨第十次全國大表大會」，紅旗，第九期，1973 年，頁 6-9。

「中國共產黨章程（1973 年 8 月 28 日）」，紅旗。第九期，1973 年，頁 27。

「中國共產黨章程（中國共產黨第八次全國代表大會通過）」，新華社，1956 年 9 月 26 日。

「中國共產黨章程」，新華社，1969 年 4 月 28 日。

「中國共產黨章程」，新華社，1973 年 9 月 1 日。

「中華人民共和國兵役法」，人民日報，1955 年 8 月 1 日。

「中華人民共和國憲法」，紅旗，第二期，1975 年，頁 8-9。

「中華人民共和國憲法」，新華社，1975 年 1 月 19 日。

「元旦獻詞」，解放軍報，1974 年 1 月 1 日。

「反法西斯戰爭的歷史經驗」，人民日報，1965 年 5 月 9 日。

「毛澤東同志論帝國主義和反動派都是紙老虎」，人民日報，1958 年 10 月 31 日。

「毛澤東思想是我們革命事業的望遠鏡和顯微鏡」，解放軍報，1966 年 6 月 7 日。

「北京支持你們」、「搬起石頭打自己的腳」，人民日報，1967 年 7 月 26 日。

「永遠突出政治」，解放軍報，1966 年 2 月 3 日。

「用毛澤東思想統帥一切」，人民日報、1969 年 1 月 1 日。

「用毛澤東思想統帥一切」，紅旗，第一期，1969 年，頁 5-11。

「全國都要學習解放軍」，人民日報，1964 年 2 月 1 日。

「再論無產階級專政的歷史經驗」，人民日報，1956 年 12 月 29 日。

「列寧主義萬歲」，人民日報，1960 年 4 月 16 日。

「向武漢的廣大革命群眾致敬」，人民日報，1967 年 7 月 28 日。

「在中國共產黨第十次全國代表大會上的報」，紅旗，第九期，1973 年，頁 5-17。

「在列寧的革命旗幟下團結起來」，人民日報，1960 年 4 月 23 日。

「宋碩、陸平、彭佩雲在文化革命中究竟幹些什麼？」，人民日報，1966 年 6 月 2 日。

「抓緊革命大批判」，人民日報，1969 年 8 月 24 日。

「抓緊革命大批判」，紅旗，1969 年，第九期，頁 5-8。

「周恩來在中國共產黨第十次全國代表大會上的報告」，紅旗，第九期，1973 年，頁 5-6。

「林彪關於毛主席的話一句頂一萬句的講話」，人民日報，1966 年 1 月 24 日。

「武漢無產階級革命派大團結萬歲」、「老鼠過街，人人喊打」，人民日報，1967 年 7 月 31 日。

「沿著毛主席的無產階級革命路線乘勝前進」，人民日報，1967 年 7 月 29 日。

「沿著偉大列寧的道路前進」，人民日報，1960 年 4 月 22 日。

「為加強黨的思想建設而鬥爭」，紅旗，第七期，1970 年，頁 11-18。

「為進一步鞏固無產階級專政而鬥爭」，人民日報，1969 年 10 月 1 日。

「為進一步鞏固無產階級專政而鬥爭」，紅旗，1969 年，第 10 期，頁 5-8。

「為實現莫斯科聲明規定的共同任務而奮鬥」，人民日報，1961 年 1 月 19 日。

「為增強黨的團結而鬥爭」，人民日報，1954 年 2 月 18 日。

「紀念中國共產黨五十週年」，人民日報，1971 年 7 月 1 日。

「紀念中國共產黨五十週年」，紅旗，第七/八期，1971 年，頁 5-26。

「紀念戰勝德國法西斯，把反對美帝國主義的鬥爭進行到底」，紅旗，第五期，1965 年，頁 10-14。

「革命的新生力量所向無敵：再祝武漢地區無產階級革命派奪取更大的新勝利」、「受蒙蔽無罪，反戈一擊有功」，解放軍報，1967 年 7 月 28 日。

「乘勝前進：祝武漢地區無產階級革命派奪取更大的新勝利」，解放軍報，1967 年 7 月 27 日。

「哲學戰線上的新論戰—關於楊獻珍同志的『合二為一』論」，紅旗，第十六期，1964 年，頁 7-11。

「砲打司令部—我的一張大字報」，人民日報，1967 年 8 月 5 日。

「馬克思主義者應當如何看待新生事務」，人民日報，1960 年 2 月 29 日。

「高舉毛澤東思想偉大紅旗積極參加社會主義文化大革命」，**解放軍報**，1966
　　年 4 月 18 日。

「高舉黨的總路線和毛澤東軍事思想的紅旗闊步前進」，**人民日報**，1959 年 9
　　月 29 日。

「偉大的革命戰略思想」，**人民日報**，1960 年 12 月 2 日。

「國防部長彭德懷元帥國慶閱兵講話」，**人民日報**，1958 年 10 月 2 日。

「堅決同武漢地區無產階級革命派戰鬥在一起」，**解放軍報**，1967 年 7 月 29
　　日。

「堅持鬥爭就是勝利」，**人民日報**，1960 年 11 月 1 日。

「從彭德懷的失敗到中國赫魯雪夫的破產」，**紅旗**，第十三期，1967 年 8 月，
　　頁 23。

「莫斯科宣言」，**人民日報**，1957 年 11 月 26 日。

「焚書坑儒辯」，**人民日報**，1973 年 9 月 28 日。

「給蘇聯各級黨組織和全體共產黨員的公開信」，**人民日報**，1963 年 7 月 20
　　日。

「新年獻詞」，**解放軍報**，1973 年 1 月 1 日。

「新的考驗」，**解放軍報**，1967 年 7 月 30 日。

「解放軍的任務」，**人民日報**，1954 年 7 月 24 日。

「奪取新的勝利」，**解放軍報**，1967 年 1 月 14 日。

「漢代的一場儒法大論戰—讀『鹽鐵論』劄記」，**紅旗**，第五期，1974 年，頁
　　12-19。

「論共產黨員的修養：1939 年 7 月在延安馬列學院的演講」，**紅旗**，第十五/
　　十六期，1962 年 8 月，頁 1-38。

「論帝國主義是現代戰爭的根源，並論中國人民爭取和平的道路」，**人民日報**，
　　1960 年 4 月 1 日。

「論無產階級歷史經驗」，**人民日報**，1956 年 4 月 5 日。

「關於中華人民共和國兵役法草案的報告」，**人民日報**，1955 年 7 月 17 日。

「關於加強地方黨委對軍隊的領導和密切地方黨委同軍隊關系的指示（1958
　　年 4 月 8 日）」，**中共中央檔案資料**。

「關於正確處理人民內部矛盾的問題」，**人民日報**，1957 年 6 月 19 日。

「關於在農村建立人民公社問題的決議」，**人民日報**，1958 年 9 月 10 日。

「關於建國以來黨的若干歷史問題決議」，**人民日報**，1981 年 7 月 1 日。

「關於軍隊參加和支持農業合作化運動及農業生產的實施方案」，人民日報，
　　1956年2月9日。

「關於軍隊參加社會主義建設工作綱要（1959年1月18日）」，人民日報，
　　1959年2月26日。

「關於修改黨章的報告（1945年5月在中國共產黨第七次全國代表大會上報
　　告）」，劉少奇問題資料專輯，台北：中共研究雜誌社，1970年，頁145-153。

「關於修改黨章的報告」，新華社，1973年9月1日。

「關於國際共產主義運動總路線的建議—中共中央對蘇共中央1963年3月30
　　日來信的答覆」，人民日報，1964年6月16日。

「關於彭德懷的反黨集團的決議」，人民日報，1967年8月16日。

「關於無產階級專政的歷史經驗」，人民日報，1956年4月5日。

「蘇共領導同我們分歧的由來和發展」，人民日報，1963年9月6日。

「歡呼北大的一張大字報」，人民日報，1966年6月2日。

人民日報，1963年9月6日（一評）、13日（二評）、26日（三評），10
　　月22日（四評），11月19日（五評），12月12日（六評），1964年
　　2月4日（七評），3月31日（八評），7月14日（九評）。

郭華倫編，十大後之中共，台北：國立政治大學國際關係研究所，1974年。

中共中央轉發中央宣傳部「關於毛澤東思想和領袖革命事跡宣傳中一些問題的
　　檢查報告（1961年2月23日）」，1961年3月15日，中共中央檔案資
　　料。

中共文化大革命重要文件彙編，台北：中共研究雜誌社，1979年。

中共術語彙解，台北：中華學術印刷公司，1971年。

中共機密文件彙編，台北：國立政治大學國際關係研究中心，1978年。

中共黨史事件人物錄，上海：人民出版社，1983年。

中共黨史研究論文考，上冊，長沙：湖南人民出版社，1983年。

中國人民解放軍政治工作條例，台北：國防部總政戰部，1965年。

中國共產黨第九次全國代表大會文件彙編，台北：中共研究雜誌社，1979年。

毛匪軍事著作摘編，台北：國防部情報次長室，1968年。

毛語錄，北京：東方紅出版社，1967年。

毛澤東，準備簽訂新的中蘇友好同盟條約（電文），1950年1月2日。

毛澤東思想萬歲，台北：國際關係研究中心，1974年。

毛澤東選集，第一、二、三、四、五卷，北京：人民出版社，1958，1966，1969，

1977 年。

王元，**中共的權力鬥爭與路線鬥爭**，台北：國立政治大學，1982 年。

史家麟，**中共高饒事件面面觀**，香港：自由出版社，1955。

列寧全集，第 26 卷，北京：人民出版社，1988 年。

何干之，**中國現代革命史**，上海：人民出版社，1985 年。

李天民，**林彪年傳**，香港：明報月刊社，1978 年。

李可、郝生章，文化大革命中的人民解放軍，北京：中共黨史資料出版社，1989 年。

李銳，**盧山會議實錄**，台北：1994 年。

汪東興，**汪東興回憶—毛澤東與林彪反革命集團的鬥爭**，北京：當代中國出版社，1997 年。

周恩來選集，上卷，北京：人民出版社，1980 年。

林正義，**1958 年台海危機期間美國對華政策**，台北：商務印書館，1985 年。

林彪同志關於當前部隊工作的指示（1965 年 1 月 12 日），**中國共產黨中央委員會軍事委員會通知**。

林彪事件原始檔案彙編，台北：中國大陸問題研究所，1973 年。

建國以來毛澤東文稿，第十二冊，北京：中央文獻出版社，1998 年。

星火燎原，第二冊，北京：戰士出版社，1980。

星火燎原，第六冊，北京：人民出版社，1962 年。

為保衛黨的總路線、反對右傾機會主義而鬥爭 - 中國共產黨第八屆中央委員會第八次全體會議決議，1959 年 8 月 16 日。

胡繩（編），**中國共產黨的七十年**，北京：中共黨史出版社，1991 年。

軍事歷史，1998 年，第 1 期。

匪俄爭執原始資料彙編，台北：國際關係研究所，1964 年。

匪黨八全大會決議案之綜合研究，台北：司法行政部調查局，1956 年。

郝治平，「悼念敬愛的瑞卿同志」，**人民日報**，1978 年 9 月 1 日。

郝夢華、殷浩然，**中國共產黨六十年**，下冊，北京：解放軍出版社，1984 年。

馬克思，**經濟學哲學手稿**，北京：人民出版社，1963 年。

第七屆中、美「中國大陸問題」研究會論文集，台北：國立政治大學。

郭占波，「軍隊中黨領導體制的演變」，**近代史研究**，1983 年 1 月。

郭華倫（編），**中共名辭術語辭典**，台北：國立政治大學，1978 年。

郭華倫，**中共史論**，第一、二、三、四冊，台北；國立政治大學，1968 年。

陳再道，「武漢 720 事件始末」，**鏡報，香港月刊**，第十期，1984 年。

陳再道回憶錄，北京：解放軍出版社，1991 年。

傅秋濤，「大辦民兵師」，**人民日報**，1958 年 10 月 30 日。

彭德懷，「爲中國人民解放軍的現代化而鬥爭」，**新華社**，1956 年 9 月 19 日。

彭德懷自述，北京：人民出版社，1981 年。

彭德懷傳，北京：當代中國，1993 年。

賀龍，「爲軍事工作的繼續躍進而奮鬥」，**人民日報**，1959 年 9 月 29 日。

黃克誠，「丹新照日月，剛正垂千秋」，**人民日報**，1979 年 1 月 3 日。

楊勇，「中國人民志願軍八年來抗美援朝工作報告」，**人民日報**，1958 年 10
月 31 日。

楊奎松，**毛澤東與莫斯科的恩恩怨怨**，江西：人民出版社，1999 年。

楊獻珍，**合二而一**，重慶出版社，2001 年。

葉伯棠，**中共與蘇聯衝突之研究 1956-1964**，台北：正中書局，1980 年。

葉尙志，**論執政時期黨的建設**，安徽：人民出版社，1983 年。

雷宗海，**中國文化與中國的兵**，香港：龍門書店，1968 年。

廖光生，**排外與中國政治**，香港：中文大學，1984 年。

赫魯雪夫，「在蘇聯共產黨第二十一次共黨代表大會上的報告」，**人民日報**，
1959 年 2 月 1 日。

劉少奇問題資料專輯，台北：中共研究雜誌社，1970 年。

劉少奇選集，東京：中華文化服務出版社，1976 年。

盤治郎，**中共對兒童政治社會化之研究**，台北：政治大學東亞研究所，1980
年。

鄭學稼，**從文革到十一大**，台北：黎明文化事業公司，1978 年。

鄧小平文選，第二卷，北京：人民出版社，1983 年。

魯凡之，**中國社會主義論**，台北；南方出版社，1987 年。

整頓三風參考資料，第六集，中共蘇中區黨委編印。

聶榮臻回憶錄（下），北京：解放軍出版社，1984 年。

羅瑞卿，「提高警惕，反對麻痺」，**人民日報**，1955 年 6 月 30 日。

羅瑞卿，「學習雷鋒—寫給中國青年」，**人民日報**，1963 年 3 月 5 日。

嚴家其、高皋，**中國文革十年史**，台北：中國問題研究出版社，1988 年。

英文

"A Reaffirmation of Dialectics", **THE PEOPLE'S REPUBLIC OF CHINA 1949-1979 - A DOCUMENTARY SURVEY**, Vol. II, (Delaware: Scholarly Resources Inc., 1980). pp. 1293-1296.

"A Report on the Purged Chief of Staff (30 Apr. 1966)", **THE PEOPLE'S REPUBLIC OF CHINA 1949-1979 - A DOCUMENTARY SURVEY**, Vol. III, pp. 1478-1479.

"Address to the Enlarged Session of the Politburo of the Central Committee", **THE LIN PIAO AFFAIR - POWER POLITICS AND MILITARY COUP**, (New York: International Arts and Science Press, Inc., 1975), pp. 326-345.

"An Exhortation to Learn from the People's Liberation Army (1 February 1964)", **THE PEOPLE'S REPUBLIC OF CHINA 1949-1979 - A DOCUMENTARY SURVEY**, Vol. II, pp. 1010-1014.

"Central Committee Communiqué on the 'Readjustment' of Claims and Targets (26 August 1959)", **THE PEOPLE'S REPUBLIC OF CHINA 1949-1979 -A DOCUMENTARY SURVEY**, Vol. II, p. 758.

"Central Committee Decision on People's Communes, (29 August 1958)", **THE PEOPLE'S REPUBLIC OF CHINA 1949-1979 - A DOCUMENTARY SURVEY**, Vol. II, pp. 678-684.

"Central Committee Resolution on P'eng Te-huai (16 August 1959)", **THE PEOPLE'S REPUBLIC OF CHINA 1949-1979 - A DOCUMENTARY SURVEY**, Vol. II, pp. 754-756.

"Central Committee Resolution on the People's Communes (10 Dec. 1958)", **THE PEOPLE'S REPUBLIC OF CHINA 1949-1979 - A DOCUMENTARY SURVEY**, Vol. II, p. 720, 729.

"Chinese Account of 15th March Incident on the Ussuri River", **SUMMARY OF WORLD BROADCASTS, BBC**, Part 3, 18 March 1969, FE/3027/A2/1.

"Chinese View of Frontier Incident", **SUMMARY OF WORLD BROADCASTS, BBC**, Part 3, 4 March 1969, FE/3015/A2/2-3.

"Commemorate the Fiftieth Anniversary of the Communist Party of China", **THE**

PEOPLE'S REPUBLIC OF CHINA 1949-1979 - A DOCUMENTARY
SURVEY, Vol. V, pp. 2324-2337.

"Communiqu of the Fourth Plenary Session of the Seventh Communist Party of
China Central Committee (Feb. 1954)", **THE PEOPLE'S REPUBLIC OF
CHINA 1949-1979 - A DOCUMENTARY SURVEY**, Vol. I, pp. 157-158.

"Communiqu of the Tenth Party congress (29 August 1973)", **THE PEOPLE'S
REPUBLIC OF CHINA 1949-1979 - A DOCUMENTARY SURVEY**, Vol.
V, p. 2477.

"Communiqu of the Twelfth Plenum (31 Oct. 1968)",. **THE PEOPLE'S
REPUBLIC OF CHINA 1949-1976 - A DOCUMENTARY SURVEY**, Vol.
IV, p. 2195.

"Constitution Adopted by the Tenth Party Congress (28 Aug. 1973)", **THE
PEOPLE'S REPUBLIC OF CHINA 1949-1979 - A DOCUMENTARY
SURVEY**, Vol. V, p. 2475.

"Constitution of the Communist Party of China (26 September 1956)", **THE
PEOPLE'S REPUBLIC OF CHINA 1949-1979 - A DOCUMENTARY
SURVEY**, Vol. I, pp. 406-407.

"Constitution of the People's Republic of China (20 September 1954)", **THE
PEOPLE'S REPUBLIC OF CHINA 1949-1979 - A DOCUMENTARY
SURVEY**, Vol. I, pp. 100-102.

"Directive on the Conduct of the Cultural Revolution within the People's Liberation
Army (11 Feb. 1967)", "Establishment of the Peking Military Control
Committee (11 Feb. 1967)", "Regulation on the Military Control in Sinkiang
(11 Feb. 1967)", "Directive on Power Seizures within the PLA (16 Feb.
1967)", **THE PEOPLE'S REPUBLIC OF CHINA 1949-1979 - A
DOCUMENTARY SURVEY**, Vol. IV, pp. 1818-1819, 1819-1820,
1820-1821, 1822-1823.

"Draft Conscription Law (Feb. 1955)", **THE PEOPLE'S REPUBLIC OF
CHINA 1949-1976 - A DOCUMENTARY SURVEY**, Vol. I. pp. 306-310.

"Lin Piao on the Maoist Line in Military Affairs (29 September 1959)" (also known
as Lin Piao, "March Ahead under the Red Flag of the Party's General Line
and Mao Tse-tung's Military Thinking"), **THE PEOPLE'S REPUBLIC OF**

CHINA 1949-1979 - A DOCUMENTARY SURVEY, Vol. II, pp. 777-784.

"Lin Piao Report to the 9th Party Congress (1 April 1969)", CHINESE POLITICS - DOCUMENTS AND ANALYSIS, Vol. II, South Carolina: Uni. of South Carolina Press, 1986, pp. 70-82.

"Lin Piao's Speech to an enlarged Politburo Meeting (18 May 1966)" & "The People's Liberation Army Proclaims Support for Mao (1 August 1966)", THE PEOPLE'S REPUBLIC OF CHINA 1949-1979 - A DOCUMENTARY SURVEY, Vol. III, pp. 1438-1444.

"Mao Tse-tung's speech at the Eighth Plenary Session of the CCP's Eighth Central Committee", ISSUES AND STUDIES, Vol. VI, No. 7, (April 1970), pp. 80-86.

"New Polemic on the Philosophical Front", PEKING REVIEW, No. 37, 11 September, 1964.

"New Year Editorial (1 January 1969)", THE PEOPLE'S REPUBLIC OF CHINA 1949-1979 -A DOCUMENTARY SURVEY, Vol. IV, pp. 2307-2309.

"On the Purged Chief of Staff Lo Jui-ch'ing (Jan. 1966)", THE PEOPLE'S REPUBLIC OF CHINA 1949-1979 - A DOCUMENTARY SURVEY, Vol. III, pp. 1405-1412.

"On the Question of the Cadre Line (10 August 1966)", THE LIN PIAO AFFAIR - POWER POLITICS AND MILITARY COUP, pp. 352–353.

"On the Ten Great Relationship (April 1956)", THE PEOPLE'S REPUBLIC OF CHINA 1949-1979 - A DOCUMENTARY SURVEY, Vol. I, p. 331.

"Peking's Chief of Staff Urges a Hawkish Line on Vietnam (10 May 1965)", THE PEOPLE'S REPUBLIC OF CHINA 1949-1979 - A DOCUMENTARY SURVEY, Vol. II, pp. 1210 - 1212.

"Peking's Defence Minister States the Maoist Line on Vietnam (3 September 1965)", THE PEOPLE'S REPUBLIC OF CHINA 1949-1979 - A DOCUMENTARY SURVEY, Vol. II, pp. 1222-1239.

"Reindoctrinating the People's Liberation Army (October 1960), THE PEOPLE'S REPUBLIC OF CHINA 1949-1979 - A DOCUMENTARY SURVEY, Vol. II, pp. 882-897.

"Report by the CPC Central Committee's Special Panel on the Case of Liu Shao-ch'i (18 Oct. 1968)", **THE PEOPLE'S REPUBLIC OF CHINA 1949-1979 - A DOCUMENTARY SURVEY**, Vol. IV, pp. 2191-2193.

"Report on Military Affairs, (19 Sep. 1956)", **THE PEOPLE'S REPUBLIC OF CHINA 1949-1979 - A DOCUMENTARY SURVEY**, Vol. I, pp. 434-442.

"Report to the Tenth Party Congress (24 August 1973)", **THE PEOPLE'S REPUBLIC OF CHINA 1949-1979 - A DOCUMENTARY SURVEY**, Vol. V, pp. 2463-2465.

"Resolution of the 8th Plenary Session of the 8th Central Committee of the Communist Party of China concerning the anti-Party clique headed by P'eng Te-huai", **THE PEOPLE'S REPUBLIC OF CHINA 1949-1979 - A DOCUMENTARY SURVEY**, Vol. II, pp. 754-756.

"Resolution on the Kao Kang & Jao Shu-shih Anti-Party Alliance (31 March 1955)", **THE PEOPLE'S REPUBLIC OF CHINA 1949-1979 - A DOCUMENTARY SURVEY**, Vol. I. p. 161.

"Slogans for the Twentieth National Day (16 September 1969)", **THE PEOPLE'S REPUBLIC OF CHINA 1949-1979 - A DOCUMENTARY SURVEY**, Vol. IV, p. 2258.

"Summary of Chairman Mao's Talks To Responsible Local Comrades During his Tour of Inspection (Mid-August to September 12, 1971)" - Document of the Central committee of the Chinese Communist Party, Chung-fa, 1972, No. 12, **THE LIN PIAO AFFAIR - POWER POLITICS ND MILITARY COUP**, (New York: International Arts and Sciences Press Inc., 1975), p. 59.

"Ten Articles of the CCPCC Military Commission of 6 April 1967", **THE PEOPLE'S REPUBLIC OF CHINA 1949-1979 - A DOCUMENTARY SURVEY**, Vol. IV, pp. 1834-1835.

"The 1969 Party Constitution (14 Apr. 1969)", **THE PEOPLE'S REPUBLIC OF CHINA 1949-1979 - A DOCUMENTARY SURVEY**, Vol. V, pp. 2239-2240.

"The 28 Aug. 1969 Directive on Preparations for War", **PEOPLE'S REPUBLIC OF CHINA 1949-1969 - A DOCUMENTARY SURVEY**, Vol. IV, pp. 2219-2220.

"The Central Committee's 23 July 1969 Notice", **PEOPLE'S REPUBLIC OF CHINA 1949-1969 - A DOCUMENTARY SURVEY**, Vol. IV, p. 2218.

"The Chief of Staff Compromises (3 Sep. 1965)", **THE PEOPLE'S REPUBLIC OF CHINA 1949-1979 - A DOCUMENTARY SURVEY**, Vol. II, pp. 1239-1246.

"The Communist Party's Fiftieth Anniversary (1 July 1971)", **THE PEOPLE'S REPUBLIC OF CHINA 1949-1979 - A DOCUMENTARY SURVEY**, Vol. V, pp. 2329-2330.

"The Constitution of the Communist Party of China (26 Sep. 1956)", **THE PEOPLE'S REPUBLIC OF CHINA, 1949-1979, A DOCUMENTARY SURVEY**, Vol. I, p. 406.

"The New Constitution of the People's Republic of China (17 Jan. 1975)", **THE PEOPLE'S REPUBLIC OF CHINA 1949-1979 - A DOCUMENTARY SURVEY**, Vol. V, pp. 2502-2506.

"The PLA Enters the Campaign Against P'eng Chen (18 Apr. 1966)", **THE PEOPLE'S REPUBLIC OF CHINA 1949-1979 - A DOCUMENTARY SURVEY**, Vol. III, pp. 1430-1431.

"The PLA Enters the Campaign Against P'eng Chen (18 Apr. 1966)", **THE PEOPLE'S REPUBLIC OF CHINA 1949-1979 - A DOCUMENTARY SURVEY**, Vol. III, p. 1249.

"The PLA Implies Intervention Against P'eng Chen (4 May 1966)", **THE PEOPLE'S REPUBLIC OF CHINA 1949-1979 - A DOCUMENTARY SURVEY**, Vol. III, pp. 1435-1438.

"The Sino-Soviet Border Incident", **SUMMARY OF WORLD BROADCASTS, BBC**, part 3, 6 March 1969 FE/3017/A2/1.

"Treaty of Friendship, Alliance and Mutual Assistance between the Soviet and the People's Republic of China (14 Feb. 1950)", **THE PEOPLE'S REPUBLIC OF CHINA 1949-1979 - A DOCUMENTARY SURVEY**, Vol. I, pp. 123-126.

"The Constitution of the People's Republic of China (17 Jan. 1975)", **THE PEOPLE'S REPUBLIC OF CHINA 1949-1979 - A DOCUMENTARY SURVEY**, Vol. V, p. 2504.

"A Red Guard Document", **ISSUES AND STUDIES** (Taipei), Vol. V, No. 12 (September 1969).

"The Constitution of the People's Republic of China (20 Sep. 1954)", **THE PEOPLE'S REPUBLIC OF CHINA 1949-1976 - A DOCUMENTARY SURVEY**, Vol. I, pp. 101-102.

Achurmann, Franz & Orville Schell, **COMMUNIST CHINA - REVOLUTIONARY RECONSTRUCTION AND INTERNATIONAL CONFRONTATION**, (New York: Random House, 1967).

Almond, Gabriel A. & Bingham G. Powell, Jr., **COMPARATIVE POLITICS: A DEVELOPMENT APPROACH**, (Boston: Little Brown, 1966).

Almond, Gabriel A. & Bringham G. Powell Jr., **COMPARATIVE POLITICS: SYSTEM PROCESS AND POLICY**, (Boston: Little brown Company, 1966).

Almond, Gabriel A. & Sidney Verba, **THE CIVIC CULTURE: POLITICAL ATTITUDES AND DEMOCRACY IN FIVE NATIONS**, (Boston: Little, Brown and Co., 1965).

Almond, Gabriel A., & J. S. Coleman (ed.), **THE POLITICS OF THE DEVELOPING AREAS**, (New Jersey: Princeton University Press, 1960).

Apter, David E., **THE POLITICS OF MODERNISATION**, (Chicago: The University of Chicago Press, 1965).

Bailey, Anne M. (ed.), **THE ASIATIC MODE OF PRODUCTION**, (London: Routledge & Kegan Paul Ltd., 1981).

Banton, M. (ed.), **POLITICAL SYSTEM AND THE DISTRIBUTION OF POWER**, (New York: Harper & Row Publisher Inc., 1972).

Blondel, Jean, **WORLD LEADERS**, (California: Sage Publications, 1980).

Bowie, Robert R. & John K. Fairbank (ed.), **COMMUNIST CHINA 1955-1959: POLICY DOCUMENT WITH ANALYSIS**, (Massachusetts: Harvard University Press, 1971).

Bueschel, Richard M., **COMMUNIST CHINESE AIR POWER**, (New York: Praeger, 1968).

BULLETIN OF ACTIVITIES OF THE PEOPLE'S LIBERATION ARMY, Vol. IV, 1961.

Chang, Y. C., **FACTIONAL AND COALITION POLITICIAN CHINA - THE CULTURAL REVOLUTION AND ITS AFTERMATH**, (New York: Praeger Publishers, 1976).

Charles R. Ridley, Paul H. B. Godwin, and Dennis J. Doolin, **THE MAKING OF A MODEL CITIZEN IN COMMUNIST CHINA**, (California: Stanford University, The Hoover Institution Press, 1971).

Charles Reynolds, **THE POLITICS OF WAR**, (New York: St. Martin's Press, 1989).

Cheng, Chester J. (ed.), **THE POLITICS OF THE CHINESE RED ARMY - A TRANSLATION OF THE BULLETIN OF ACTIVITIES OF THE PEOPLE'S LIBERATION ARMY**, (California: Stanford University, Hoover Institution Press, 1966).

Cheng, Hsiao-shih, **PARTY-MILITARY RELATIONS IN THE PRC AND TAIWAN**, (San Francisco: Westview Press, 1990).

Chiang I-shan, **THE MILITARY AFFAIRS OF THE CCP - THE FIRST DECADE OF THE CCP**, (Hong Kong: Yiu Lien Press, 1960).

Chou En-lai, "On the February Adverse Current", **THE PEOPLE'S REPUBLIC OF CHINA 1949-1979 - A DOCUMENTARY SURVEY**, Vol. IV, p. 1812.

Chou En-lai, "Report on the Tenth Party Congress (24 Aug. 1973)", **THE PEOPLE'S REPUBLIC OF CHINA 1949-1979 - A DOCUMENTARY SURVEY**, Vol. V, pp. 2463-2469.

Chou En-lai, "Report to the Tenth Party Congress (24 Aug. 1973)", **THE PEOPLE'S REPUBLIC OF CHINA 1949-1976 - A DOCUMENTARY SURVEY**, Vol. V, pp. 2463-2465.

Chu, Godwin C. & Francis L. K. Hsu (ed.), **MOVING A MOUNTAIN CULTURAL CHANGE IN CHINA**, (Honolulu: The University Press of Hawaii, 1979).

Cochran, Charles L. (ed.), **CIVIL-MILITARY RELATIONS**, (London: Collier Macmillan Publishers, 1974).

"Constitution of the Communist Party of China (26, Sep. 1956)", **THE PEOPLE'S REPUBLIC OF CHINA 1949-1979 - A DOCUMENTARY SURVEY,** Vol. I, p. 406.

Dahl, Robert A. (ed.), **POLITICAL OPPOSITION IN WESTERN DEMOCRACIES**, (New Haven: Yale University Press, 1966).

Dahl, Robert A., **MODERN POLITICAL ANALYSIS**, (New Jersey: Prentice-Hall Inc., 1984).

Dahl, Robert A., **POLYARCHY: PARTICIPATION AND OPPOSITION**, (New Heaven: Yale University Press, 1971).

Daniel Tretiak, "Is China Preparing to Turn Out?", **ASIAN SURVEY**, March 1971, p. 224.

David A. Charles, "The Dismissal of Marshal P'eng Te-huai", **THE CHINA QUARTERLY**, No. 8, Oct.- Dec. 1961, pp. 66-67.

David Easton, **FRAMEWORK FOR POLITICAL ANALYSIS**, (New Jersey: Englewood Cliffs, Prentice Hall, 1965).

David Easton, **THE POLITICAL SYSTEM**, (New York: Knopf, 1953).

DEPARTMENT OF STATE BULLETIN 39 (22 Sep. 1958), pp. 445-446.

Domes, Jurgen (ed.), **CHINESE POLITICS AFTER MAO**, (Cardiff: University College Press, 1979).

Domes, Jurgen, **CHINA AFTER THE CULTURAL REVOLUTION**, (California: University of California, Berkeley, 1977).

Domes, Jurgen, **CHINA AFTER THE REVOLUTION: POLITICS BETWEEN TWO PARTY CONGRESSES**, (California: University of California, Berkeley, 1977).

Domes, Jurgen, **PENG TE-HUAI - THE MAN AND THE IMAGE**, (London: C. Hurst & Company, 1985).

Domes, Jurgen, **THE GOVERNMENT AND POLITICS OF THE PRC - A TIME OF TRANSITION**, (London: Westview Press, 1985).

Donald W. Klein & Anne B. Clark, **BIOGRAPHIC DICTIONARY OF CHINESE COMMUNISM 1921-1965**, Vol. II, (Massachusetts: Harvard University Press, 1971).

Dwight D. Eisenhower, **THE WHITE HOUSE YEARS: WAGING PEACE 1956-1961**, (New York: Double Day, 1965).

Easton, David, **FRAMEWORK FOR POLITICAL ANALYSIS**, (New Jersey: Englewood Cliffs, Prentice Hall, 1956).

Easton, David, **THE POLITICAL SYSTEM**, (New York: Knopf, 1953).

Eisenhower, Dwight D., **THE WHITE HOUSE YEARS - WAGING PEACE 1956-1961**, (New York: Double Day, 1965).

Fang, Percy Jucheng & Lucy Guinong J. Fang, **CHOU EN-LAI - A PROFILE**, (Peking: Foreign Languages Press, 1986).

Floyd, David, **MAO AGAINST KHRUSHCHEV - A SHORT HISTORY OF THE SINO-SOVIET CONFLICT**, (New York: Frederick A. Praeger, 1964).

Frang Schurmann, **IDEOLOGY AND ORGANIZATION IN COMMUNIST CHINA**, (California: University of Berkeley Press, 1968).

Frederick C. Twiwes, **POLITICS & PURGES IN CHINA**, (New York: M.E. Sharpe Inc., 1979).

Friedrich, Carl J. & Zbigniew K. Brzezinski, **TOTALITARIAN DICTATORSHIP AND AUTOCRACY**, (Massachusetts: Harvard University Press, 1965).

Gabriel A. Almond & Bingham G. Powell, Jr., **COMPARATIVE POLITICS: A DEVELOPMENT APPROACH**, (Boston: Little Brown, 1966).

Gabriel A. Almond & Sidney Verba, **THE CIVIC CULTURE: POLITICAL ATTITUDES AND DEMOCRACY IN FIVE NATIONS**, (Boston: Little, Brown and Company, 1965).

Garthoff, Raymond L., (ed.), **SINO-SOVIET MILITARY RELATIONS**, (New York: Frederick A. Praeger Inc., 1966).

Gittings, John, **THE ROLE OF THE CHINESE ARMY**, (London: Oxford University Press, 1967).

Griffith II, Samuel B., **THE CHINESE PEOPLE'S LIBERATION ARMY**, (New York: McGraw-Hill Book Company, 1967).

Halperin, Mortan H., **THE TAIWAN STRAIT CRISIS OF 1958**, (Santa Monica: Rand corporation Research Memorandum, 1966).

Hinton, Harold C. (ed.), **THE PEOPLE'S REPUBLIC OF CHINA 1949-1979 - A DOCUMENTARY SURVEY, Vol. I, II, III, IV, V**, (Delaware: Scholarly Resources Inc., 1980).

Hoadley, J. S., **SOLDIERS AND POLITICS IN SOUTHEAST ASIA: CIVIL-MILITARY RELATIONS IN COMPARATIVE PERSPECTIVE**, (Cambridge: Schenkman, 1975).

Huntington, Samuel P., **POLITICAL ORDER IN CHANGING SOCIETIES,** (New Haven: Yale University Press, 1971).

Huntington, Samuel P., **THE SOLDIER AND THE STATE, (Massachusetts:** Harvard University Press, 1964).

INTERNATIONAL ENCYCLOPAEDIA OF THE SOCIAL SCIENCE, Vol. II, (The MacMillan Company & The Free Press, 1968).

J. Chester Cheng, (ed.), **THE POLITICS OF THE CHINESE RED ARMY: A TRANSLATION OF THE BULLETIN OF ACTIVITIES OF THE PEOPLE'S LIBERATION ARMY,** (Stanford University: Hoover Institution Press, 1966).

James Jownsend, "Political Participation" in Yung Wei (ed.), **COMMUNIST CHINA,** (Columbus: Charless E. Merrill Publishing Company, 1972).

James T. Myers (ed.), "Communiqu of the Tenth Party Congress", **CHINESE POLITICS - DOCUMENTS AND ANALYSIS,** Vol. II, pp. 207-208.

James T. Myers (ed.), "The CCP Central Committee Document", CHUNG-FA (1972), No. 4, **CHINESE POLITICS - DOCUMENTS AND ANALYSIS,** (South Carolina: University of South Carolina Press, 1989), p. 152.

James T. Myers (ed.), "Wang Hung-wen's Report on the Revision of the Party Constitution", **CHINESE POLITICS - DOCUMENTS AND ANALYSIS,** Vol. II, p. 223.

John Gittings, **SURVEY OF THE SINO-SOVIET DISPUTE,** (London: Oxford Uni. Press, 1968).

John Gittings, **THE ROLE OF CHINESE ARMY,** (London: Oxford University Press, 1967).

John R. Dewenter, "China Afloat", **FOREIGN AFFAIRS,** No. IV, (July, 1972), pp. 738-751.

Johnson, Chalmers (ed.), **IDEOLOGY AND POLITICS IN CONTEMPORARY CHINA,** (Seattle: University of Washington Press, 1973).

Johnson, John J., **THE MILITARY AND SOCIETY IN LATIN AMERICA,** (California: Stanford University Press, 1964).

Jonathan D. Spence, **THE SEARCH FOR MODERN CHINA,** (London: Century Hutchinson Ltd., 1990).

Joseph, William A. (ed.), **NEW PERSPECTIVE ON THE CULTURAL REVOLUTION**, (Massachusetts: Harvard University Press, 1991).

Jrgen Domes, **THE GOVERNMENT AND POLITICS OF THE PRC - A TIME OF TRANSITION**, (London: Westview Press, 1985).

Jurgen Domes, **CHINA AFTER THE CULTURAL REVOLUTION**, (Berkeley: University of California Press, 1977).

Jurgen Domes, **P'ENG TE-HUAI - THE MAN AND THE IMAGE**, (London: C. Hurst & Company, 1985).

Jurgen Domes, **THE GOVERNMENT AND POLITICS OF THE PRC - A TIME OF TRANSITION,** (London: Westview Press, 1985).

Kau, Michael Y. H. (ed.), **THE WRITINGS OF MAO TSE-TUNG 1946-1976**, Vol. I, (New York: M. E. Sharpe Inc., 1986).

Kau, Michael Y. M., (ed.), **THE LIN PIAO AFFAIR - POWER POLITICS AND MILITARY COUP,** (New York: International Arts and Sciences Press Inc., 1975).

Kenneth P. Langton, **POLITICAL SOCIALIZATION**, (N.Y.: Oxford University Press, 1969).

Klein, Donald W. & Anne B. Clark, **BIOGRAPHIC DICTIONARY OF CHINESE COMMUNISM 1921-1965**, (Massachusetts: Harvard University Press, 1971).

Langton, Kenneth P., **POLITICAL SOCIALISATION**, (New York: Oxford University Press, 1969).

Lasswell, Harold D. & Abraham Kaplan, **POWER AND SOCIETY**, (New Heaven: Yale University Press, 1978).

Lewis, John, (ed.), **PARTY LEADERSHIP AND REVOLUTIONARY POWER IN CHINA**, (London: Cambridge University Press, 1970).

Liao, Kuang-sheng, **ANTIFOREIGNISM AND MODERNISATION IN CHINA 1860-1980**, (Hong Kong: The Chinese University Press, 1984).

LIFE, 12 Jan. 1959.

Lifton, Robert J., **REVOLUTIONARY IMMORTALITY: MAO TSE-TUNG AND THE CHINESE CULTURAL REVOLUTION**, (New York: Random House, 1968).

LIN PIAO AFFAIR - POWER POLITICS AND MILITARY COUP, (New York: International Arts and Science Press, Inc., 1975).

Lin Piao, "Political Report to the Ninth Party Congress (1 April 1969)", **THE PEOPLE'S REPUBLIC OF CHINA 1949-1979 - A DOCUMENTARY SURVEY,** Vol. V, pp. 2224.

Lin Piao, "Political Report to the Ninth Party Congress (1 April 1969)", **THE PEOPLE'S REPUBLIC OF CHINA 1949-1979 - A DOCUMENTARY SURVEY,** Vol. V, pp. 2224-2238.

Lucian Pye & Sidney Verba (ed.), **POLITICAL CULTURAL AND POLITICAL DEVELOPMENT,** (New Jersey: Princeton Uni. Press, 1965).

Lucian Pye, **THE DYNAMICS OF CHINESE POLITICS,** (Cambridge: Celgeschleger, gunn & Hain, Publishers Inc., 1981).

MacFarquhar, Roderick (ed.), **THE SECRET SPEECHES OF CHAIRMAN MAO - FROM THE HUNDRED FLOWERS TO THE GREAT LEAP FORWARD,** (Massachusetts: Harvard University Press, 1989).

Maitan, Livio, **PARTY, ARMY AND MASSES IN CHINA - A MARXIST INTERPRETATION OF THE CULTURAL REVOLUTION AND ITS AFTERMATH,** (London: NLB, 1976).

Mao Tse-tung, "Speech to a Central Committee Meeting (28 April 1969)", **THE PEOPLE'S REPUBLIC OF CHINA 1949-1979 - A DOCUMENTARY SURVEY,** Vol. IV, p. 2216.

Michael B. Yahuda, **CHINA'S ROLE IN WORLD AFFAIRS,** (London: Croom Helm, 1978).

Michael Y. H. Kau (ed.), **THE WRITINGS OF MAO TSE-TUNG 1946-1976,** Vol. I, (New York: M.E. sharpe Inc., 1986).

Michael Y. M. Kau (ed.), **THE LIN PIAO AFFAIR - POWER POLITICS AND MILITARY COUP,** (New York: International Arts and Sciences Press Inc., 1975).

Mills, C. W., **THE POWER ELITE,** (New York: Oxford University Press, 1956).

Morton H. Halperin, **THE TAIWAN STRAIT CRISIS OF 1958,** (Santa Monica: Rand Corporation Research Memorandum, 1966).

Myers, James T. (ed.), **CHINESE POLITICS - DOCUMENTS AND**

ANALYSIS, Vol. I, II, (south Carolina: University of South Carolina Press, 1989).

Nelsen, Harvey W., **THE CHINESE MILITARY SYSTEM - AN ORGANISATIONAL STUDY OF THE CHINESE PEOPLE'S LIBERATION ARMY,** (Colorado: Westview Press, 1977).

Nettle, J. P., **POLITICAL MOBILISATION,** (New York: Basic Books, 1967).

Nordlinger, Eric A., **SOLDIER IN POLITICS: MILITARY AND GOVERNMENT,** (New Jersey: Prentice-Hall Inc., 1977).

Paul H. B. Godwin, "The PLA and Political control in China's Provinces", **COMPARATIVE POLITICS,** 9:3 (October, 1976), pp. 9-15

Payne, Stanley G., **POLITICS AND THE MILITARY IN MODERN SPAIN,** (California: Stanford University Press, 1967).

Peking Review No. 37, 1963, pp. 6-20; No. 38, 1963, pp. 8-15; No. 39, 1963, pp. 14-27; No. 43, 1963, pp. 6-15; No. 47, 1963, pp. 6-16; No. 51, 1963, pp. 6-13; No. 6, 1964, pp.5-21; No. 14, 1964,　pp. 5-21; No. 29, 1964, pp. 7-27.

Perlmutter, Amos, **THE MILITARY AND POLITICS IN MODERN TIMES,** (New Heaven: Yale University Press, 1977).

Powell, Ralph L., **POLITICS-MILITARY RELATIONSHIP IN COMMUNIST CHINA,** (U.S. Dept. of State: Bureau of Intelligence and Research, 1963).

Price, Jane L., **CADRES, COMMANDERS, AND COMMISSARS - THE TRAINING OF HE CHINESE COMMUNIST LEADERSHIP, 1920-1945,** (New York: Westview Press Inc., 1976).

Pye, Lucian & Sidney Verba (ed.), **POLITICAL CULTURAL AND POLITICAL DEVELOPMENT,** (New Jersey: Princeton University Press, 1965).

Pye, Lucian, **THE DYNAMICS OF CHINESE POLITICS,** (Cambridge: Celgescheger, Gunn & Hain Publishers Inc., 1981).

Pye, Lucian, **THE SPIRIT OF CHINESE POLITICS,** (Massachusetts: The M. I. T. Press, 1968).

Ralph L. Powell, **POLITICO-MILITARY RELATIONSHIP IN COMMUNIST CHINA,** (U.S. Dept. of State: Bureau of Intelligence and Research, 1963).

Reynolds, Charles, **THE POLITICS OF WAR,** (New York: St. Martin's Press,

1989).

Richard M. Bueschel, **COMMUNIST CHINESE AIR POWER**, (New York: Praeger, 1968).

Richard Soloman "From Commitment to Cant: The Evolving Function of Ideology in the Revolution Process" in Johnson, Chalmers (ed.), **IDEOLOGY AND POLITICS IN CONTEMPORARY CHINA**, (Seattle: University of Washington Press, 1973). pp. 44-47.

Ridley, Charles R., Paul H. B. Godwin & Dennis J. Doolin, **THE MAKING OF A MODEL CITIZEN IN COMMUNIST CHINA**, (California: Stanford University, The Hoover Institution Press, 1971).

Robert A. Dahl (ed.), **POLITICAL OPPOSITION IN WESTERN DEMOCRACIES**, (New Haven: Yale University Press, 1966).

Robert R. Bowie & John K. Fairbank (ed.), **COMMUNIST CHINA 1955-1959: POLICY DOCUMENTS WITH ANALYSIS**, (Massachusetts: Harvard Uni. Press, 1971).

Saich, Tony, **CHINA: POLITICS AND GOVERNMENT,** (New York: St. Martin's Press, 1981).

Salisbury, Harrison E., **THE NEW EMPERORS - MAO & TENG: A DUAL BIOGRAPHY**, (London: Harper Collins Publishers, 1992).

Samuel B. Griffith, II, **THE CHINESE PEOPLE'S LIBERATION ARMY**, (New York: McGraw-Hill Book Company, 1967).

Scalapino, Robert A. (ed.), **ELITES IN THE PEOPLE'S REPUBLIC OF CHINA**, (Seatte: University of Washington Press, 1972).

Schapiro, Leonard (ed.), **POLITICAL OPPOSITION IN ONE PARTY STATE**, (London: The MacMillan Press, 1972).

Schram, Stuart R. (ed.), **THE CHAIRMAN MAO TALKS TO THE PEOPLE - TALKS AND LETTERS 1956-1971**, (New York: Pantheon Books, 1974).

Schram, Stuart R., **THE POLITICAL THOUGHT OF MAO TSE-TUNG**, (London: Pall Mall Press, 1963).

Schurmann, Frang, **IDEOLOGY AND ORGANISATION IN COMMUNIST CHINA**, (California: University of Berkeley Press, 1968).

SELECTED MILITARY WRITINGS OF MAO TSE-TUNG, (Peking: Foreign

Languages Press, 1964).

SELECTED WORKS OF CHOU EN-LAI, (Peking: Foreign Language Press, 1981).

SELECTED WORKS OF LIU SHAO-CHI, (Peking: Foreign Languages Press), Vol. I (1984).

SELECTED WORKS OF LIU SHAO-CH'I, Vol. I, (Peking: Foreign Languages Press, 1984).

SELECTED WORKS OF MAO TSE-TUNG, (Peking: Foreign Languages Press, Vol. I (1975), Vol. II (1965), Vol. III (1967), Vol. IV (1969), Vol. V (1977).

SELECTED WORKS OF MAO TSE-TUNG, Vol. II (1965), (Peking: Foreign Languages Press, 1965).

SELECTED WORKS OF TENG HSIAO-PING (1975-1982), (Peking: Foreign Languages Press, 1984).

Skilling H. Gorden, "Background to the Study of Opposition in Communist Eastern Europe", Leonard Schapiro (ed.), **POLITICAL OPPOSITION IN ONE PARTY STATE**, (London: The MacMillan Press, 1972), pp. 75-79.

Spence, Jonathan D., **THE SEARCH FOR MODERN CHINA**, (London: Century Hutchinson Ltd., 1990).

Starr, John B., **IDEOLOGY AND CULTURE**, (New York: Harper & Row Publisher, 1973).

Stuart Schram (ed.), **THE CHAIRMAN MAO TALKS TO THE PEOPLE - TALKS AND LETTERS 1956-1971**, (New York: Pantheon Books, 1974).

SUPPLEMENTS TO COLLECTED WRITINGS OF MAO TSE-TUNG, Vol. I-IX, (Tokyo: Ts'ang Ts'ang She, 1983).

Tai Sung-an, **THE SINO-SOVIET TERRITORIAL DISPUTE**, (Philadelphia: The Westminster Press, 1973).

Teiwes, Frederick C., **POLITICS & PURGE IN CHINA**, (New York: M. E. Sharpe Inc., 1979).

Teiwes, Frederick C., **POLITICS AT MAO'S COURT: GAO GANG AND PARTY FACTIONALISM IN THE EARLY 1950'S,** (London: M. E. Sharpe Inc., 1990).

Teiwes, Frederick C., **PROVINCIAL LEADERSHIP IN CHINA - THE**

CULTURAL REVOLUTION AND ITS AFTERMATH, (New York: Cornell University Press, 1974).

Teng Hsiao-p'ing, "Report on the Party Constitution (16 Sep. 1956)", THE PEOPLE'S REPUBLIC OF CHINA 1949-1979 - A DOCUMENTARY SURVEY, Vol. I, pp. 384-397.

THE CHINA QUARTERLY, No. 40, Oct. - Dec. 1969.

THE LIN PIAO AFFAIR - POWER POLITICS AND MILITARY COUP, (New York: International Arts and Sciences Press Inc., 1975).

THE POLEMIC ON THE GENERAL LINE OF THE INTERNATIONAL COMMUNIST MOVEMENT, (Peking: Foreign Languages Press, 1965).

THE SELECT WORKS OF TENG HSIAO-P'ING (1975-1982), Vol. I, (Peking: Foreign Languages Press, 1984).

THE SELECTED WORKS OF MAO TSE-TUNG, (Peking: Foreign Languages Press, Vol. I (1975), Vol. II (1965), Vol. III (1967), Vol. IV (1969), Vol. V (1977).

Theodorson, George A. (ed.), A MODERN DICTIONARY OF SOCIOLOGY, (New York: Thomas Y. Crowall Co., 1969).

Thornton, Richard C., CHINA, THE STRUGGLE FOR POWER, 1917-1972, (Indiana: Indiana University Press, 1973).

Ton De Vos, INTRODUCTION TO POLITICS, (Cambridge, Mass.: Winthrop Publisher, Inc., 1975).

Townsend, James R., POLITICAL PARTICIPATION IN COMMUNIST CHINA, (California: University of California, Berkeley, 1969).

Wallace, Ruth A. & Alison Wolf, CONTEMPORARY SOCIOLOGICAL THEORY, (New Jersey: Prentice-Hall Inc., 1980).

Wang, Paul, CHINA'S HIGHER LEADERSHIP IN THE SOCIALIST TRANSITION, (New York: The Free Press, 1976).

Wei, Yung (ed.), COMMUNIST CHINA, (Columbus: Charles E. Merrill Publishing Co., 1972).

Welch, C. E. Jr., & A. K. Smith, MILITARY ROLE AND RULE, (North Scituate: Duxbury Press 1974).

Whitson, William W. & Chen-hsia Huang, THE CHINESE HIGH COMMAND -

A HISTORY OF COMMUNIST MILITARY POLITICS 1927-1971, (London: The MacMillan Press Ltd., 1973).

Whittam, John, THE POLITICS OF THE ITALIAN ARMY 1961-1981, (London: Croom Helm Ltd., 1977).

William W. Whitson, THE CHINESE HIGH COMMAND - A HISTORY OF COMMUNIST MILITARY POLITICS 1927-1971, (London: The MacMillan Press, Ltd., 1973).

權力鬥爭與軍人的政治角色
——1949-1973 年的中國

著　　者／張嘉中
出 版 者／揚智文化事業股份有限公司
發 行 人／葉忠賢
總 編 輯／閻富萍
地　　址／台北縣深坑鄉北深路三段 260 號 8 樓
電　　話／(02)8662-6826　8662-6810
傳　　真／(02)2664-7633
　E-mail／service@ycrc.com.tw
印　　刷／鼎易印刷事業股份有限公司
　ISBN／978-957-818-883-9
初版一刷／2008 年 9 月
定　　價／新台幣 450 元

國家圖書館出版品預行編目資料

權力鬥爭與軍人的政治角色：1949-1973 年的
中國＝ Power struggle and the political role
of the people's liberation army in China:
1949-1973 / 張嘉中著. -- 初版. -- 臺北縣
深坑鄉：揚智文化, 2008.09
　　面；　公分
　參考書目：面

ISBN 978-957-818-883-9（平裝）

1.政治鬥爭 2.中國共產黨 3.人民解放軍

574.1　　　　　　　　　　　　　97013711